Tania Majercik

Der Anspruch auf Auskunft über die Identität der eigenen genetischen Eltern

Ein Rechtsvergleich für Deutschland und Österreich

PL ACADEMIC RESEARCH

Bibliografische Information der Deutschen Nationalbibliothek
Die Deutsche Nationalbibliothek verzeichnet diese Publikation in der Deutschen Nationalbibliografie; detaillierte bibliografische Daten sind im Internet über http://dnb.d-nb.de abrufbar.

Zugl.: Passau, Univ., Diss., 2016

D 739
ISSN 0531-7312
ISBN 978-3-631-67686-8 (Print)
E-ISBN 978-3-653-07161-0 (E-PDF)
E-ISBN 978-3-631-70485-1 (EPUB)
E-ISBN 978-3-631-70486-8 (MOBI)
DOI 10.3726/b10611

PL Academic Research ist ein Imprint der Peter Lang GmbH.
Peter Lang – Frankfurt am Main · Bern · Bruxelles · New York · Oxford · Warszawa · Wien

Diese Publikation wurde begutachtet.

www.peterlang.com

Vorwort

Diese Arbeit wurde im Dezember 2015 bei der Juristischen Fakultät der Universität Passau als Dissertation eingereicht.

Aus gegebenem Anlass habe ich die Entscheidung des BVerfG vom 19.4.2016 nachträglich noch eingearbeitet.

Mein besonderer Dank gilt Herrn Professor Dr. Klaus Schurig, der die Arbeit betreut hat. Meine Tätigkeit als Wissenschaftliche Mitarbeiterin an seinem Lehrstuhl wird mir stets in wertvoller Erinnerung bleiben.

Danken möchte ich auch Herrn Prof. Dr. Jan Wilhelm für die Erstellung des Zweitgutachtens.

Großer Dank gilt auch meiner Familie, die mir während des Studiums und der Erstellung der Dissertation stets Rückhalt geboten hat.

Inhaltsübersicht

Inhaltsverzeichnis

Einleitung

Das Interesse an der eigenen biologischen Abstammung ist gerade in den letzten zwei Jahrzehnten durch die Zugänglichkeit der genetischen Informationen aufgrund des medizintechnischen Fortschritts stark gestiegen.

So existiert auch eine Reihe von Veröffentlichungen[1] zum deutschen Recht, die sich mit dem Recht auf „Kenntnis der eigenen Abstammung" auseinandersetzen. Dabei werden zivilrechtliche Auskunftsansprüche auf Nennung der biologischen Eltern selten oder nur flüchtig angesprochen: Insbesondere die älteren Werke vermengen die Frage des Rechts auf Kenntnis der eigenen Abstammung mit einer Bestandsanalyse der Möglichkeiten, eine Abweichung von biologischer und rechtlicher Elternschaft im Einzelfall zu korrigieren. Die neueren Publikationen zum Recht auf Kenntnis der genetischen Abstammung erschienen insbesondere im Zusammenhang mit der Fortpflanzungsmedizin oder der anonymen Kindesabgabe, richten ihr Augenmerk auf die verfassungsrechtlichen, strafrechtlichen und abstammungsrechtlichen Aspekte der Thematik und erwähnen die mögliche Existenz zivilrechtlicher Ansprüche auf Nennung der biologischen Eltern allenfalls am Rande. In Abhandlungen zu einzelnen Fallgruppen des Auseinanderfallens von rechtlicher und biologischer Elternschaft wird ganz unterschiedlich auf das Problem eines Anspruchs auf Kenntnis der genetischen Eltern eingegangen: So wird typischerweise bei Veröffentlichungen zum Recht nichtehelicher Kinder bzw. der Ehebruchkinder oder im Zusammenhang mit falschen Vaterschaftsanerkenntnissen die Frage nach dem Kenntnisrecht oft mit der nach einer Korrektur „fehlerhafter" Zuordnungen gleichgesetzt, während in der Literatur zum Adoptionsrecht die Frage nach dem Anspruch auf Kenntnis der leiblichen Eltern niemals mit Überlegungen einer (erneuten) Änderung der rechtlichen Zuordnung des Kindes einhergeht.

---

1 Beispiele hierfür sind *Busse*, Das Recht des Kindes auf Kenntnis seiner Abstammung bei heterologer künstlicher Befruchtung (1988); *Coester-Waltjen*, Zum Recht des Kindes auf Kenntnis der eigenen Abstammung, JURA 1989, S. 520; *Deichfuß*, Recht des Kindes auf Kenntnis der seiner blutsmäßigen Abstammung? Zur Zulässigkeit der heterologen Insemination, NJW 1988, S. 113; *Dellert*, Die anonyme Kindesabgabe, Anonyme Geburt und Babyklappe (2009); *Donhauser*, Das Recht des Kindes auf Kenntnis der genetischen Abstammung (1996); *Elbel*, Anonyme Geburten und Kindesabgabe - Unter besonderer Berücksichtigung der grundrechtlichen Abwehrrechts- und Schutzpflichtendogmatik (2007); *Frank*, Recht auf Kenntnis der genetischen Abstammung?, FamRZ 1988, S. 113; *Kleineke*, Das Recht auf Kenntnis der eigenen Abstammung (1976); *Mielitz*, Anonyme Kindesabgabe (2006); *von Sethe*, Die Durchsetzbarkeit des Rechts auf Kenntnis der eigenen Abstammung 1995); *Smid*, Recht auf Kenntnis der eigenen blutsmäßigen Abstammung, JR 1990, S. 221; *Teubel*, Geboren und Weggegeben, Rechtliche Analyse der Babyklappen und anonymer Geburt (2009).

Die viel diskutierte Problematik der Feststellung von natürlichen Abstammungsverhältnissen ist von den bloßen Auskunftsansprüchen über die leibliche Abstammung zu trennen.

Diese Arbeit untersucht die möglichen Anspruchsgrundlagen für ein Recht auf Nennung der genetischen Eltern im deutschen Zivilrecht mit vergleichendem Blick auf die Rechtsordnung Österreichs. Der Vergleich soll neben den existierenden Übereinstimmungen, die nicht zuletzt auf internationalen und europäischen „Vorgaben" beruhen, auch die Differenzen verdeutlichen. Dabei werden verschiedene Fallgruppen gebildet, die auf den Ursachen der Unkenntnis der eigenen Abstammung der betroffenen Personen beruhen: Personen ohne rechtliche väterliche Abstammung, Personen mit Scheineltern, Adoptivkinder und Personen, die mit Hilfe der Fortpflanzungsmedizin gezeugt wurden.

In dieser Arbeit soll zunächst untersucht werden, inwieweit die Staaten Deutschland und Österreich verpflichtet sind, ein Grund- bzw. Menschenrecht auf Kenntnis der eigenen Abstammung zu gewährleisten, und inwieweit sich dieses Recht auf das Zivilrecht auswirkt. Dann werden die einzelnen Konstellationen der Unkenntnis bezüglich der eigenen leiblichen Eltern aufgezeigt und mögliche zivilrechtliche Auskunftsansprüche untersucht.

Kapitel 1: Das Grund- und Menschenrecht auf Kenntnis der eigenen Abstammung

Für die Untersuchung möglicher zivilrechtlicher Auskunftsansprüche über die eigene Abstammung ist es hilfreich, zunächst sowohl die verfassungsrechtliche als auch die völkerrechtliche Existenz eines Rechts auf Kenntnis der Abstammung sowie dessen Stellenwert und seine Bedeutung für das jeweilige nationale Zivilrecht zu untersuchen.

1. Abschnitt: Das Recht auf Kenntnis der eigenen Abstammung im Grundgesetz

Das Grundgesetz enthält keine ausdrückliche Normierung des Rechts auf Kenntnis der eigenen Abstammung, allerdings hat die Rechtsprechung des Bundesverfassungsgerichts ein solches entwickelt.

I. Entwicklung der Rechtsprechung des BVerfG

Mit dem Recht auf Kenntnis der eigenen Abstammung befasste sich das Bundesverfassungsgericht erstmals Ende der 80er Jahre des 20. Jahrhunderts in zwei Entscheidungen,[2] es folgte eine weitere im Jahr 1997.[3]

A. Beschluss vom 18.1.1988

Gegen eine Entscheidung des LG Passau, welches einem *volljährigen nichtehelichen* Kind einen Anspruch gegen die Mutter auf Nennung seines leiblichen Vaters zugesprochen hatte,[4] legte die Mutter Verfassungsbeschwerde ein. Diese wurde nicht zur Entscheidung angenommen, da kein Grundrechtsverstoß ersichtlich sei. Das BVerfG räumte dabei ein, dass das Auskunftsverlangen des Kindes zwar das Persönlichkeitsrecht der Mutter betreffe, ihr dieses jedoch nicht schrankenlos zur Verfügung stehe.[5] Einschränkend seien die Interessen des nichtehelichen Kindes zu berücksichtigen, welches aus der - freilich grundsätzlich vor der Offenbarung gegenüber Dritten geschützten - Verbindung der biologischen Eltern hervorgegangen sei und damit nun ausnahmsweise eigene Rechte aus dieser Beziehung habe.[6]

2 BVerfG (18.1.1988), NJW 1988, S. 3010; BVerfG (31.1.1989), BVerfGE 79, 256.
3 BVerfG (6.5.1997), BVerfGE 96, 56.
4 LG Passau (26.11.1987), NJW 1988, S. 144.
5 BVerfG (18.1.1988), NJW 1988, S. 3010.
6 BVerfG (18.1.1988), NJW 1988, S. 3010.

Das BVerfG bejahte zumindest für das *nichteheliche* Kind das Recht auf Kenntnis des leiblichen Vaters - mit Verweis auf die Wertentscheidung des Art. 6 Abs. 5 GG.[7] Zur Gleichstellung des nichtehelichen Kindes sei die Kenntnis des Vaters, mit dem es auch nach § 1589 BGB verwandt ist, erforderlich, um eine persönliche Beziehung zu ermöglichen oder unterhalts- und erbrechtliche Ansprüche durchzusetzen.[8] Daher haben die Eltern des Kindes grundsätzlich ihre Interessen denen des Kindes unterzuordnen, schließlich haben gerade sie die Existenz des Kindes und seine Nichtehelichkeit zu vertreten.[9]

Das nichteheliche Kind solle so wenig wie möglich gesellschaftlich diskriminiert werden: Es solle als Wesen mit eigener Menschenwürde und mit einem eigenen Recht auf Persönlichkeitsentfaltung möglichst die gleichen Chancen erhalten wie ein eheliches Kind.[10] Daher sei das Recht auf Kenntnis des leiblichen Vaters zudem im Rahmen des allgemeinen Persönlichkeitsrechts nach Art. 2 Abs. 1 GG geschützt.[11]

Die Entscheidung betraf den Anspruch eines volljährigen Kindes.

B. Urteil vom 31.1.1989

Nach dem Kammerbeschluss vom 18.1.1988 äußerte sich das BVerfG erneut zum Recht auf Kenntnis der Abstammung in einem Urteil vom 31.1.1989,[12] welches auch als „Meilenstein" in der Geschichte der höchstrichterlichen Rechtsprechung zum allgemeinen Persönlichkeitsrecht bezeichnet wird.[13]

Das BVerfG entschied, dass familienrechtliche Vorschriften mit dem Grundgesetz unvereinbar seien, soweit sie - abgesehen von den gesetzlichen Anfechtungstatbeständen - dem Kind nicht nur die Änderung seines familienrechtlichen Status, sondern auch die gerichtliche Klärung seiner Abstammung ausnahmslos verwehren.[14]

1. Art. 2 Abs. 1 i.V.m. Art. 1 Abs. 1 GG

a) Schutzbereich des Grundrechts auf Kenntnis der eigenen Abstammung

Das BVerfG bekräftigte, dass wegen des engen Zusammenhangs der Persönlichkeitsentfaltung mit der Kenntnis „der für sie konstitutiven Faktoren" das allgemeine Persönlichkeitsrecht aus Art. 2 Abs. 1 i.V.m. Art. 1 Abs. 1 GG auch ein Recht auf

---

7 BVerfG (18.1.1988), NJW 1988, S. 3010.
8 BVerfG (18.1.1988), NJW 1988, S. 3010.
9 BVerfG (18.1.1988), NJW 1988, S. 3010.
10 BVerfG (18.1.1988), NJW 1988, S. 3010 mit Verweis auf BVerfG (29.1.1969), BVerfGE 25, 167 (196).
11 BVerfG (18.1.1988), NJW 1988, S. 3010.
12 BVerfG (31.1.1989), BVerfGE 79, 256.
13 *Enders*, NJW 1989, S. 881.
14 BVerfG (31.1.1989), BVerfGE 79, 256.

Kenntnis der Abstammung umfasse.[15] Dieses werde nicht durch die Menschenwürde nach Art. 1 GG, jedoch in deren Sinne gewährleistet.[16]

„Das Recht auf freie Entfaltung der Persönlichkeit und die Menschenwürde sichern jedem Einzelnen einen autonomen Bereich privater Lebensgestaltung, in dem er seine Individualität entwickeln und wahren kann."[17] „Verständnis und Entfaltung der Individualität sind mit der Kenntnis der für sie konstitutiven Faktoren eng verbunden."[18] Zu diesen zähle auch die Abstammung.[19] Jene bestimme nicht nur die genetischen Eigenschaften des Einzelnen und seiner Persönlichkeit, sondern sie „nimmt auch im Bewusstsein des Einzelnen eine Schlüsselstellung für die Individualitätsfindung und das Selbstverständnis ein."[20] Die Tatsache, dass in manchen Fällen die Abstammung nicht aufklärbar ist und die Persönlichkeitsentfaltung der Betroffenen zwangsweise ohne Kenntnis erfolgen muss, schließe ihren grundsätzlichen Schutz nicht aus.[21] Diese Haltung sei auch nicht widersprüchlich, umfasse das Recht auf Kenntnis der Abstammung doch kein Recht auf Verschaffung nicht erlangbarer Informationen, sondern schütze nur vor der Vorenthaltung erlangbarer Auskünfte.[22] Zur Auslegung des unbestimmten Begriffs der „Erlangbarkeit" äußert sich das BVerfG bedauerlicherweise nicht.

b) Schranken des Grundrechts auf Kenntnis der eigenen Abstammung

Aus der Klarstellung, dass das Recht auf Kenntnis der Abstammung nicht in den Schutzbereich der Menschenwürde, sondern in den des allgemeinen Persönlichkeitsrechts fällt, folgt, dass es nur im Rahmen der verfassungsmäßigen Ordnung ausgeübt werden kann, Art. 2 Abs. 1 GG,[23] demnach nicht schrankenlos gewährleistet ist. So sei insbesondere die gerichtliche Klärung der eigenen Abstammung nur aufgrund gesetzlicher Ausgestaltung möglich.[24] Eine gesetzliche Regelung verstoße aber gegen Art. 2 Abs. 1 i.V.m. Art. 1 Abs. 1 GG, wenn der Gesetzgeber mit ihr einen verfassungswidrigen Zweck verfolge oder den Grundsatz der Verhältnismäßigkeit verletze.[25]

Im konkreten Fall sei das Ziel der beanstandeten Beschränkung des Anfechtungsrechts durch § 1596 Abs. 1 BGB a.F., Prozesse des Kindes zu verhindern, welche

15 BVerfG (31.1.1989), BVerfGE 79, 256 (258).
16 BVerfG (31.1.1989), BVerfGE 79, 256 (258). Noch für eine Ableitung aus Art. 1 Abs. 1 GG *Mansees*, NJW 1988, S. 2984 (2985).
17 BVerfG (31.1.1989), BVerfGE 79, 256 (268) mit Verweis auf BVerfG (5.6.1973), BVerfGE 35, 202 (220).
18 BVerfG (31.1.1989), BVerfGE 79, 256 (268).
19 BVerfG (31.1.1989), BVerfGE 79, 256 (268).
20 BVerfG (31.1.1989), BVerfGE 79, 256 (268 f.).
21 BVerfG (31.1.1989), BVerfGE 79, 256 (269).
22 BVerfG (31.1.1989), BVerfGE 79, 256 (269).
23 BVerfG (31.1.1989), BVerfGE 79, 256 (269).
24 BVerfG (31.1.1989), BVerfGE 79, 256 (269).
25 BVerfG (31.1.1989), BVerfGE 79, 256 (269 f.).

die Ehe der Mutter zerstören oder den Familienfrieden gefährden könnten.[26] Damit diene die Regelung dem Schutz von Ehe und Familie, einem nach Art. 6 Abs. 1 GG verfassungsgemäßen Zweck.[27] Das BVerfG stellte jedoch klar, dass Beschränkungen des Anfechtungsrechts nur begrenzt geeignet seien, das Familienleben zu schützen: Sie dienen weder der Abschirmung eines arglosen Ehemannes vor Informationen über die tatsächliche Vaterschaft noch dem Schutz der Mutter vor Konsequenzen des Scheinvaters.[28] Vielmehr könne der Familienfriede nur insoweit geschützt werden, als durch die Beschränkung des Anfechtungsrechts die Frage der leiblichen Abstammung nicht aus dem Familienkreis hinaus vor Gericht getragen werde.[29] Die Anfechtungsbeschränkung könne nur dem Schutz der Familie dienen, soweit die Gefahr für diese nicht im Verhalten der Beteiligten, sondern allein im Anfechtungsverfahren wurzle.[30]

Keine zulässige Schranke sei das Recht des Scheinvaters auf Beistand durch sein Kind aus § 1618a Var. 1 BGB, welches er mit der rechtlichen Vaterschaft verlieren würde.[31] Das Recht auf Kenntnis der Abstammung werde auch nicht stets durch den Schutz von Ehe und Familie beschränkt: Das BVerfG weist auch im Rahmen der Zumutbarkeitsprüfung darauf hin, dass trotz des abstrakten Gefährdungspotentials das Begehren des Kindes nicht kausal für eine Störung von Ehe und Familie sein müsse.[32] Zumindest in Fällen, in welchen das Kind nicht bei der Mutter aufgewachsen sei, könne diesem „nicht zugemutet werden nach Erreichen der Volljährigkeit im Interesse der Ehe seiner Mutter und einer Familie, der es nie angehört hat, auf eine Klärung der Abstammung zu verzichten".[33]

2. *Reaktionen in Literatur und Rechtsprechung*

Die Literatur begrüßte mit großer Mehrheit die Klarstellung, dass das Recht auf Kenntnis der eigenen Abstammung nicht Bestandteil der Menschenwürde, sondern des allgemeinen Persönlichkeitsrechts ist und damit keinen absoluten Schutz genießt, sondern den Beschränkungen der verfassungsmäßigen Ordnung unterliegt.[34]

---

26 BVerfG (31.1.1989), BVerfGE 79, 256 (270).
27 BVerfG (31.1.1989), BVerfGE 79, 256 (270).
28 BVerfG (31.1.1989), BVerfGE 79, 256 (271).
29 BVerfG (31.1.1989), BVerfGE 79, 256 (271).
30 BVerfG (31.1.1989), BVerfGE 79, 256 (271).
31 BVerfG (31.1.1989), BVerfGE 79, 256 (272).
32 BVerfG (31.1.1989), BVerfGE 79, 256 (273).
33 BVerfG (31.1.1989), BVerfGE 79, 256 (274).
34 Ausführlich *Giesen*, JZ 1989, S. 364 (367, 376); *Enders* NJW 1989, S. 881 ff., *Reinke*, S. 122; siehe auch *Coester-Waltjen*, JURA 1989, S. 520 (521); zu den Schranken des allgemeinen Persönlichkeitsrechts generell siehe Maunz/Dürig/*Di Fabio*, Band I, Art. 2 Rn. 133; von Münch/Kunig[5]/*Kunig*, Art. 2 Rn. 19 ff. A.A. *Koch*, FamRZ 1990, S. 569; *Ramm*, NJW 1989, S. 1594 (1595), der die Selbstermächtigung der Rechtsprechung zur willkürlichen Entscheidung über die Ausprägungen des Persönlichkeitsrechts bemängelt.

Die Existenz des grundgesetzlich geschützten Rechts auf Kenntnis der Abstammung wurde nun im Allgemeinen anerkannt.[35] Unklarheiten bestanden und bestehen nur hinsichtlich seines Umfangs und möglicher Schranken:

Vereinzelt wurde in der Anerkennung des Rechts auf Kenntnis der eigenen Abstammung durch das BVerfG die Gefahr einer Annäherung an die nationalsozialistische Abstammungsideologie gesehen.[36] Dieser Befürchtung wird entgegengehalten, dass die Ideologie des Dritten Reiches nicht die private Kenntnis der eigenen biologischen Abstammung, sondern die öffentlich gelebte Abkunft von einer vermeintlich höheren Rasse propagierte.[37] Gerade das Projekt Lebensborn e.V., welches aus „rassezüchterischen" Motiven über 500 Frauen jährlich ermöglichte, der Nation anonym ein „arisches" Kind zu gebären, ignorierte durch Zuteilung neuer Namen und der Ausstellung besonderer Geburtsurkunden jegliches Interesse der Kinder auf Kenntnis ihrer biologischen Abstammung.[38]

Es wird vereinzelt sogar vertreten, dass das Recht auf Kenntnis der eigenen Abstammung gerade in bewusster Abkehr von der NS-Zeit vom Verfassungsgeber geschützt werden wollte.[39]

Smid warnte vor der Tendenz „biologistischer" Begründungen von Menschenwürde und allgemeinem Persönlichkeitsrecht.[40]

Teile der Literatur befürchteten die Instrumentalisierung eines Rechts auf Kenntnis der eigenen Abstammung lediglich zur Verwirklichung materieller Interessen, die für sich allein bisher bei der Interessenabwägung nicht zu einem Überwiegen des Kindesinteresse geführt hatten.[41] In diesem Sinne könnte eine gesetzliche Klarstellung, dass ein Abstammungsfeststellungsurteil keine unterhalts- oder erbrechtlichen Wirkungen hat, nach Ansicht *Ramms* den Drang nach der vermeintlichen Persönlichkeitsfindung schnell beenden.[42] *Smid* sieht im Kenntnisrecht einen Widerspruch zu den Statusregelungen als Wertentscheidung im familiären Interessenkonflikt, welche auch unter Berücksichtigung des Kindeswohls dem Schutz des Persönlichkeitsrechtes des Kindes dienen.[43]

---

35 Siehe auch Maunz/Dürig/*Di Fabio*, Band I, Art. 2 Rn. 212 ff. Kritisch *Ramm*, NJW 1989, S. 1594 (1596), der eine „rechtliche Anerkennung privater Neugier (oder Neurosen)" befürchtet.

36 *Ramm*, JZ 1996, S. 987 (994 siehe dort auch Fn. 63).

37 Vgl. *Balz*, S. 16 f.; *Mielitz*, S. 61 f.

38 *Kleineke*, S. 44 ff. mit weiteren Beispielen; *Mielitz*, S. 62; *Reinke*, S. 106. Die Parallele des Projekts Lebensborn zur anonymen Kindesabgabe verdeutlicht auch *Swientek*, Ausgesetzt, S. 48.

39 *Mielitz*, S. 154; *Reinke*, S. 106; *Schmidt-Didczuhn*, JR 1989, S. 228 (230); so ähnlich auch *Kleineke*, S. 44.

40 *Smid*, JR 1990, S. 221 (224).

41 *Ramm*, NJW 1989, S. 1594 (1596); *Smid*, JR 1990, S. 221 (225).

42 *Ramm*, NJW 1989, S. 1594 (1597).

43 *Smid*, JR 1990, S. 221 (225).

Teilweise wird hinsichtlich des *minderjährigen* Kindes eine Beschränkung seines Kenntnisrechts über Art. 6 Abs. 2 GG diskutiert.[44] Diese ergäbe sich daraus, dass bei der Abwägung von Kindes- mit Elterninteressen im Rahmen der Abstammungsklärung die „Definition der Kindesinteressen bis zur Grenze des Art. 6 Abs. 2 GG der Mutter zufällt",[45] so dass sie nur moralisch, nicht jedoch juristisch dem minderjährigen Kind zur Offenbarung der Identität des Vaters verpflichtet sei.[46] *Ramm* dagegen kritisiert den vermeintlich unterschiedlichen Umfang des allgemeinen Persönlichkeitsrechts bei Volljährigen einerseits und Minderjährigen andererseits.[47] Er differenziert jedoch nicht zwischen dem privatrechtlichen Auskunftsanspruch und dem Grundrecht auf Kenntnis der Abstammung.[48]

Daneben wird auch bezweifelt, dass bei *ehelichen* Kindern die Interessenabwägung zu Gunsten des Kenntnisrechts ausfallen würde, hat doch das BVerfG unter Berücksichtigung der Wertentscheidung des Art. 6 Abs. 5 GG entschieden.[49]

Ferner wird vertreten, dass bei der Abwägung der verfassungsrechtlich geschützten Positionen, die der (minderjährigen) Geschwister des Auskunft begehrenden Kindes einschränkend zu berücksichtigen seien. Schließlich hätten diese ein Recht auf Schutz ihres Familienfriedens, welches sie untereinander aufgrund des § 1618a Var. 1 BGB berücksichtigen müssten.[50] Diese Begründung ist abzulehnen, da § 1618a BGB nicht unmittelbar zwischen Geschwistern anwendbar ist.[51] Im Übrigen sei darauf hingewiesen, dass die Interessen der Geschwister im Falle einer Vaterschaftsanfechtung auch keinen besonderen Schutz genießen.[52]

Umstritten ist auch, inwieweit der Schutz der Familie des genetischen Elternteils, welchem das Kind rechtlich nicht (mehr) zugeordnet ist, das Kenntnisrecht des Kindes beschränken kann. So wird teilweise eine stärkere Berücksichtigung des Schutzes des Familienfriedens des nichtehelichen Vaters gewünscht.[53] Dem wird entgegengehalten, dass es keine Privilegierung anderweitig gebundener Männer geben kann[54] und dass das Familienleben der Erzeuger nicht schutzwürdiger ist als das der Mütter, welches nach der Entscheidung des BVerfG jedoch dem Persönlichkeitsrecht des Kindes unterliege,[55] zumal - was in der Diskussion erstaunlicherweise

44 *Coester-Waltjen*, JURA 1989, S. 520 (522); *Donhauser*, S. 105.
45 *Donhauser*, S. 105, *Moritz*, JURA 1990, S. 134 (139). Vgl. auch BayObLG (6.6.1972), FamRZ 1972, S. 521 (523).
46 *Donhauser*, S. 107.
47 *Ramm*, NJW 1989, S. 1594 (1596).
48 *Ramm*, NJW 1989, S. 1594 (1596).
49 *Giesen*, JZ 1989, S. 364 (376).
50 *Giesen*, JZ 1989, S. 364 (373); *Smid*, JR 1990, S. 221 (223).
51 MüKo/v. Sachsen/Gesaphe, § 1618a Rn. 4; *Knöpfel*, FamRZ 1985, S. 554 (559). A.A. *Jayme*, FamRZ 1981, S. 221 (225).
52 *Donhauser*, S. 133.
53 *Giesen*, JZ 1989, S. 364 (374).
54 *Coester-Waltjen*, JURA 1989, S. 520 (523); *Donhauser*, S. 139.
55 *Donhauser*, S. 139.

stets übersehen wird - das BVerfG noch klargestellt hat, dass dem Kind nicht zu Gunsten einer Familie, der es faktisch nie angehörte, zugemutet werden könne, auf die Klärung seiner Abstammung zu verzichten.[56] Erst in jüngster Zeit wurde zu Recht von Teilen der Literatur auch das im Rahmen das Art. 6 Abs. 2 S. 1 GG geschützte Interesse des leiblichen Vaters, die Möglichkeit zu haben, Verantwortung für sein Kind zu übernehmen, als abwägungsrelevant erkannt.[57]

Richtigerweise keine in Deutschland ernsthaft diskutierte Schranke des Kenntnisrechts ist jedenfalls die fehlende Identifikationswürdigkeit der biologischen Eltern.[58] Nach überwiegender Ansicht kann das Recht auf Kenntnis der eigenen Abstammung nicht verneint werden, nur weil das Wissen um die genetischen Eltern eine Belastung darstellen könnte.[59] Vielmehr erfolgt die Persönlichkeitsfindung auch durch die Verarbeitung negativer Tatsachen wie auch ein erfolgreicher Identifikationsprozess nicht die Einordnung der Eltern als Vorbild voraussetzt.[60] Nur *Hassenstein* will der Kenntnis der eigenen Blutsverwandtschaft keinen Wert an sich beimessen, solange nicht die Identifikationswürdigkeit gewährleistet sei.[61] Allerdings kann im Einzelfall die Ausübung jedes Rechts zu Belastungen führen, die Existenz der Rechtsposition bleibt davon jedoch im Allgemeinen unberührt.[62]

Die Überlegung, dass ein Grundrecht auf Kenntnis der eigenen Abstammung nicht von jedem effektiv wahrgenommen werden kann, da oft das Unwissen über die wahre genetische Abstammung nicht bewusst vorhanden ist, spricht in Übereinstimmung mit dem BVerfG auch nach wohl herrschender Meinung in der Literatur nicht gegen die Existenz eines Kenntnisrechts als solche.[63] Die Tatsache, dass bestimmte Rechte in der Realität teilweise nicht verwirklicht werden können, bedeutet nicht, dass die Rechtsordnung sie nicht gewähren will.[64] Allerdings fällt das Verständnis des unbestimmten Begriffs der „Erlangbarkeit" der Informationen über die Abstammung unterschiedlich aus.[65] Nach der weitesten Auslegung ist all das erlangbar, was grundsätzlich naturwissenschaftlich nachweisbar ist. Teilweise wird die Erlangbarkeit mit der Frage, ob eine zu identifizierende Person grundsätzlich Kenntnis von relevanten Tatsachen hat, gleichgesetzt.[66] Diese Ansicht ist

---

56 BVerfG (31.1.1989), BVerfGE 79, 256 (274).
57 *Benda*, JZ 2003, S. 535 (539); *Dellert*, S. 207.
58 Ablehnend *Reinke*, S. 97; *Schmidt-Didczuhn*, JR 1989, S. 228 (230). A.A. *Hassenstein*, FamRZ 1988, S. 120 (122).
59 *Giesen*, JZ 1989, S. 364 (369).
60 *Reinke*, S. 97; *Schmidt-Didczuhn*, JR 1989, S. 228 (230).
61 *Hassenstein*, FamRZ 1988, S. 120 (122).
62 *Schmidt-Didczuhn*, JR 1989, S. 228 (230).
63 So explizit auch *Donhauser*, S. 60; *Giesen*, JZ 1989, S. 364 (368); a.A. *Smid*, JR 1990, S. 221 (225 f.).
64 *Donhauser*, S. 60, *Schmidt-Didczuhn*, JR 1989, S. 228 (230).
65 Zur Problematik des Begriffs der „Erlangbarkeit" *Enders*, NJW 1989, S. 881 (882).
66 *Enders*, NJW 1989, S. 881 (884); in diesem Sinne wohl auch *Ramm*, NJW 1989, S. 1594 (1595).

abzulehnen, da sie Dritten ermöglicht, den Schutz des Persönlichkeitsrechts auszuhöhlen, indem sie dafür sorgen, dass kein Wissensträger zu identifizieren ist oder alle Beteiligten sich vor dem Wissen verschließen. Andere stellen auf die objektive Erlangbarkeit ab, wonach alle Informationen, die ermittelbar und festhaltbar sind, auch erlangbar sind.[67] Demnach fehlt die Erlangbarkeit der Informationen über die eigene Abstammung nur infolge seltener schicksalhafter Situationen, z.B. bei unfreiwilliger Trennung der Mutter von ihrem Neugeborenen bei einer Flucht oder Vertreibung.[68] Der letztgenannten Ansicht ist zuzustimmen, da die Maßgabe, dass eine Möglichkeit besteht oder bestanden hätte, die Identität der biologischen Eltern für das Kind festzuhalten, davor schüzt, dass Dritte den Schutz des Persönlichkeitsrechts durch Vertuschung oder anonymes Handeln aushebeln. Das allgemeine Persönlichkeitsrecht gewährt dem Einzelnen zwar keinen Anspruch auf Kenntnisverschaffung durch den Staat,[69] dennoch wird der Gesetzgeber verpflichtet, Maßnahmen zu ergreifen, die die Rechtsträger in die Lage versetzen, sich die nötige Auskunft zu verschaffen.[70] *Starck* erkennt in dem Hinweis des BVerfG, dass es keinen Anspruch auf Kenntnisverschaffung gebe, eine Klarstellung zur fehlenden Drittwirkung des Kenntnisrechts.[71] Der Schutz gegen Vorenthaltung erlangbarer Informationen verpflichtet auch den Gesetzgeber, Verfahren, welche ermittelbare, festhaltbare und damit erlangbare Informationen dauerhaft unterdrücken, zu verbieten;[72] es genügt nicht, dass er auf die Legalisierung solcher Methoden verzichtet[73] - wie dies jedoch bzgl. der Anonymität von Keimzellspenden und anonymer Kindesabgabe derzeit in Deutschland der Fall ist.[74]

Andererseits erfordert das Kenntnisrecht aber nicht eine Aufklärung eines jeden über seine wahre biologische Abstammung von Amts wegen.[75]

Die Rechtsprechung orientierte sich zum größten Teil an den genannten Entscheidungen des BVerfG, so ging auch das OLG Hamm, als es über einen

67 *Giesen*, JZ 1989, S. 364 (369); *Starck*, JZ 1989, S. 338.

68 *Giesen*, JZ 1989, S. 364 (368); *Starck*, JZ 1989, S. 338; zur Erlangbarkeit der Informationen bei Keimzellspenden siehe *Giesen*, JZ 1989, S. 364 (368 f.).

69 A.A. *Ramm*, NJW 1989, S. 1594 (1595), der keinen Unterschied zwischen dem Schutz vor Vorenthaltung von Informationen und dem Recht auf Kenntnisverschaffung erkennen kann und in der Folge nur von einem Recht auf Kenntnisverschaffung spricht.

70 *Starck*, JZ 1989, S. 338; offenlassend *Coester-Waltjen*, JURA 1989, S. 520 (523); wohl a.A. *Enders*, NJW 1989, S. 881 (884), der eine Normierung des Verbots der anonymen Keimzellspende zwar nicht veranlasst sieht, jedoch auch eine Normierung der Anonymität von Keimzellspendern für unzulässig hält.

71 *Starck*, JZ 1989, S. 338.

72 Starck, JZ 1989, S. 338 (339).

73 *Starck*, JZ 1989, S. 338 (339); in diesem Sinne auch *Donhauser*, S. 181; offenlassend *Coester-Waltjen*, JURA 1989, S. 520 (522). Vgl. auch *Enders*, NJW 1989, S. 881 (884).

74 Siehe unten S. 223 ff. und S. 192.

75 *Bernat*, in: *Bernat*, Reproduktionsmedizin, S. 161 (174); *Busse*, S. 185; a.A. *Ramm*, NJW 1989, S. 1594 (1597).

Auskunftsanspruch eines nichtehelichen Kindes auf Nennung des leiblichen Vaters gegen die Mutter zu entscheiden hatte, mit Hinweis auf den Nichtannahmebeschluss vom 18.1.1988 von einem grundsätzlichen Überwiegen der Kindesinteressen aus, sah jedoch im zu entscheidenden Fall eine Ausnahme gegeben, da die Mutter vorbrachte, der Vater sei ein Patient der Einrichtung, in welcher sie arbeitete und die Offenbarung würde ihren Arbeitsplatz und damit den Unterhalt des Kindes gefährden.[76] Auch das AG Gemünden ging im Zusammenhang mit einem Auskunftsanspruch des nichtehelichen Kindes bei der Interessenabwägung im Rahmen des § 1618a Var. 1 BGB davon aus, dass die Eltern, da sie die Existenz des Kindes und dessen Nichtehelichkeit zu vertreten haben, ihre Interessen denen des Kindes unterzuordnen haben.[77]

C. Beschluss vom 6.5.1997

Erst nahezu ein Jahrzehnt nach den beiden oben genannten Entscheidungen musste sich das BVerfG erneut mit dem Recht auf Kenntnis der eigenen Abstammung einer Person befassen.

Die Verfassungsbeschwerde betraf die Frage, ob und gegebenenfalls unter welchen Voraussetzungen das *volljährige nichteheliche* Kind einen Anspruch gegen seine Mutter auf Nennung des biologischen Vaters hat.[78] Es galt zu klären, ob das Recht auf Kenntnis der eigenen Abstammung aus Art. 2 Abs. 1, Art. 1 Abs. 1 GG in solchen Fällen stets „ein bestimmtes Ergebnis" vorgibt oder die Lösung von der Interessenlage im Einzelfall abhängt.[79]

In der Sache ging es um das Auskunftsbegehren einer Person, welche kurz nach der Geburt in ein Kinderheim und anschließend zu Pflegeeltern gegeben wurde. Begründet wurde das Auskunftsverlangen mit der Geltendmachung erbrechtlicher Ansprüche, dem Interesse an einer Dokumentation der Abstammung in Personenstandsbüchern und -urkunden sowie persönlichen Gründen.[80] Die Mutter verweigerte die gewünschten Angaben, da mehrere Männer als Vater in Betracht kämen und diese mittlerweile alle verheiratet seien und in intakten Familien lebten.[81]

1. Ausgangsverfahren

Dennoch bejahte das AG im Ausgangsverfahren einen Auskunftsanspruch des Kindes, gestützt auf § 1618a i.V.m. §§ 1934 ff. BGB, Art. 6 Abs. 5 GG.[82] Das AG sah die

76 OLG Hamm (22.3.1991), FamRZ 1991, S. 1299.
77 AG Gemünden (2.8.1989), FamRZ 1990, S. 200 (201).
78 BVerfG (6.5.1997), BVerfGE 96, 56 (57).
79 BVerfG (6.5.1997), BVerfGE 96, 56.
80 BVerfG (6.5.1997), BVerfGE 96, 56 (57).
81 BVerfG (6.5.1997), BVerfGE 96, 56 (57).
82 AG St. (21.9.1989); vgl. BVerfG (6.5.1997), BVerfGE 96, 56 (57 f.); LG Münster (21.2.1990), FamRZ 1990, S. 1031.

Auskunft als erforderlich zur Geltendmachung erbersatzrechtlicher Ansprüche an.[83] Dem stehe auch nicht das allgemeine Persönlichkeitsrecht der Mutter entgegen, da im Zusammenhang mit dem Recht auf Kenntnis der eigenen Abstammung die Kindesinteressen den Elterninteressen vorgingen, haben die Eltern doch die Existenz und Nichtehelichkeit des Kindes zu vertreten[84] - siehe in diesem Sinne auch den oben angeführten Beschluss des BVerfG vom 18.1.1988.[85] Im zu entscheidenden Fall sei zu Gunsten des Kindes dessen Rücksichtnahmepflicht gegenüber der leiblichen Mutter aufgrund seiner Weggabe zusätzlich gemindert.[86] Das AG bejahte die Pflicht der Mutter zur Nennung des leiblichen Vaters.[87]

Das LG Münster änderte das Urteil wegen der Unmöglichkeit der Nennung des leiblichen Vaters ab und verurteilte die Mutter gemäß § 1618a BGB i.V.m. Art. 2 Abs. 1, Art. 1 Abs. 1, Art. 14 GG zur Nennung der Namen und Adressen aller Männer, welche ihr in der gesetzlichen Empfängniszeit beigewohnt hatten.[88] Indes bestätigte das LG das Überwiegen der Kindesinteressen:[89] Zwar hätte die höchstrichterliche Rechtsprechung unter Berufung auf das Persönlichkeitsrecht der Mutter schon Auskunftsansprüche abgelehnt, dabei habe jedoch jeweils eine vom zu entscheidenden Fall abweichende Interessenlage vorgelegen; dem Persönlichkeitsrecht der Mutter hätten stets nur insoweit nachrangige fiskalische Interessen des Staates und das untergeordnete Interesse am Fortbestand der Amtspflegschaft gegenübergestanden.[90] Nun gehe es allerdings um die materiellen Interessen des Kindes selbst, da ohne Kenntnis vom leiblichen Vater mögliche erbrechtliche Ansprüche leerliefen.[91] Das LG wog zudem das Kindesinteresse mit den Interessen der potenziellen Väter ab und erklärte letztgenannte als nachrangig, da es Teil des allgemeinen Lebensrisikos sei, unbegründeten Ansprüchen ausgesetzt zu sein.[92] Ferner habe der leibliche Vater auch durch Zeitablauf keinen Anspruch auf Anonymität erworben.[93]

---

83 AG St. (21.9.1989); vgl. BVerfG (6.5.1997), BVerfGE 96, 56 (58); LG Münster (21.2.1990), FamRZ 1990, S. 1031.

84 AG St. (21.9.1989); vgl. BVerfG (6.5.1997), BVerfGE 96, 56 (58); LG Münster (21.2.1990), FamRZ 1990, S. 1031.

85 Siehe S. 21 f.; BVerfG (18.1.1988), NJW 1988, S. 3010.

86 AG St. (21.9.1989); vgl. BVerfG (6.5.1997), BVerfGE 96, 56 (58); LG Münster (21.2.1990), FamRZ 1990, S. 1031.

87 AG St. (21.9.1989); vgl. BVerfG (6.5.1997), BVerfGE 96, 56 (57); LG Münster (21.2.1990), FamRZ 1990, S. 1031.

88 LG Münster (21.2.1990), FamRZ 1990, S. 1031.

89 LG Münster (21.2.1990), FamRZ 1990, S. 1031 (1033 f.).

90 LG Münster (21.2.1990), FamRZ 1990, S. 1031 (1033).

91 LG Münster (21.2.1990), FamRZ 1990, S. 1031 (1033).

92 LG Münster (21.2.1990), FamRZ 1990, S. 1031 (1033).

93 LG Münster (21.2.1990), FamRZ 1990, S. 1031 (1034).

2. Entscheidung des BVerfG

Die Mutter rügte mittels Verfassungsbeschwerde eine Verletzung ihres allgemeinen Persönlichkeitsrechts. Die Verfassungsbeschwerde hatte Erfolg.[94] Das LG habe seinen Spielraum bei der Abwägung der Interessen von Mutter und Kind im Rahmen der Ausfüllung der Generalklausel § 1618a Var. 1 BGB verkannt und damit das allgemeine Persönlichkeitsrecht der Mutter verletzt.[95] Ein zivilrechtlicher Auskunftsanspruch des Kindes sei gesetzlich nicht geregelt.[96] Daher sei die Frage seiner Existenz vom Gesetzgeber oder den Gerichten in Wahrnehmung ihrer aus dem Grundgesetz resultierenden Schutzpflichten zu beantworten.[97] Grundsätzlich könne die Generalklausel des § 1618a BGB zur Herleitung eines solchen Auskunftsanspruchs herangezogen werden.[98] Darin liege keine unzulässige Rechtsfortbildung.[99] Bei der Wahrnehmung ihrer grundgesetzlichen Schutzpflichten müssen die staatlichen Organe jedoch eine Abwägung kollidierender Grundrechte durchführen.[100]

Im zu entscheidenden Fall sei das Persönlichkeitsrecht der Mutter nicht vorbehaltslos geschützt, da nicht der unantastbare Bereich der persönlichen Lebensgestaltung betroffen sei - schließlich sei aus dem relevanten Verhalten das Kind als dritte Person hervorgegangen.[101] Das LG habe jedoch bei der Berücksichtigung der relevanten Interessen seinen Abwägungsspielraum verkannt:[102] Das BVerfG verneint ein Kenntnisrecht des Kindes aus Art. 6 Abs. 5 GG, da insbesondere auch das eheliche Kind keine Kenntnis vom leiblichen Vater habe, sondern nur aufgrund der Ehe der Mutter einem rechtlichen Vater zugeordnet sei.[103] Auch aus Art. 14 GG lassen sich keine Maßnahmen zur Verwirklichung erbrechtlicher Ansprüche nichtehelicher Kinder herleiten.[104] Zunächst bestätigte das BVerfG seine frühere Rechtsprechung insofern, als es betonte, dass das Recht auf Kenntnis der eigenen Abstammung kein Recht auf Verschaffung entsprechender Informationen umfasse, sondern nur vor der Vorenthaltung erlangbarer Informationen durch staatliche Organe schütze.[105] Allerdings folge aus Art 2. Abs. 1, Art. 1 Abs. 2 GG „eine Schutzpflicht der staatlichen Organe, die sich auf die Gewährleistung der für die Persönlichkeitsentwicklung konstitutiven Bedingungen bezieht."[106] Die Bestimmung der Schutzpflichten sei im Gegensatz zum

---

94 BVerfG (6.5.1997), BVerfGE 96, 56.
95 BVerfG (6.5.1997), BVerfGE 96, 56 (63).
96 BVerfG (6.5.1997), BVerfGE 96, 56 (62).
97 BVerfG (6.5.1997), BVerfGE 96, 56 (64).
98 BVerfG (6.5.1997), BVerfGE 96, 56 (62 f.).
99 BVerfG (6.5.1997), BVerfGE 96, 56 (62).
100 BVerfG (6.5.1997), BVerfGE 96, 56 (62 ff.).
101 BVerfG (6.5.1997), BVerfGE 96, 56 (61).
102 BVerfG (6.5.1997), BVerfGE 96, 56 (62 ff.).
103 BVerfG (6.5.1997), BVerfGE 96, 56 (63 f.).
104 Ohne nähere Begründung BVerfG (6.5.1997), BVerfGE 96, 56 (63).
105 BVerfG (6.5.1997), BVerfGE 96, 56 (63); siehe auch BVerfG (31.1.1989), BVerfGE 79, 256 (268 f.).
106 BVerfG (6.5.1997), BVerfGE 96, 56 (64).

Inhalt des Abwehrrechts unbestimmt.[107] Bei der konkreten Erfüllung und der dabei gegebenenfalls erforderlichen Abwägung entgegenstehender Grundrechte komme den staatlichen Organen ein Einschätzungs-, Wertungs-, und Gestaltungsspielraum zu.[108] Selbst wenn, wie im zu entscheidenden Fall der Schutz einer grundrechtlichen Position automatisch einen Eingriff in ein Grundrecht eines Dritten bedeute, habe das befasste staatliche Organ das Recht und die Pflicht zur eigenständigen Abwägung.[109] Diese sei hier jedoch durch unzulässige Berücksichtigung des Verursachungsbeitrags der Eltern unterblieben; schließlich führe dessen Beachtung im Rahmen der Abwägung stets zum Überwiegen der Interessen des an seiner Zeugung unbeteiligten Kindes, woran jede weitergehende Abwägung scheitere.[110] Die Sache wurde zur erneuten Entscheidung an das LG Münster zurückverwiesen.

3. Erneute Abwägung durch das LG Münster

Das LG Münster hielt im Ergebnis seine ursprüngliche Entscheidung aufrecht.[111] Auch ohne Berücksichtigung des Verursachungsbeitrags der Eltern überwiege das Kenntnisinteresse des Kindes.[112] Zwar betreffe die Auskunft das Persönlichkeitsrecht der Mutter gleich in doppelter Weise: Zum einen berühre die Offenbarung der Sexualpartner als potenzielle leibliche Väter die Intimsphäre der Mutter - hier aufgrund des eingewandten Mehrverkehrs sogar in verstärkter Weise - und zum anderen tangiere die damit verbundene mögliche Verursachung von Störungen in den möglicherweise intakten Familien der potenziellen Väter das Persönlichkeitsrecht der Mutter.[113] Keinen Eingriff in ihr Persönlichkeitsrecht sei dagegen die Offenbarung des Mehrverkehrs als solchen, da sie diesen hier ohnehin in Form einer Einrede freiwillig dargetan hatte.[114] Eine zusätzliche Bloßstellung der Mutter oder der potenziellen Väter durch Nennung ihrer Identitäten sei nicht ersichtlich.[115] Als grundsätzlich abwägungsrelevanten Belang sah das LG auch mögliche, im zu entscheidenden Fall jedoch nicht existierende, Schweigevereinbarungen mit den betroffenen Männern an.[116] Im Ergebnis überwiege in diesem konkreten Fall das Interesse der Auskunft begehrenden Klägerin, persönlichen Kontakt zum leiblichen Vater herzustellen und erbrechtliche Ansprüche verfolgen zu können sowie zu erfahren,

107 BVerfG (6.5.1997), BVerfGE 96, 56 (64); siehe auch BVerfG (31.1.1989), BVerfGE 79, 256 (268).
108 BVerfG (6.5.1997), BVerfGE 96, 56 (64); siehe auch BVerfG (28.5.1993), BVerfGE 88, 203 (262).
109 BVerfG (6.5.1997), BVerfGE 96, 56 (65).
110 BVerfG (6.5.1997), BVerfGE 96, 56 (65).
111 LG Münster (26.8.1998), NJW 1999, S. 726.
112 LG Münster (26.8.1998), NJW 1999, S. 726 (728).
113 LG Münster (26.8.1998), NJW 1999, S. 726 (728).
114 LG Münster (26.8.1998), NJW 1999, S. 726 (728).
115 LG Münster (26.8.1998), NJW 1999, S. 726 (728).
116 LG Münster (26.8.1998), NJW 1999, S. 726 (728). A.A. OLG Hamm (6.2.2013), NJW 2013, S. 1167 (1168); zu Schweigevereinbarungen siehe S. 254 f.

„wo ihre Wurzeln liegen".[117] Die Schutzwürdigkeit des Kenntnisbegehrens sei auch nicht durch Zeitablauf gemindert worden.[118] Ferner stelle eine möglicherweise fehlende Vollstreckbarkeit des Auskunftsanspruchs dessen Existenz nicht in Frage.[119]

4. Reaktionen in der Literatur

Teilweise wurde die Entscheidung des BVerfG als Abkehr von einer Überbetonung des Rechts des Kindes auf Kenntnis der eigenen Abstammung begrüßt.[120] Vereinzelt wurde kritisiert, dass trotz Einschätzungsspielraumes des Gerichts die erste Entscheidung des LG Münster aufgehoben wurde.[121] *Eidenmüller* bedauert die Abkehr von der ursprünglich vom BVerfG entwickelten Argumentationslastregel, die durchaus auch im Einzelfall zur Verneinung eines Auskunftsanspruchs des Kindes geführt hatte.[122] Für *Frank* und *Helms* „bleibt ein Rätsel", wann erlangbare Informationen durch staatliche Organe vorenthalten werden.[123] Sie weisen darauf hin, dass Informationen über die Abstammung des Kindes erlangbar werden durch die im deutschen Recht von den Nationalsozialisten übernommene Möglichkeit der zwangsweisen Durchsetzung von Blutuntersuchungen.[124] Die Äußerung des BVerfG, dass eine völlige Gleichstellung von ehelichen und nichtehelichen Kindern unmöglich sei, empfinden *Frank* und *Helms* zu Recht als „Allgemeinplatz ohne irgendwelchen Begründungswert".[125]

D. Zusammenfassung

Das Bundesverfassungsgericht hat durch seine Rechtsprechung die Existenz eines Grundrechts auf Kenntnis der eigenen Abstammung entwickelt. War zunächst unklar, wo dieses Grundrecht im Grundgesetz anzusiedeln ist, ist nun allgemein anerkannt, dass das Recht auf Kenntnis der eigenen Abstammung Ausfluss des Allgemeinen Persönlichkeitsrechts aus Art. 2 Abs. 1, Art. 1 Abs. 1 GG ist. Das Kenntnisrecht ist nicht aus Art. 1 Abs. 1 GG direkt oder über Art. 6 Abs. 5 GG herzuleiten.

Das Grundrecht auf Kenntnis der eigenen Abstammung ist ein Abwehrrecht gegen die Vorenthaltung erlangbarer Information durch den Staat. Diesen trifft jedoch auch eine entsprechende Schutzpflicht, insbesondere hat er durch geeignete

---

117 LG Münster (26.8.1998), NJW 1999, S. 726 (728).

118 LG Münster (26.8.1998), NJW 1999, S. 726 (728). So vorher auch schon LG Münster (21.2.1990), FamRZ 1990, S. 1031 (1034).

119 LG Münster (26.8.1998), NJW 1999, S. 726 (728).

120 *Frank/Helms*, FamRZ 1997, S. 1258 (1263). Missbilligend *Eidenmüller*, JuS 1998, S. 789 (792).

121 *Frank/Helms*, FamRZ 1997, S. 1258 (1260).

122 *Eidenmüller*, JuS 1998, S. 789 (792) mit Verweis auf OLG Hamm (22.3.1991), FamRZ 1991, S. 1229 f.

123 *Frank/Helms*, FamRZ 1997, S. 1258 (1261).

124 *Frank/Helms*, FamRZ 1997, S. 1258 (1261). Siehe auch *Frank*, FamRZ 1995, S. 975 (977).

125 *Frank/Helms*, FamRZ 1997, S. 1258 (1259).

Gesetze den Einzelnen vor der Vorenthaltung von erlangbaren Informationen über die eigene Abstammung zu bewahren.

Wie der Begriff der Erlangbarkeit zu definieren ist, bleibt streitig. Richtigerweise ist darauf abzustellen, ob irgendeine Person Kenntnis hat oder haben könnte.

Das Recht auf Kenntnis der eigenen Abstammung wird nicht schrankenlos gewährt, sondern unterliegt als Facette des Allgemeinen Persönlichkeitsrechts auch dessen Schranken. Dies sind insbesondere kollidierende und zugleich überwiegende grundrechtlich geschützte Interessen anderer Personen. Die Bestimmung der grundrechtlich relevanten Interessen und deren Gewichtung sind jedoch problematisch, und die Abwägung hängt von den Umständen des Einzelfalles ab.

Insbesondere das allgemeine Persönlichkeitsrecht der Mutter wird durch Auskunft über den Vater des Kindes betroffen, die Zeugung des Kindes betrifft sogar den besonderen Bereich des Intimlebens. Allerdings ist auch das Kind kein außenstehender Dritter, sondern entstammt dem Intimleben der Mutter. Bisher hat die Rechtsprechung noch in keinem Fall entschieden, dass das Persönlichkeitsrecht der Mutter das Grundrecht des Kindes auf Kenntnis seiner Abstammung überwiegt.[126] Allerdings darf laut BVerfG die Überlegung, dass die leiblichen Eltern die Existenz des Kindes und dessen Unkenntnis verursacht haben, nicht dazu führen, dass die Kindesinteressen automatisch überwiegen.

Der Schutz der Familien der leiblichen Elternteile ist nicht stets vorrangig, vielmehr kommt es auf die Schutzbedürftigkeit der Familie im Verhältnis zu den Kindesinteressen an. So ist insbesondere auf die primäre Ursache einer potenziellen Störung des relevanten Familienfriedens abzustellen und inwieweit das Kenntnis begehrende Kind überhaupt Teil dieser betroffenen Familien geworden ist und damit auch größere Rücksicht nehmen muss.

Demzufolge ist richtigerweise der Schutz von Ehe und Familie eines potenziellen Erzeugers auch kein abwägungserheblicher Belang. Stellt sich heraus, dass er tatsächlich der Erzeuger ist, hat nicht das Kind mit seinem Auskunftsverlangen die Ursachen einer Gefährdung der Ehe des Erzeugers gesetzt, sondern dieser selbst durch die Zeugung.[127] Kommt im Rahmen des Prozesses zu Tage, dass der mutmaßliche Erzeuger nun doch nicht der biologische ist, kann dem Kind auch nicht vorgeworfen werden, eine Ursache für die Gefährdung des Familienlebens des Nicht-Vaters gesetzt zu haben, da der Umstand, schuldlos in einen Rechtsstreit verwickelt zu werden, Teil des allgemeinen Lebensrisikos ist.[128]

---

126 Siehe oben S. 21 ff.

127 So auch schon OLG Karlsruhe (23.12.1971), FamRZ 1972, S. 95 (96).

128 LG Münster (21.2.1990), FamRZ 1990, S. 1031 (1033); *Eidenmüller*, JuS 1998, S. 789 (791).

II. Bedeutung der Grundrechte für die Privatrechtsordnung

Nach ganz herrschender Meinung gelten die Grundrechte unmittelbar nur im Verhältnis der Privatrechtssubjekte gegenüber dem Staat.[129] Eine echte Drittwirkung des Rechts auf Kenntnis der eigenen Abstammung, welche auch die Eltern gegenüber dem Kind zur Auskunft verpflichten würde, entspricht nicht der deutschen Grundrechtsdogmatik.[130] Normadressaten der Grundrechtsbestimmung sind gemäß Art. 1 Abs. 3 GG die Gesetzgebung, die vollziehende Gewalt und die Rechtsprechung. Hinsichtlich der Geltung für das Privatrecht ist damit zu differenzieren:[131] Eine unmittelbare Drittwirkung von Grundrechten „in rein privatrechtlich geordneten Beziehungen von Privatrechtssubjekten untereinander"[132] existiert nach allgemeiner Auffassung nicht.[133] Das allgemeine Persönlichkeitsrecht begründet keine unmittelbaren zivilrechtlichen Handlungspflichten, Leistungs- oder Teilhabeansprüche.[134] Dennoch entfalten die Grundrechte trotz ihrer „Staatsgerichtetheit" mittelbare Drittwirkung in der Privatrechtsordnung.[135] So sind als Adressaten des Art. 1 Abs. 3 GG sowohl der Privatrechtsgesetzgeber[136] als auch die rechtsprechende Gewalt in Zivilsachen an die Grundrechte gebunden.[137]

Damit ist das allgemeine Persönlichkeitsrecht - auch in seiner Ausprägung als Recht auf Kenntnis der eigenen biologischen Abstammung - nicht beschränkt auf seine Funktion als subjektives Abwehrrecht des Bürgers gegen den Staat, sondern eine Wertentscheidung für die gesamte geltende Rechtsordnung und damit auch das Zivilrecht.[138] Bei der Anwendung und Auslegung des einfachen Rechts obliegt es

129 *Canaris*, AcP 184 (1984), S. 201; *ders.* Grundrecht und Privatrecht; *Diederichsen*, AcP 198 (1998), S. 171.

130 Überlegungen in einer Ausweitung des Grundrechts Richtung echter Drittwirkung äußert jedoch *Bernat*, in: *Bernat*, Reproduktionsmedizin, S. 161 (172).

131 Ausführlich mit weiteren Nachweisen *Stern*, Band III/1 (§ 76 I 1), S. 1511 ff.

132 *Stern*, Band III/1, (§ 76 I 1), S. 1512.

133 *Stern*, Band III/1, (§ 76 I 2), S. 1514.

134 *Donhauser*, S. 63; *Hubmann*, S. 186; *Jarass*, NJW 1989, S. 857 (858); siehe zum abwehrrechtlichen Charakter Maunz/Dürig/*Di Fabio*, Art. 2 Rn. 132.

135 *Stern*, Band III/1, (§ 76 I 2), S. 1514.

136 BVerfG (15.1.1958) BVerfGE 7, 198 (205); (17.1.1957) BVerfGE 6, 55; *Stern*, Band III/1, (§ 76 IV 2), S. 1565 ff.

137 *Stern*, Band III/1, (§ 76 IV 5), S. 1576 ff.

138 *Donhauser*, S. 63; *Jarass*, NJW 1989, S. 857 (858).

den Gerichten, grundrechtlichen Schutz zu gewähren.[139] Insbesondere im Rahmen der Ausfüllung der zivilrechtlichen Generalklauseln sind die Wertentscheidungen des Grundgesetzes zu berücksichtigen.[140] Indes verfehlt sind damit die Ausführungen von *Deichfuß*[141] und *Koch*[142], welche einen verfassungsrechtlichen Schutz des Rechts auf Kenntnis der eigenen Abstammung ablehnen unter Hinweis auf dessen mangelnden Schutz im Privatrecht.[143]

III. Ergebnis

Das deutsche Grundgesetz schützt das Recht auf Kenntnis der eigenen Abstammung als Teil des allgemeinen Persönlichkeitsrechts aus Art. 2 Abs. 1 i.V.m. Art. 1 Abs. 1 GG. Das Grundrecht auf Kenntnis der eigenen Abstammung wird damit nicht schrankenlos gewährt, sondern unterliegt den Schranken des allgemeine Persönlichkeitsrechts. Dies sind insbesondere kollidierende grundrechtlich geschützte Interessen anderer Personen, sofern diese Interessen überwiegen. In der Rechtsprechung ging die Abwägung stets zu Gunstens des Grundrechts auf Kenntnis der eigenen Abstammung aus. Es handelt sich dabei nicht um einen Automatismus, sondern um Einzelfallentscheidungen, die jedoch den hohen Stellenwert des Grundrechts auf Kenntnis der eigenen Abstammung verdeutlichen. Unmittelbare Drittwirkung entfaltet das Grundrecht auf Kenntnis der eigenen Abstammung nicht, es ist jedoch vom Gesetzgeber bei Erlass neuer Normen und von der rechtsprechenden Gewalt bei der Anwendung und Auslegung des einfachen Rechts zu berücksichtigen. So hat die Rechtsprechung die Wertungen des Grundgesetzes einschließlich des Rechts auf Kenntnis der eigenen Abstammung insbesondere bei der Anwendung zivilrechtlicher Generalklauseln zu beachten.

---

139 BVerfG (28.7.2004), NJW-RR 2004, S. 1710 *Canaris*, AcP 184 (1984), S. 201; *ders.*, Grundrecht und Privatrecht; *Diederichsen*, AcP 198 (1998), S. 171.

140 BVerfG (30.7.2003), NJW 2003, S. 2815; (6.2.2001), BVerfGE 103, 89 (100); (11.5.1976), BVerfGE 42, 143 (148 f.); (12.12.1957), BVerfGE 7, 198 (198, 205 ff.); BGH (28.4.1986), NJW 1986, S. 2944; *Canaris*, AcP 184 (1984), S. 201; *ders.* Grundrecht und Privatrecht; *Diederichsen*, AcP 198 (1998), S. 171.

141 *Deichfuß*, NJW 1988, S. 113 (115).

142 *Koch*, FamRZ 1990, S. 569 (570, 573).

143 So auch richtig erkannt von *Dellert*, S. 166; *Giesen*, JZ 1989, S. 364 (370 f.); *Schmidt-Didczuhn*, JR 1989, S. 228 (230).

2. Abschnitt: Das Grundrecht auf Kenntnis der Abstammung im österreichischen Recht

I. Bedeutung der Grundrechte für das österreichische Privatrecht

In Österreich sind Grundrechte, wie in Deutschland, nicht nur Abwehrrechte des Bürgers gegen den Staat, vielmehr begründen sie nach neuerem Verständnis auch staatliche Schutzpflichten.[144] Verfassungsrechtlich ist eine generelle Drittwirkung der Grundrechte nicht geregelt.[145] Explizit angeordnet wird die Drittwirkung ausnahmsweise für das Grundrecht auf Datenschutz als Abwehrrecht gegenüber jedermann.[146] Im Übrigen orientiert sich die Diskussion zur Drittwirkung sehr an der deutschen Haltung und damit an der Lehre von der mittelbaren Drittwirkung.[147] Gerade § 16 ABGB[148] wird als Beispiel der Bedeutung von Grundrechten für das Zivilrecht genannt.[149]

II. Fehlen eines nationalen Grundrechtekatalogs

Die österreichische Verfassung enthält keinen Grundrechtekatalog und damit auch kein explizites Grundrecht auf Kenntnis der eigenen Abstammung. Angesichts dieser Gemeinsamkeit mit dem deutschen Verfassungsrecht wurde in der österreichischen Literatur diskutiert, ob ähnlich wie im deutschen Recht auch im österreichischen ein Kenntnisrecht als Teilaspekt eines anderen anerkannten Grundrechts abgeleitet werden kann.

---

144 HGR VII/1/*Kucsko-Stadlmayer*, § 187 Rn. 51, 55. Kritische Bestandsaufnahme *Novak*, EuGRZ 1984, S. 133 (140 f.) m.w.N. A.A. RV 216 Blg NR XVIII. GP, S. 12; ebenso a.A. oder zumindest missverständlich VfGH (11.10.1974), VfSlg. 7400/1974.

145 HGR VII/1/*Kucsko-Stadlmayer*, § 187 Rn. 44; vgl. auch *Stern*, Bd. II 1 (§ 76 I 5), S. 1535.

146 § 1 Abs. 6 DatenschutzG vom 18.10.1978 (öBGBl Nr. 565/1978); *Evers*, EuGRZ 1984, S. 281 (290 ff.); *Novak*, EuGRZ 1984, S. 133 (139).

147 HGR VII/1/*Kucsko-Stadlmayer*, § 187 Rn. 46; *Novak*, EuGRZ 1984, S. 133. Siehe *Loebenstein*, EuGRZ 1985, S. 365 (387 ff.). Für eine unmittelbare, wenn auch subsidiäre, Drittwirkung, *Melichar*, S. 33.

148 § 16 ABGB lautet: „Jeder Mensch hat angeborne, schon durch die Vernunft einleuchtende Rechte, und ist daher als eine Person zu betrachten. Sklaverey oder Leibeigenschaft, und die Ausübung einer darauf sich beziehenden Macht wird in diesen Ländern nicht gestattet."

149 *Loebenstein*, EuGRZ 1985, S. 365 (378); Siehe auch HGR VII/1/*Kneihs*, § 189 Rn. 69.

III. Verfassungsrechtlicher Schutz der Menschenwürde und Recht auf Kenntnis der eigenen Abstammung

Teilweise wird vertreten, das Recht auf Kenntnis der eigenen Abstammung sei vom Schutz der Menschenwürde umfasst.[150] Allerdings ist im österreichischen Verfassungsrecht, anders als im deutschen, kein ausdrückliches Gebot zur Achtung der Menschenwürde zu finden.[151] Der österreichische Gesetzgeber geht jedoch - ohne nähere Erläuterungen zur Rechtsquelle - vom Grundsatz der Achtung der Menschenwürde aus.[152] In der Literatur existieren verschiedene Ansätze, ein Grundrecht auf Menschenwürde herzuleiten.

A. Schutz der Menschenwürde im österreichischen Verfassungsrecht

Selbst die in Österreich mit Verfassungsrang ausgestattete EMRK weist keine ausdrückliche Normierung des Schutzes der Menschwürde auf.[153] Allerdings verweist die EMRK in ihrer Präambel auf die Allgemeine Erklärung der Menschenrechte der Vereinten Nationen, die wiederum in ihrer Präambel und in Art. 1 die Achtung der Menschenwürde explizit nennt. Die Allgemeine Menschenrechtserklärung der Vereinten Nationen ist jedoch innerstaatlich in Österreich nicht unmittelbar anwendbar,[154] sie wird nur als eine „Empfehlung“[155] oder „programmatische Grundsatzerklärung“[156] bzw. - wie die Präambel der Erklärung selbst erkennt - bloß als „ein von allen Völkern und Nationen zu erreichendes gemeinsames Ideal“ behandelt.

Für Österreich völkerrechtlich verbindliche Konkretisierungen der Allgemeinen Erklärung der Menschenrechte sind der Internationale Pakt über bürgerliche und politische Rechte (IPbpR) sowie der Internationale Pakt über wirtschaftliche, soziale und kulturelle Rechte (IPwirtR), die in ihrer Präambel jeweils auf die Grundsätze der Allgemeinen Erklärung der Menschenrechte verweisen. Zudem schreibt Art. 1 IPbpR auch die Wahrung der Menschenwürde (allerdings explizit nur im Zusammenhang mit Freiheitsentzug) vor. Art. 13 IPwirtR regelt ein Recht auf Bildung und fordert, dass diese im Bewusstsein der Würde der menschlichen Persönlichkeit auf deren Entfaltung gerichtet sein muss. Jedoch genießen diese die Menschenwürde (in Teilaspekten) explizit schützenden Pakte in Österreich weder Verfassungsrang noch sind sie unmittelbar anwendbar.[157] Gleichwohl enthalten sie angesichts der

---

150 Näher dazu unten S. 26.
151 HGR VII/1/*Kneihs*, § 189 Rn. 51; *Edlbacher*, Österreichische Enquete künstliche Fortpflanzung, S. 49 (54).
152 Gesetzesbegründung zum FMedG RV 216 Blg NR XVIII. GP, S. 10 f.
153 Zum Verfassungsrang der EMRK in Österreich siehe unten S. 34.
154 OGH (18.6.1975), SZ 48/69.
155 *Melichar*, S. 11, Fn. 18.
156 *Raggam*, S. 110.
157 Siehe die insofern einschränkende Genehmigung des Nationalrates, öBGBl Nr. 591/1978, S. 3770. Vgl. hierzu auch *Raggam*, S. 111.

völkerrechtlichen Verpflichtung für das nationale Recht zu berücksichtigende Wertungsmaßstäbe.[158]

Teilweise wird in der vorbehaltlosen Garantie des Art. 3 EMRK das Potenzial zum Generaltatbestand für ein umfassendes Rechts auf Achtung der Menschenwürde gesehen.[159] Das folge aus der Rechtsprechung, die das Tatbestandmerkmal der „erniedrigenden Behandlung" im Sinne des Art. 3 EMRK als „eine die *Menschenwürde* beeinträchtigende, gröbliche Missachtung des Betroffenen als Person" konkretisiere.[160] Zwar besitze Art. 3 EMRK „nicht jene programmatische Tragweite wie Art 1 Abs 1 GG", einer Entwicklung zum Generaltatbestand durch die Judikatur stehe jedoch trotz deren Zurückhaltung grundsätzlich nichts entgegen.[161] *Bernat* will das Grundrecht der Menschenwürde sogar § 16 ABGB i.V.m. Art. 3 EMRK entnehmen.[162] Dies erscheint wenig überzeugend, da nur Art. 3 EMRK formeller Verfassungsrang zukommt.[163]

Teilweise wird auch vertreten, dass die fundamentalen Bestimmungen des ABGB Grundrechtscharakter hätten und dabei § 16 ABGB das österreichische Pendant zu Art. 1 Abs. 1 GG wäre.[164] Auch *Edlbacher* sieht § 16 ABGB als materielle Grundrechtsbestimmung mit dem Schutzgut Menschenwürde.[165]

Nach wieder anderer Ansicht umfasst das Gleichbehandlungsgebot aus Art. 2 StGG i.V.m. Art. 7 B-VG den Schutz der Menschenwürde.[166] Schließlich müsse die Menschenwürde an die Spitze des Gleichheitssatzes gestellt werden, sollten die anderen Grundrechte nicht zum „formalen Stückwerk" degradiert werden.[167] Allerdings sei ein derartiger Schutz der Menschenwürde nur teilweise justiziabel,

---

158 *Raggam*, S. 112; *Schwarz*, in: FS Floretta, S. 419 f.

159 *Loebenstein*, JBl 1987, S. 749 (750); *Raschauer*, Anm. zu VwGH (25.9.1979), ZAS 1980, S. 228 (229) mit Verweis auf (6.10.1977), VfSlg (8145, 8146/1977); Ermacora/Nowak/Tretter/*Rosenmayr*, Art. 3 EMRK, S. 139 (155); Ermacora/Nowak/Tretter/*Tretter*, Übersicht zur Rechtsprechung, S. 69 f. Vgl. hierzu auch *Raggam*, S. 115 ff.

160 Hervorhebung durch die Verfasserin. Zur Rechtsprechung zum Tatbestandsmerkmal „erniedrigende Behandlung siehe VfGH (6.10.1977), VfSlg 8145/1977, S. 141; (6.10.1977), VfSlg 8146/1977, S. 165; (17.10.1979), VfSlg 8654/1979, S. 175; (21.3.1980), VfSlg 8803/1980, S. 277; (4.3. 1985), VfSlg 10378/1985, S. 256 f.; (22.11.1985), VfSlg 10661/1985, S. 566. In diesem Sinne auch der EGMR (25.4.1978), *Tyrer/Vereinigtes Königreich*, 5856/72, EuGRZ 1979, S. 162 (165); (3.4.2001) *Keenan/Vereinigtes Königreich*, 27229/95, Rn. 113.

161 Ermacora/Nowak/Tretter/*Rosenmayr*, Art. 3 EMRK, S. 139 (156).

162 *Bernat*, ÖA 1991, S. 63.

163 Zur Theorie vom materiellen Verfassungsrang des § 16 ABGB, siehe unten S. 39, 41 f.

164 *Ermacora*, Handbuch, S. 39, 60.

165 *Edlbacher*, in: Österreichische Enquete künstliche Fortpflanzung, S. 49 (54).

166 *Ermacora*, Handbuch, S. 49, 60. Vgl. auch HGR VII/1/*Kneihs*, § 189 Rn. 64 f.; mit Einschränkungen *Stolz*, in: *Bernat*, Menschenhand, S. 109 (113 ff.).

167 *Ermacora*, Handbuch, S. 60; vgl. auch *Edlbacher*, ÖJZ 1986, S. 321 (325); *Raggam*, S. 119 f.; für eine explizite Normierung *Steiner*, ÖJZ 1987, S. 514.

da einzig schon bestehende Normen in gleichheitsrechtlicher Hinsicht überprüft werden können.[168]

Explizit genannt wird der Begriff der Menschenwürde im Bundesverfassungsgesetz über den Schutz der persönlichen Freiheit (PersFrSchG) vom 29.11.1988.[169] Dessen Art. 1 Abs. 4 bestimmt, dass, wer festgenommen oder angehalten wird, „unter Achtung der Menschenwürde und mit möglichster Schonung der Person zu behandeln" ist. Eine Definition der Menschenwürde enthält der Gesetz nicht, es wird jedoch - aufgrund der bewussten Anlehnung des Art. 1 Abs. 4 PersFrSchG an den Schutzbereich des Art. 3 EMRK[170]- insbesondere bei „gröblicher Missachtung der Person" von einer Verletzung der Menschenwürde ausgegangen.[171] Die hier „fast beiläufige Erwähnung der Menschenwürde" zeige, dass der Verfassungsgesetzgeber von deren bestehender Verankerung in der österreichischen Grundrechtsordnung ausgehe, wobei er sich wohl an den herrschenden Begriffsbestimmungen der benachbarten Rechtsordnungen - Deutschland und der Schweiz - orientiere.[172]

Daneben wird das Gebot der Achtung der Menschenwürde auch aus dem Schutz des Privatlebens durch Art. 8 EMRK abgeleitet.[173]

Die Versuche den Schutz der Menschenwürde in der österreichischen Grundrechtsordnung zu verorten, zeigen, dass zahlreiche Normen existieren, die Ausfluss der Menschenwürde sind bzw. deren Teilaspekte schützen, einen umfassenden schrankenlosen Schutz wie in Deutschland genießt sie allerdings nicht. Dies wird nicht notwendigerweise als nachteilig gesehen, schließlich erfahre der Einzelne durch den konkreten - wenn auch schrankenbewehrten - Schutzbereich des jeweiligen Teilbereichs möglicherweise einen größeren Schutz als „von einem wohl klingenden Supergrundrecht, das je nach Interpretation - alles und nichts gewähren kann".[174] Dies erscheint übertrieben, darf doch nicht vergessen werden, dass das deutsche Grundgesetz nicht „nur" abstrakt in Art. 1 die Menschenwürde, sondern im folgenden Grundrechtekatalog auch deren Teilaspekte (Leben, Freiheit, etc.) schützt.

B. Kenntnisrecht als Element der Menschenwürde

Die Frage, ob nun das Gebot der Achtung der Menschenwürde auch ein Recht auf Kenntnis der eigenen Abstammung umfasse, wird in der österreichischen Literatur teilweise mit Verweisung auf Art. 1 Abs. 1 GG und „angesichts der Tatsache, dass

168 VfGH (23.3.1957), VfSlg 3160/1957, S. 63 (64); *Ermacora*, Handbuch, S. 60; *Raggam*, S. 119 f.; vgl. auch *Schlag*, S. 131.

169 öBGBl Nr. 684/1988.

170 RV 134 Blg NR XVII. GP, S. 5.

171 HGR VII/1/*Kneihs*, § 189 Rn. 56.

172 HGR VII/1 *Kneihs*, § 189 Rn. 58.

173 *Edlbacher*, ÖJZ 1986, S. 321 (325); *Loebenstein*, JBl 1987, S. 694 (699); vgl. auch HGR VII/1/*Kneihs*, § 189 Rn. 62 f.; *Steiner*, ÖJZ 1987, S. 513 (514).

174 HGR VII/1/*Kneihs*, § 189 Rn. 74.

der österreichischen Rechtsordnung ein Menschenbild zugrunde liegt, welches mit jenem in Deutschland verglichen werden kann" bejaht.[175]

Dabei wird von *Raggam* die Vorenthaltung von Informationen über die eigene Abstammung als Verletzung der Menschenwürde eingeordnet.[176] Im deutschen Grundgesetz wird jedoch, wie oben dargestellt, das Recht auf Kenntnis der eigenen Abstammung vom allgemeinen Persönlichkeitsrecht und gerade nicht vom schrankenlosen Schutz der Menschenwürde umfasst.[177]

Raggam gibt zu bedenken, dass die Herleitung des Gebots der Menschenwürde aus völkerrechtlichen Quellen nur im Falle der Stützung auf die EMRK aufgrund ihrer unmittelbaren Anwendbarkeit zu einem subjektiven Recht auf Wahrung der Menschenwürde und damit auch zu einem subjektiven Recht auf Kenntnis der Abstammung führen könne.[178]

IV. Verfassungsrechtlicher Schutz des allgemeinen Persönlichkeitsrechts und Recht auf Kenntnis der eigenen Abstammung

Möglicherweise ist auch in der österreichischen Rechtsordnung das Recht auf Kenntnis der eigenen Abstammung Bestandteil des allgemeinen Persönlichkeitsrechts.

A. Das allgemeine Persönlichkeitsrecht im nationalen Verfassungsrecht

Das allgemeine Persönlichkeitsrecht wird nicht ausdrücklich in der österreichischen Verfassung als Grundrecht geregelt.[179] Es existieren Bemühungen ein solches zumindest materiell herzuleiten.

Es wird vertreten, dass die in § 16 ABGB enthaltenen Persönlichkeitsrechte, aufgrund ihrer überragenden Bedeutung für das „innerste Wesen des Menschen" als materielle „Grundrechte" zu verstehen seien.[180] *Loebenstein* sieht in § 16 ABGB, welcher als Bestandteil des nicht zustande gekommenen Codex politicus schließlich Einzug in das ABGB gefunden hatte, eine „Bekräftigung und Unterstützung für die Verfassungslage".[181]

---

175 *Raggam*, S. 122.

176 *Raggam*, S. 128 unter Berufung auf *Mansees*.

177 Siehe oben S. 22 ff.

178 *Raggam*, S. 129 f.

179 Vgl. *Raschauer*, Anm. zu VwGH (25.9.1979), ZAS 1980, S. 228 (229).

180 *Ermacora*, Handbuch, S. 39; siehe auch *Edlbacher*, ÖJZ 1986, S. 321 (326); *Stolz*, in: *Bernat*, Menschenhand, S. 109 (114). Siehe auch *Raggam*, S. 132 Fn. 422 mit dem Hinweis, dass die Einleitungsnormen des ABGB als Ersatz für den 1822 geplanten, jedoch niemals verwirklichten „politischen Kodex" dienen sollten. Siehe auch *Canaris*, JBl 1991, S. 205 (213).

181 *Loebenstein*, JBl 1987, S. 694 (699); *Stolz*, in: *Bernat*, Menschenhand, S. 109 (114); in diesem Sinne auch *Canaris*, JBl 1991, S. 205 (213).

Mehrere Stimmen, darunter auch der OGH, sehen in der formell einfachgesetzlichen Norm des § 16 ABGB „nur" eine Tür zum Zivilrecht durch welche - materiell anderweitig zu ermittelnde - Grundrechte zum Persönlichkeitsschutz mit ihren jeweiligen konkretisierten Erscheinungsformen Berücksichtigung im Zivilrecht finden.[182] An anderer Stelle deklariert der OGH wiederum den § 16 ABGB zur „Zentralnorm der Rechtsordnung".[183] Die Reichweite seiner Schutzfunktion für das allgemeine Persönlichkeitsrecht oder gar die Menschenwürde[184] ist demnach unklar, ebenso die Frage, ob § 16 ABGB in seiner Wirkung tatsächlich die besagte Zentralnorm der Rechtsordnung ist.[185] Als solche wird die Norm zwar vom OGH bezeichnet, allerdings handelt es sich hierbei jeweils um Rechtsprechung auf dem Gebiet des *Zivil*rechts und nicht um verfassungsgerichtliche Entscheidungen.[186] Dabei ist wiederum zu bedenken, dass es in Österreich keine Urteilsverfassungsbeschwerde gibt, so dass OGH-Entscheidungen zu finden sind, „deren grundrechtlicher Reflex zwar fühlbar ist, nicht aber enthüllt wird."[187]

Der Streit um die Bedeutung der zivilrechtlichen Norm des § 16 ABGB ist angesichts der deutschen Lehre von der fehlenden Drittwirkung der Grundrechte durchaus nachvollziehbar, ist doch die Frage, ob echte Grundrechte ihren Ursprung überhaupt in einer zivilrechtlichen Norm haben können, eng verknüpft mit dem Problem, ob ein solches Grundrecht aufgrund seiner Verortung dann auch in den privatrechtlichen Beziehungen unmittelbar anwendbar sein soll.[188]

Teilweise wird sogar auf zivilrechtlicher Ebene der Schutz eines umfassenden allgemeinen Persönlichkeitsrechts, wie es in Deutschland bekannt ist, verneint: Es würden nur einzelne Persönlichkeitsrechte aus § 16 ABGB abgeleitet,[189] jedoch „mit einer gewissen Tendenz in Richtung auf ein allgemeines Persönlichkeitsrecht".[190] Für diese Ansicht der Einzelrechte sprechen auch die Formulierungen der Rechtsprechung wie z.B.:[191] „Der Bildnisschutz ist *ein* Persönlichkeitsrecht im Sinne des

---

182 OGH (9.5.2001), SZ 2002/15; siehe auch (11.10.1988), EvBl 1989/47. Noch nicht differenzierend OGH (24.10.1978), SZ 51/146.

183 OGH (23.10.2000), JBl 2001, S. 390; (20.10.1997), JBl 1997, S. 641.

184 Siehe oben, S. 39.

185 Richtigerweise nur für „Zentralnorm der bürgerlichen Rechtsordnung", HGR VII/1/*Kneihs*, § 189 Rn. 67 ff. insbesondere Rn. 69.

186 OGH (23.10.2000), JBl 2001, S. 390.

187 *Novak*, EuGRZ 1984, S. 133 (142).

188 In diesem Sinne auch *Loebenstein*, EuGRZ 1985, S. 365 (378), der § 16 ABGB als Gradmesser für die Bedeutung der Grundrechte im Zivilrecht anführt.

189 *Novak*, EuGRZ 1984, S. 133 (142).

190 *Canaris*, JBl 1991, S. 205 (206); vgl. auch OGH (24.10.1978), SZ 51/146.

191 Die folgenden Hervorhebungen sind solche der Verfasserin.

§ 16 ABGB“[192] oder „Das Recht auf körperliche Unversehrtheit ist fraglos *ein* Persönlichkeitsrecht im Sinne des § 16 ABGB.“[193]

B. Kenntnisrecht als Element eines allgemeinen Persönlichkeitsrechts

Nach *Edlbacher* enthalte das aus § 16 ABGB herzuleitende „Persönlichkeitsrecht“ auch das Wissen um die genetische Abstammung, „denn sie umfasst mein Fleisch, mein Blut, meine Sehnen, meine Muskeln, meine Knochen, meine Nerven und wie ich fest glaube, auch etwas von meinem Wesen.“[194] Das „Grundrecht“ auf Kenntnis der eigenen Abstammung lasse sich demnach aus § 16 ABGB ableiten.[195]

Nach anderer Ansicht enthält § 16 ABGB kein Recht auf Kenntnis der Abstammung, da die Norm keine Ansprüche auf positive Leistungen begründe und zudem als allgemeine Norm nach dem *Grundsatz lex specialis derogat lege generali* durch die speziellen Normen des Familienrechts verdrängt werde.[196] Diese Argumentation setzt jedoch ein gleichgeordnetes zivilrechtliches Konkurrenzverhältnis voraus und spricht § 16 ABGB somit einen höherrangigen Grundrechtscharakter ab.

Im Rahmen der Erläuterungen zum Fortpflanzungsmedizingesetz führt der Gesetzgeber unter den „Hauptgesichtspunkten“ des Gesetzesvorhabens aus: „Auch wenn keine rechtlichen Beziehungen zwischen Samenspender und Kind bestehen, soll diesem doch ein Recht auf Kenntnis seiner genetischen Abstammung zustehen. Es widerspräche den Persönlichkeitsrechten des Kindes, diesem die Identität seines genetischen Vaters zu verheimlichen.“[197] Anschließend im Kapitel der zu berücksichtigenden „Verfassungsrechtlichen Fragen“ werden jedoch nur das Recht auf Leben (Art. 2 EMRK) und das Recht auf Familiengründung (Art. 8, Art. 12 EMRK) erwähnt.[198]

Zum Umfang eines Kenntnisrechts existieren nur wenige Äußerungen in der Literatur. So ging auch *Edlbacher* als früher Befürworter eines Kenntnisrechts nicht auf die Schranken des Kenntnisrechts ein, sondern verurteilte kategorisch jede Verheimlichung oder Täuschung über die Herkunft als Verletzung eines Grundrechts.[199]

---

192 OGH vom 7.11.2007, RIS-Justiz-Entscheidungstext, 6 Ob57/06k.

193 OGH (23.10.2000), JBl 2001, S. 390; (11.10.1988), SZ 61/210; (22.10.1986), JBl 1987, S. 37 (38).

194 *Edlbacher*, ÖJZ 1986, S. 321 (326).

195 *Edlbacher*, in: Österreichische Enquete künstliche Fortpflanzung“, S. 54. Befremdlich ist die Gegenmeinung, welche bezweifelt, dass die Identitätsfindung in der Menschenwürde wurzelt, da schließlich niemand den Kindern mit unbekannten Eltern ihr Würde absprechen könne, so aber *Weinke*, in: *Bernat*, Menschenhand, S. 73 (82 f.).

196 *Raggam*, S. 169.

197 RV 216 Blg NR XVIII. GP, S. 12.

198 RV 216 Blg NR XVIII. GP, S. 12.

199 *Edlbacher*, ÖJZ 1986, S. 321 (325).

V. Recht auf Kenntnis der eigenen Abstammung aus Art. 8 EMRK

Schick lehnte ein Grundrecht auf Kenntnis der eigenen Abstammung allgemein wie auch im Besonderen aus Art. 8 EMRK im Jahr 1991 noch ab,[200] da die genetische Vaterschaft seit jeher schwer zu beweisen gewesen und es unvorstellbar sei, dass ein eheliches Kind gegen seine Mutter auf Nennung des biologischen Vaters klage.[201] Entgegen damaligen Entwicklungen in Deutschland vertrat er die Auffassung, „ein behauptetes Grundrecht darauf, zu wissen, von wem man abstamme," könne sich demnach nur auf die soziale Abstammung beziehen.[202] Dasselbe gelte für Art. 8 EMRK, falls diese Norm überhaupt ein Kenntnisrecht enthalte.[203] Für die deutsche Rechtsordnung hat das BVerfG unmissverständlich erklärt, dass eine fehlende faktische Umsetzbarkeit des Kenntnisrechts dessen Existenz nicht in Frage stellen kann.[204]

Edlbauer und *Loebenstein* führten trotz breiter Kritik gerade die *Marckx*-Entscheidung als Argument für eine weite Auslegung des Art. 8 EMRK im Sinne eines Grundrechts auf Erforschung und Kenntnis der eigenen genetischen Abstammung an.[205]

Die wohl herrschende Meinung in Österreich lehnte ein Grundrecht auf Kenntnis der eigenen Abstammung aus Art. 8 EMRK weiterhin ab.[206]

Eine pauschale Negierung eines Menschenrechts auf Kenntnis der eigenen Abstammung ist spätestens seit der Entscheidung des EGMR in der Sache *Odièvre/Frankreich*[207] nicht mehr haltbar. Aber auch frühere Entscheidungen des EGMR enthalten wichtige Hinweise zu der Existenz und dem Umfang eines Menschenrechts auf Kenntnis der eigenen Abstammung.

Im Folgenden soll daher untersucht werden, inwieweit die EMRK ein Menschenrecht auf Kenntnis der eigenen Abstammung enthält und welche Bedeutung ihm gegebenenfalls zukommt.

---

200 *Schick*, in: *Günther/Keller*, S. 327 (340).

201 *Schick*, in: *Günther/Keller*, S. 327 (340).

202 *Schick*, in: *Günther/Keller*, S. 327 (340).

203 *Schick*, in: *Günther/Keller*, S. 327 (340).

204 Siehe oben S. 6; BVerfG (31.1.1989), BVerfGE 79, 256 (269).

205 *Edlbacher*, in: Österreichische Enquete künstliche Fortpflanzung, S. 54 f.; *Loebenstein*, JBl 1987, S. 749 (753) sieht das Kenntnisrecht jedoch als Grundsatz, welcher der Ehe und Familien zugrunde liegt, also eher als Ausprägung von Art. 8 Abs. 1 Var. 2 statt Art. 8 Abs. 1 Var. 1 EMRK. A.A. *Schick*, in: *Günther/Keller*, S. 327 (340). Zur Entscheidung *Marcks/Belgien* siehe unten S. 54.

206 *Raggam*, S. 136 ff.

207 Siehe unten S. 58 ff.

3. Abschnitt: Das Menschenrecht auf Kenntnis der eigenen Abstammung in der EMRK

Nachdem die nationalen Regelungen Österreichs keine Verankerung des Rechts auf Kenntnis der eigenen Abstammung enthalten, ist zu untersuchen, ob ein vergleichbarer Schutz nicht über die Europäische Konvention zum Schutz der Menschenrechte und Grundfreiheiten (EMRK) gewährleistet wird. Dabei ist neben der Frage nach einem entsprechenden völkerrechtlich garantierten Menschenrecht auf Kenntnis der leiblichen Abstammung auch dessen Bedeutung für die jeweilige nationale Rechtsordnung zu untersuchen. Zunächst sei daher ein Blick auf die Anwendbarkeit und den Rang der EMRK in Deutschland und Österreich geworfen.

I. Die Bedeutung der EMRK in den Mitgliedstaaten

A. Allgemeines

Am 4.11.1950 unterzeichneten die damaligen dreizehn Mitgliedstaaten des Europarates[208] die Europäische Konvention zum Schutz der Menschenrechte und Grundfreiheiten.[209] Sie trat als völkerrechtlicher Vertrag nach Hinterlegung der zehnten Ratifikationsurkunde (Art. 59 Abs. 2 EMRK) am 3.9.1953 in Kraft. Mittlerweile haben alle der derzeit 47 Mitgliedstaaten des Europarates[210] die EMRK unterzeichnet und ratifiziert. Zu ihnen zählen auch Deutschland und Österreich.[211] Mit Art. 1 EMRK werden die Mitgliedstaaten verpflichtet, die Menschenrechte und Grundfreiheiten der Konvention zu achten. Die EMRK selbst enthält jedoch keine Regelung über ihren Rang und ihre Anwendbarkeit im nationalen Recht. Hinsichtlich der Stellung der EMRK im nationalen Recht, lassen sich drei Gruppen von Mitgliedstaaten unterscheiden: Staaten, in welchen die EMRK den Rang eines einfachen Gesetzes hat, Staaten, die der EMRK einen Rang zwischen den einfachen Gesetzen und der Verfassung einräumen und schließlich ein Staat, welcher der EMRK Verfassungsrang verliehen hat.[212]

---

208 Das waren die zehn Staaten, welche den Londoner Vertrag zur Gründung des Europarates vom 15.05.1949 unterzeichnet hatten - Belgien, Dänemark, Frankreich, Irland, Italien, Luxemburg, die Niederlande, Norwegen, Schweden und das Vereinigte Königreich – sowie die bis dahin beigetretenen Staaten Deutschland, Island und die Türkei. *Ernst*, S. 71, führt fälschlicherweise auch Österreich (statt Schweden) an.

209 BGBl II 1952, S. 686, 953.

210 Vgl. zum Ratifikationsstand www.coe.int.

211 *Grabenwarter*, S. 18.

212 *Grabenwarter*, S. 18 ff.

B. Die Bedeutung der EMRK in Deutschland

Das Verhältnis von Völkerrecht und nationalem Recht wird in Deutschland durch den Dualismus[213] bestimmt: Nach Art. 59 Abs. 2 GG bedürfen völkerrechtliche Verträge zur Inkorporation eines Zustimmungsgesetzes. Durch dieses erlangt der inkorporierte Inhalt der Staatsverträge innerstaatlich den Rang eines einfachen Gesetzes. Das gilt auch für die EMRK, wie das BVerfG ausdrücklich festgestellt hat.[214] Auf die Verletzung von Rechten allein der EMRK kann somit keine Verfassungsbeschwerde gestützt werden.[215]

Der Versuch, der EMRK in Deutschland über Art. 24 GG Verfassungsrang zuzusprechen, ist mangels einer Übertragung von Hoheitsrechten an den EGMR abzulehnen.[216]

Daneben wird teilweise auch überlegt, der EMRK über Art. 25 GG (analog) Verfassungsrang zu verleihen.[217] Dafür müsste es sich jedoch bei der EMRK um allgemeine Regeln des Völkerrechts handeln. Die erwähnte Mindermeinung bejaht dies mit der Begründung, es handle sich bei der Konvention um regionales Gewohnheitsrecht. Dies ist in zweifacher Hinsicht problematisch: Fraglich ist zum einen, ob es sich bei der EMRK tatsächlich um regionales Gewohnheitsrecht handelt, und zum anderen gilt zu klären, ob der Begriff der „allgemeinen Regeln des Völkerrechts" überhaupt das regionale Gewohnheitsrechts umfasst. Nach der Rechtsprechung des BVerfG setzt der Begriff der „Allgemeinheit" die Anerkennung durch eine überwiegende Mehrheit von Staaten voraus[218] - und ist demnach bei nur regional anerkannten Regelungen nicht erfüllt.[219] Nach herrschender Meinung handelt es sich bei regionalem Gewohnheitsrecht grundsätzlich nicht um allgemeine Regeln des Völkerrechts.[220] *Rojahn* macht nur eine (theoretische) Ausnahme für regionale Regeln, welche nur für eine Region geeignet und bestimmt sind, wobei er derartige Fälle für nahezu undenkbar erklärt;[221] jedenfalls sind die Menschenrechte der EMRK wohl für alle Staaten geeignet und damit auch nach *Rojahn* nicht von Art. 25 Abs. 2 GG umfasst.[222]

---

213 *Vitzthum*[4]/*Kunig*, S. 99 u. S. 46 ff.

214 BVerfG (15.12.1965), BVerfGE 19, 342 (347); (16.5.1973), BVerfGE 35, 311 (320); (26.3.1987), BVerfGE 74, 358 (370); (14.10.2004), BVerfGE 111, 307 (326); (26.2.2008), BVerfGE 120, 180 (200).

215 BVerfG (14.1.1960), BVerfGE 10, 271 (274); siehe auch BVerfG (13.1.1987), BVerfGE 74, 102 (128); (17.5.1983), BVerfGE 64, 135 (157); (13.1.1976), BVerfGE 41, 126 (149); (14.3.1973), BVerfGE 34, 384 (395).

216 BVerfGE 90, 286 (346 f.).

217 *Bleckmann*, EuGRZ 1994, S. 149 (152).

218 BVerfG (30.10.1962), BVerfGE 15, 25 (34).

219 BeckOK/*Heinegg*, GG, Art. 25 Rn. 20. Vgl. *Schweitzer*, Rn. 80.

220 BVerfG (10.6.1997), BVerfGE 96, 68 (86 f.); Maunz/Dürig/*Herdegen*, GG, Art. 25 Rn. 32.

221 Von Münch/Kunig[5]/*Rojahn*, GG, Art. 25 Rn. 9.

222 Von Münch/Kunig[5]/*Rojahn*, GG, Art. 25 Rn. 9.

Teilweise wird auch befürwortet, Art. 25 GG analog auf regionales Völkerrecht anzuwenden, um so die Inkorporation von regionalem Völkerrecht sicherzustellen.[223] Zumindest hinsichtlich der EMRK läuft diese Argumentation ins Leere, schließlich wurde die Konvention durch ein entsprechendes Zustimmungsgesetz gemäß Art. 59 Abs. 2 GG inkorporiert, womit für eine Analogie nicht die erforderliche Lücke existiert.[224] Zudem ist zu beachten, das Art. 59 Abs. 2 GG aufgrund seiner speziellen Voraussetzung der parlamentarischen Zustimmung lex specialis zu Art. 25 GG ist.[225]

Zudem handelt es sich bei der EMRK richtigerweise auch nicht um allgemeine (regionale) Regelungen des Völkerrechts.[226] So berechtigt die EMRK Bürger, sich gegenüber Staaten auf Konventionsverletzungen zu berufen, was gerade nicht dem typischen Wesen des Völkerrechts entspricht, sondern eine Ausnahme vom Interventionsverbot darstellt, die allein aufgrund der Vertragsgewalt der Staaten gilt.[227]

Nun hat sich das BVerfG unlängst erneut im Fall *Görgülü* zur Frage der Berücksichtigung der EMRK geäußert: Da die EMRK nach Art. 59 Abs. 2 GG Gesetzesrang genieße, umfasse die Bindung an Gesetz und Recht gemäß Art. 20 Abs. 3 GG auch die Berücksichtigung ihrer Menschenrechte und Grundfreiheiten - in der Auslegung durch den EGMR.[228]

Wohl weitergehend hatte das BVerfG schon vor einiger Zeit klargestellt und kürzlich bestätigt, dass bei der „Auslegung des *Grundgesetzes* (...) auch Inhalt und Entwicklungsstand der EMRK in Betracht zu ziehen [sind]",[229] soweit dies nicht zu einer Absenkung des Schutzniveaus führt, was mit dem Ziel der EMRK als gemeinsamer *Mindest*standard (Art. 60 EMRK) gerade nicht vereinbar wäre. So wird in Deutschland insbesondere über die Auslegung des Begriffs Rechtsstaatsprinzip in Art. 20 Abs. 3 GG der Schutz der Verfahrensgarantien des Art. 6 EMRK gewährleistet.[230]

Sollte die EMRK den Schutz des Rechts auf Kenntnis der eigenen Abstammung enthalten, ist dieser daher als zwingender Mindeststandard bei der Frage nach dem Umfang und den Schranken des Kenntnisrechts aus Art. 2 Abs. 1, Art. 1 Abs. 1 GG zu berücksichtigen.

---

223 Maunz/Dürig/*Herdegen*, GG, Art. 25 Rn. 34; *Schweitzer*, Rn. 481. Siehe auch Sachs/*Streinz*, Art. 25 Rn. 26.

224 Von Münch/Kunig[5]/*Rojahn*, GG, Art. 25 Rn. 9.

225 BVerwG (1.2.1989), BVerwGE 86, 99 (129); von Münch/Kunig[5]/*Rojahn*, GG, Art. 25 Rn. 10; *Rudolf*, in: FS Verdross, S. 435 (442); *Uerpmann-Wittzack*, S. 61; siehe auch Maunz/Dürig/*Herdegen*, Art. 25 Rn. 22. A.A. *Bleckmann*, DöV 1996, S. 137 (141); *ders.* EuGRZ 1994, S. 149.

226 Maunz/Dürig/*Herdegen*, GG, Art. 25 Rn. 32; *Stern*, Bd. III/1, § 62 III 6, S. 278; *Uerpmann-Wittzack*, S. 62; *Walter*, ZaöRV 1999, S. 961.

227 *Stern*, Bd. III/1, § 62 III 6, S. 278.

228 BVerfG (14.10.2004), BVerfGE 111, 307 (322 f., 325 f.).

229 BVerfG (26.3.1987), BVerfGE 74, 358 (370); siehe auch BVerfG (26.2.2008), BVerfGE 120, 180 (209).

230 BVerfG (26.3.1987), BVerfGE 74, 358 (370 f.); (1.3.2004), NVwZ 2004, S. 852 (853); *Grabenwarter*, S. 21.

C. Die Bedeutung der EMRK in Österreich

Am 16. April 1956 trat die Republik Österreich dem Europarat bei.[231] Nachdem Österreich die EMRK und das Erste Zusatzprotokoll am 13. Dezember 1957 unterzeichnet und der Nationalrat sie am 10. Juli 1958 genehmigt[232] hatte, traten beide Verträge gemäß Art. 59 Abs. 3 EMRK nach Hinterlegung der Ratifikationsurkunde am 3. September 1958 für Österreich völkerrechtlich in Kraft. Sie wurden am 24. September 1958 bekannt gemacht[233] und erhielten damit gemäß Art. 49 B-VG am folgenden Tag innerstaatlich „Gültigkeit“[234]. Anschließend begann eine wissenschaftliche Diskussion über die Frage der unmittelbaren Anwendbarkeit der EMRK und ihre Rechtsquellenqualität.[235] Ein Teil der Lehre bejahte für die materiellrechtlichen Regelungen der Konvention den Verfassungsrang.[236] Sie argumentierte zum einen mit dem Inhalt der Konvention, welche Grund- und Freiheitsrechte und somit Teile der Verfassung ändere und ergänze.[237] Zudem folge man zwar dem Dualismus,[238] anders als in Deutschland gelte aber in Österreich die „generelle Transformationsmethode“.[239] Danach müssen völkerrechtliche Verträge weder in Gesetze umgewandelt werden noch bedürfen sie eines Zustimmungsgesetzes um innerstaatliche Geltung zu erlangen.[240] Gesetzesändernde Staatsverträge bedürfen gemäß Art. 50 B-VG zu ihrer Gültigkeit der Genehmigung des Nationalrates. Sind gesetzesändernde Staatsverträge zugleich auch verfassungsändernd, so sind nach Art. 50 Abs. 2 B-VG auf das parlamentarische Genehmigungsverfahren die Bestimmungen des Art. 44 Abs. 1 B-VG sinngemäß anzuwenden, d.h. der Staatsvertrag kann nur in Anwesenheit der Hälfte der Mitglieder und mit einer Mehrheit von zwei Dritteln der abgegebenen Stimmen beschlossen werden. Umstritten war, ob zudem bei der sinngemäßen Anwendung des Art. 44 Abs. 1 B-VG auch dessen Regelung, dass Verfassungsgesetze und Verfassungsbestimmungen ausdrücklich als solche zu bezeichnen sind, zu berücksichtigen war.[241] Dies war bei der EMRK nicht geschehen. Allerdings hatte bis dahin noch kein einziger Genehmigungsbeschluss

231 öBGBl Nr. 121/1956.

232 Sten. Prot. NR VIII. GP, S. 2931 ff.

233 öBGBl Nr. 210/1958.

234 *Ermacora*, JBl 1959, S. 396 (397); *Pfeifer*, in: FS Hugelmann, S. 399 (416).

235 Vortrag *Pfeifer* vom 22.10.1958, JBl 1958, 599; Beiträge der anschließenden Diskussion: *Mannlicher* (ÖJZ 1959, S. 39 und 460); verneinend: *Helbling* und *Pfeifer* (JBl 1959, S. 71 f.). Siehe auch *Pfeifer*, JBl 1959, S. 166; *Ermacora*, JBl 1962, S. 118.

236 *Ermacora*, JBl 1959, S. 396; *Pfeifer*, JBl 1959, S. 166; *ders.*, in: FS Hugelmann, S. 399 (417).

237 *Pfeifer*, JBl 1959, S. 166 (167); *ders.*, in: FS Hugelmann, S. 399 (417 f.).

238 *Dhommeaux*, AFDI 1995, S. 447 (455).

239 *Pfeifer*, JBl 1959, 166 (167); *ders.*, in: FS Hugelmann, S. 399 (415). Siehe dazu auch ausführlich *Öhlinger*, S. 110 ff.

240 *Pfeifer* in: FS Hugelmann, S. 399 (415 f.).

241 Bejahend: *Adamovich*, S. 342 f.; verneinend: *Ermacora*, Handbuch, S. 6; Adamovich/Spanner/*Spanner*, S. 330 Fn. 1. Ebenfalls verneinend, aber die Vorteile eines

des Nationalrates eine explizite Bemerkung enthalten, dass dem jeweiligen Staatsvertrag Verfassungsrang zukäme.[242] Dennoch ging die Praxis davon aus, dass z.B. der Staatsvertrag 1955[243] Verfassungsrang besaß.[244] Zudem hatte im Genehmigungsverfahren zur EMRK der Berichterstatter im Nationalrat darauf hingewiesen, dass die EMRK und das Erste Zusatzprotokoll mit der für Verfassungsänderungen notwendigen Mehrheit genehmigt werden müssen.[245] Auch hatte der vorsitzende Präsident vor der Abstimmung an die Erforderlichkeit der Anwesenheit der Hälfte der Mitglieder erinnert.[246] Die Konvention und das Zusatzprotokoll wurden einstimmig genehmigt.[247] Die Gegenmeinung, welche den Verfassungsrang und die unmittelbare Anwendbarkeit verneinte, wandte ein, dass der materielle Gehalt der Normen allein nicht für die Einstufung als Verfassungsrecht genüge. Vielmehr komme es darauf an, ob die formalen Voraussetzungen des Art. 44 B-VG erfüllt seien, weshalb sie der Konvention die Qualität eines Verfassungsgesetzes mangels ausdrücklicher Bezeichnung als solches verwehrte.[248] Schließlich verneinte der österreichische Verfassungsgerichtshof (VfGH) sowohl den Verfassungsrang[249] als auch die unmittelbare Anwendbarkeit[250] der EMRK. Da sowohl der Verwaltungsgerichtshof (VwGH)[251] als auch der Oberste Gerichtshof (OGH)[252] die These von der fehlenden unmittelbaren Anwendbarkeit des Grundrechtekatalogs der Konvention übernahmen, wurde dieser in der Republik Österreich jede innerstaatliche Wirksamkeit abgesprochen.[253] Im Jahr 1962 wurde vom Bundeskanzleramt eine Expertenkommission eingesetzt, die sich mit der Problematik der Transformation von völkerrechtlichem Vertragsrecht in die österreichische Rechtsordnung auseinandersetzen sollte.[254] Im Anschluss erhielten durch die Verfassungsnovelle 1964 neben ausgewählten

---

Erfordernisses der ausdrücklichen Bezeichnung sehend: *Pfeifer*, in: FS Hugelmann, S. 399 (417 f.).

242 *Ermacora*, JBl 1959, S. 369 (399).

243 Ermacora/Nowak/Tretter/*Nowak*, S. 37 (48).

244 Teile anderer Verträge waren nachträglich zum Verfassungsgesetz erklärt worden, z.B. Teil III des Staatsvertrages von St. Germain (Minderheitenschutz), siehe Art. 149 B-VG.

245 StenProt NR VIII. GP, S. 2932.

246 StenProt NR VIII. GP, S. 2951.

247 StenProt NR VIII. GP, S. 2951.

248 Siehe Diskussion, JBl 1959, S. 71.

249 VfGH (27.6.1960), VfSlg 3767/60; (14.10.1961), VfSlg 4049/61; (18.11.1961), VfSlg 4076/61; (18.11.1961), VfSlg 4080/61, S. 575; (22.6.1962), VfSlg 4221/62; (26.6.1962), VfSlg 4233/62; (2.10.1962), VfSlg 4260/62 Verfassungsrang des Zusatzprotokolls verneinend; (7.6.1963), VfSlg 4433/63.

250 VfGH (27.6.1960), VfSlg 3767/60; (14.10.1961), VfSlg 4049/61; (16.12.1961), VfSlg 4122/61, S. 707; (1.10.1964), VfSlg 4795/64; (16.12.1964), VfSlg 4885/64.

251 VwGH (15.12.1961), VwSlg 2558 (F)/61; (6.3.1962), VwSlg 2604 (F)/62, S. 174.

252 OGH (29.1.1963), EvBl 1963/234 S. 327.

253 *Ermacora*, Handbuch, S. 5.

254 Ermacora/Nowak/Tretter/*Nowak*, S. 37 (49).

völkerrechtlichen Verträgen sowie einzelnen Staatsvertragsbestimmungen auch die EMRK und das Erste Zusatzprotokoll Verfassungsrang[255] - mit der Wirkung ex tunc.[256] Damit ist die Republik Österreich der einzige Mitgliedstaat des Europarates, in welchem der EMRK Verfassungsrang zukommt.[257] Die Rechte der EMRK können direkt vor dem österreichischen Verfassungsgerichtshof geltend gemacht werden, Art. 144 der Verfassung.[258] Nicht zuletzt deshalb, soll im Rahmen dieser Arbeit auch die Frage der Existenz eines Menschenrechts auf Kenntnis der eigenen Abstammung in der EMRK näher untersucht werden.

II. Die Bedeutung der Rechtsprechung des EGMR in den Mitgliedstaaten

Ein Urteil des Europäischen Gerichtshofs für Menschenrechte (EGMR)[259], welches einer Beschwerde stattgibt, stellt eine Konventionswidrigkeit verbindlich fest, Art. 46 Abs. 1 EMRK. Die Feststellung wirkt sich jedoch nicht auf die Gültigkeit des gerügten innerstaatlichen Aktes aus.[260] Der betroffene Staat jedoch ist verpflichtet die Verletzung zu beenden, einen entstandenen Schaden wieder gutzumachen und Wiederholungen zu vermeiden.[261] Ist allerdings eine vollständige Wiedergutmachung nach nationalem Recht nicht möglich - z.B. weil ein abgeschlossenes Gerichts- oder Verwaltungsverfahren nicht wieder aufgenommen werden kann - spricht der EGMR der verletzten Partei stattdessen eine billige Entschädigung zu, Art. 41 EMRK.[262]

Dennoch bindet nach herrschender Auffassung die Entscheidung des EGMR diejenigen Mitgliedstaaten, die Partei des jeweiligen Verfahrens waren.[263]

---

255 Art. II Nr. 7 des BVG, öBGBl Nr. 59/1964; Art. 50 Abs. 3 B-VG schreibt nun vor, dass völkerrechtliche Verträge nur kraft ausdrücklicher Bezeichnung als „verfassungsändernd“ Verfassungsrang erhalten. Die unmittelbare Anwendbarkeit von Staatsverträgen wurde durch eine spezielle Ermächtigung zur Transformation (Art. 50 Abs. 2, Art. 65 Abs. 1 B-VG) ermöglicht.

256 Vgl. VfGH (10.03.1965), VfSlg 4924/65.

257 *Adamovich*, S. 31. Zum Rang der EMRK in den anderen Mitgliedstaaten siehe *Grabenwarter*, S. 18 ff.

258 Stellvertretend für viele VfGH (30.9.2005), VfSlg 17644; (17.6.1997), VfSlg 14863; (2.7.1994), VfSlg 13837; siehe auch *Polakiewicz/Jacob-Foltzer*, HRLJ 1991, S. 65 (67 ff.).

259 Am 1.11.1998 trat das elfte Zusatzprotokoll vom 11.5.1994 in Kraft: es reformierte die Überwachung der Konvention, indem die rechtsprechende Rolle des Ministerkomitees abgeschafft und der EGMR geschaffen wurde.

260 BVerfG (11.10.1985), NJW 1986, S. 654; (14.10.2004), BVerfGE 111, 307 (325); vgl. auch *Cremer*, EuGRZ 2004, S. 683 (685).

261 EGMR (8.4.2004), *Assanidze/Georgien*, 71503/01, Rn. 198; BVerfG (14.10.2004), BVerfGE 111, 307 (321 f.); *Polakiewicz*, S. 52.

262 BVerfG (14.10.2004), BVerfGE 111, 307 (322); *Cremer*, EuGRZ 2004, S. 683 (691).

263 *Binder*, S. 20; *Klein*, in: FS Ryssdal, S. 705 (706); *Polakiewicz*, S. 33.

Für Deutschland bestätigte das BVerfG die Bindungswirkung in einer Entscheidung im Fall *Görgülü*: Missachten deutsche Gerichte die Entscheidung des EGMR über eine in *demselben* Fall vorangegangene erfolgreiche Individualbeschwerde, bildet dies eine Verletzung des Rechtsstaatsprinzips nach Art. 20 Abs. 3 GG.[264] Die zuständigen deutschen Behörden oder Gerichte müssen sich erkennbar mit der Entscheidung der EGMR auseinandersetzen und gegebenenfalls begründen, warum sie der völkerrechtlichen Auffassung nicht folgen.[265] Insbesondere wenn Gerichte wie im Privatrecht „mehrpolige Grundrechtsverhältnisse" auszugestalten haben, kommt es auf „sensible Abwägungen zwischen verschiedenen subjektiven Rechtspositionen an", die eine schematische Übertragung der EGMR-Entscheidung (zum Bürger-Staat-Verhältnis) in das Privatrecht verbieten können.[266] Stellt ein Urteil des EGMR fest, dass eine deutsche Gerichtsentscheidung eine Konventionsverletzung darstellt, beseitigt dies freilich nicht die Rechtskraft der Entscheidung.[267]

Problematischer hingegen ist die Frage, ob nicht am konkreten Verfahren beteiligte Staaten an die Entscheidung des EGMR gebunden sind. Nach einer Ansicht können diese Staaten freiwillig die Rechtsprechung des EGMR übernehmen, in der EMRK sei eine entsprechende Pflicht jedoch weder explizit noch stillschweigend vorgesehen.[268] Allerdings sind die Mitgliedstaaten nach Art. 1 der Konvention - unabhängig vom innerstaatlichen Rang - verpflichtet, die in ihr garantierten Menschenrechte und Grundfreiheiten zu gewähren. Um deren Inhalt zu bestimmen, ist jedoch die Kenntnis der Rechtsprechung des EGMR zumindest hilfreich.[269] So hatte auch das deutsche BVerwG im Jahr 1999 erklärt, dass die Rechtsprechung des EGMR von deutschen Gerichten zu berücksichtigen sei,[270] auch für den Fall, dass Deutschland die inter-partes-Wirkung des Art. 46 Abs. 1 EMRK nicht treffe.[271] Vielmehr komme der Auslegung der EMRK durch den EGMR ein allgemeine „Leitbildfunktion" zu,[272]

---

264 BVerfG (14.10.2004), BVerfGE 111, 307 (324).

265 BVerfG (14.10.2004), BVerfGE 111, 307 (324).

266 BVerfG (14.10.2004), BVerfGE 111, 307 (324 f.).

267 BVerfG (14.10.2004), BVerfGE 111, 307 (325). Siehe jedoch den durch Gesetz vom 22.12.2006 (BGBl I 2006, S. 3416) neu eingeführten Restitutionsgrund § 580 Nr. 8 ZPO und den neuen Wiederaufnahmegrund im Strafrecht, § 359 Nr. 6 StPO, eingeführt durch Gesetz vom 9.7.1998 (BGBl I 1998, S. 1802).

268 *Klein*, in: FS Ryssdal, S. 705 (706). *Cremer*, EuGRZ 2004, S. 683 (693) kritisiert die insofern zumindest missverständliche, vage Formulierung des BVerfG (14.10.2004), BVerfG 111, 307 (320), wonach die Entscheidungen des EGMR den am konkreten Verfahren nicht beteiligte Vertragsstaaten *lediglich Anlass* geben sollen, ihre nationale Rechtsordnung zu überprüfen und sich bei einer möglicherweise erforderlichen Änderung an der Entscheidung des EGMR orientieren sollen.

269 *Klein*, in: FS Ryssdal, S. 705 (706).

270 BVerwG (16.12.1999), NVwZ 2000, S. 810 (811 f.).

271 BVerwG (16.12.1999), NVwZ 2000, S. 810 (811 f.), Anm. *Kadelbach*, JZ 2000, S. 1053; *Lenz/Klose* NVwZ 2000, S. 1004 (1005). A.A. aber LG Mainz (22.10.1998), NJW 1999, S. 1271 (1272).

272 BVerwG (16.12.1999), NVwZ, S. 810 (811).

schließlich sei dem Gerichtshof als zentralem Organ ausdrücklich die Auslegung und Anwendung der Konvention (Art. 32 EMRK) und damit auch die Überwachung der Einhaltung der Konvention übertragen worden.[273] „Die „kollektive Garantie" der in der Konvention verbürgten Rechte bliebe weitgehend ineffektiv, wenn sich die Wirkungen einer in gefestigter Praxis herausgebildeten Normauslegung in der Entscheidung von Einzelfällen erschöpfen."[274] So greifen die nationalen Gerichte zur Bestimmung des Inhalts der Normen der EMRK auf die Rechtsprechung des EGMR als Auslegungshilfe zurück.[275] In diesem Sinne hat auch das BVerfG in der *Görgülü*-Entscheidung beiläufig bemerkt, dass „die Europäische Menschenrechtskonvention - in der Auslegung durch den Gerichtshof für Menschenrechte" - in Deutschland Gesetzesrang genießt.[276]

Zudem hat das BVerfG auch festgestellt, dass die Urteile des EGMR ein zusätzliches Mittel sind, um Inhalt und Reichweite auch der *deutschen Grundrechte* zu bestimmen.[277] So stellte das BVerfG auch fest, dass, wenn bei der Beurteilung eines Sachverhalts Entscheidungen des EGMR einschlägig seien, grundsätzlich die vom Gerichtshof in seiner Abwägung berücksichtigten Aspekte und das gefundene Ergebnis auch in die verfassungsrechtliche Würdigung, genauer: die Verhältnismäßigkeitsprüfung, einzubeziehen sind.[278]

Die EMRK, in der Auslegung durch den EGMR, hat den Rang eines förmlichen Bundesgesetzes und ist damit vom Vorrang des Gesetzes umfasst.[279] Darüber hinaus seien die einfachen Gesetze im Einklang mit der völkerrechtlichen Verpflichtung Deutschlands auszulegen; diese gelte selbst dann, wenn diese Gesetze zeitlich später erlassen wurden, es sei denn, der Gesetzgeber beging den Verstoß gegen die völkerrechtliche Verpflichtung absichtlich oder nahm ihn zumindest in Kauf.[280]

---

273 BVerwG (16.12.1999), NVwZ, S. 810 (812); siehe auch *Polakiewicz*, S. 291 ff. m.w.N.

274 BVerwG (16.12.1999), NVwZ, S. 810 (812).

275 BVerfG (26.3.1987) BVerfGE 74, 358 (370 f.); (29.5.1990), BVerfGE 82, 106 (114 ff. insbesondere 120); *Klein*, in: FS Ryssdal, S. 705 (706); *Polakiewicz/Jacob-Foltzer*, HRLJ 1991, S. 65 (76).

276 BVerfG (14.10.2004), BVerfGE 111, 307 (325 f.).

277 BVerfG (26.3.1987), BVerfGE 74, 358 (370); siehe auch *Wittinger* NJW 2003, S. 2138 (2140).

278 BVerfG (14.10.2004), BVerfGE 111, 307 (324).

279 BVerfG (14.10.2004), BVerfGE 111, 307 (326). *Cremer*, EuGRZ 2004, S. 683 (694) kritisiert zu Unrecht, dass das BVerfG im Görgülü-Beschluss eine derartige, normative Bindung verkennt.

280 BVerfG (26.3.1987), BVerfGE 74, 358 (370). Zur Völkerrechtsfreundlichkeit des GG und der lex-posterior-Frage vgl. auch *Herzog*, DöV 1959, S. 44; vgl. auch Sachs/*Streinz*, Art. 59 Rn. 64.

III. Die EMRK und das Recht auf Kenntnis der eigenen Abstammung

In Anbetracht des hohen Stellenwertes, den die EMRK in der österreichischen Rechtsordnung genießt und in Ermangelung eines Grundrechts auf Kenntnis der Abstammung in den nationalen Rechtsquellen Österreichs, ist die Frage nach einem Schutz durch die EMRK zu klären, was nicht zuletzt auch Hinweise für die Auslegung des deutschen Grundrechts auf Kenntnis der eigenen Abstammung im deutschen Recht liefern kann.

Ein ausdrücklicher Schutz des Rechts auf Kenntnis der Abstammung ist in der EMRK nicht normiert, es gilt zu untersuchen, inwieweit ein solches Recht aus Art. 8 oder Art. 14 EMRK hergeleitet werden kann. Eine ausführliche Untersuchung dieser Frage ist in der Literatur nicht zu finden.

A. Art. 8 EMRK – Achtung des Privat- und Familienlebens

Art. 8 Abs. 1 EMRK schützt das Recht auf Achtung sowohl des Privat- (Var. 1) als auch des Familienlebens (Var. 2). Der zweite Absatz legt zulässige Schranken fest: Ein Eingriff muss gesetzlich geregelt und in einer demokratischen Gesellschaft notwendig sein für die nationale oder öffentliche Sicherheit, für das wirtschaftliche Wohl des Landes, zur Aufrechterhaltung der Ordnung, zur Verhütung von Straftaten, zum Schutz der Gesundheit oder der Moral oder zum Schutz der Rechte und Freiheiten anderer.

Das Recht auf Kenntnis der eigenen Abstammung könnte sowohl vom Schutz des Privatlebens als auch vom Schutz des Familienlebens umfasst sein.

Art. 8 Abs. 1 EMRK enthält jedenfalls nicht nur ein Abwehrrecht gegen den Staat, sondern gebietet diesem auch, aktiv Maßnahmen zum Schutz des Privat- und Familienlebens zu ergreifen, wobei dem Staat ein gewisser Ermessensspielraum zusteht.[281]

B. Art. 14 EMRK – Diskriminierungsverbot

Art. 14 EMRK regelt ein allgemeines jedoch akzessorisches, die materiellen Vorschriften der EMRK ergänzendes Diskriminierungsverbot.[282] Damit kommt Art. 14 EMRK nur zur Anwendung, wenn der Anwendungsbereich der Konvention oder eines Zusatzprotokolls schon eröffnet ist.[283] Stellt der EGMR jedoch auch die Verletzung

---

281 EGMR, ständige Rechtsprechung, z.B. (13.2.2003) *Odièvre/Frankreich*, 42326/98, Slg. 2003-III, Rn. 40 ff.; (7.2.2002) *Mikulić/Kroatien*, 53176/99, Slg. 2002-I, Rn. 57 f.; (24.2.1998) *Botta/Italien*, 153/1996/772/973, Slg. 1998-I, Rn. 33; (26.3.1985) *X und Y/Niederlande*, 9878/80 Serie A, Bd. 91 Rn. 23.

282 EGMR, ständige Rechtsprechung, z.B. (13.2.2003) *Odièvre/Frankreich*, 42326/98, Slg. 2003-III, Rn. 54; (18.7.1994) *Karlheinz Schmidt/Deutschland*, 13580/88, EuGRZ 1995, S. 392 Rn. 22; *Meyer-Ladewig*, EMRK, Art. 15 Rn. 5.

283 EGMR, (13.2.2003) *Odièvre/Frankreich*, 42326/98, Slg. 2003-III, Rn. 54; (25.5.1999) *Olbertz/Deutschland*, 37592/97, NJW 2001, S. 1558; (18.7.1994) *Karlheinz Schmidt/*

einer anderen Vorschrift der EMRK fest, prüft er regelmäßig nicht eine zusätzliche Verletzung des Diskriminierungsverbots.[284] Für die Rechtsgrundlage und den Umfang eines möglichen Rechts auf Kenntnis der Abstammung ist die Rechtsprechung des EGMR zu untersuchen. Eine Erweiterung des Gleichbehandlungsgebots erfolgt durch das zwölfte Zusatzprotokoll vom 4.11.2000, welches universell für jedes staatliche Handeln gilt. Das Protokoll trat am 1.4.2005 in Kraft, jedoch mangels Ratifikation weder für Deutschland noch Österreich.[285]

IV. Die Entwicklung der Rechtsprechung des EGMR

Schon vor der berühmten Rechtssache *Odièvre* musste sich der EGMR zumindest indirekt mit der Frage nach der Existenz eines Rechts auf Kenntnis der Abstammung oder jedenfalls eines Rechts auf Kenntnis der eigenen persönlichen Geschichte befassen.[286]

A. Rechtssache Marckx/Belgien

Das erste relevante Urteil erging in der Rechtssache *Marcks/Belgien.*[287] Die erste Beschwerdeführerin P.M. hatte ledig am 16.10.1973 ihre Tochter A.M., die zweite Beschwerdeführerin, zur Welt gebracht. Um eine rechtliche Verwandtschaft herzustellen, erkannte P.M. am 29.10.1973 das Kind gemäß Art. 334 belg. C. civ. als Tochter an. Als uneheliche Mutter war sie dennoch nach belgischem Recht an jeder Vermögensverfügung zu Gunsten des Kindes gehindert. Auch um die Möglichkeit einer letztwilligen Verfügung zu Gunsten des Kindes bzw. um ihm ein gesetzliches Erbrecht zu schaffen, adoptierte P.M. ihre Tochter zusätzlich am 30.10.1974.

Die Beschwerdeführerinnen machten unter anderem geltend, dass die nach belgischem Recht erforderliche, umständliche Art und Weise der Herstellung des Abstammungsverhältnisses ihr jeweiliges Recht auf Schutz der Familie verletze.

Der Gerichtshof sah die belgische Regelung, der zufolge eine rechtliche Abstammung nur infolge von Anerkennung oder gerichtlicher Feststellung möglich ist, als Verstoß gegen die Rechte sowohl der Mutter als auch des Kindes aus Art. 8 EMRK.[288] Der Gerichtshof war der Auffassung, dass jedes Kind allein aufgrund der Geburt rechtlich der gebärenden Frau zuzuordnen sei.[289] Gemeinsamer Rechtsgrundsatz

---

Deutschland, 13580/88, EuGRZ 1995, S. 392 Rn. 22; *Meyer-Ladewig*, EMRK, Art. 14 Rn. 5.

284 EGMR (13.7.2006), *Jäggi/Schweiz*, 58757/00, Rn. 51; (18.2.1999), *Matthews/Vereinigtes Königreich*, 24833/94, Rn. 68, siehe auch NJW 1999, S. 3107; *Meyer-Ladewig*, EMRK, Art. 15 Rn. 21.

285 Unterzeichnung durch Österreich und Deutschland erfolgte am 4.11.2005, siehe aktuellen Unterzeichnungs- und Ratifikationsstand unter http://conventions.coe.int.

286 *Michaux*, S. 321 (325).

287 EGMR (13.6.1979), *Marckx/Belgien*, 6833/74, Serie A Bd. 31.

288 EGMR (13.6.1979), *Marckx/Belgien*, 6833/74, Serie A Bd. 36, Rn. 36 f.

289 EGMR (13.6.1979), *Marckx/Belgien*, 6833/74, Serie A Bd. 31, Rn. 39.

der Mitgliedstaaten sei die Regel *mater semper certa est.*[290] Ein Kind darf selbst nicht für kurze Zeit rechtlich mutterlos sein, andernfalls werde es in seinem Recht auf Achtung seines Familienlebens verletzt.[291] Die Entscheidung folgte damit nicht der Ansicht der belgischen Regierung, welche die vom Gesetz eingeräumte Entscheidungsmacht der Mutter über die rechtliche Zuordnung zum Schutz des Kindes für zulässig hielt: So wäre es nach Meinung der Regierung gefährlich, das Kind einer biologischen Mutter anzuvertrauen, die kein Interesse zeige, sich um dieses zu kümmern, schließlich würden viele ledige Mütter ihre Kinder nicht anerkennen.[292] Nach Auffassung des Gerichtshofs sei die Tatsache, dass manche ledige Mütter sich nicht um ihre Kinder kümmern, nicht verallgemeinerungsfähig und könne damit eine generelle rechtliche Zuordnung nur infolge von Anerkennung oder gerichtlicher Feststellung nicht rechtfertigen.[293] Ebenso wenig als Rechtfertigungsgrund tauglich sei die Begründung, dass durch die Einbeziehung des unehelichen Kindes in die (rechtliche) Familie der Mutter der Familienfriede manchmal gestört werde.[294]

B. Rechtssache Gaskin/Vereinigtes Königreich

Auch das Urteil in der Rechtssache *Gaskin/Vereinigtes Königreich*[295] schien zunächst ein weiterer Schritt in Richtung Anerkennung eines Rechts auf Kenntnis der eigenen Abstammung zu sein.[296] Ein solches wird zwar in der Entscheidung nicht ausdrücklich erwähnt, allerdings wird die Persönlichkeitsentwicklung und -entfaltung als Teil des Rechts auf Privatleben anerkannt:[297]

Der Beschwerdeführer Gaskin, welcher den Großteil seiner Kindheit und Jugend bei Pflegeeltern verbracht hatte, gab an, in dieser Zeit missbraucht worden zu sein. Er hatte begonnen, Nachforschungen anzustellen, um zu erfahren, bei wem und unter welchen Umständen er gelebt hatte. Er verlangte Schadensersatz von den lokalen Behörden der staatlichen Fürsorge und Einsicht in vertrauliche Akten über seine Person, um mittels der so erlangten Informationen über seine Kindheit aus dieser resultierende Probleme überwinden und seine Identität finden zu können. Die Behörden verweigerten unter Berufung auf entgegenstehende öffentliche Interessen die Preisgabe von Informationen über Personen, die einer Weitergabe von Daten an Gaskin nicht zugestimmt hatten. Nachdem auf nationaler Ebene sein Begehren abgewiesen worden war, rief er die Menschenrechtskommission an, mit der Begründung, dass die Ablehnung seines Antrags auf Einsicht in seine komplette Akte sein Recht auf Achtung seines Privat- und Familienlebens aus Art. 8 Abs. 1 EMRK

290 EGMR (13.6.1979), *Marckx/Belgien*, 6833/74, Serie A Bd. 31, Rn. 41.
291 EGMR (13.6.1979), *Marckx/Belgien*, 6833/74, Serie A Bd. 31, Rn. 37.
292 EGMR (13.6.1979), *Marckx/Belgien*, 6833/74, Serie A Bd. 31, Rn. 39.
293 EGMR (13.6.1979), *Marckx/Belgien*, 6833/74, Serie A Bd. 31, Rn. 39.
294 EGMR (13.6.1979), *Marckx/Belgien*, 6833/74, Serie A Bd. 31, Rn. 48.
295 EGMR (7.7.1989), *Gaskin/Vereinigtes Königreich*, Serie A Bd. 160, 10454/83.
296 *Binder*, S. 95 f.; *Michaux*, S. 321 (325).
297 *Binder*, S. 95.

verletze. Die Einsichtnahme sei für seine Persönlichkeitsentwicklung und -entfaltung von erheblicher Bedeutung.[298]

Die Kommission stellte fest, dass die von den britischen Behörden vorgebrachten Gründe gegen die Preisgabe der Informationen zwar grundsätzlich legitime Ziele darstellen, die geeignet seien, einer Offenbarung entgegenzustehen.[299] Es bestehe dabei jedoch kein allgemeiner Vorrang des Geheimhaltungsinteresses, vielmehr sei stets eine Abwägung der beiderseitigen Belange im Einzelfall erforderlich.[300] Diese sei im konkreten Fall jedoch unterblieben, so dass die Einschränkung der Rechte aus Art. 8 Abs. 1 EMRK nicht gerechtfertigt sei.[301]

Dieser Begründung schloss sich der EGMR weitgehend an. Der Gerichtshof sah die Auseinandersetzung mit der eigenen Person, ihrer Herkunft und Vergangenheit als Teil der Identitätsfindung und damit über Art. 8 Abs. 1 EMRK im Rahmen des Rechts auf freie Entfaltung der Persönlichkeit geschützt.[302] Im konkreten Fall sah er eine Handlungspflicht des Staates verletzt: Der Staat habe es unterlassen, Zugang zu den Akten zu gewähren.[303]

C. Rechtssache Mikulić/Kroatien

Die Beschwerdeführerin war unehelich geboren und hatte in Kroatien eine Vaterschaftsfeststellungsklage gegen den mutmaßlichen Erzeuger erhoben.[304] Die kroatischen Gerichte hatten auch fünf Jahre nach Einreichung der Klage aufgrund der Weigerung des mutmaßlichen Vaters, sich einem DNS-Test zu unterziehen, und mangels einer entsprechenden Duldungspflicht noch nicht entschieden. Die Beschwerdeführerin machte eine Verletzung ihrer Rechte aus Art. 8 Abs. 1 EMRK durch die Ineffizienz der nationalen Gerichte geltend: Sie sei hinsichtlich ihrer persönlichen Identität in einem Zustand ausgedehnter Unsicherheit gehalten worden.[305]

Die kroatische Regierung sah keine Verletzung des Art. 8 EMRK, da die Beschwerdeführerin keinen Willen zur Herstellung familiärer Beziehungen zum vermeintlichen Vater gezeigt habe.[306] Der Gerichtshof wiederholte, dass Art. 8 EMRK nicht nur das (faktische) Familienleben schütze, sondern auch das Privatleben.[307] Dieses umfasse die physische und psychische Integrität und könne manchmal Aspekte der physischen und sozialen Identität umfassen.[308] Daher solle jeder in der

298 Kommission, Serie A Bd. 116 Rn. 56.
299 EGMR (7.7.1989), *Gaskin/Vereinigtes Königreich*, 10454/83, Serie A Bd. 160, Rn. 43.
300 EGMR (7.7.1989), *Gaskin/Vereinigtes Königreich*, 10454/83, Serie A Bd. 160, Rn. 47.
301 EGMR (7.7.1989), *Gaskin/Vereinigtes Königreich*, 10454/83, Serie A Bd. 160, Rn. 31.
302 EGMR (7.7.1989), *Gaskin/Vereinigtes Königreich*, 10454/83, Serie A Bd. 160, Rn. 49.
303 EGMR (7.7.1989), *Gaskin/Vereinigtes Königreich*, 10454/83, Serie A Bd. 160, Rn. 49.
304 EGMR (7.2.2002), *Mikulić/Kroatien*, 53176/99, Slg. 2002-I.
305 EGMR (7.2.2002), *Mikulić/Kroatien*, 53176/99, Slg. 2002-I, Rn. 49.
306 EGMR (7.2.2002), *Mikulić/Kroatien*, 53176/99, Slg. 2002-I, Rn. 48.
307 EGMR (7.2.2002), *Mikulić/Kroatien*, 53176/99, Slg. 2002-I, Rn. 51 f.
308 EGMR (7.2.2002), *Mikulić/Kroatien*, 53176/99, Slg. 2002-I, Rn. 53.

Lage sein, Details seiner Identität als menschliches Wesen zu ermitteln; der Anspruch auf derartige Informationen sei wegen ihrer prägenden Auswirkungen auf die Persönlichkeit von Bedeutung.[309] Das Verfahren zur Feststellung der Vaterschaft sollte die Abstammung durch Etablierung der biologischen Wahrheit bezwecken.[310] Damit bestehe ein direkter Zusammenhang zwischen Vaterschaftsfeststellung und Privatleben, so dass der Schutzbereich des Art. 8 Abs. 1 Var. 1 EMRK eröffnet sei.[311] Bei der Verwirklichung seiner Schutzpflicht habe der Staat eine Abwägung zwischen dem Allgemeininteresse und dem Interesse des Einzelnen durchzuführen, wobei dem Staat ein gewisser Entscheidungsspielraum zukomme.[312] Im zu entscheidenden Fall sei ein gerichtliches Verfahren (im Sinne einer statusändernden Abstammungsfeststellungsklage) die einzige zivilrechtliche Möglichkeit, die biologische Abstammung vom vermeintlichen Vater zu klären, da dieser die Vaterschaft leugne.[313] Der Gerichtshof sah in der fehlenden Möglichkeit, den vermeintlichen Vater im Rahmen des Vaterschaftsfeststellungsverfahrens zu einem DNS-Test zu zwingen, keinen gerechten Ausgleich der Interessen zwischen der Beschwerdeführerin und ihrem mutmaßlichen Vater, sondern eine Verletzung des Rechts des Kindes auf Klärung seiner Identität.[314] Die Beschwerdeführerin sei in einem Zustand ausgedehnter Ungewissheit über die persönliche Identität gelassen und damit in ihrem Recht auf Privatleben verletzt worden.[315]

D. Rechtssache X, Y und Z/Vereinigtes Königreich

Das Urteil,[316] welches sich insbesondere im Zusammenhang mit Transsexuellen und moderner Fortpflanzungsmedizin mit der Definition des Begriffs „Familienleben" im Sinne des Art. 8 Abs. 1 Var. 2 EMRK auseinandersetzt, enthält auch Passagen, welche die Frage nach dem Recht auf Kenntnis der biologischen Eltern betreffen.

Die Beschwerdeführer sind britische Staatsangehörige mit Wohnsitz in Manchester.[317] Der Erstbeschwerdeführer X war früher eine Frau und ist nunmehr ein männlicher Transsexueller. Er lebt seit 1979 in ständiger und stabiler Beziehung mit Frau Y, der Zweitbeschwerdeführerin. Im Oktober 1992 brachte Y nach einer künstlichen Befruchtung mit Spendersamen das Kind Z zur Welt. Im Februar 1992 hatte sich X beim Standesbeamten erkundigt, ob ein Einwand dagegen bestünde, dass er als Vater des Z eingetragen werde. Im Juli 1992 erhielt er die Auskunft, dass der

309 EGMR (7.2.2002), *Mikulić/Kroatien*, 53176/99, Slg. 2002-I, Rn. 54.
310 EGMR (7.2.2002), *Mikulić/Kroatien*, 53176/99, Slg. 2002-I, Rn. 55.
311 EGMR (7.2.2002), *Mikulić/Kroatien*, 53176/99, Slg. 2002-I, Rn. 55.
312 EGMR (7.2.2002), *Mikulić/Kroatien*, 53176/99, Slg. 2002-I, Rn. 59.
313 EGMR (7.2.2002), *Mikulić/Kroatien*, 53176/99, Slg. 2002-I, Rn. 60.
314 EGMR (7.2.2002), *Mikulić/Kroatien*, 53176/99, Slg. 2002-I, Rn. 64 f.
315 EGMR (7.2.2002), *Mikulić/Kroatien*, 53176/99, Slg. 2002-I, Rn. 66.
316 EGMR (20.3.1997), *X, Y und Z/Vereinigtes Königreich*, 75/1995/581/667, Slg. 1997-II.
317 EGMR (20.3.1997), *X, Y und Z/Vereinigtes Königreich*, 75/1995/581/667, Slg. 1997-II, Sachverhalt siehe Rn. 12–19.

Standesbeamte infolge der Einholung rechtlichen Rates der Auffassung sei, nur ein Mann im biologischen Sinne könne für die Eintragung als Vater angesehen werden. Z könne jedoch immerhin den Familiennamen des X führen. Dennoch versuchten X und Y die Eintragung des Z unter ihren gemeinsamen Namen als Vater und Mutter zu erreichen. Es wurde jedoch die Eintragung des X als Vater abgelehnt und der entsprechende Teil des Formulars freigelassen. Z erhielt den Familiennamen von X. Die Beschwerdeführer machen geltend, infolge der Verweigerung der Vaterrolle des X gegenüber Z in ihrem Recht auf Achtung ihres Privat- und Familienleben aus Art. 8 Abs. 1 EMRK verletzt worden zu sein.

Anlässlich der Überlegungen zu den möglichen Familienbanden mittels Samenspende gezeugter Kinder führt der Gerichtshof aus, dass, obwohl die medizinisch unterstützte Fortpflanzung in Europa seit einigen Jahrzehnten zur Verfügung stehe, eine Vielzahl von Problemen existiere, die zur Diskussion stehen und noch eines Konsenses der Mitgliedstaaten des Europarates harren: So fehle ein solcher z.B. auch bezüglich der Frage, ob die Interessen eines mittels Spendersamen empfangenen Kindes am besten durch die Wahrung der Anonymität des Samenspenders geschützt werden oder ob das Kind nicht doch das Recht haben solle, die Identität des Spenders zu kennen.[318] Dieses Problem betreffe laut Gerichtshof einen Bereich, in dem wenige Gemeinsamkeiten zwischen den Mitgliedstaaten bestehen und die Rechtsordnungen in einem Übergangsstadium zu sein scheinen, weshalb den Staaten eine weite Einschätzungsprärogative zukomme.[319] In seiner zustimmenden Meinung gibt Richter *Pettiti* zu Recht zu bedenken, dass der Gerichtshof, der sich nun zum ersten Mal mit Transsexualität und dem Recht des Kindes auf Kenntnis seiner biologischen Wurzeln auseinanderzusetzen hatte, näher auf den Interessenkonflikt zwischen Eltern und Kindern hätte eingehen müssen.[320] Eine Abwägung von Kindes- und Elterninteressen war in dem Urteil zur Rechtssache *X, Y und Z* in der Tat noch nicht erfolgt.

E. Rechtssache Odièvre/Frankreich

Im Zusammenhang mit dem Recht auf Kenntnis der eigenen Abstammung nahm der Europäische Gerichtshof für Menschenrechte erstmals eine Abwägung der Interessen der Eltern bzw. eines Elternteils - hier der biologischen Mutter - und des Kindes in seiner Entscheidung *Odièvre/Frankreich* vor.[321]

Die Beschwerdeführerin Pascale Odièvre (O) wurde 1965 in Paris geboren. Ihre Mutter hatte sie unmittelbar nach der Geburt abgegeben und beantragt, dass die

318 EGMR (20.3.1997), *X, Y und Z/Vereinigtes Königreich*, 75/1995/581/667, Slg. 1997-II, Rn. 44.

319 EGMR (20.3.1997), *X, Y und Z/Vereinigtes Königreich*, 75/1995/581/667, Slg. 1997-II, Rn. 44.

320 Veröffentlicht im Anschluss an EGMR (20.3.1997), *X, Y und Z/Vereinigtes Königreich*, 75/1995/581/667, Slg. 1997-II.

321 EGMR (13.2.2003), *Odièvre/Frankreich*, 42326/98, Slg. 2003-III.

Angaben über die leiblichen Eltern geheim gehalten werden.[322] Der Staat übernahm die Sorge für das Kind, welches schließlich 1969 vom Ehepaar Odièvre adoptiert wurde. Im Jahr 1990 beantragte O Einsicht in die Akten beim zuständigen Kinderfürsorgeamt und erhielt allgemeine Informationen über ihre leiblichen Eltern, die aber keine Identifikation der Familienmitglieder ermöglichten.[323]

> Akteninhalt im Fall Odièvre:[324]
> „Akteninformationen über ein vom Saint-Vincent-de-Paul-Heim aufgenommenes Kind, übermittelt von: GEHEIM.
> *Datum der Aufnahme:* [entfernt]
> *Detaillierte Beschreibung der Gründe der Aufnahme des Kindes*
> *(im Falle der Aufgabe oder möglichen Aufgabe ausführliche Angaben über das körperliche Erscheinungsbild der Mutter, geistige Fähigkeiten, Gesundheit, sozialen Hintergrund und Beschäftigung usw., und wenn möglich, des Vaters, zwecks Ermöglichung der bestmöglichen Unterbringung durch die Behörden).*
> *Kindesaufgabe:* Die Eltern leben seit sieben Jahren zusammen. Zwei Kinder sind aus dieser Beziehung hervorgegangen: Ein älteres Kind im Alter von 21 Monaten und Pascale, die die Mutter durch Aufgabe in unsere Obhut gibt. Das Paar wird seit zwei Jahren von einer Frau beherbergt, der jedoch nun die Ausweisung droht. Der Vater ist spanischer Staatsangehöriger und arbeitet als Maler und Dekorateur. Sein monatliches Einkommen beträgt 1200 Francs. Er ist verheiratet und hat ein eheliches Kind, welches von der Mutter großgezogen wird. Nach der Aussage von Pascales Mutter verweigert ihr Partner jede Aufnahme einer Beziehung zu Pascale und sagt, dass er diese neue Last nicht mehr aufnehmen könne. Sie (Frau Berthe) scheint willenlos und unterwirft sich ohne Weiteres den Wünschen ihres Partners. Sie hat ihre Tochter nie im Krankenhaus besucht; sie sagt, dass sie keine Verbindung aufbauen möchte. Sie hat ihre Tochter heute erstmals gesehen und trennt sich von ihr in völliger Gleichgültigkeit. Frau Berthe arbeitet nicht, zieht ihren Sohn auf und hütet das Kind ihrer Vermieterin. Die Geheimhaltung der Geburt wird erbeten.
> *Charakterisierung der Mutter:* 1,63 m groß, schlank, reguläre Gesichtszüge, klarer Teint, stark geschminkte braune Augen, langes, dichtes braunes Haar, von guter Gesundheit, ambivalente Haltung, sehr bescheidene intellektuelle Möglichkeiten.

---

322 EGMR (13.2.2003), *Odièvre/Frankreich*, 42326/98, Slg. 2003-III, Rn. 10. Sie unterschrieb ein Dokument folgenden Inhalts: „Ich gebe mein Kind Berthe Pascale auf. Ich versichere, dass ich darüber informiert bin, dass die Aufgabe meines Kindes nach Ablauf eines Monats unwiderruflich wird und dass die Behörden sich das Recht vorbehalten, es adoptieren zu lassen. Ich weise die Hilfe, die mir angeboten wurde, zurück. Ich verlange die Geheimhaltung der Geburt. Ich versichere, dass ich das Informationsblatt über die Kindesaufgabe erhalten habe […].“ Übersetzung von *Lux-Wesener*, EuGRZ 2003, S. 584.

323 EGMR (13.2.2003), *Odièvre/Frankreich*, 42326/98, Slg. 2003-III, Rn. 12.

324 EGMR, (13.2.2003), *Odièvre/Frankreich*, 42326/98, Slg. 2003-III, Rn. 12; deutsche Übersetzung von *Lux-Wesener*, EuGRZ 2003, S. 584 (585).

Charakterisierung des Vaters: durchschnittliche Größe, blond, braune Augen, von guter Gesundheit, bescheiden.

[...]."

Schließlich stellte O am 27.1.1998 beim Tribunal de Grande Instance (TGI) Paris den Antrag, die Geheimhaltung ihrer Geburt aufzuheben und ihr alle diesbezüglichen Unterlagen auszuhändigen. Insbesondere wollte sie nähere Angaben zu ihren Geschwistern, von deren Existenz sie Kenntnis erlangt hatte. Das Amt für Kindervorsorge und Jugendschutz hatte ihr nähere Angaben zur Identität ihrer Geschwister unter Berufung auf die Geheimhaltungspflicht verweigert. Am 2.2.1998 sandte das TGI Paris die Akte zurück mit dem Hinweis, O könne versuchen beim Verwaltungsgericht eine Verfügung zu erwirken, welche die Behörden verpflichte, ihr Zugang zu den Akten zu gewähren, auch wenn eine derartige Verfügung im Widerspruch mit dem Gesetz vom 8.1.1993 stünde, welches das Recht der Frau auf anonyme Geburt in den Code civil einführte.[325] Daraufhin reichte O am 12.3.1998 eine Beschwerde beim EGMR ein. Die Beschwerdeführerin rügte eine Verletzung ihrer Rechte auf Privat- und Familienleben aus Art. 8 Abs. 1 EMRK, da ihr nicht ermöglicht werde, Aufschluss über die Identität ihrer leiblichen Familie zu erhalten.[326] Zudem seien die französischen Geheimhaltungsvorschriften für anonyme Geburten eine Diskriminierung aufgrund der Geburt und demzufolge nicht mit Art. 14 EMRK i.V.m. 8 EMRK vereinbar.[327]

Der Gerichtshof prüfte nicht eine Verletzung des Familienlebens (Art. 8 Abs. 1 Var. 2 EMRK), sondern eine des Privatlebens (Art. 8 Abs. 1 Var. 1 EMRK), schließlich mache O im Namen der biologischen Wahrheit das Recht auf Kenntnis ihrer eigenen Geschichte geltend.[328] Der Schutz des Privatlebens umfasse auch das Recht auf Selbstentfaltung.[329] Zu diesem Recht zähle auch das Anliegen, die für die eigene Identität als menschliches Wesen relevanten Einzelheiten in Erfahrung zu bringen, sowie das Interesse, die Auskünfte zu erhalten, welche erforderlich sind, um die Wahrheit über einen wichtigen Aspekt der persönlichen Identität, z.B. die Identität

---

325 EGMR (13.2.2003), *Odièvre/Frankreich*, 42326/98, Slg. 2003-III, Rn. 14; siehe auch Gesetz loi n° 93–22 du 8 janvier 1993. Dieses Gesetz führte das allgemein anerkannte und in Nebengesetzen geregelte Recht der Frau auf anonyme Geburt explizit in den Code civil ein.

326 EGMR (13.2.2003), *Odièvre/Frankreich*, 42326/98, Slg. 2003-III, Rn. 25, 30 ff.

327 EGMR (13.2.2003), *Odièvre/Frankreich*, 42326/98, Slg. 2003-III, Rn. 51 f.

328 EGMR (13.2.2003), *Odièvre/Frankreich*, 42326/98, Slg. 2003-III, Rn. 28. Siehe dagegen die dissenting opinion der sieben Richter *Wildhaber, Sir Nicolas Bratza, Bonello, Loucaides, Cabral Brarreto, Tulkens* und *Pellonpää*, Rn. 2, veröffentlicht im Anschluss an EGMR (13.2.2003), *Odièvre/Frankreich*, 42326/98, Slg. 2003-III, wonach der Schutzbereich des Familienlebens auch eröffnet, die Prüfung einer Verletzung jedoch aufgrund der gleichzeitigen Eröffnung des Schutzbereichs „Privatlebens" überflüssig sei.

329 EGMR (13.2.2003), *Odièvre/Frankreich*, 42326/98, Slg. 2003-III, Rn. 29.

der eigenen Eltern, zu ermitteln.[330] Dieses Recht auf Kenntnis der Abstammung sei im zu entscheidenden Fall mit den Interessen der Mutter abzuwägen.[331] Zudem seien die Interessen Dritter, insbesondere der späteren Adoptiveltern und die des biologischen Vaters und seiner übrigen Abkömmlinge zu berücksichtigen.[332]

Zunächst untersucht der EGMR, ob mit der Regelung zur anonymen Geburt der französische Staat ein legitimes Ziel verfolgt. Ziel der französischen Regelung sei - auch im Interesse der Allgemeinheit -, während Schwangerschaft und Geburt die Gesundheit sowohl der Mutter als auch des Kindes zu schützen und (illegale) Abtreibungen sowie Aussetzungen zu vermeiden.[333] Dies sind in den Augen des EGMR legitime Ziele, insbesondere unter Berücksichtigung des in Art. 2 Abs. 1 EMRK normierten Schutzes des Lebens.[334]

Die Weite des Ermessenspielraums im Rahmen der Abwägung hänge von der Frage eines europaweiten Konsenses hinsichtlich der untersuchten Regelungsmaterie ab. Zum Themenbereich anonyme Kindesabgabe und anonyme Geburt gebe es gerade keinen Konsens der Mitgliedstaaten, vielmehr gehen die Haltungen diametral auseinander.[335] Mangels einer erkennbaren Linie billigt der EGMR den Mitgliedstaaten eine weite Einschätzungsprärogative für entsprechende nationale Regelungen zu.[336] Mit der Regelung, welche die Belehrung der Mutter über die Bedeutung der Kenntnis von der eigenen Abstammung vorschreibt und die Offenbarung nicht identifizierender Informationen gegenüber dem Kind vorsieht, habe Frankreich noch nicht sein Ermessen überschritten.[337] Die Regelung verstoße weder gegen Art. 8 Abs. 1[338] noch Art. 14 i.V.m. Art. 8 EMRK[339]. Allerdings fiel die Entscheidung mit zehn zu sieben Stimmen knapp aus.[340]

In ihrer gemeinsamen *dissenting opinion* bemängeln die abweichenden Richter die fehlende Prüfung, ob im konkreten Fall nun ein gerechter Ausgleich zwischen den kollidierenden Interessen erfolgt war.[341] An einem solchen Ausgleich fehle es jedoch, da der Mutter ein unbeschränktes Recht zustehe, über ihre Anonymität zu

---

330 EGMR (13.2.2003), *Odièvre/Frankreich*, 42326/98, Slg. 2003-III, Rn. 29.
331 EGMR (13.2.2003), *Odièvre/Frankreich*, 42326/98, Slg. 2003-III, Rn. 40.
332 EGMR (13.2.2003), *Odièvre/Frankreich*, 42326/98, Slg. 2003-III, Rn. 44.
333 EGMR (13.2.2003), *Odièvre/Frankreich*, 42326/98, Slg. 2003-III, Rn. 45.
334 EGMR (13.2.2003), *Odièvre/Frankreich*, 42326/98, Slg. 2003-III, Rn. 42.
335 EGMR (13.2.2003), *Odièvre/Frankreich*, 42326/98, Slg. 2003-III, Rn. 37 mit Hinweis auf die Auffassungen in Belgien, Deutschland, Italien, Luxemburg und Österreich.
336 EGMR (13.2.2003), *Odièvre/Frankreich*, 42326/98, Slg. 2003-III, Rn. 37.
337 EGMR (13.2.2003), *Odièvre/Frankreich*, 42326/98, Slg. 2003-III, Rn. 49.
338 EGMR (13.2.2003), *Odièvre/Frankreich*, 42326/98, Slg. 2003-III, Rn. 49.
339 EGMR (13.2.2003), *Odièvre/Frankreich*, 42326/98, Slg. 2003-III, Rn. 56.
340 Vgl. EGMR (13.2.2003), *Odièvre/Frankreich*, 42326/98, Slg. 2003-III, Rn. 56.
341 Dissenting opinion Rn. 6, veröffentlicht im Anschluss an *Odièvre/Frankreich*, 42326/98, Slg. 2003-III.

entscheiden.[342] Sie bemängelten auch die kritiklose Hinnahme der Prämisse, das Angebot der anonymen Geburt würde Kindstötungen und Abtreibungen verhindern.[343] Ferner gehe auch die Begründung für den weiten Ermessenspielraum fehl, sie sei die Verkennung eines weitgehenden Konsenses der Mitgliedstaaten im Sinne einer Ablehnung der anonymen Kindesabgabe - mit Hinweis auf die Rechtslage in Spanien,[344] Deutschland, Schweiz[345] und Niederlande[346]. Allein Frankreich habe die anonyme Kindesabgabe „formalisiert und institutionalisiert".[347]

Diese Kritik wird auch in der Literatur geteilt.[348] So staunt auch *Lux-Wesener*, dass der Gerichtshof zwar in den Entscheidungen *Mikulić* und *Gaskin* die Kenntnis elementarer Merkmale der eigenen Identität als essentielle Gesichtspunkte des Schutzbereichs des Privatlebens anerkannt hat, die Kenntnis von der eigenen Abstammung allerdings wohl nicht als umfasst sehe.[349] Im Zusammenhang mit der *Odièvre*-Entscheidung macht *Dellert* zu Recht auf die Missbrauchsgefahren von anonymen Kindesabgaben aufmerksam: In diesem vom EGMR zu entscheidenden Fall, war das Kindesleben keinen Augenblick gefährdet, die Eltern gaben nach eigenen Angaben das Kind nur ab, um eine zusätzliche Unterhaltspflicht zu vermeiden und hätten mit an Sicherheit grenzender Wahrscheinlichkeit auch auf ein reguläres Adoptionsverfahren zurückgegriffen, wäre ihnen nicht die bequemere Alternative der anonymen Kindesabgabe eröffnet worden.[350] Dies zeige deutlich, dass in Frankreich die Bevölkerung zu Lasten des Rechts auf Kenntnis der eigenen Abstammung bedauerlicherweise die anonyme Kindesabgabe als mindestens gleichwertige Alternative zum regulären Adoptionsverfahren wahrnehme.[351]

Hinsichtlich der zukünftigen Praxis gibt *Wittinger* zu bedenken, dass manche der betroffenen Kinder - wie Pascale Odièvre für ihre Person nach der Urteilsverkündung erklärt haben soll - mangels eines öffentlich-rechtlichen oder privaten Auskunftsanspruchs ihre biologischen Eltern auf eigene Faust mittels Privatdetektiv

---

342 Dissenting opinion Rn. 7, veröffentlicht im Anschluss an *Odièvre/Frankreich*, 42326/98, Slg. 2003-III.

343 Dissenting opinion Rn. 9, veröffentlicht im Anschluss an *Odièvre/Frankreich*, 42326/98, Slg. 2003-III.

344 Dissenting opinion Rn. 14, abgedruckt im Anschluss an *Odièvre/Frankreich*, 42326/98, Slg. 2003-III mit Verweis auf BVerfG (31.1.1989), BVerfGE 79, 256.

345 Dissenting opinion Rn. 14, abgedruckt im Anschluss an *Odièvre/Frankreich*, 42326/98, Slg. 2003-III.

346 Dissenting opinion Rn. 14, abgedruckt im Anschluss an *Odièvre/Frankreich*, 42326/98, Slg. 2003-III mit Verweis auf die niederländische Entscheidung *Valkenhorst*, Hoge Raad (15.4.1994).

347 Dissenting opinion Rn. 13 f., 16, abgedruckt im Anschluss an *Odièvre/Frankreich*, 42326/98, Slg. 2003-III.

348 *Dellert*, S. 130; *Lux-Wesener*, EuGRZ 2003, S. 555 ff.

349 *Lux-Wesener*, EuGRZ 2003, S. 555 (556).

350 *Dellert*, S. 128 f.

351 *Dellert*, S. 129.

weitersuchen werden: So wäre ein gesetzlicher Auskunftsanspruch doch zumindest aus gesellschaftlicher Sicht die wünschenswertere Alternative.[352]

F. Rechtssache Görgülü/Deutschland

In der Rechtssache Görgülü gegen Deutschland stellte der EGMR die Verletzung des leiblichen Vaters G in seinem Recht auf Familienleben fest.[353] Das Kind des G war als nichteheliches zur Welt gekommen und von der Mutter, mit welcher G zuvor für zwei Jahre ein Paar gewesen war, zur Adoption freigegeben worden. Um die Adoption bemühten sich die Pflegeeltern und der mittlerweile rechtlich festgestellte Kindesvater G. Sowohl im Sorge- als auch im Umgangsrechtsverfahren wurden die Interessen des leiblichen Vaters und auch die des Kindes an einem Zusammenleben bzw. Kontakten vom befassten OLG Naumburg verkannt. Obwohl sich die Entscheidung nicht mit den Rechten des Kindes, sondern jenen des leiblichen Vaters auseinandersetzt, ist sie auch von allgemeiner Bedeutung, da sie Verletzungen im Recht auf Familienleben feststellt, auch wenn (wie hier zwischen dem Vater und seinem Kind) keine sozial gelebten Familienbeziehungen bestehen: Zwar räumt der EGMR ein, dass für eine Sorgerechtsentscheidung erheblich sein kann, ob soziale Familienbande existieren, jedoch umfasse Art. 8 Abs. 1 Var. 2 EMRK auch die allgemeine Pflicht der Mitgliedstaaten auf die Zusammenführung eines leiblichen Elternteils mit seinem Kind hinzuwirken und zukünftige Beziehungen nicht vom bloßen Verstreichen der Zeit (und damit erstarrender faktischer Verhältnisse) abhängig zu machen.[354] Demnach schützt Art. 8 Abs. 1 Var. 2 EMRK auch sozial nicht gelebte Familienbande - jedenfalls, wenn sie rechtlich etabliert sind. Inwieweit eine leibliche Familie, die weder sozial gelebt wird noch rechtlich anerkannt ist, auch vom Schutzbereich des Art. 8 Abs. 1 Var. 2 EMRK umfasst wird, bleibt jedoch offen.

Die Anerkennung des Schutzes des Art. 8 Abs. 1 Var. 2 EMRK für die biologische, aber weder rechtlich etablierte noch sozial gelebte, Familie würde das Recht auf Kenntnis der eigenen Abstammung noch stärken, hätte es dann neben der Herleitung aus dem Schutz des Privatlebens noch eine zusätzliche Verankerung in der EMRK.

G. Rechtssache Jäggi/Schweiz

Der Beschwerdeführer J wurde am 26.7.1939 in Genf geboren.[355] Noch vor der Geburt des J hatte der Amtskurator am 14.7.1939 eine Vaterschafts- und Unterhaltsklage gegen den mutmaßlichen biologischen Vater A erhoben. A gab zu, eine intime

352 *Wittinger*, NJW 2003, S. 2138 (2140).

353 EGMR (26.2.2004), *Görgülü/Deutschland*, 74969/01.

354 EGMR (26.2.2004), *Görgülü/Deutschland*, 74969/01, Rn. 45; siehe auch schon *Sylvester/Österreich* (24.4.2003), 36812/97 und 40104/98, Rn. 69 und *W/Vereinigtes Königreich* (8.7.1987), 9749/82, A121, Rn. 65.

355 EGMR (13.7.2006), *Jäggi/Schweiz*, 58757/00, Sachverhalt Rn. 4–19.

Beziehung mit der Mutter des J geführt zu haben, bestritt aber seine Vaterschaft. Bei der Eintragung in das Geburtsregister gab die Mutter des J den A als Vater an. Am 30.1.1948 hat das Gericht erster Instanz die Klage des Amtskurators abgewiesen. J wuchs bei Pflegeeltern auf. Bei einer Begegnung mit seiner Mutter 1958 offenbarte diese ihm die Vaterschaft des A. Der wiederum verweigerte in der Folge eine Blutgruppenuntersuchung zum Ausschluss der Vaterschaft. A verstarb 1976. Im Jahr 1997 bezahlte J die Gebühren für das Grab des A bis 2016 im Voraus. J beantragte 1999 beim Gericht Erster Instanz Genf die Revision des Urteils aus dem Jahre 1948 und ein DNS-Gutachten mittels einer Hautprobe des A. Das letztgenannte Ersuchen wurde abgelehnt. Die Revision wurde abgewiesen, da eine Vaterschaftsfeststellung, welche nicht in Zusammenhang mit einer Änderung des Personenstandsregisters steht, unzulässig sei; hier sei eine solche Änderung nämlich nach nationalem Recht nicht mehr möglich. Das gegen die Entscheidung von J eingelegte Rechtsmittel wies der Bundesgerichtshof mit folgender Begründung ab: Das Recht auf Kenntnis der eigenen Abstammung sei kein absolut geschütztes Recht und es müsse eine Abwägung mit den Interessen Dritter zum Schutz ihrer persönlichen Freiheit erfolgen.[356] Zudem sei es verknüpft mit dem Recht von den Eltern aufgezogen zu werden.[357] J sei inzwischen 60 Jahre alt und habe seine Persönlichkeit entwickelt und einen großen Teil seines Lebens gelebt, ohne, dass medizinisch physische oder psychische Schäden infolge der nicht restlos geklärten Vaterschaft festgestellt worden seien. Nach Abwägung der konkurrierenden Interessen, könne die Ablehnung des DNS-Gutachtens damit begründet werden, dass mangels zivilrechtlicher Wirkungen auch kein Schaden des J vorliege.[358] Zudem könne nicht festgestellt werden, dass die Persönlichkeit des J durch die noch anhaltende Unsicherheit bezüglich seiner Abstammung weiterhin gefährdet wäre.[359]

J machte in seiner Beschwerde vor dem EGMR die Verletzung seiner Rechte aus Art. 8 Abs. 1 EMRK[360] sowie einen Verstoß gegen das Diskriminierungsverbot aus Art. 14 i.V.m. Art. 8 EMRK geltend.[361]

Der Gerichtshof verzichtete auf die Prüfung, ob der Anwendungsbereich des Art. 8 Abs. 1 Var. 2 EMRK (Schutz des Familienlebens) eröffnet sei, da das Recht, die eigene Abstammung zu kennen in jedem Fall in den Anwendungsbereich des Begriffs „Privatleben“, Art. 8 Abs. 1 Var. 1 EMRK falle, der wichtige Aspekte der persönlichen Identität, wie die Kenntnis der Identität des eigenen Erzeugers, enthalte.[362]

Der Gerichtshof betonte, dass Art. 8 Abs. 1 EMRK grundsätzlich ein Abwehrrecht gegen den Staat darstelle. Er räumte jedoch ein, dass sich aus der Vorschrift auch Verpflichtungen der Staaten zur Ergreifung von Maßnahmen zum Schutz des

356 EGMR (13.7.2006), *Jäggi/Schweiz*, 58757/00, Rn. 19.
357 EGMR (13.7.2006), *Jäggi/Schweiz*, 58757/00, Rn. 19.
358 EGMR (13.7.2006), *Jäggi/Schweiz*, 58757/00, Rn. 19.
359 EGMR (13.7.2006), *Jäggi/Schweiz*, 58757/00, Rn. 19.
360 EGMR (13.7.2006), *Jäggi/Schweiz*, 58757/00, Rn. 21.
361 EGMR (13.7.2006), *Jäggi/Schweiz*, 58757/00, Rn. 48.
362 EGMR (13.7.2006), *Jäggi/Schweiz*, 58757/00, Rn. 25.

Privatlebens der Individuen untereinander ergeben können.[363] Es sei eine gerechte Abwägung der konkreten Interessen des Einzelfalls vorzunehmen, wobei dem Staat ein gewisser Entscheidungsspielraum zufalle.[364] Einerseits müsse das Recht des J auf Kenntnis seiner Abstammung berücksichtigt werden, andererseits das Recht Dritter auf die körperliche Unversehrtheit des Verstorbenen, das Recht auf Respekt vor dem Tod sowie das öffentliche Interesse am Schutz der Rechtssicherheit.[365]

Der EGMR ging davon aus, dass das Interesse einer Person an der Kenntnis ihrer Abstammung vom Alter unabhängig sei.[366] J habe schon zu Lebzeiten des A Sicherheit gewollt und damit ein ernsthaftes Interesse an der Kenntnis seines Erzeugers gezeigt. Dieses Verhalten lasse auf moralisches und psychisches Leid schließen, selbst wenn dieses nicht medizinisch feststellbar sei.[367] Die Verwandten des A hätten weder religiöse noch ethische Gründe gegen die Untersuchung des A vorgebracht, welche ohnehin nur einen geringen Eingriff darstelle, zumal die sterblichen Überreste nur Dank der Finanzierung des Grabes durch J nicht schon 1997 exhumiert worden seien.[368]

Zudem genüge auch das Allgemeininteresse am Schutz der Rechtssicherheit (im Sinne der Rechtskraft des Vaterschaftsfeststellungsverfahrens) nicht, um das Kenntnisrecht des J einzuschränken.[369] Der Gerichtshof ging mit fünf zu zwei Stimmen von einer Verletzung des Art. 8 Abs. 1 Var. 1 EMRK aus.[370] Der Gerichtshof hielt die zusätzliche Prüfung einer Verletzung von Art. 14 EMRK i.V.m. Art. 8 EMRK für überflüssig und verzichtete auf diese.[371]

H. Rechtssache Phinikaridou/Zypern

Die Beschwerdeführerin P wurde 1945 als nichteheliches Kind geboren.[372] Ihre biologische Mutter setzte sie vor dem Haus einer Frau aus, die das Kind an eine Dritte weitergab, wo es aufwuchs und auch Kontakt zur leiblichen Mutter hatte. Diese offenbarte kurz vor ihrem Tod 1998 P die Identität des leiblichen Vaters. P beantragte daraufhin die Anerkennung der Vaterschaft, was unter Berufung auf bestimmte Fristen im zyprischen Familienrecht abgelehnt wurde.

Obwohl es in diesem Fall nicht (nur) um die Verwirklichung des Kenntnisrechts, sondern um die rechtliche Umsetzung der mutmaßlichen Kenntnis in einem Statusverfahren ging, wiederholte der Gerichtshof in seiner Entscheidung die Bedeutung

---

363 EGMR (13.7.2006), *Jäggi/Schweiz*, 58757/00, Rn. 33.
364 EGMR (13.7.2006), *Jäggi/Schweiz*, 58757/00, Rn. 33.
365 EGMR (13.7.2006), *Jäggi/Schweiz*, 58757/00, Rn. 39.
366 EGMR (13.7.2006), *Jäggi/Schweiz*, 58757/00, Rn. 40.
367 EGMR (13.7.2006), *Jäggi/Schweiz*, 58757/00, Rn. 40.
368 EGMR (13.7.2006), *Jäggi/Schweiz*, 58757/00, Rn. 41.
369 EGMR (13.7.2006), *Jäggi/Schweiz*, 58757/00, Rn. 43.
370 EGMR (13.7.2006), *Jäggi/Schweiz*, 58757/00, Rn. 44.
371 EGMR (13.7.2006), *Jäggi/Schweiz*, 58757/00, Rn. 51.
372 Zum Sachverhalt siehe EGMR, (20.12.2007), *Phinikaridou/Zypern*, 23890/02, Rn. 7 ff.

des Kenntnisrechts: So bestätigt er, dass die Geburt und insbesondere die Umstände der Geburt Teil des über Art. 8 Abs. 1 Var. 1 EMRK geschützten Privatlebens des Kindes seien.[373] Der Schutz des Privatlebens umfasse auch, dass jeder in der Lage sein sollte, Einzelheiten seiner Identität als menschliches Lebewesen ermitteln zu können; ein subjektives Recht auf diese Information sei wegen ihrer prägenden Auswirkungen für die Persönlichkeit von Bedeutung.[374] Der Einzelne müsse die Möglichkeit haben, Informationen zu erhalten, die notwendig seien um die Wahrheit bezüglich wichtiger Aspekte der eigenen persönlichen Identität aufzudecken, wie z.B. die Identität der leiblichen Eltern.[375]

Der Gerichtshof sah in den kurzen und ausnahmslosen und vom Zeitpunkt der Inkenntnissetzung des Kindes unabhängig geltenden Fristen für Vaterschaftsfeststellungsklagen einen Verstoß gegen Art. 8 EMRK.[376] Es sei abzuwägen zwischen dem Recht auf Kenntnis der Abstammung des Kindes einerseits und dem Interesse des mutmaßlichen Vaters, von Klagen, die weit in der Vergangenheit liegende Vorgänge betreffen, verschont zu bleiben, andererseits.[377] Daneben könnten zudem Interessen Dritter, insbesondere der Familie des Vaters, zu berücksichtigen sein.[378] Der Gerichtshof sah in den strengen Regelungen des Statusverfahrens eine Verletzung des Rechts auf Kenntnis der eigenen Abstammung.[379]

J. Rechtssache Godelli/Italien

Die Beschwerdeführerin G wurde 1943 geboren und in ihrer Geburtsurkunde steht: „Heute, am 28.3.1943, um 7:30 hat eine Frau, die nicht genannt werden möchte, eine Tochter geboren."[380] G wurde vom Ehepaar Godelli adoptiert und im Alter von zehn Jahren von den Eltern über die Tatsache der Adoption aufgeklärt.[381] Im Jahr 2006 verlangte sie vom Standesamt Triest Auskunft über ihre Herkunft und erhielt eine Geburtsurkunde ohne den Namen der leiblichen Mutter, da diese bei der Geburt ihre Anonymität gewünscht hatte.[382] G klagte erfolglos auf Berichtigung

---

373 EGMR (20.12.2007), *Phinikaridou/Zypern*, 23890/02, Rn. 45 mit Verweis auf EGMR (13.2.2003), *Odièvre/Frankreich*, 42326/98, Slg. 2003-III, Rn. 29.

374 EGMR (20.12.2007), *Phinikaridou/Zypern*, 23890/02, Rn. 45 mit Verweis auf EGMR (7.2.2002), *Mikulić/Kroatien*, 53176/99, Rn. 53 f., (7.7.1989), *Gaskin/Vereinigtes Königreich*, 10454/83, Serie A Bd. 160, Rn. 36 f., 39.

375 EGMR (20.12.2007), *Phinikaridou/Zypern*, 23890/02, Rn. 45 mit Verweis auf EGMR (13.7.2006), *Jäggi/Schweiz*, 58757/00, Rn. 25; (13.2.2003), *Odièvre/Frankreich*, 42326/98, Slg. 2003-III, Rn. 29; (7.2.2002), *Mikulić/Kroatien*, 53176/99, Rn. 54, 64.

376 EGMR (13.7.2006), *Jäggi/Schweiz*, 58757/00, Rn. 62 ff.

377 EGMR (13.7.2006), *Jäggi/Schweiz*, 58757/00, Rn. 53.

378 EGMR (13.7.2006), *Jäggi/Schweiz*, 58757/00, Rn. 53.

379 EGMR (20.12.2007), *Phinikaridou/Zypern*, 23890/02, Rn. 64 f.

380 EGMR (25.9.2012), *Godelli/Italien*, 33783/09, Rn. 6.

381 EGMR (25.9.2012), *Godelli/Italien*, 33783/09, Rn. 7 f.

382 EGMR (25.9.2012), *Godelli/Italien*, 33783/09, Rn. 10.

der Geburtsurkunde.[383] Nach italienischem Recht ist Mutter eines nichtehelichen Kinds nicht schon kraft Gesetzes die Frau, die es geboren hat, vielmehr ist zur Begründung ihrer rechtlichen Mutterschaft, die Feststellung der mütterlichen Abstammung erforderlich, Art. 250 codice civile.[384] Möchte eine Frau das Kind, das sie geboren hat, nicht behalten, ist sie berechtigt, vom Krankenhaus, in welchem sie entbunden hat, die Wahrung ihrer Anonymität in der Geburtsanzeige zu verlangen.[385] Das Gesetz 184 vom 4.5.1983 regelt unter anderem das Recht des adoptierten Kindes auf Zugang zu Informationen über seine Herkunft, schließt jedoch in Art. 28 Abs. 7 in Bezug auf eine Mutter, die bei der Geburt erklärt hat, nicht genannt werden zu wollen, den Zugang des Kindes zu Informationen über die Mutter aus.[386]

Der Gerichtshof sah in der italienischen Regelung eine Verletzung des Rechts der G auf Kenntnis der eigenen Abstammung als Teil des durch Art. 8 Abs. 1 EMRK geschützten Privatlebens.[387]

Der EGMR wies darauf hin, dass der Schutz des Art. 8 Abs. 1 EMRK nicht unbeschränkt sei, sondern ein gerechter Ausgleich zwischen widersprechenden Interessen hergestellt werden müsse, wobei der Staat hinsichtlich der Mittel, die er zur Erzielung des Ausgleichs als am besten geeignet halte, einen gewissen Ermessenspielraum habe.[388]

Der EGMR würdigte, dass die italienische Regelung über die anonyme Geburt im öffentlichen Interesse das Ziel verfolge, die Gesundheit von Mutter und Kind während der Schwangerschaft und bei der Geburt zu schützen und heimliche

---

383 EGMR (25.9.2012), *Godelli/Italien*, 33783/09, Rn. 11 ff.

384 *Henrich*, Anm. zu EGMR (25.9.2012), *Godelli/Italien*, 33783/09, FamRZ 2012, S. 1935. Artikel 250 Abs. 1 des italienischen Codice civile lautet: „Il figlio naturale può essere riconosciuto, nei modi previsti dall'articolo 254, dal padre e dalla madre, anche se già uniti in matrimonio con altra persona all'epoca del concepimento. Il riconoscimento può avvenire tanto congiuntamente quanto separatamente." In deutscher Übersetzung:
„Das nichteheliche Kind kann in den in Artikel 254 vorgesehenen Formen vom Vater und von der Mutter anerkannt werden, auch wenn sie bereits zum Zeitpunkt der Empfängnis mit einer anderen Person verheiratet waren. Die Anerkennung kann gemeinsam oder durch jeden Elternteil gesondert erfolgen."

385 EGMR (25.9.2012), *Godelli/Italien*, 33783/09, Rn. 20.

386 EGMR (25.9.2012), *Godelli/Italien*, 33783/09, Rn. 20. Art. 28 Abs. 7 des Gesetzes 184/1983, Gazz. Uff. Nr. 133, Suppl. ord N. 28, (seit 28.3.2001 mit dem Titel „Diritto del minore ad una famiglia", in deutsche Übersetzung: „Das Recht des Minderjährigen auf eine Familie") lautet „L'accesso alle informazioni non è consentito nei confronti della madre che abbia dichiarato alla nascita di non volere essere nominata (...)." Übersetzung angelehnt an *Henrich*, FamRZ 2012, S. 1935: „Der Zugang zu den Informationen wird nicht in Bezug auf die Mutter gewährt, die bei der Geburt erklärt hat, nicht (...) genannt werden zu wollen."

387 EGMR (25.9.2012), *Godelli/Italien*, 33783/09, Rn. 50, 59.

388 EGMR (25.9.2012), *Godelli/Italien*, 33783/09, Rn. 54.

Abtreibungen oder wildes Aussetzen von Kindern zu vermeiden.[389] Ebenfalls schutzwürdig sei das Interesse von Müttern, bei der Geburt eines Kindes ihre Anonymität wahren zu können. Die Wahrung der Anonymität einer gebärenden Frau ist Teil ihres Privatlebens, welches über Art. 8 Abs. 1 EMRK geschützt sei.[390]

Der Gerichtshof betonte jedoch, dass das Recht auf Identität, aus welchem sich das Recht auf Kenntnis der eigenen Abstammung ableite, ein wesentlicher Teil des Privatlebens sei und daher die Abwägung der widerstreitenden Interessen besonders gründlich erfolgen müsse.[391]

Da die italienische Regelung jedoch in keiner Weise versuchte, einen gerechten Ausgleich zwischen dem Recht des Kindes auf Kenntnis seiner Herkunft und dem Recht der Mutter auf Wahrung ihrer Anonymität zu erzielen, habe der italienische Gesetzgeber seinen Ermessenspielraum bezüglich eines akzeptablen Interessenausgleichs überschritten.[392]

So sei nach italienischem Recht die Anonymität der Mutter absolut und definitiv.[393] Das Kind habe weder Zugang zu Informationen über die Identität der Mutter noch zu anderen, die Interessen Dritter wahrenden und nicht zur Preisgabe der Identität der Mutter führenden Angaben über diese.[394] Hier kommen z.B. Angaben zum Alter oder Beruf der Mutter in Betracht.

Anders als bei der im Fall *Odièvre* untersuchten Rechtslage in Frankreich fehle es im italienischen Recht auch an einer Möglichkeit, unter bestimmten Voraussetzungen die Anonymität der Mutter nachträglich aufzuheben.[395] So habe z.B. der französische Gesetzgeber einen akzeptablen Ausgleich der Interessen erzielt:[396] Der Wunsch der Mutter nach Anonymität wurde damals grundsätzlich akzeptiert, allerdings konnte das Kind einen Antrag auf Zugang zu den Information über die leibliche Mutter stellen. In diesem Fall wurde die Mutter gefragt, ob sie der Aufhebung ihrer Anonymität zustimmen wollte.[397] Stimmte die Mutter einer Offenbarung ihrer Identität gegenüber dem Kind zu oder widersprach sie der Offenbarung nicht ausdrücklich oder war sie bereits verstorben, ohne erklärt zu haben, dass sie auch nach ihrem Tod anonym bleiben wollte, erhielt das Kind die beantragte Auskunft über die Identität seiner Mutter.[398]

---

389 EGMR (25.9.2012), *Godelli/Italien*, 33783/09, Rn. 51.
390 EGMR (25.9.2012), *Godelli/Italien*, 33783/09, Rn. 50.
391 EGMR (25.9.2012), *Godelli/Italien*, 33783/09, Rn. 52.
392 EGMR (25.9.2012), *Godelli/Italien*, 33783/09, Rn. 57 f.
393 EGMR (25.9.2012), *Godelli/Italien*, 33783/09, Rn. 55.
394 EGMR (25.9.2012), *Godelli/Italien*, 33783/09, Rn. 58.
395 EGMR (25.9.2012), *Godelli/Italien*, 33783/09, Rn. 57.
396 EGMR (25.9.2012), *Godelli/Italien*, 33783/09, Rn. 57.
397 *Henrich*, Anm. zu EGMR (25.9.2012), *Godelli/Italien*, 33783/09, FamRZ 2012, S. 1935.
398 *Henrich*, Anm. zu EGMR (25.9.2012), *Godelli/Italien*, 33783/09, FamRZ 2012, S. 1935.

K. Zusammenfassung

Ließ die Interpretation früherer Entscheidungen des EGMR möglicherweise noch Zweifel hinsichtlich des Schutzes eines Rechts auf Kenntnis der eigenen Abstammung durch die EMRK zu, so bejaht der Gerichtshof in seinen jüngeren Entscheidungen *Odièvre, Mikulić, Jäggi, Phinikaridou und Godelli* die Existenz eines solchen Kenntnisrechts als Teil des gemäß Art. 8 Abs. 1 Var. 1 EMRK geschützten Privatlebens. Bestandteil des Privatlebens sind die physische und psychische Integrität sowie auch die physische und soziale Identität. Der Schutz des Privatlebens umfasst auch die Selbstentfaltung und die Möglichkeit des Einzelnen, Informationen über seine Identität als menschliches Wesen, seine Geburt und deren Umstände zu ermitteln. Diese Einzelheiten sind wegen ihrer prägenden Auswirkungen auf die Persönlichkeit von Bedeutung. Der Schutz des Privatlebens ist nicht nur ein Abwehrrecht gegen den Staat, sondern verpflichtet den Staat auch, Maßnahmen zu ergreifen, um den Schutz des Privatlebens der Individuen untereinander zu gewährleisten.

Ob das Kenntnisrecht auch über den Schutz der Familie, Art. 8 Abs. 1 Var. 2 EMRK, und das Diskriminierungsverbot geschützt ist, hat der Gerichtshof offen gelassen. Inwieweit auch die biologische Familie, die weder zugleich rechtlich etabliert noch sozial gelebt wird, den Schutz der Familie genießt, ist noch unklar. Jedenfalls hat der EGMR entschieden, dass auch eine nicht sozial gelebte Familie schutzwürdig ist und den Angehörigen die Möglichkeit gegeben werden muss, Familienbande zu knüpfen. Ob diese Entscheidung nur für rechtlich etablierte oder auch für nur biologische Familien gilt, hat der EGMR nicht erläutert. Der zu entscheidende Fall *Görgülü* betraf allerdings eine rechtlich bestehende Vater-Kind-Beziehung.

Der Umfang und mögliche Schranken des Kenntnisrechts bleiben auch weiterhin unklar, kommt es doch stets auf die Interessenabwägung im konkreten Einzelfall an, wobei den Staaten auch ein gewisser Entscheidungsspielraum hinsichtlich der geeigneten Maßnahmen im Sinne des Art. 8 Abs. 2 EMRK bleibt. Diese Einschätzungsprärogative hat wegen der uneinheitlichen Rechtslage in den Rechtsordnungen der Mitgliedstaaten des Europarates sogar einen erweiterten Umfang.

Abwägungsrelevante Belange, die im Einzelfall zu einer Einschränkung des Kenntnisrechts führen können, sind das Geheimhaltungsinteresse Dritter, die der Weitergabe von Informationen widersprochen haben, der Schutz des Kenntnis suchenden Kindes, das Interesse der Allgemeinheit, während Schwangerschaft und Geburt die Gesundheit von Mutter und Kind zu schützen, und das Vermeiden von Aussetzungen und Kindstötungen. Ebenfalls zu berücksichtigen sind die Interessen von Adoptiveltern, die des leiblichen Vaters und seiner Abkömmlinge. Auch das Interesse eines mutmaßlichen Vaters, von Klagen verschont zu werden, die in der Vergangenheit liegende Ereignisse betreffen, soll nach Ansicht des EGMR berücksichtigt werden. Andererseits soll eine Gefährdung des Familienfriedens der Familie der leiblichen Mutter nicht bedacht werden. Abwägungsrelevanz haben die körperliche Unversehrtheit des verstorbenen mutmaßlichen Elternteils, der Respekt vor der Totenruhe und das öffentliche Interesse am Schutz der Rechtssicherheit.

Kein abwägungsrelevanter Belang ist das fortgeschrittene Alter des Kenntnissuchenden.

Die Tatsache, dass die genannten einzelnen Rechte und Interessen im Rahmen der Interessenabwägung zu berücksichtigen sind, bedeutet jedoch nicht, dass sie automatisch Vorrang vor dem Kenntnisrecht haben. Die Wertigkeit der betroffenen Interessen ergibt erst die konkrete Interessenabwägung.

V. Ergebnis

Der Schutz des Rechts auf Kenntnis der eigenen Abstammung zum einen über das allgemeine Persönlichkeitsrecht aus Art. 2 Abs. 1, Art. 1 Abs. 1 GG sowie zum anderen über den Schutz des Privatlebens aus Art. 8 Abs. 1 EMRK wirft die gleichen Fragestellungen auf: Es existiert jeweils kein absolutes Kenntnisrecht, vielmehr ist durch Interessenabwägung im Einzelfall zu ermitteln, inwiefern Interessen Dritter oder der Allgemeinheit das Kenntnisrecht beschränken. Die zu berücksichtigenden Belange entsprechen sich weitgehend, soweit dies den dargestellten Einzelfallabwägungen von BVerfG und EGMR zu entnehmen ist. Gewisse Abweichungen müssen im Einzelfall nicht notwendigerweise zu unterschiedlichen Ergebnissen führen, da die Abwägungsrelevanz eines Belanges nichts über den Grad seiner Gewichtung aussagt. Dennoch können die Abwägungsergebnisse im Rahmen des Art. 2 Abs. 1, Art. 1 Abs. 1 GG einerseits und des Art. 8 Abs. 1 EMRK andererseits auch bei Berücksichtigung der gleichen Belange durchaus abweichen, was jedoch auch bei verschiedenen Fällen des Schutzes über Art. 8 EMRK geschehen kann, räumt der EGMR den Mitgliedstaaten doch einen weiten Einschätzungsspielraum bei der Abwägung der schutzwürdigen Belange ein. Diese Problematik der mangelnden Kohärenz des Schutzniveaus in den einzelnen Mitgliedstaaten entspricht wiederum dem Problem der verschiedenen vertretbaren Ermessensentscheidungen bei der Interessenabwägung im Rahmen von Art. 2 Abs. 1, Art. 1 Abs. 1 GG, welche die deutschen Zivilgerichte mangels einschlägiger einfachgesetzlicher Normen vornehmen müssen.[399] Die deutsche Rechtsprechung tendiert bei den Abwägungen im Rahmen ihrer Entscheidungen (im Einzelfall jeweils zu Recht) zu einem Überwiegen des Rechts auf Kenntnis der eigenen Abstammung.

4. Abschnitt: UN-Kinderrechtekonvention

Nach der Analyse der EMRK, eines völkerrechtlichen Vertrags mit besonderer Stellung, soll hier zunächst noch auf die UN-Konvention über die Rechte des Kindes eingegangen werden. Spezielleres Völkerrecht zu Fragen der Adoption und Biomedizin wird in den einzelnen Kapiteln dieser Arbeit noch berücksichtigt.

399 Siehe BVerfG (6.5.1997), BVerfGE 96, 56 (64 f.).

Die UN-Konvention über die Rechte des Kindes vom 20.11.1989 (KRK) bekräftigt die Anerkennung von Kindern als eigenständigen Rechtssubjekten und ihre besondere Schutzbedürftigkeit.[400]

I. Art. 7 Abs. 1 KRK

Art. 7 Abs. 1 KRK enthält das Recht des Kindes auf Eintragung in ein Register unverzüglich nach der Geburt und ein Recht auf Kenntnis der Eltern. Er lautet:

> "The child shall be registered immediately after birth and shall have the right from birth to a name, the right to acquire a nationality and, as far as possible, the right to know and be cared for by his or her parents."[401]

A. Recht auf Eintragung, Art. 7 Abs. 1 Var. 1 KRK

Art. 7 Abs. 1 Var. 1 KRK regelt nur die Pflicht zur unverzüglichen Eintragung in ein Register, zu Inhalt und Umfang der Dokumentation enthält die Norm jedoch keinerlei Vorgaben.[402] Zunächst ist jedenfalls die bloße Tatsache der Existenz des Neugeborenen zu dokumentieren. Fraglich ist, ob eine Pflicht zur Eintragung der Namen der biologischen Eltern aus Art. 7 Abs. 1 KRK abgeleitet werden kann. Dem Wortlaut der Norm kann eine solche Pflicht jedenfalls nicht entnommen werden. In diesem Sinne hatte auch Frankreich, welches zu Zeiten des Inkrafttretens der Konvention in Frankreich die anonyme Geburt schon gesetzlich gestattet hatte, auch keinen Vorbehalt gegen Art. 7 der Konvention erklärt.[403] Das Recht auf Eintragung des Kindes umfasst nur die Dokumentation der Geburt des individuellen Kindes, nicht jedoch auch die seiner Abstammung.

Angesichts der spezielleren Regelung eines Kenntnisrechts in Art. 7 Abs. 1 Var. 4 KRK, dessen Umfang allerdings streitig ist, besteht auch kein Bedarf, aus dem Recht auf Eintragung der Geburt ein zusätzliches Kenntnisrecht herzuleiten.

B. Recht auf Kenntnis der Eltern, Art. 7 Abs. 1 Var. 4 KRK

Das Recht auf Kenntnis der Eltern regelt Art. 7 Abs. 1 Var. 4 KRK explizit. Inhalt und Reichweite des Kenntnisrechts werden allerdings kontrovers diskutiert.

---

400 Siehe Präambel, BGBl II 1992, 121 (122 f.); *Herdegen*, FamRZ 1993, S. 374 (379).

401 BGBl II 1992, S. 121 (125), die deutsche (völkerrechtlich nicht verbindliche) Übersetzung lautet: „Art. 7 (1) Das Kind ist unverzüglich nach seiner Geburt in ein Register einzutragen und hat das Recht auf einen Namen von Geburt an, das Recht, eine Staatsangehörigkeit zu erwerben, und soweit möglich das Recht, seine Eltern zu kennen und von ihnen betreut zu werden."

402 Schon im Internationalen Pakt für bürgerliche und politische Rechte von 1966 heißt es in Art. 24 Abs. 2: „Every child shall be registered immediately after birth and shall have a name.", BGBl II 1973, S. 1534. Siehe zur Parallele auch *Detrick*, S. 152.

403 Vgl. *Benöhr/Muth*, KJ 2001, S. 405 (421).

1. Begriff der „Eltern“

Es ist umstritten, wie der Begriff der Eltern *(„parents“)* auszulegen ist, ob die rechtliche oder die leibliche Elternschaft erfasst sein soll. Während *Hegnauer* einer biologischen Interpretation folgt,[404] stellen andere im vermeintlichen Interesse des Kindes auf die rechtliche Elternschaft ab.[405] Gegen ein biologisches Verständnis des Elternbegriffs wenden sie ein, dass dann das Kenntnisrecht schließlich nahezu jedem Kind (mit Ausnahme von Findelkindern) zu gewähren sei, und damit auch in Fällen, in welchen rechtliche oder biologische Eltern ein Kenntnisdefizit des Kindes gerade wünschen, z.B. bei Adoptionen, Keimzellspenden oder wenn eine Mutter den Erzeuger nicht nennen möchte.[406] Diese Überlegung darf jedoch richtigerweise nicht den Schutzbereich des Kenntnisrechts eingrenzen, sondern kann allenfalls auf der Ebene der zulässigen Schranken oder Vorbehalte zu berücksichtigen sein.

Der Tatsache, dass das Kinderrechtekomitee nationale Regelungen, die bei Volladoption eine absolute Auskunftssperre vorsehen, als unvereinbar mit Art. 7 KRK einstuft,[407] ist zu entnehmen, dass die Norm unter dem Begriff der Eltern auch und gerade die biologischen versteht.

2. Recht auf Kenntnis „und“ Betreuung

Ferner besteht Uneinigkeit darüber, ob das Kenntnisrecht nur bei gleichzeitiger Betreuung durch die natürlichen Eltern zu gewähren ist.

So wird im Rahmen einer grammatischen Auslegung eingewandt, bei Art. 7 Abs. 1 Var. 4 und Var. 5 KRK handle es sich um ein einheitliches Recht auf Kenntnis von *und* Betreuung durch die natürlichen Eltern, - welches sich in intakten Familien ohnehin von selbst erfülle.[408] Kommt eine Betreuung durch die leiblichen Eltern im Hinblick auf das Kindeswohl nicht in Betracht - z.B. bei Keimzellspenden - bzw. bei Eingreifen des Vorbehalts, bestünde demnach auch kein Kenntnisrecht, andernfalls würde es in Kombination mit einem Recht auf Betreuung durch die Keimzell spendende Person zu einer „Verurteilung“ der künstlichen Fortpflanzungsmethoden führen,[409] was angesichts der (damaligen) weltweiten Kontroverse bezüglich der Fortpflanzungsmedizin von den Mitgliedstaaten der Kinderrechtekonvention nicht gewollt sein konnte.[410]

---

404 *Hegnauer*, ZBl 1991, S. 341 (345). Ebenso *Boele-Woelki*, in: *Boele-Woelki/Sverdrup*, S. 413 (418).

405 *Berney/Guillod*, SJZ 1993, S. 205 (207 f.).

406 *Berney/Guillod*, SJZ 1993, S. 205 (207 f.).

407 *Committee on the Rights of the Child (CRC)*, UN doc. CRC/C/15/Add. 201, 2003, Rn. 8 f. (Tschechische Republik) und Rn. 45 f. (Kasachstan); vgl. dazu auch CommChild/*Ziemele*, Art. 7 Rn. 52 f.

408 *Stöcker*, FamRZ 1992, S. 245 (248). Die Hervorhebung erfolgte durch die Verfasserin.

409 Ein Verbot der heterologen Insemination aus Art. 7 KRK ableitend *Hegnauer*, ZBl 1991, S. 341 (345).

410 *Berney/Guillod*, SJZ 1993, S. 205 (208); *Rubellin-Devichi*, RTD civ. 1991, S. 695 (700 Fn. 21); *Stöcker*, FamRZ 1992, S. 245 (248).

Diese Auffassung vom einheitlichen Recht auf Kenntnis und Betreuung wird zu Recht kritisiert: Die Regelung von Kenntnisrecht und Recht auf Betreuung in einem Artikel hat nicht zwangsweise zur Folge, dass beide nur nach dem Alles-oder-nichts-Prinzip gewährt werden können.[411] Das Interesse des Kindes an der Kenntnis seiner biologischen Eltern besteht nicht (nur), um die Betreuung durch diese sicherzustellen.[412] Vielmehr ist die Kenntnis als Minus zur Betreuung zu verstehen und somit gerade in Fällen, in welchen es an der elterlichen Betreuung fehlt, von Bedeutung.[413] Die grammatische Analyse der Regelung führt meines Erachtens auch nicht notwendigerweise zu einem einheitlichen Kenntnis- und Betreuungsrecht. Vielmehr entspricht es den Regeln der Syntax, dass bei einer Aufzählung von fünf Elementen die beiden letzten nicht wie die vorhergehenden durch Kommata getrennt, sondern durch eine Konjugation verbunden werden. Inhaltlich macht die Regelung der Varianten vier und fünf in einem neuen Halbsatz auch insoweit Sinn, als sie anders als Variante eins bis drei nicht vorbehaltlos gewährt werden. Allerdings ist der Wortlaut insoweit missverständlich gewählt, da nach dem „and" auf ein wiederholendes „the right" verzichtet wurde. Aus dieser sprachlichen Verknüpfung allein ist indessen nicht abzuleiten, dass die Gewährung des einen Rechts unter dem Vorbehalt der gleichzeitigen Gewährung des anderen Rechts steht. Eine entsprechende Bedingtheit müsste anderweitig zum Ausdruck gebracht werden.

3. Der Vorbehalt des „Möglichen"

Des Weiteren ist umstritten, in wieweit die Schranke des Art. 7 Abs. 1 KRK *(„as far as possible")* das Kenntnisrecht eingrenzt. Die Frage wird jedoch meist nur aufgeworfen, aber kaum näher untersucht. Zur Beantwortung ist ein Blick auf die Entstehungsgeschichte der Norm hilfreich. Der ursprüngliche Vorschlag Ägyptens[414] hatte zunächst gelautet:

> "1. The child shall have the right from his birth to know and belong to his parents, as well as the right to a name and to acquire a nationality."[415]

Gegen ein im Vorschlag vermeintlich enthaltenes Recht auf Kenntnis der natürlichen Eltern hatten jedoch die DDR, die UdSSR und die USA Einwände formuliert, da eine derartige Regelung nicht mit den jeweiligen nationalen Vorschriften über

411 So ähnlich *Binder*, S. 150.

412 CommChild/*Ziemele*, Art. 7 Rn. 56 erwähnt eine derartige Verknüpfung nicht einmal.

413 So wohl auch *Binder*, S. 150.

414 Der Vorschlag erfolgte auch im Namen anderer arabischer Staaten, E/CN.4/1989/48, Rn. 93, in: *Vereinte Nationen*, Legislative History of the Convention on the Rights of the Child, Vol. I, S. 377 f.; vgl. *Detrick*, S. 153; *Dorsch*, S. 152.

415 E/CN.4/1989/48, Rn. 93, in: *Vereinte Nationen*, Legislative History of the Convention on the Rights of the Child, Vol. I, S. 377 f.; vgl. auch *Dorsch*, S. 152.

geheime Adoptionen vereinbar wäre.[416] Auch Portugal gab zu bedenken, dass in manchen Situationen das Recht auf Kenntnis der Eltern nicht berücksichtigt werden könne.[417] Ob damit Situationen faktischen, rechtlichen oder willentlichen Ursprungs gemeint waren, ist leider nicht dokumentiert. In der Folge wurde der Vorbehalt, „soweit möglich", trotz der Sorge vor willkürlichen Beschränkungen aufgenommen.[418]

Dieser historische Hintergrund ist bei der Auslegung des später eingeführten Vorbehalts („soweit möglich") und insbesondere bei der Frage, ob die erforderliche Unmöglichkeit eine faktische, rechtliche oder gar eine politisch gewollte sein kann, zu berücksichtigen.

Teilweise wird vertreten, es könne nicht nur die faktische Unmöglichkeit gemeint sein, schließlich sei sonst das Kenntnisrecht jedem Kind - mit Ausnahme von Findelkindern - zu gewähren, unabhängig davon, ob dies dem Willen der rechtlichen Eltern entspreche wie z.B. in Fällen, in welchen die Mutter oder rechtlichen Eltern den Erzeuger oder die Keimzellspende verschweigen möchten oder bei Adoptionen.

Richtigerweise kann es sich jedoch gerade nur um den Vorbehalt der faktischen Möglichkeit handeln, da andernfalls die Norm ihres Inhalts beraubt würde[419] und das Kenntnisrecht von der Willkür Dritter und des Gesetzgebers abhängig wäre.[420] So vertritt auch *Hegnauer*, dass bei künstlicher Fortpflanzung mittels Keimzellspenden durchaus die Möglichkeit der Inkenntnissetzung des Kindes - nach seiner Ansicht kennt der Arzt die Identität des Spenders, oder muss sie zumindest kennen - und damit das Kenntnisrecht des Kindes grundsätzlich bestehe.[421]

Die herrschende Meinung in Frankreich geht davon aus, dass die Formulierung „soweit möglich" einen Vorbehalt zu Gunsten entgegenstehender nationaler Normen darstelle.[422] Im Übrigen stehe nach dieser Ansicht das Kenntnisrecht gemäß Art. 7 Abs. 2 KRK ohnehin unter dem Vorbehalt des Einklangs mit dem jeweiligen innerstaatlichen Recht".[423] Diese Interpretation würde dem nationalen Gesetzgeber die Möglichkeit eröffnen, den Schutz des Art. 7 Abs. 1 KRK durch widersprechende

---

416 E/CN.4/1989/48, Rn. 96, in: *Vereinte Nationen*, Legislative History of the Convention on the Rights of the Child, Vol. I, S. 378; vgl. *Detrick*, S. 153.

417 E/CN.4/1989/48, Rn. 96, in: *Vereinte Nationen*, Legislative History of the Convention on the Rights of the Child, Vol. I, S. 378.

418 *Detrick*, S. 153.

419 *Conseil d'État*, Statut et Protection de l'Enfant, S. 111; *Hegnauer*, ZBl 1991, S. 341 (345); *Nicolas-Maguin*, D. 1995, Chron. S. 75 (79).

420 Siehe auch *Boele-Woelki*, in: *Boele-Woelki/Sverdrup*, S. 413 (418).

421 *Hegnauer*, ZBl 1991, S. 341 (345); a.A. *Berney/Guillod*, SJZ 1993, S. 205 (208).

422 *Conseil d'État*, Statut et Protection de l'Enfant, S. 79.
Vgl auch *Lux-Wesener*, EuGRZ 2003, S. 555 (558), die zwar grundsätzlich auf die tatsächliche Unmöglichkeit abstellt, aber zusätzlich auch rechtliche Einschränkungen des Kenntnisrechts akzeptiert, sofern diese den Schutz eines anderen Rechtsgutes (z.B. Leben des Kindes) bezwecken. Dabei stellt sie mit Hinweis auf Art. 6 KRK auch auf die Vermeidung von Abtreibungen ab.

423 *Conseil d'État*, Statut et Protection de l'Enfant, S. 79; *Nykiel*, S. 195.

nationale Gesetze zu umgehen. Dies entspricht nicht dem Schutzgedanken internationaler Menschenrechtsabkommen, die einen Mindeststandard in den Mitgliedstaaten etablieren sollen. Auch das UN-Kinderrechtekomitee hat in seinem Bericht über Frankreich Zweifel an der Vereinbarkeit der französischen Regelungen über die anonyme Geburt mit Art. 7 KRK geäußert, was gegen einen Vorbehalt zu Gunsten der nationalen Rechtsordnung spricht.[424]

Wie Art 7 Abs. 2 KRK verdeutlicht, handelt es sich bei den Regelungen des Abs. 1 nicht um unmittelbare Ansprüche, vielmehr sind die nationalen Gesetzgeber verpflichtet, konkrete Ausgestaltungen der Rechte des Art. 7 Abs. 1 KRK vorzunehmen.[425]

Steht das Kenntnisrecht nur unter dem Vorbehalt der faktischen Möglichkeit, kann der nationale Gesetzgeber demzufolge nur über das „Wie" des Schutzes des Kenntnisrechts, jedoch nicht über das „Ob" entscheiden. Damit ist die unbetitelte Erklärung der früheren Tschechoslowakei in Bezug auf die Kinderrechtekonvention völkerrechtlich als Vorbehalt gegenüber der Annerkennung des Art. 7 KRK und nicht lediglich als Interpretationserklärung deklaratorischen Inhalts zu verstehen: „In Fällen unwiderruflicher Adoptionen, die auf dem Grundsatz der Anonymität der Adoption beruhen, und in Fällen künstlicher Befruchtung, in denen der mit dem Eingriff beauftragte Arzt verpflichtet ist, dafür zu sorgen, daß der Ehemann und die Ehefrau einerseits und der Spender andererseits einander unbekannt bleiben, steht es nicht im Widerspruch zu dieser Bestimmung, dem Kind den Namen des leiblichen Elternteils oder der leiblichen Eltern zu verschweigen."[426] Die Unvereinbarkeit des Art. 7 KRK mit gesetzlichen Regelungen über die Anonymität erkennend hatte Polen explizit einen Vorbehalt gegenüber Art. 7 KRK zu Gunsten nationaler Reglungen über die Vertraulichkeit der Herkunft von Adoptivkindern erklärt.[427] Luxemburg „stellte" durch einen Vorbehalt „klar", dass Art. 7 KRK dem rechtlich geregelten Institut der anonymen Geburt nicht entgegenstünde.[428]

Unumstritten ist, dass über den Vorbehalt („soweit möglich") auch die übrigen Schutzziele der Konvention als konventionsimmanente Schranken zu berücksichtigen sind.[429] Hier wird z.B. Art. 6 KRK angeführt, welcher das Recht auf Leben

---

424 *Committee on the Rights of the Child (CRC)*, CRC/C/15Add.20 [25.4.1995], Rn. 14; wiederholt in CRC/C15Add.240 [4.6.2004], Rn. 4, 23.

425 Art. 7 Abs. 2 lautet in der völkerrechtlich unverbindlichen, amtlichen deutschen Übersetzung: „Die Vertragsstaaten stellen die Verwirklichung dieser Rechte im Einklang mit ihrem innerstaatlichen Recht und mit ihren Verpflichtungen aufgrund der einschlägigen internationalen Übereinkünfte in diesem Bereich sicher, insbesondere für den Fall, dass das Kind sonst staatenlos wäre.", BGBl II 1992, S. 121 (125).
Die Bedeutung richtig erkennend BT-Drucks. 12/42, Anm. 6 zu Art. 7, S. 38.

426 BGBl II 1992, S. 990 (1007).

427 BGBl II 1992, S. 990 (1005).

428 *Vereinte Nationen*, ST/LEG/SER.E/19, S. 281; vgl. *Detrick*, S. 154.

429 *Benöhr/Muth*, KJ 2001, S. 405 (422) nicht generell, sondern nur Art. 6 KRK erwähnend; *Lux-Wesener*, EuGRZ 2003, S. 555 (558).

(Abs. 1) und das Recht auf Überleben (Abs. 2) schützt.[430] Anhänger der These, dass Projekte wie Babyklappe und anonyme Geburt das Überleben der Kinder sichern, gehen hier von einer zulässigen Beschränkung des Kenntnisrechts aus und verneinen einen Verstoß gegen die UN-Kinderrechtekonvention durch die anonyme Kindesabgabe.[431] Allerdings hat wie oben erwähnt sogar das UN-Kinderrechtekomitee Zweifel an der Vereinbarkeit der französischen Regelungen zur anonymen Geburt mit Art. 7 KRK geäußert.[432] Zu Recht wird die Vereinbarkeit der anonymen Kindesabgabe mit Art. 7 KRK auch in der Literatur zunehmend in Frage gestellt.[433] Im Juni 2011 hat nun auch das UN-Kinderrechtekomitee bei einer Überprüfung, inwieweit die Tschechische Republik die Verpflichtungen aus der Kinderrechtekonvention umsetzt, das Land unmissverständlich aufgefordert, alle notwendigen Maßnahmen zu ergreifen, um das staatliche Babyklappen-Programm so schnell wie möglich zu beenden.[434] Dieses verletze Art. 6, 7, 8, 9 und 19 KRK.[435] Genauere Begründungen zu den einzelnen Verstößen gegen die genannten Vorschriften lieferte das Komitee nicht. Es forderte die Tschechische Republik jedoch auf, die Bemühungen zur Bekämpfung der Ursachen für die Kindesabgabe zu vertiefen, insbesondere im Bereich der Familienplanung und einer angemessenen Beratung und Unterstützung für Frauen, die ungewollt schwanger wurden.[436]

4. Zusammenfassung

Art. 7 Abs. 1 Var. 4 KRK schützt das Recht des Kindes auf Kenntnis seiner leiblichen Eltern. Dies gilt unabhängig davon, ob das Kind auch von den leiblichen Eltern betreut wird. Der Schutz des Kenntnisrechts steht nicht zur Disposition der nationalen Gesetzgeber, allerdings bleibt ihnen die konkrete Ausgestaltung im nationalen Recht überlassen.

---

430 *Benöhr/Muth*, KJ 2001, S. 405 (422).

431 *Benöhr/Muth*, KJ 2001, S. 405 (422).

432 *Committee on the Rights of the Child (CRC)*, CRC/C/15Add.20 [25.4.1995], Rn. 14; wiederholt in CRC/C15Add.240 [4.6.2004], Rn. 4, 23.

433 So auch kritisch *Committee on the Rights of the Child (CRC)*, CRC/C/15Add.20 [25.4.1995], Rn. 14. Fragend auch *Wittinger*, NJW 2003, S. 2138 (2140 Fn. 26).

434 *Committee on the Rights of the Child (CRC)*, 57th session 30.5-17.6.2011, CRC/C/CZE/CO/3-4 [veröffentlicht am 11.8.2011], Rn. 50. Die erste Babyklappe in der Tschechischen Republik wurde 2005 eröffnet, 2010 waren es insgesamt schon 34. In diesen fünf Jahren wurden ungefähr 36 Kinder in die Babyklappen gelegt, Bericht der Tschechischen Republik vom 31.5.2011 gegenüber dem Kinderrechtekomitee, CRC/C/SR.1617, Rn. 52.

435 *Committee on the Rights of the Child (CRC)*, 57th session 30.5-17.6.2011, CRC/C/CZE/CO/3-4 [veröffentlicht am 11.8.2011], Rn. 49.

436 *Committee on the Rights of the Child (CRC)*, 57th session 30.5-17.6.2011, CRC/C/CZE/CO/3-4 [veröffentlicht am 11.8.2011], Rn. 50.

II. Recht auf Erhaltung der eigenen Identität, Art. 8 KRK

Nach Art. 8 KRK ist die Erhaltung der eigenen Identität einschließlich der gesetzlich anerkannten Familienbeziehungen geschützt. Art. 8 KRK lautet:

> "1. States Parties undertake to respect the right of a child to preserve his or her own identity, including nationality, name and family relations as recognized by law without unlawful interference."[437]

Der ursprüngliche, von Argentinien unterbreitete Vorschlag lautete noch:

> "The child has the inalienable right to retain his true and genuine personal, legal and family identity.
> In the event that a child has been fraudulently deprived of some or all of the elements of his identity, the State must give him special assistance with a view to reestablishing his true and genuine identity as soon as possible. In particular, this obligation of the State includes restoring the child to his blood relations to be brought up."[438]

Einige Staaten, darunter auch Österreich, bezweifelten die Notwendigkeit dieser vorgeschlagenen Regelung, da der geplante Schutzbereich schon über ein Zusammenspiel der Art. 2, 6, 8 und 11 KRK geschützt sei[439] - wohl auch inklusive der besonderen Berücksichtigung der Blutsverwandtschaft. Argentinien bekräftigte die Bedeutung seines Vorschlags mit der besonderen Unterscheidung zwischen der „wahren" und der rechtlichen Abstammung.[440] Dennoch wurde nach längerer

---

437 Die völkerrechtlich unverbindliche, amtliche deutsche Übersetzung lautet: „1. Die Vertragsstaaten verpflichten sich, das Recht des Kindes zu achten, seine Identität, einschließlich seiner Staatsangehörigkeit, seines Namens und seiner gesetzlich anerkannten Familienbeziehungen, ohne rechtswidrige Eingriffe zu behalten.", BGBl II 1992, S. 121 (125).

438 E/CN.4/1985/64 Rn. 9, in: *Vereinte Nationen*, Legislative History of the Convention on the Rights of the Child, Vol. I, S. 383; E/CN.4/1986/39, Rn. 33, in: *Vereinte Nationen*, Legislative History of the Convention on the Rights of the Child, Vol. I, S. 384. Siehe in der Folge auch den fast identischen Vorschlag Polens A/C.3/40/3:
„1. States Parties undertake to guarantee to the child the right to preserve his true and genuine personal, legal and family identity.
2. If a child has been fraudulently deprived of some or all of the elements of his identity, the States Parties shall provide the child necessary assistance and protection, with a view to speedily reestablishing his true and genuine identity.", *Vereinte Nationen*, Legislative History of the Convention on the Rights of the Child, Vol. I. S. 384.

439 Kanada, Niederlande, Norwegen, Österreich, USA E/CN.4/1986/39, Rn. 34, 36, 37, in: *Vereinte Nationen*, Legislative History of the Convention on the Rights of the Child, Vol. I, S. 384.

440 E/CN.4/1986/39, Rn. 34, 36, 37, in: *Vereinte Nationen*, Legislative History of the Convention on the Rights of the Child, Vol. I, S. 384; *Dorsch*, S. 154; *Sax/Hainzl*, S. 124.

Diskussion die oben angeführte stark modifizierte Fassung aufgenommen und der argentinische Gedanke damit deutlich relativiert.[441] Nach *Dorsch* war das Hauptziel der Regelung die Vermeidung von Zwangsadoptionen.[442] Daneben sieht *Wolf* in Art. 8 KRK auch ein Verbot von anonymen Keimzellspenden.[443] Dem wird jedoch aufgrund des relativierenden Zusatzes „as recognized by law" im Allgemeinen nicht zugestimmt:[444] Der Identitätsschutz des Kindes vor Eingriffen ist nach Maßgabe des nationalen Rechts zu gewähren. Dieses beurteilt, ob ein rechtswidriger Eingriff vorliegt. Dabei bleiben die nationalen Gesetzgeber jedoch an Art. 3 KRK gebunden, so dass Eingriffe in den Rechtsstatus des Kindes darauf zu überprüfen sind, ob sie dem Kindeswohl ausreichend Rechnung tragen.[445] Diese Argumentation darf jedoch nicht dazu führen, dass der gesamte Schutz des Art. 8 KRK durch beliebige abweichende nationale Gesetze im Namen des Kindeswohls ausgehebelt wird.

In der Literatur finden sich kaum Ansätze, aus dem Recht des Kindes auf Bewahrung seiner Identität ein Recht auf Kenntnis der eigenen Abstammung abzuleiten. Angesichts des argentinischen Grundgedankens der Regelung wäre trotz des aktuellen Wortlauts eine solche Auffassung vertretbar, allerdings auch überflüssig, da bereits Art. 7 Abs. 1 Var. 4 KRK ein *selbständiges* Recht auf Kenntnis der *biologischen* Eltern enthält.[446]

III. Die Bedeutung der Kinderrechtekonvention in den Mitgliedstaaten

A. Deutschland

Die Kinderrechtekonvention der Vereinten Nationen ist am 5.4.1992 für Deutschland in Kraft getreten.[447] Mit der Ratifikation hatte die Bundesregierung eine stark diskutierte (Interpretations-)Erklärung über die mangelnde innerstaatliche Anwendbarkeit dieser Konvention abgegeben,[448] wobei die damals vorgebrachte Kritik eher rechtspolitisch, als völker- oder staatsrechtlich nachvollziehbar war.[449] Schließlich

---

441 E/CN.4/1986/39, Rn. 34–49, E/CN.4/1988/WG.1/WP.1/Rev.1, E/CN.4/1989/WG.1/CRP.1/
Add.a, Rn. 22 f. und E/CN.4/1989/48, Rn. 333–338, alle in: *Vereinte Nationen*, Legislative History of the Convention on the Rights of the Child, Vol. I, S. 384 ff.; *Dorsch*, S. 154.

442 *Dorsch*, S. 154.

443 *Wolf*, in: Deutsches Kinderhilfswerk, S. 9 (25 f.).

444 BT-Drucks. 12/42, Anm. 1 und 2 zu Art. 8, S. 38; *Dorsch* S. 155.

445 BT-Drucks. 12/42, Anm. 2 zu Art. 8, S. 38.

446 Siehe oben S. 72 f.

447 BGBl II 1992, S. 990. Siehe auch Gesetz zu dem Übereinkommen vom 20. November 1989 über die Rechte des Kindes, BGBl II 1992, S. 121.

448 BGBl II 1992, S. 990; *Wolf*, ZRP 1991, S. 374; *Stöcker*, FamRZ 1992, S. 245 (247 f., 251 f.); *ders.*, FamRZ 1992, S. 895; *Ullmann*, FamRZ 1992, S. 892.

449 *Herdegen*, FamRZ 1993, S. 374 (379 f.).

bedürfen völkerrechtliche Verträge in Deutschland zur innerstaatlichen Geltung stets eines inkorporierenden Zustimmungsgesetzes mit Rang eines einfachen Gesetzes, Art. 59 Abs. 2 GG. Seinen Vorbehalt gegenüber der Kinderrechtekonvention hat Deutschland mit Wirkung zum 15.7.2010 zurückgenommen.[450]

B. Österreich

Für Österreich trat die Kinderrechtekonvention völkerrechtlich am 5.9.1992 in Kraft.[451] Im Genehmigungsprozess wurde einstimmig beschlossen, dass die Kinderrechtekonvention nur Gesetzes- und nicht Verfassungsrang einnehmen soll sowie gemäß Art. 50 Abs. 2 B-VG der Umsetzung durch innerstaatliche Gesetze bedarf.[452] In der Folge sprachen manche der Konvention jede innerstaatliche Wirksamkeit ab,[453] richtigerweise findet die Konvention, auch wenn sie nicht unmittelbar anwendbar ist, jedoch über die Pflicht zur völkerrechtskonformen Interpretation nationaler Gesetze Eingang in die österreichische Rechtsordnung.[454]

IV. Ergebnis

Sowohl für Deutschland als auch für Österreich ist die Kinderrechtekonvention völkerrechtlich verbindlich. Dabei ist die Konvention jeweils nicht unmittelbar anwendbar. Der Schutz der durch die Konvention gewährten Rechte ist in erster Linie im Rahmen der völkerrechtsfreundlichen Auslegung der nationalen Gesetze zu verwirklichen. Dies gilt auch für das Recht auf Kenntnis der leiblichen Eltern, welches von Art. 7 Abs. 1 Var. 4 KRK geschützt wird.

Der Schutz des Rechts auf Kenntnis der leiblichen Eltern ist von den verpflichteten Mitgliedstaaten Deutschland und Österreich zu gewährleisten. Dies gilt nicht nur für die Verwaltung und Gesetzgebung dieser Staaten, sondern auch für deren Rechtsprechung, die den Schutz des Rechts auf Kenntnis der eigenen Abstammung im Wege der völkerrechtskonformen Auslegung der nationalen Gesetze verwirklichen muss, andernfalls würde sich der betroffene Mitgliedstaat völkerrechtswidrig verhalten.

---

450 http://treaties.un.org/doc/Publication/CN/2010/CN.464.2010-Eng.pdf; http://treaties.un.org/doc/Publication/CN/2010/CN.467.2010-Eng.pdf.

451 öBGBl Nr. 7/1993, S. 363.

452 öBGBl Nr. 7/1993, S. 363; *Haslinger*, in: *Rauch-Kallat/Pichler*, S. 49 ff. Zur Überflüssigkeit des Umsetzungsvorbehaltes, *Verschraegen*, S. 73. Eine Umsetzung vermissend, Heißl/*Sax*, Rn. 30/11 ff.; *Sax/Hainzl*, S. 46 f.; dagegen von einem weitestgehend ausreichendem Schutz ausgehend RV 413 Blg NR XVIII. GP, S. 27.

453 Vgl. *Haslinger*, in: *Rauch-Kallat/Pichler*, S. 49 ff.

454 *Sax/Hainzl*, S. 46; *Verschraegen*, S. 74; bedauernd, Heißl/*Sax*, Rn. 30/11.

Kapitel 2: Kenntnis und Zuordnung

Sowohl bei der Diskussion über die Existenz, den Umfang sowie die Beschränkbarkeit eines Grundrechts auf Kenntnis der eigenen Abstammung als auch im Kontext familienrechtlicher Abhandlungen wird die Erlangung der Kenntnis von der eigenen Abstammung nicht selten als „Problem" mit unmittelbaren Auswirkungen auf die rechtliche Zuordnung des Kindes zu seinen rechtlichen Eltern wahrgenommen. Der Anspruch auf Kenntnis der leiblichen Eltern wird dabei häufig vermengt mit der Möglichkeit einer Korrektur der rechtlichen Eltern-Kind-Zuordnung.

So empfindet *Weyrauch* das Fehlen von Anfechtbarkeit und Feststellung der Mutterschaft im deutschen Recht als Wertungswiderspruch zum Recht auf Kenntnis der eigenen Abstammung und kritisiert zu Unrecht den sehr wohl differenzierenden Gesetzgeber.[455] Auch *Balz* formuliert: Das scheineheliche Kind „kann unter bestimmten Umständen seine Ehelichkeit anfechten und seine biologische Abstammung feststellen lassen. Damit übt es nicht nur sein Recht auf Kenntnis der eigenen Abstammung aus, sondern erwirbt auch erhebliche geldwerte Vorteile."[456] Desgleichen begründet *Rauscher* die Sittenwidrigkeit von Vereinbarungen der leiblichen Eltern über das Unterlassen einer Vaterschaftsfeststellung zur rechtlichen Etablierung der leiblichen Abstammung mit einem Verstoß gegen das Recht auf Kenntnis der eigenen Abstammung.[457] *Bernat* dagegen erkennt richtig: „[E]s ist eines, ein Recht auf Herstellung des väterlichen Kindschaftsverhältnisses einzuräumen, ein anderes jedoch, einen durchsetzbaren Anspruch auf Benennung des biologischen Vaters zuzubilligen."[458] Richtigerweise schließt auch das geltende Statusrecht ein Kenntnisrecht nicht aus,[459] zumal ein verfassungsrechtlich zu begründendes Kenntnisrecht nicht durch den Widerspruch mit einfachem Recht beseitigt wird.[460] Indem *Koch* dem BVerfG wegen dessen Bestätigung eines Rechts auf Kenntnis der biologischen Abstammung Ignoranz gegenüber dem deutschen Abstammungsrecht vorwirft, verkennt sie nicht nur den Vorrang des Grundgesetzes vor dem einfachen Recht, sondern auch den Unterschied zwischen statusrechtlicher Zuordnung und bloßer Kenntnis der biologischen

455 *Weyrauch*, S. 201 verweisend auf BT-Drucks. 13/4899, S. 83. Auch verweisend *Helms*, FuR 1996, S. 178 (188); ebenfalls nicht eindeutig *ders.* S. 120 f.; ebenfalls nicht differenzierend *Muscheler/Beisenherz*, JR 1999, S. 407 (412); siehe auch MüKo[5]/*Seidel* § 1591 Rn. 23; dagegen noch sehr wohl differenzierend MüKo[4]/*Seidel* § 1591 Rn. 23 ff.

456 *Balz*, S. 19.

457 Staudinger[2011]/*Rauscher*, § 1594 Rn. 23.

458 *Bernat*, Rechtsfragen, S. 152 f. Ebenfalls differenzierend *Mansees*, NJW 1988, S. 2984 (2986).

459 *Mansees*, NJW 1988, S. 2984 (2987); a.A. *Deichfuß*, NJW 1988, S. 113 (114).

460 *Mansees*, NJW 1988, S. 2984 (2987); *Schmidt-Didczuhn*, JR 1989, S. 228 (230).

Abstammung.[461] Die Unterscheidung zwischen rechtlicher Zuordnung und Kenntnisrecht bedeutet auch nicht zwangsläufig, dass das Kenntnisrecht schrankenlos zu gewähren ist. Selbst wenn manche Abstammungsregeln eine abweichende Kenntniserlangung ausschließen wollten, würde sich in Fällen ohne rechtliche Zuordnung, z.B. beim „vaterlosen" Kind einer ledigen Mutter, (zunächst) die Frage nach der Kenntnis von der leiblichen Abstammung stellen. Das Kenntnisbedürfnis des Kindes kann sogar auch im Einklang mit dem Abstammungsrecht auftreten, z.B. wenn rechtlich ihren leiblichen Eltern zugeordnete Kinder vertauscht wurden und sich in der Folge bei einer fremden Familie befinden oder für den Fall, dass Kinder von ihren leiblichen, rechtlichen Eltern vor einer deklaratorischen Dokumentation der Abstammung anonym abgegeben wurden. Selbst der EGMR vermengt in seiner Entscheidung zur Rechtssache *Phinikaridou* das Kenntnisrecht als solches mit einem Recht auf Etablierung der wahren Abstammung, sieht er doch in Beschränkungen einer Vaterschaftsfeststellungsklage (mit Statuswirkung) einen Verstoß gegen das Recht auf Kenntnis der eigenen Abstammung.[462]

1. Abschnitt: Rechtliche Abstammung

I. Deutschland

A. Rechtliche Mutterschaft

Der deutsche Gesetzgeber hat den Grundsatz *mater semper certa est* im Jahr 1998 explizit in das BGB aufgenommen: „Mutter eines Kindes ist die Frau, die es geboren hat", § 1591 BGB.[463] Eine Korrektur der Mutterschaft ist nicht vorgesehen und nach herrschender Ansicht auch nicht möglich.[464] Auf den ersten Blick erscheint eine Richtigstellung der Mutterschaft zunächst auch nicht „notwendig". Doch auch bei der Zurechnung der Mutterschaft durch die Geburt, kann diese rechtliche Zuordnung von der genetischen Abstammung abweichen, z.B. im Fall einer Embryospende. Auch der Gesetzgeber hat dies gesehen, indem er sogar die Einführung des § 1591 BGB mit der Vorbeugung von Leihmutterschaften begründet.[465] Korrekturmöglichkeiten sind demnach bewusst nicht vorgesehen,[466] Mutter ist nach deutschem Recht stets die Frau, die das Kind geboren hat.[467]

---

461 *Koch*, FamRZ 1990, S. 568 (573).

462 EGMR (20.12.2007), *Phinikaridou/Zypern*, 23890/02 Rn. 64 f.; siehe oben S. 66.

463 BGBl I 1997, S. 2942.

464 BT-Drucks. 13/4899, S. 82; Staudinger[2011]/*Rauscher*, § 1591 Rn. 20; *Wolf*, FuR 1998, S. 392 (395); a.A. MüKo[6]/*Wellenhofer*, § 1591 Rn. 33 ff.

465 BT-Drucks. 13/4899, S. 82; Staudinger[2011]/*Rauscher*, § 1591 Rn. 10.

466 BT-Drucks. 13/4899, S. 82; Staudinger[2011]/*Rauscher*, § 1591 Rn. 20; *Wolf*, FuR 1998, S. 392 (395).

467 Jedoch jüngst eine Lockerung dieses Grundsatzes befürwortend MüKo[6]/*Wellenhofer*, § 1591 Rn. 33.

B. *Rechtliche Vaterschaft*

1. *Begründung der rechtlichen Vaterschaft*

Rechtlicher Vater eines Kindes ist der Mann, der zum Zeitpunkt der Geburt mit der Mutter verheiratet ist (§ 1592 Nr. 1 BGB) oder war, für den Fall dass das Kind innerhalb von 300 Tagen nach dem Tod des Ehemannes geboren wurde (§ 1593 BGB). Die rechtliche Vaterschaft kann auch durch Anerkennung (§ 1592 Nr. 2, 1594 ff. BGB) oder kraft gerichtlicher Feststellung (§ 1592 Nr. 3, 1600d BGB) begründet werden. Gerade bei der Abstammung aufgrund der Ehe mit der Mutter aber auch bei einem die Vaterschaft begründenden Anerkenntnis ist ein Auseinanderfallen von rechtlicher und biologischer Abstammung möglich, da die genetische Abstammung jeweils keine Voraussetzung für die rechtliche Vaterschaft ist.

2. *Anfechtung der rechtlichen Vaterschaft*

Die Anfechtung der Vaterschaft nach § 1599 Abs. 1 BGB hat das Ziel, eine bestehende rechtliche Vaterschaft aufgrund der Ehe mit der Mutter (§§ 1592 Nr. 1, 1593 BGB) oder kraft Anerkenntnis (§ 1592 Abs. 2 BGB), die von der biologischen abweicht, aufzuheben.[468] Grundsätzlich unveränderlich ist die gerichtlich festgestellte Vaterschaft, hier ist jedoch ein Restitutionsverfahren nach § 185 FamFG möglich.[469]

Um den Abstammungsverhältnissen eine gewisse Stabilität und der sozial gelebten Familie Schutz vor Einmischung durch Dritte zu gewährleisten, existieren bestimmte Anfechtungsfristen und Beschränkungen hinsichtlich des Kreises der Anfechtungsberechtigten.[470]

Anfechtungsberechtigt sind der Mann, dessen rechtliche Vaterschaft aufgrund der Ehe mit der Mutter oder infolge eines Anerkenntnisses besteht, der Mann, der an Eides Statt versichert, der Mutter des Kindes während der Empfängniszeit beigewohnt zu haben, die Mutter des Kindes und dieses selbst, § 1600 Abs. 1 BGB. Mit Wirkung zum 1.6.2008 hatte der Gesetzgeber mit dem neuen § 1600 Abs. 1 Nr. 5 BGB auch wieder eine Anfechtungsberechtigung der Behörde eingeführt.[471] Das Anfechtungsrecht der Behörde sollte nur für rechtliche Vaterschaften kraft Anerkenntnisses gelten. Hintergrund für die Einführung der Regelung waren Medienberichte

468 Jauernig[15]/*Berger/Mansel*, § 1599–1600c, Rn. 1.

469 MüKo[6]/*Wellenhofer*, § 1599 Rn. 2, § 1600d Rn. 43.

470 MüKo[6]/*Wellenhofer*, § 1600 Rn. 1. Zur Schutzfunktion der Frist siehe BVerfG (13.2.2007), BVerfGE 117, 202 (236); kritisch zum Beitrag von Fristen zur Stabilität der rechtlichen Zuordnung *Groß*, FPR 2007, S. 392.

471 BGBl I 2008, S. 313.

über Deutsche, die im Ausland die Vaterschaft von mehreren hundert Kindern anerkannten, um ihnen und ihren Müttern ein Recht auf Aufenthalt in Deutschland und Ansprüche auf deutsche Sozialleistungen zu vermitteln.[472] Mit Beschluss vom 17.12.2013 erklärte jedoch das BVerfG § 1600 Abs. 1 Nr. 5 BGB für verfassungswidrig und nichtig.[473] Das Gericht sah in der Vaterschafsanfechtung durch die Behörde eine absolut verbotene Entziehung der Staatsangehörigkeit im Sinn von Art. 16 Abs. 1 S. 1 GG, da der mit der Anfechtung verbundene Wegfall der Staatsangehörigkeit durch die Betroffenen nicht oder nur in unzumutbarer Weise beeinflussbar sei.[474] Darüber hinaus bejahte das BVerfG auch einen Verstoß gegen Art. 16 Abs. 1 S. 2 GG, weil für den Fall der Vaterschaftsanfechtung durch die Behörde keine Regelung vorgesehen sei, die eine mögliche Staatenlosigkeit des Kindes berücksichtige. Die Regelung des § 1600 Abs. 1 Nr. 5 BGB genüge auch nicht den Anforderungen an den Gesetzesvorbehalt im Sinne des Art. 16 Abs. 1 S. 2 GG, da angemessene Regelungen fehlen, die das Anfechtungsrecht ab einem bestimmten Kindesalter und dem Ablauf gewisser Fristen begrenzen.[475]

Daneben sah das BVerfG in dem behördlichen Anfechtungsrecht auch einen Verstoß gegen das in Art. 6 Abs. 2 S. 1 GG geschützte Elternrecht.[476] Das verfassungsrechtlich geschützte Elternrecht stehe auch dem gesetzlichen Vater zu, der seine Vaterschaft anerkannt hat, obwohl er nicht der biologische Vater ist.[477] Die Anfechtung der Behörde beende diese Vaterschaft gegen den Willen der Familienmitglieder und sei damit ein Eingriff in das Elterngrundrecht beider Eltern.[478] Das Elterngrundrecht nach dem Wortlaut des Art. 6 GG könne nicht durch einfaches Gesetz beschränkt werden.[479] Eine zulässige Beschränkung des Elterngrundrechts könne allein durch verfassungsimmanente Schranken erfolgen.[480] Die Einführung des behördlichen Anfechtungsrechts diene aufenthaltsrechtlichen Steuerungszwecken.[481] Nach Ansicht des BVerfG seien diese sogar wegen der großen Bedeutung für das Gemeinwesen ein verfassungsrechtlich geschützter Zweck.[482] Allerdings

---

472 MüKo[6]/*Wellenhofer*, § 1600 Rn. 17; siehe auch BT-Drucks. 16/3291, S. 1, 10 f.; zu den Anerkennungen vgl. *Der Spiegel* vom 8.5.2006, S. 96.

473 BGBl I, 2014, S. 110; BVerfG (17.12.2013), FamRZ 2010, S. 449 mit Anm. *Helms*.

474 BVerfG (17.12.2013), FamRZ 2014, S. 449, 1. Leitsatz.
Art. 16 Abs. 1 GG lautet: „[1]Die deutsche Staatsangehörigkeit darf nicht entzogen werden. [2]Der Verlust der Staatsangehörigkeit darf nur auf Grund eines Gesetzes und gegen den Willen des Betroffenen nur dann eintreten, wenn der Betroffene dadurch nicht staatenlos wird."

475 BVerfG (17.12.2013), FamRZ 2014, S. 449, 2. Leitsatz und S. 455 f.

476 BVerfG (17.12.2013), FamRZ 2014, S. 449 (457).

477 BVerfG (17.12.2013), FamRZ 2014, S. 449 (457).

478 BVerfG (17.12.2013), FamRZ 2014, S. 449 (457).

479 BVerfG (17.12.2013), FamRZ 2014, S. 449 (457).

480 BVerfG (17.12.2013), FamRZ 2014, S. 449 (457).

481 BVerfG (17.12.2013), FamRZ 2014, S. 449 (457).

482 BVerfG (17.12.2013), FamRZ 2014, S. 449 (457).

sei das behördliche Anfechtungsrecht so weit formuliert, dass es auch solche Vaterschaftsanerkennungen mit Auslandsbezug umfasse, die nicht in Umgehung von aufenthaltsrechtlichen Bestimmungen erfolgt seien.[483] In solchen Fällen sei der Eingriff in das Elterngrundrecht unverhältnismäßig und damit nicht gerechtfertigt.[484]

Entsprechend sah das BVerfG in der Behördenanfechtung auch eine nicht gerechtfertigte Verletzung des Rechts des Kindes aus Art. 2 Abs. 1 i.V.m. Art. 6 Abs. 1 GG auf Gewährleistung elterlicher Pflege und Erziehung.[485] Dieses Recht schütze das Kind vor staatlichen Maßnahmen, die es von der elterlichen Hinwendung abschneiden.[486] Die Vaterschaftsanfechtung durch die Behörde nehme dem Kind den rechtlichen Vater und sei damit ein Eingriff in das Recht des Kindes auf Gewährleistung elterlicher Pflege und Erziehung.[487] Dieser Eingriff sei nur in Fällen verhältnismäßig und gerechtfertigt, in welchen die Vaterschaftsanerkennung allein zur Umgehung des Aufenthaltsrechts erfolgt sei und die rechtliche Vaterschaft keinen sozialen Gehalt habe.[488] In allen anderen Fällen sei der Eingriff unverhältnismäßig und nicht gerechtfertigt.[489]

Die Anfechtungsberechtigung des Dritten als mutmaßlichen Vaters setzt als besonderes Erfordernis die Versicherung des Dritten an Eides Statt über die Tatsache seiner Beiwohnung der Mutter voraus, um zum Schutz der bestehenden Familiengemeinschaft Anfechtungen „ins Blaue hinein" zu verhindern.[490]

Bemerkenswert ist, dass das Anfechtungsrecht des potenziellen biologischen Erzeugers erst infolge eines entsprechenden Auftrags des BVerfG[491] an den Gesetzgeber mit Gesetz vom 23.4.2004 und Wirkung zum 30.4.2004 eingeführt wurde.[492]

Mit dem gleichen Gesetz wurde auch das Anfechtungsrecht der Mutter eingeführt, wobei dessen Ausübung im Hinblick auf ein minderjähriges Kind nach § 1600 BGB abweichend vom ursprünglichen Entwurf nicht von einer gerichtlichen Kindeswohlprüfung abhängt.[493]

Das Anfechtungsrecht des minderjährigen Kindes kann nur durch dessen gesetzlichen Vertreter ausgeübt werden, § 1600a Abs. 3 BGB. Diese Anfechtung im Namen des Kindes ist jedoch - im Gegensatz zum Anfechtungsrecht der Mutter - nur

---

483 BVerfG (17.12.2013), FamRZ 2014, S. 449 (457).
484 BVerfG (17.12.2013), FamRZ 2014, S. 449 (457).
485 BVerfG (17.12.2013), FamRZ 2014, S. 449 (457).
486 BVerfG (17.12.2013), FamRZ 2014, S. 449 (457).
487 BVerfG (17.12.2013), FamRZ 2014, S. 449 (457).
488 BVerfG (17.12.2013), FamRZ 2014, S. 449 (457).
489 BVerfG (17.12.2013), FamRZ 2014, S. 449 (457).
490 Staudinger[2011]/*Rauscher*, § 1600 Rn. 36; MüKo[6]/*Wellenhofer*, § 1600 Rn. 7.
491 BVerfG (9.4.2003), BVerfGE 108, 82.
492 Gesetz zur Änderung der Vorschriften über die Anfechtung der Vaterschaft und das Umgangsrecht von Bezugspersonen des Kindes, zur Registrierung von Vorsorgeverfügungen und zur Einführung von Vordrucken für die Vergütung von Berufsbetreuern (BGBl I 2004, S. 598); siehe auch *Wellenhofer-Klein*, FamRZ 2003, S. 1889.
493 BT-Drucks. 13/4899, S. 86.

zulässig, wenn sie unter Abwägung aller ideellen und wirtschaftlichen Interessen dem Wohl des Kindes dient, § 1600a Abs. 4 BGB. Eine sorgeberechtigte Mutter hat somit die Wahlmöglichkeit, die Vaterschaft im eigenen Namen oder in dem des Kindes anzufechten, und wird sich wohl für die erstgenannte Variante entscheiden, um somit eine Kindeswohlprüfung zu vermeiden.[494]

Das Anfechtungsrecht des potenziellen genetischen Vaters ist ausgeschlossen, wenn zwischen dem Kind und dem rechtlichen Vater eine sozial-familiäre Beziehung besteht oder, falls der rechtliche Vater schon verstorben ist, eine solche bis zum Zeitpunkt seines Todes bestanden hat, § 1600 Abs. 2 BGB. Eine sozial-familiäre Beziehung setzt voraus, dass der Vater tatsächliche Verantwortung für das Kind trägt, § 1600 Abs. 4 S. 1 BGB.[495] Eine Übernahme der tatsächlichen Verantwortung wird nach § 1600 Abs. 4 S. 2 BGB vermutet, wenn der Vater mit der Mutter verheiratet ist oder mit dem Kind längere Zeit in häuslicher Gemeinschaft zusammengelebt hat.[496] Diese Vermutung ist jedoch widerlegbar.[497] Wird im Rahmen eines solchen Anfechtungsverfahrens die Existenz einer sozial-familiären Beziehung positiv festgestellt, ist die Anfechtung für den potenziellen biologischen Vater mit Wirkung für die Zukunft ausgeschlossen.[498] Selbst wenn die ursprünglich bestehende sozial-familiäre Beziehung beendet wird, kommt es nicht zu einem „Wiederaufleben" des Anfechtungsrechts.[499]

Somit schützt das deutsche Familienrecht (auch im Sinne des Art. 6 Abs. 1 GG) den ungestörten Fortbestand der sozial gelebten rechtlichen Familie.[500]

Seit Inkrafttreten des Gesetzes vom 23.4.2004 besteht nun jedoch ein uneingeschränktes Anfechtungsrecht des Kindes, nachdem zuvor das BVerfG die Beschränkung durch § 1598 HS 2 BGB a.F. i.V.m. § 1596 Abs. 1 Nr. 1 bis Nr. 3 BGB a.F. i.V.m § 1593 BGB a.F. für grundgesetzwidrig erklärt hatte.[501] Das Zusammenspiel der genannten Normen führte dazu, dass die Anfechtungsfrist auch dann zwei Jahre nach Eintritt der Volljährigkeit ablief, wenn das Kind von den die Anfechtung

494 So kritisch *Schwab*, Rn. 471.

495 Vgl. auch die vorausgehende Entscheidung BVerfG (9.4.2003), BVerfGE 108, 82.

496 Zur Abgrenzung von „Verantwortung tragen" und „Verantwortung übernehmen" siehe Staudinger[2011]/*Rauscher*, § 1600 Rn. 44, 42.

497 BGH (6.12.2006), BGHZ 170, 161 (169); Staudinger[2011]/*Rauscher*, § 1600 Rn. 45; MüKo[6]/*Wellenhofer*, § 1600 Rn. 10; *Schlüter*, Rn. 292; a.A. *Seidel*, FPR 2005, S. 181 (184).

498 *Schlüter*, Rn. 292.

499 BT-Drucks. 15/2253 S. 11; *Schlüter*, Rn. 292.

500 BVerfG (13.10.2008), NJW 2009, S. 423; BGH (6.12.2006), BGHZ 170, 161 (169) zieht in einer Entscheidung zu § 1600 Abs. 2, Abs. 4 BGB sogar einen Vergleich zur „possession d'état" des Art. 311–1 des französischen Code civil; Maunz/Dürig/[57]*Badura*, Art. 6 Rn. 61; *Schlüter*, Rn. 292.

501 BVerfG (31.1.1989), BVerfGE 79, 256; (26.4.1994), BVerfGE 90, 263.
§ 1593 BGB a.F. lautete: „Die Nichtehelichkeit eines Kindes, das während der Ehe oder innerhalb von dreihundertundzwei Tagen nach Auflösung oder Nichtigerklärung der Ehe geboren ist, kann nur geltend gemacht werden, wenn die Ehelichkeit angefochten und die Nichtehelichkeit rechtskräftig festgestellt ist."
§ 1596 BGB a.F. lautete:

ermöglichenden Umständen keine Kenntnis hatte und ihm damit keine weitere Möglichkeit einer gerichtlichen Korrektur seiner Abstammung zur Verfügung stand. Kritiker geben zu bedenken, dass das neue vorbehaltlose Anfechtungsrecht des Kindes dem Schutz der Ehe und des Familienfriedens im Sinne des Art. 6 Abs. 1 GG nicht ausreichend Rechnung trage.[502]

Das Anfechtungsrecht hat höchstpersönlichen Charakter, so dass eine Anfechtung durch Bevollmächtigte (§ 1600a Abs. 1 BGB) oder Erben ausgeschlossen ist.[503]

Mit dem Kindesrechtsverbesserungsgesetz vom 9.4.2002 hat der Gesetzgeber der herrschenden Literaturmeinung folgend die Anfechtung durch den Wunschvater[504] und die Mutter ausgeschlossen, wenn das Kind aus einer heterologen Insemination hervorgegangen ist, welcher die Wunscheltern zugestimmt hatten § 1600 Abs. 5 BGB,[505] es sei denn, es wird der Einwand vorgebracht, dass Kind entstamme nicht der künstlichen Befruchtung.

"(1) Das Kind kann seine Ehelichkeit anfechten, wenn
1. der Mann gestorben oder für tot erklärt ist, ohne das Anfechtungsrecht nach § 1594 verloren zu haben,
2. die Ehe geschieden, aufgehoben oder für nichtig erklärt ist oder wenn die Ehegatten seit drei Jahren getrennt leben und nicht zu erwarten ist, daß sie die eheliche Lebensgemeinschaft wiederherstellen,
3. die Mutter den Mann geheiratet hat, der das Kind gezeugt hat,
(...).

(2) [1]In den Fällen des Absatzes 1 Nr. 1 bis 3 kann das Kind seine Ehelichkeit nur binnen zwei Jahren anfechten. [2]Die Frist beginnt mit dem Zeitpunkt, in dem das Kind von den Umständen, die für seine Nichtehelichkeit sprechen, und von dem Sachverhalt Kenntnis erlangt, der nach Absatz 1 Nr. 1, 2 oder 3 Voraussetzung für die Anfechtung ist. (...).

§ 1598 BGB a.F. lautete: „Hat der gesetzliche Vertreter eines minderjährigen Kindes in den Fällen des § 1596 Abs. 1 Nr. 1 bis 3 die Ehelichkeit nicht rechtzeitig angefochten, so kann das Kind, sobald es volljährig geworden ist, seine Ehelichkeit selbst anfechten; die Anfechtung ist nicht mehr zulässig, wenn seit dem Eintritt der Volljährigkeit zwei Jahre verstrichen sind."

502 *Schlüter*, Rn. 292.

503 Staudinger[2011]/*Rauscher*, § 1600a Rn. 8; MüKo[6]/*Wellenhofer*, § 1600a Rn. 1; *Heukamp*, FamRZ 2007, S. 606; *Mutschler*, FamRZ 1996, S. 1381 (1382); siehe auch *Höfelmann*, FamRZ 2004, S. 745 (750).

504 In dieser Arbeit werden die Begriffe Wunschvater, Wunschmutter und Wunscheltern im Zusammenhang mit der Inanspruchnahme der Fortpflanzungsmedizin verwendet. Die genannten Begriffe bezeichnen Personen, die sich der Fortpflanzungsmedizin bedienen, um sich ihren Kinderwunsch zu erfüllen. Die Begriffe sind sowohl in der höchstrichterlichen Rechtsprechung, z.B. BGH (15.5.2013), NJW 2013, S. 2589 (2590), als auch in der Literatur gebräuchlich, z.B. MüKo[6]/*Wellenhofer*, § 1592 Rn. 19.

505 *Deutsch*, MDR 1985, S. 177 (180); *Giesen*, S. 189; *ders.*, Anm. zu BGH (7.4.1983), JZ 1983, S. 552 f.; *Kollhosser*, JA 1985; S. 553 (555); a.A. damals noch BGH (7.4.1983), BGHZ 87, 169; (3.5.1995), NJW 1995, S. 2031.

Im Gegensatz zu den Regelungen anderer Rechtsordnungen ist die Zustimmung der Wunscheltern zur künstlichen Befruchtung nach deutschem Recht auch formlos möglich, was im Hinblick auf Beweisschwierigkeiten und die Tragweite der Zustimmung für das Statusrecht von kritischen Stimmen als rechtspolitisch ungeschickt getadelt wird.[506] Jedenfalls werden damit Anfechtungen effektiver ausgeschlossen als z.B. im österreichischen Recht, welches die Anfechtung nur im Falle einer formgerechten Zustimmung ausschließt.[507]

Die Anfechtung ist nach Ablauf von zwei Jahren ab Kenntnis von Umständen, die Zweifel an der Vaterschaft begründen, ausgeschlossen, § 1600b Abs. 1 BGB. Diese Ausschlussfrist beginnt jedoch frühestens mit der Geburt bzw. der Wirksamkeit der Anerkennung, § 1600d Abs. 2 S. 1 BGB. Erforderlich ist die Kenntnis von Tatsachen, die aus der Sicht eines verständigen Laien eine nicht ganz fern liegende Möglichkeit des Abweichens von biologischer und rechtlicher Vaterschaft begründen und dafür auch objektiv (naturwissenschaftlich) geeignet sind.[508] Für die Mutter wird der relevante Zeitpunkt grundsätzlich der gesetzlich frühestmögliche und damit „schon" die Geburt sein.[509] Der Fristbeginn mit der entsprechenden Kenntnis gilt im Interesse der sozial gelebten rechtlichen Familie auch für den potenziellen biologischen Vater, der wegen einer existierenden sozial-familiären Beziehung zwischen rechtlichem Vater und Kind an der Anfechtung gehindert ist, die materiell-rechtlichen Voraussetzungen für die Anfechtungsberechtigung demnach noch gar nicht erfüllt sind.[510] Für das Kind beginnt die Zweijahresfrist jedoch nicht vor Eintritt der Volljährigkeit, § 1600b Abs. 3 BGB, es sei denn, sein gesetzlicher Vertreter hatte die Vaterschaft zuvor rechtzeitig angefochten. Zudem beginnt die Ausschlussfrist für das Kind erneut, wenn es von Umständen erfährt, die ein Aufrechterhalten der Zuordnung zum rechtlichen Vater unzumutbar machen, § 1600b Abs. 5 BGB. Anhaltspunkte für eine solche Unzumutbarkeit sollen nach der Gesetzesbegründung die Gründe des § 1596 Abs. 1 a.F. BGB sein:[511] In Betracht kommen schwere Verfehlungen des

---

506 *Schlüter*, Rn. 293.

507 Siehe S. 95.

508 OLG Karlsruhe (3.9.1998), FamRZ 2000, S. 107; OLG Köln (11.1.2001), FamRZ 2001, S. 703 (704). OLG Frankfurt (19.7.2007), NJW-RR 2008, S. 377 (378) zur fehlenden objektiven Eignung der Kenntnis des Rhesusfaktors des Kindes (negativ) und der Eltern (beide positiv) bei irrtümlicher Annahme des rechtlichen Vaters, dass Eltern, die beide den Rhesusfaktor positiv besitzen, kein Kind mit Rhesusfaktor negativ zeugen könnten.

509 OLG Frankfurt (18.8.1999), FamRZ 2000, S. 548.

510 Kritisch MüKo[6]/*Wellenhofer*, § 1600b Rn. 20; *Gernhuber/Coester-Waltjen*, Familienrecht[6], § 52 Rn. 123; *Eckebrecht*, FPR 2005, S. 205 (209); *Frank*, FS Schwab, S. 1127 (1131 f.). Rechtfertigend BGH (6.12.2006), BGHZ 170, 161 (174 Rn. 40); (30.7.2008), NJW 2008, S. 3061 (3062); *Büttner*, FS Schwab, S. 735 (741); *Höfelmann*, FamRZ 2004, S. 745 (749).

511 BT-Drucks. 13/4899, S. 88.

Mannes gegenüber dem Kind oder ein öffentliches Verhalten des Mannes, welches den guten Ruf oder die Lebenschancen des Kindes gefährdet.[512]

Eine Hemmung der Frist tritt stets ein, solange der Anfechtungsberechtigte durch widerrechtliche Drohung an der Anfechtung gehindert wird, § 1600b Abs. 6 BGB.

Das Anfechtungsverfahren hat Erfolg, wenn die gesetzliche Vermutung der biologischen Abstammung des § 1592 Nr. 1 oder Nr. 2 BGB widerlegt wurde. Handelt es sich um eine Anfechtung durch den potenziellen leiblichen Vater, ist neben dem Nachweis der fehlenden Vaterschaft des rechtlichen Vaters zudem der Nachweis erforderlich, dass das Kind tatsächlich vom Anfechtenden abstammt. Damit soll vermieden werden, dass das Kind durch das Eingreifen Dritter dauerhaft vaterlos wird.[513]

C. Isolierte Berichtigung des Personenstandsregisters

Unter einer Berichtigung des Personenstandsregisters ist eine nachträgliche, richtigstellende Änderung des Wortlauts einer abgeschlossenen, formgültigen jedoch von Beginn an unrichtigen Eintragung zu verstehen.[514] Hinsichtlich der Angaben im Geburtsregister zu den Eltern des Kindes ist für die Berichtigung eine gerichtliche Anordnung erforderlich, § 47, § 48 Abs. 1 S. 1 PStG. Grundsätzlich sind alle Beteiligten im Sinne des § 48 Abs. 2 S. 1 PStG berechtigt, einen Antrag auf eine Anordnung der Berichtigung des Personenstandsregisters beim Gericht zu stellen. Für das Geburtsregister sind das neben dem Standesamt und der Aufsichtsbehörde (§ 48 Abs. 2 S. 1 PStG) die Eltern, das Kind und alle Personen, deren Personenstand von der zu berichtigenden Eintragung betroffen ist oder welche ein schutzwürdiges Interesse an der richtigen Beurkundung haben, weil diese sich mittelbar oder unmittelbar auf ihre Rechte auswirkt.[515] Eine formgültige Beurkundung im Geburtenregister beweist insbesondere den Ort und Tag der Geburt, Geschlecht des Kindes, seinen Namen und die Namen der Eltern, § 21 Abs. 1, § 54 Abs. 1 S. 1 PStG. Die Einträge haben jedoch keine konstitutive Wirkung, sondern erbringen nur für den durch sie beurkundeten Sachverhalt den vollen Beweis.[516] Bis zum Beweis der Unrichtigkeit beweisen die Eintragungen die Richtigkeit ihres Inhalts.[517] So wie jedoch einer Eintragung keine konstitutive, sondern nur eine deklaratorische Wirkung zukommt, kann auch eine Berichtigung des eingetragenen Sachverhalts keine materielle Rechtskraft entfalten.[518]

---

512 *Schwab*, Rn. 473.

513 *Schwab*, Rn. 472; *Wieser*, FamRZ 2004, S. 1773 (1774).

514 BGH (21.9.1971), BGHZ 57, 63 (64); BayObLG (17.2.1972), BayObLGZ 1972, 50 (52 f.); (17.11.1977), BayObLGZ 1977, 274 (276).

515 KG (19.12.1975), OLGZ 1976, 161 (162 ff.); BayObLG (17.11.1977), BayObLGZ 1977, 274 (276).

516 BayObLG (17.11.1977), BayObLGZ 1977, 274 (276 f.).

517 BayObLG (17.11.1977), BayObLGZ 1977, 274 (277).

518 BayObLG (10.3.1961), BayObLGZ 1961, 95 (100 f.); (17.2.1972), BayObLGZ 1972, 50 (52); (17.11.1977), BayObLGZ 1977, 274 (277).

Das BayObLG untersuchte 1977 in einem ausführlichen Beschluss, ob ohne ein vorausgegangenes Kindschaftsverfahren gemäß §§ 640 ff. ZPO streitige Abstammungsfragen in einem Berichtigungsverfahren nach PStG, zwar ohne Wirkung für und gegen jedermann, aber immerhin mit der Beweiswirkung des § 54 Abs. 1 S. 1 PStG geklärt werden können.[519] Im Ergebnis bejahte das Gericht die Zulässigkeit eines isolierten Berichtigungsverfahrens, wenn die Antragstellerin behauptet, die Mutter eines Kindes zu sein, das als Kind einer anderen Frau eingetragen ist.[520]

Im Folgenden soll untersucht werden, inwiefern diese Entscheidung unter Berücksichtigung des aktuellen Familienrechts noch Gültigkeit hat.

Im konkreten Fall beantragte eine unverheiratete Mutter, welche ihr Kind dem leiblichen Vater und dessen Ehefrau untergeschoben hatte, Berichtigung des Geburtenbuchs, um erbrechtliche Ansprüche in der Erbfolge nach dem nun verstorbenen Kind geltend zu machen. Die vermeintlichen Eltern waren bereits vorverstorben. Damals wie heute regelte das BGB bestimmte Voraussetzungen, unter welchen die gesetzliche Vaterschaftsvermutung des Ehemannes der Mutter angefochten werden konnte. Diese Anfechtungsregelungen haben sich jedoch stets nur auf das Vater-Kind-Verhältnis bezogen,[521] was auch heute noch der Fall ist. Das Gesetz legte dabei die Prämisse zugrunde, dass die Abstammung von der Mutter feststeht.[522] Diese Aussage trifft erst recht auf die aktuelle Rechtslage zu, nach der die Mutterschaft durch Geburt kraft Gesetzes geregelt ist, § 1591 BGB. Das Gericht ging davon aus, dass eine Anfechtung der Mutterschaft mittels Abstammungsverfahrens nicht möglich sei.[523] Auch hinsichtlich der auf der Ehe mit der Scheinmutter beruhenden Vaterschaft seien die Regelungen über die Anfechtung der Vaterschaft nicht anwendbar, da es an der grundlegenden Voraussetzung der Abstammung von der Ehefrau mangele.[524] Die Geltendmachung einer von der personenstandsrechtlichen Beurkundung abweichenden Mutterschaft (durch Geburt des Kindes) sei wegen Fehlens einer entsprechenden materiell-rechtlichen Bestimmung in den §§ 1592 ff. BGB nicht von der Durchführung eines Abstammungsverfahrens nach §§ 640 ff. ZPO abhängig.[525] Solange keine allgemeinverbindliche Entscheidung vorliege, welche für die Feststellung der Mutterschaft überhaupt nicht vorgesehen sei, stehen einem Berichtigungsverfahren nach PStG keine Hindernisse entgegen.[526] Dies gelte umso mehr, als derjenige, der einen Berichtigungsantrag stellt, nicht auf den Prozessweg verwiesen werden dürfe.[527] Hinsichtlich der Vaterschaft kommt wegen der vorrangigen Regelungen über die Begründung bzw. Anfechtung der Vaterschaft

519 BayObLG (17.11.1977), BayObLGZ 1977, 274 (277 ff.).
520 BayObLG (17.11.1977), BayObLGZ 1977, 274.
521 BayObLG (17.11.1977), BayObLGZ 1977, 274 (279).
522 BayObLG (17.11.1977), BayObLGZ 1977, 274 (279).
523 BayObLG (17.11.1977), BayObLGZ 1977, 274 (279).
524 BayObLG (17.11.1977), BayObLGZ 1977, 274 (279).
525 BayObLG (17.11.1977), BayObLGZ 1977, 274 (279).
526 BayObLG (17.11.1977), BayObLGZ 1977, 274 (280).
527 BayObLG (17.11.1977), BayObLGZ 1977, 274 (280).

im Kindschaftsrecht ein isoliertes Berichtigungsverfahren grundsätzlich nicht in Betracht, es sei denn, die Mutterschaft wird im Berichtigungsverfahren geändert. Dann ist auch der im Zeitpunkt der Geburt mit der wahren Mutter verheiratete Ehemann als Vater in den berichtigenden Randvermerk im Geburtenregister aufzunehmen. Waren die Voraussetzungen für eine Vaterschaftsvermutung kraft Ehe mit der in der Berichtigung eingetragenen Mutter im Zeitpunkt der Geburt nicht erfüllt, führt die Berichtigung zur Vaterlosigkeit des Kindes.[528]

II. Österreich

A. Rechtliche Mutterschaft/Elternschaft einer Frau

1. Rechtliche Mutterschaft durch Geburt

Auch in Österreich gilt, „Mutter ist die Frau, die das Kind geboren hat", § 143 ABGB.[529] Die Norm wurde 2005 als § 137b ABGB a.F. in das ABGB eingefügt,[530] und ist in Folge der Neugliederung des Kindschaftsrechts durch das Kindschafts- und Namensrechts-Änderungsgesetz (KindNamRÄG) mit Wirkung zum 1.2.2013 nun im neuen § 143 ABGB zu finden.[531] Die rechtliche Zuordnung von Mutter und Kind aufgrund der Geburt ist unveränderlich.[532] In Österreich ist wie in Deutschland eine Beseitigung oder Anfechtung der Abstammung von der Mutter nicht möglich.[533] Schon vor Einführung des § 137b ABGB war herrschende Übung, dass ohne nähere Überprüfung die Frau als Mutter in das Geburtenbuch eingetragen wurde, welche das Kind geboren hatte.[534]

In der jüngeren Literatur wird vertreten, dass in Zweifelsfällen eine Feststellung der Mutterschaft bzw. der fehlenden mütterlichen Abstammung erfolgen kann.[535] So sollen einer Frau, die bestreitet oder behauptet, ein bestimmtes Kind geboren zu haben, und dem betroffenen Kind die Möglichkeit eines Antrages auf Feststellung der Nichtabstammung gemäß § 151 Abs. 1 ABGB (Feststellung der Nichtabstammung vom Ehemann der Mutter) analog bzw. auf Feststellung der Abstammung gemäß

528 Vgl. BayObLG (17.11.1977), BayObLGZ 1977, 274 (279), welches noch auf die sich nach altem Recht ergebende „Nichtehelichkeit" abstellt.

529 Unten ab S. 291 ff. ist ein Auszug aus dem Familienrecht des ABGB abgedruckt.

530 öBGBl I Nr. 58/2004.

531 öBGBl I Nr. 15/2013.

532 Zum Streit vor der Einführung des § 137b ABGB, welche Frau im Falle der Austragung einer fremden Eizelle oder eines fremden Embryos rechtliche Mutter sein solle vgl. *Bernat*, in: *Bernat*, Menschenhand, S. 125 (162 ff.).

533 RV 216 Blg NR XVIII. GP, S. 24.

534 Vgl. RV 216 Blg NR XVIII. GP, S. 24.

535 Bejahend Klang³/*Stefula*, § 138 a.F. Rn. 6; unklar, da sowohl ablehnend als auch zustimmend Schwimann⁴/*Stormann*, § 137b Rn. 2; offenlassend *Schwimann*, StAZ 2005, S. 33 (39).

§ 148 Abs. 1 ABGB (Gerichtliche Feststellung der Vaterschaft) analog zustehen.[536] Beweisthema ist die Frage, ob die Frau das Kind geboren hat.[537] Ob DNS-Gutachten als Beweismittel zulässig sind, ist umstritten. Während *Stefula* von der Zulässigkeit ausgeht, aber auch auf die Möglichkeit anderer Beweismittel verweist, da es im Zusammenhang mit der modernen Fortpflanzungsmedizin bei der Frage, welche Frau das Kind geboren hat, nicht notwendigerweise auf die genetische Abstammung ankommt,[538] lehnt *Stormann* die Zulässigkeit von DNS-Analysen ab.[539] Er verweist dabei auf die Missbrauchsgefahr durch „Eltern", welche unrechtmäßigerweise im Inland oder unter Umständen auch rechtmäßig im Ausland ihr genetisches Kind von einer anderen Frau austragen lassen.[540] Eine „genetische Beweisaufnahme" stünde im Widerspruch zur Regelung des § 143 ABGB. Danach ist Mutter des Kindes gerade nicht die genetische Mutter, sondern die Frau, die das Kind geboren hat.

Ob einem möglichen Verfahren zur Feststellung der Mutterschaft deklarative oder konstitutive Wirkung zukommen soll, ist unklar,[541] Rechtsprechung gibt es auf diesem Gebiet noch so gut wie keine und in der Literatur herrscht Uneinigkeit. Interessanterweise umgekehrt proportional zur Großzügigkeit der Autoren hinsichtlich der Tauglichkeit eines DNS-Gutachtens als Beweismittel für die mütterliche Abstammung, verhält sich ihr Zugeständnis hinsichtlich der Wirkungen des Beschlusses über die Abstammung oder Nichtabstammung von der betroffenen Frau. Nach *Stefula*, der ein DNS-Gutachten als taugliches Beweismittel anerkennt, besitzt der Beschluss wegen der bereits durch § 143 ABGB erfolgten Statuierung lediglich deklarativen Charakter.[542] *Stormann*, der sich gegen die Zulässigkeit eines DNS-Gutachtens zum Nachweis der mütterlichen Abstammung ausspricht, schreibt dem Beschluss über die mütterliche Abstammung eine konstitutive Wirkung zu.[543]

Allerdings bejahte der OGH in einem Fall, in welchem es um die Feststellung der Mutterschaft nach ausländischem Recht ging, die Frage nach dem anwendbaren Verfahrensrecht mit der Anwendbarkeit des § 82 Außerstreitgesetz (AußStrG)[544], welcher Abstammungsverfahren sehr allgemein definiere und die Begründung

536 Klang[3]/*Stefula*, § 137 Rn. 8. Zu § 151 ABGB siehe unten S. 95 ff.
537 Klang[3]/*Stefula*, § 137 Rn. 8.
538 Klang[3]/*Stefula*, § 137 Rn. 8.
539 Schwimann[4]/*Stormann*, § 137b Rn. 2.
540 Schwimann[4]/*Stormann*, § 137b Rn. 2.
541 *Schwimann*, StAZ 2005, S. 2005, S. 33 (39).
542 Klang[3]/*Stefula*, § 137b Rn. 8.
543 Schwimann[4]/*Stormann*, § 137b Rn. 2.
544 § 82 AußStrG lautet:
„(1) Verfahren über die Abstammung werden, sofern nichts anderes angeordnet ist, nur auf Antrag eingeleitet.
(2) In Verfahren über die Abstammung sind jedenfalls das Kind, die Person, deren Elternschaft durch das Verfahren begründet, beseitigt oder wieder begründet werden kann, und der andere Elternteil des Kindes, sofern er einsichts- und urteilsfähig sowie am Leben ist, Parteien. (...)."

und Beseitigung der Mutterschaft mit dem Wortlaut „Elternschaft" zweifelsfrei einschließe.[545] Auf die Zulässigkeit der Feststellung der Mutterschaft nach österreichischem Recht geht der OGH in dieser Entscheidung mangels Entscheidungserheblichkeit wegen der Anwendung ausländischen Rechts nicht ein. Während das Erstgericht von der Unzulässigkeit der Feststellung der Mutterschaft ausging,[546] hat das Gericht zweiter Instanz darauf hingewiesen, „dass das Verbot der Leihmutterschaft nach österreichischem Recht die Zulässigkeit einer derartigen Feststellung nicht ausschlösse, weil es keinesfalls Fälle einer strittigen Mutterschaft (Vertauschung von Neugeborenen, anonyme Geburt) verhindern könne."[547]

Im Ergebnis ist jedenfalls für das österreichische materielle Recht eine konstitutive Feststellung über die Abstammung oder Nichtabstammung von einer Frau abzulehnen. Möchte man entsprechende Möglichkeiten analog der Regelungen über die väterliche Abstammung gewähren, können die gerichtlichen Entscheidungen jedoch nur deklaratorischen Charakter haben. Andernfalls würde die Systematik des österreichischen Abstammungsrechts und insbesondere § 143 ABGB unterlaufen werden.

2. *Rechtliche „Elternschaft" einer Frau*

Mit dem Fortpflanzungsmedizinrechts-Änderungsgesetz 2015 (FMedRÄG 2015) wurde in § 144 Abs. 2, 3 und § 145 Abs. 1 ABGB die Möglichkeit der Begründung der „Elternschaft" einer Frau ohne vermittelnde Geburt eingefügt. Diese Regelung wurde eingeführt zusammen mit der Legalisierung der Inanspruchnahme der Fortpflanzungsmedizin durch Frauen, welche mit einer anderen Frau in einer gleichgeschlechtlichen Beziehung leben.[548] Die Anwendbarkeit der rechtlichen Etablierung der Elternschaft durch eine Frau ist auf Fälle der medizinisch unterstützten Fortpflanzung beschränkt. Dies ergibt sich aus dem Wortlaut von § 144 Abs. 2 ABGB und § 145 Abs. 1 S. 2 ABGB. Die Elternschaft der Frau verdrängt nicht die Mutterschaft der Mutter kraft Geburt, sondern tritt neben diese Mutterschaft und schafft neben der Mutter einen zweiten weiblichen Elternteil für das Kind.

Ein Kind, welches von einer Frau infolge einer medizinisch unterstützten Fortpflanzung geboren wurde, hat demnach nach allgemeinen Regeln eine rechtliche Mutter kraft Geburt (§ 143 ABGB). Daneben hat dieses Kind eine weitere Frau als rechtlichen Elternteil, wenn diese Frau mit der Mutter im Zeitpunkt der Geburt des Kindes in eingetragener Partnerschaft verbunden ist oder als eingetragene Partnerin der Mutter nicht früher als 300 Tage vor der Geburt des Kindes verstorben ist (§ 144 Abs. 2 Nr. 1 ABGB) oder sie die Elternschaft anerkannt hat (§ 144 Abs. 2 Nr. 2 ABGB) oder ihre Elternschaft gerichtlich festgestellt wurde (§ 144 Abs. 2 Nr. 3 ABGB).

---

545 OGH (19.12.2007), SZ 2007/206, S. 585 (588).

546 Vgl. OGH (19.12.2007), SZ 2007/206, S. 585 mit Verweis auf Bezirksgericht Fünfhaus (15.03.2007), Az. 2 Fam 6/07t-5.

547 Vgl. OGH (19.12.2007), SZ 2007/206, S. 585 (586) mit Verweis auf LG Wien (24.7.2007) Az. 42 R 195/07g-12.

548 Zur Reform des Fortpflanzungsmedizingesetzes siehe unten S. 221.

B. *Rechtliche Vaterschaft*

1. *Begründung der rechtlichen Vaterschaft*

Auch im österreichischen Recht besteht die rechtliche Vaterschaft des Ehemanns der Mutter kraft Ehe im Zeitpunkt der Geburt oder falls der Ehemann verstorben ist, die Geburt des Kindes nicht mehr als 300 Tage nach dem Todesfall erfolgt, § 144 Abs. 1 Nr. 1 ABGB.[549] Ferner kann die rechtliche Vaterschaft auch durch Vaterschaftsanerkenntnis (§ 144 Abs. 1 Nr. 2 ABGB) oder mittels gerichtlicher Feststellung (§ 144 Abs. 1 Nr. 3 ABGB) begründet werden. Biologisch „falsche" Zurechnungen von Kindern zu ihrem rechtlichen Vater sind auch nach österreichischem Recht durchaus möglich.

Ein Auseinanderfallen der biologischen und der rechtlichen Vaterschaft kann insbesondere vorkommen bei natürlicher Zeugung durch Vaterschaft kraft Ehe mit der Mutter (§ 144 Abs. 1 Nr. 1 ABGB) oder durch Vaterschaftsanerkennungen (§ 144 Abs. 1 Nr. 2, § 145 ABGB), die nicht mit der biologischen Vaterschaft übereinstimmen.

Begründet wird die Zulässigkeit der Abweichungen mit dem Grundsatz der „sozialen Abstammung".[550] Von Amts wegen kommt es zu keiner allgemeinen Kontrolle der Abstammung, vielmehr bleibt die Änderung unrichtiger Abstammungsverhältnisse wie auch in Deutschland der Privatinitiative überlassen.[551]

2. *Beseitigung der rechtlichen Vaterschaft*

Im Gegensatz zur Unanfechtbarkeit der Mutterschaft existieren im österreichischen Familienrecht fünf Instrumente um eine bestehende rechtliche väterliche Abstammung zu beseitigen.

Jeweils abhängig vom Bestehen einer bestimmten Art von rechtlicher Vaterschaft sind die Feststellung der Nichtabstammung vom Ehemann der Mutter nach § 151 ABGB, die Erklärung der Rechtsunwirksamkeit eines Anerkenntnisses (§ 154 ABGB) oder die Abänderung des die Vaterschaft feststellenden Beschlusses (§§ 73 ff. AußStrG) einschlägig. Daneben sind das durchbrechende Vaterschaftsanerkenntnis gemäß § 147 Abs. 2 ABGB und das „Vätertauschverfahren" nach § 150 ABGB - eine Besonderheit des österreichischen Familienrechts - bei der Existenz einer rechtlichen Vaterschaft beliebiger Art statthaft.[552]

549 § 144 Abs. 1 ABGB ist im Wortlaut identisch mit § 138 ABGB a.F. Die Nummerierung hat sich mit der Neugliederung des Familienrechts mit dem KindNamRÄG 2013 geändert.

550 RV 471 Blg NR XXII. GP, S. 7.

551 RV 471 Blg NR XXII. GP, S. 7.

552 *Ferrari*, in: *Spickhoff/Schwab/Henrich/Gottwald*, S. 183 (196); Schwimann, StAZ 2005, S. 33 (43).

a) Feststellung der Nichtabstammung vom Ehemann der Mutter, § 151 ff. ABGB

Bei der Feststellung der Nichtabstammung vom Ehemann der Mutter handelt es sich um ein Außerstreitverfahren und nicht um eine Klage.[553] Der Wortlaut des § 151 ABGB ist identisch mit § 156 ABGB a.F., der neue Standort der Regelung hat sich durch die Neugliederung des Kindschaftsrecht durch das KindNamRÄG 2013 ergeben.

Antragsbefugt sind nach § 151 Abs. 2 ABGB der Ehemann und seit Inkrafttreten des Familien- und Erbrechts-Änderungsgesetzes 2004 (FamErbRÄG 2004)[554] mit Wirkung zum 1.1.2005 auch das Kind. Die Gesetzesänderung war durch das Erkenntnis des Verfassungsgerichtshofs vom 28.6.2003 notwendig geworden.[555] Sind das Kind oder der Ehemann verstorben, kann die Feststellung auch durch bzw. gegen ihre Rechtsnachfolger begehrt werden, § 142 ABGB. Nicht antragslegitimiert sind nach der Ansicht des Gesetzgebers der Mann, der behauptet, der Vater zu sein, und die Mutter[556], da das Statusverhältnis zwischen zwei Personen eine Angelegenheit sei, die nur diese beiden betreffe.[557] Die Anfechtung der Vaterschaft ist unzulässig, wenn das Kind aus einer künstlichen Befruchtung hervorging und der Ehemann dieser formgerecht zugestimmt hatte, § 152 ABGB.

Der Feststellungsantrag kann frühestens mit der Geburt (§ 153 Abs. 1 S. 2 Var. 1 ABGB) bzw. bei einer „Änderung der Abstammung“ mit der Wirksamkeit dieser (§ 153 Abs. 1 S. 2 Var. 2 ABGB) und nur innerhalb von zwei Jahren ab Kenntnis von genügend beweiskräftigen Umständen, die für eine Nichtabstammung vom Ehemann sprechen, gestellt werden, § 153 Abs. 1 ABGB.

Zu einer „Änderung der Abstammung“ im Sinne des § 153 ABGB kann es in folgenden Konstellationen kommen:[558]

Trifft die Vaterschaftsvermutung gemäß § 144 Abs. 1 Nr. 1 ABGB kraft Ehe mit der Mutter auf zwei Männer zu, da die Mutter nach Versterben eines Ehemannes bereits in nächster Ehe jedoch vor Ablauf von 300 Tagen nach dem Tod des vorherigen Ehemannes ein Kind zur Welt bringt, gilt nach § 144 Abs. 4 ABGB derjenige Mann als Vater des Kindes, welcher die Ehe mit der Mutter zuletzt geschlossen hat.[559] Wird jedoch durch Gerichtsbeschluss rechtskräftig festgestellt, dass das Kind nicht vom

---

553 Klang³/*Stefula*, § 156 Rn. 14; *Schwimann*, StAZ 2005, S. 33 (34).

554 öBGBl I Nr. 58/2004 zu § 156 Abs. 2 ABGB a.F.; siehe auch zu § 156 Abs. 2 ABGB a.F. StAZ 2005, S. 51 ff.

555 VfGH (28.6.2003), Az. 78/00-13, das Fehlen des Bestreitungsrechts des Kindes als Verstoß gegen Art. 8 EMRK. Siehe auch öBGBl I Nr. 85/2003.

556 *Simotta*, ÖA 2004, S. 175 (185). Die Mutter hat jedoch Parteistellung nach Art. 82 Abs. 2 AußStrG.

557 RV 471 Blg NR XXII. GP, S. 6; *Ferrari*, in: *Spickhoff/Schwab/Henrich/Gottwald*, S. 183 (193); ohne Begründung *Dittrich/Tades*, § 156, S. 65. Siehe auch *Frank*, StAZ 2003, S. 129.

558 Im Rahmen des KindNamRÄG 2013 wurde der Wortlaut des § 158 ABGB a.F. unverändert als neuer § 153 ABGB übernommen.

559 Schwimann⁴/*Bernat*, § 158 Rn. 4; Klang³/*Stefula*, § 158 Rn. 8.

letzten Ehemann abstammt, so tritt automatisch eine Änderung der Abstammung des Kindes ein; der vorherige Ehemann der Mutter wird zum rechtlichen Vater.[560]

Ein weiterer Fall einer „Änderung der Abstammung“ im Sinne des § 153 ABGB kann eintreten, wenn ein vaterschaftsdurchbrechendes Anerkenntnis (§ 147 Abs. 2 ABGB[561]) gemäß § 154 ABGB für rechtsunwirksam erklärt wird und damit die Vaterschaft des Ehemannes der Mutter zwangsläufig wieder auflebt.[562]

Die Anforderungen an die Umstände, deren Kenntnis den Fristbeginn auslösen, sind hoch. Sie müssen in ihrer Gesamtheit dazu führen, dass der Ehemann seine fehlende Vaterschaft als höchstwahrscheinlich annehmen muss und erwarten kann, seine Beweispflicht im Bestreitungsverfahren zu erfüllen.[563] Nicht genügend ist die Gewissheit, dass die Mutter innerhalb der kritischen Zeit Geschlechtsverkehr mit einem Dritten hatte.[564] Daraus resultieren nur Bedenken gegen die Vaterschaft des Ehemanns, für die fehlende Abstammung bedarf es jedoch zusätzlich konkreter, objektiver Umstände, die ernsthafte Zweifel begründen und eine Vaterschaft des Ehemannes höchstwahrscheinlich ausschließen.[565] Auch die bloße Behauptung der Mutter, der Ehemann sei nicht der Vater des Kindes, genügt nicht, es sei denn, sie wird durch objektiv nachprüfbare Umstände gestützt.[566] Anerkannt als relevante konkrete objektive Umstände sind erbbiologische Merkmale des Kindes.[567]

Ist der Ehemann einmal in Kenntnis solcher Umstände, die einen vernünftigen, an der Klärung familienrechtlicher Verhältnisse Interessierten die eigene Vaterschaft unwahrscheinlich erscheinen lassen müssen, obliegt ihm sogar die Sammlung der Beweismittel zur Widerlegung der Vaterschaftsvermutung.[568] Die Anfechtungsfrist beginnt in diesem Fall bereits mit der bloßen objektiven Möglichkeit einer eindeutigen Klärung der fehlenden Abstammung durch Einholung eines Sachverständigengutachtens, insbesondere einer DNS-Analyse.[569]

Die Ausschlussfrist ist gehemmt, solange die antragsberechtigte Person nicht eigenberechtigt ist oder innerhalb des letzten Jahres der Frist durch ein

---

560 Schwimann[4]/*Bernat*, § 158 Rn. 4; Klang[3]/*Stefula*, § 158 Rn. 8.
561 Siehe unten S. 100 ff.
562 Schwimann[4]/*Bernat*, § 158 Rn. 4; Klang[3]/*Stefula*, § 158 Rn. 8.
563 OGH (26.7.2012), EF-Z 2012, S. 259; Klang[3]/*Stefula*, § 158 Rn. 5.
564 Schwimann[4]/*Bernat*, § 158 Rn. 5; Klang[3]/*Stefula*, § 158 Rn. 6.
565 OGH (7.11.1989), EvBl 42/1990; *Dittrich/Tades*, § 158 S. 66; Schwimann[4]/*Bernat*, § 158 Rn. 5; Klang[3]/*Stefula*, § 158 Rn. 5.
566 EF 62.842 (OGH 21.2.1990); EF 71.809 (LG Wien 5.7.1993); *Dittrich/Tades*, § 158 S. 66; Schwimann[4]/*Bernat*, § 158 Rn. 5; Klang[3]/*Stefula*, § 158 Rn. 6.
567 OGH (23.9.2008), iFamZ 2009, S. 14; (7.11.1989), EvBl 42/1990; Klang[3]/*Stefula*, § 158 Rn. 6.
568 OGH (26.7.2012), EF-Z 2012, S. 259.
569 OGH (26.7.2012), EF-Z 2012, S. 259.

unvorhergesehenes oder unabwendbares Ereignis an der Antragstellung gehindert wurde, § 153 Abs. 2 ABGB.[570]

In den Fällen der „Änderung der Abstammung" im Sinne des § 153 ABGB beginnt die Frist frühestens mit dem Zeitpunkt der Änderung zu laufen, denn um präventive Blankoehelichkeitsbestreitungen zur Fristwahrung zu vermeiden, ist die Anfechtung durch den Vater kraft Ehe mit der Mutter unzulässig, solange die Abstammung des Kindes von einem anderen Mann besteht, § 153 Abs. 1 S. 3 ABGB.[571]

Sind seit der Geburt des Kindes bzw. der „Änderung der Abstammung" mehr als dreißig Jahre vergangen, kann nur noch das Kind selbst den Antrag stellen, § 153 Abs. 3 ABGB. Fraglich ist, ob diese Frist auch stets bis zur Volljährigkeit des Kindes gemäß § 153 Abs. 1 und Abs. 2 ABGB gehemmt ist.[572]

Alle Fristen gelten auch für die Rechtsnachfolger der Antragsberechtigten, die grundsätzlich gemäß § 142 ABGB auch aktivlegitimiert sind.[573]

b) Erklärung der Rechtsunwirksamkeit eines Vaterschaftsanerkenntnisses, § 154 ABGB

Die Rechtsunwirksamkeit eines Vaterschaftsanerkenntnisses ist von Amts wegen zu erklären, wenn gegen Formvorschriften verstoßen oder ein geschäftsunfähiger Anerkennender nicht ordnungsgemäß vertreten wurde, § 154 Abs. 1 Nr. 1 lit. b ABGB.[574]

Ferner ist gemäß § 154 Abs. 1 Nr. 2 ABGB die Rechtsunwirksamkeit eines Anerkenntnisses auszusprechen, wenn es mit einem Widerspruch des Kindes, der Mutter oder (beim durchbrechenden Vaterschaftsanerkenntnis) des bisherigen Vaters angegriffen wurde, es sei denn, es ist erwiesen, dass der Anerkennende der genetische Vater ist bzw. der Anerkennende einer künstlichen Fortpflanzung mittels Samenspende formgerecht zugestimmt hatte.[575]

Zudem kann der Anerkennende selbst die Erklärung der Unwirksamkeit seines Anerkenntnisses beantragen, wenn dieses auf einem Willensmangel beruht oder er nachträglich von Umständen erfährt, die für die Nichtabstammung des Kindes sprechen, § 154 Abs. 1 Nr. 3 ABGB. Der Antrag ist ausgeschlossen, wenn seit der Entdeckung des Willensmangels oder der Umstände mehr als zwei Jahre vergangen

---

570 OLG Wien (28.6.1976 und 2.11.1976), EF 26.695; (14.3.1978 und 29.11.1978), EF 31.305); (5.7.1993), EF 71.802; *Dittrich/Tades*, § 158 S. 66.

571 Schwimann[4]/*Bernat*, § 158 Rn. 4; *Schwimann*, in: *Bergmann/Ferid*, S. 122 Fn. 115. Klang[3]/*Stefula*, § 158 Rn. 9.

572 So *Ferrari*, in: *Spickhoff/Schwab/Henrich/Gottwald*, S. 183 (194) mit Verweis auf RV 471 Blg NR XXII. GP, S. 20; kritisch dagegen *Simotta*, ÖA 2004, S. 175 (186 f.).

573 *Schwimann*, StAZ 2005, S. 33 (37).

574 Der neue § 154 ABGB ist aus dem § 164 ABGB a.F. hervorgegangen, hat jedoch durch das KindNamRÄG 2013 auch inhaltliche Änderungen erfahren.

575 Vgl. *Ferrari*, in: *Spickhoff/Schwab/Henrich/Gottwald*, S. 183 (195); *Schwimann*, StAZ 2005, S. 33 (41).

sind, § 154 Abs. 2 S. 1 ABGB. Die Frist beginnt jedoch frühestens mit der Geburt des Kindes, § 154 Abs. 2 S. 2 ABGB.

c) Abänderung des die Vaterschaft feststellenden Gerichtsbeschlusses, §§ 73 ff. AußStrG

Ein Beschluss, der die Vaterschaft feststellt (§ 148 ABGB),[576] kann mit einem Abänderungsantrag gemäß §§ 73 ff. AußStrG angegriffen werden.[577] Ein Abänderungsantrag kann insbesondere dann gestellt werden, wenn die Partei Kenntnis von neuen Tatsachen erlangt oder Beweismittel auffindet oder zu verwenden in den Stand gesetzt wird, deren Berücksichtigung im früheren Verfahren eine für die Partei günstigere Entscheidung herbeigeführt hätte, § 73 Abs. 1 Nr. 5 AußStrG. Ein Abänderungsantrag kann nur innerhalb von vier Wochen gestellt werden, § 74 Abs. 1 AußStrG. Diese Frist beginnt jedoch erst dann zu laufen, wenn die Partei imstande ist, die ihr neu bekannt gewordenen Tatsachen oder Beweismittel vorzubringen, § 74 Abs. 2 AußStrG. Sind allerdings seit Eintritt der Rechtskraft der Entscheidung mindestens zehn Jahre vergangen, ist ein Abänderungsantrag nicht mehr zulässig, § 74 Abs. 5 AußStrG.

d) Vätertauschverfahren, § 150 ABGB

Mit Wirkung zum 1.1.2005 wurde durch das Familien- und Erbrechts-Änderungsgesetz 2004 (FamErbRÄG 2004) das sog. „Vätertauschverfahren" in das österreichische Abstammungsrecht als § 163b ABGB a.F. aufgenommen.[578] Mit der Neugliederung des Kindschaftsrechts im Jahr 2013 wurde die Norm wortgleich als § 150 ABGB übernommen. Die Norm ermöglicht dem Kind (oder seinem Rechtsnachfolger), eine bestehende rechtliche Vaterschaft unmittelbar durch Feststellung seiner Abstammung von einem anderen Mann zu beseitigen.[579] Wird die Wirksamkeit eines Beschlusses nach § 150 ABGB aufgehoben, lebt die ursprüngliche Vaterschaft wieder auf.[580]

Das Vätertauschverfahren kann nur durch Antrag des Kindes eingeleitet werden und ist unbefristet möglich.[581] Da mit diesem Verfahren jede rechtliche Vaterschaft verdrängt werden kann - selbst die gerichtlich festgestellte und dabei auf ein

---

576 § 148 ABGB entspricht weitestgehend § 163 ABGB a.F.

577 *Fischer-Czermak*, JBl 2005, S. 2 (A. III. 3).

578 öBGBl I Nr. 58/2004 Ziff. 15. Zur Verwendung des Begriffs „Vätertausch(verfahren)", OGH (13.7.2007), EF-Z 2007, S. 222; (5.6.2008), SZ 2008/76, S. 486 (487); RV 471 Blg NR XXII. GP, S. 23.

579 OGH (13.7.2007), EF-Z 2007, S. 222; (5.6.2008), SZ 2008/76, S. 486 (487); RV 471 Blg NR XXII. GP, S. 23 ff.; *Simotta*, ÖA 2004, S. 175 (187 f.). Kritisch *Schwimann*, StAZ 2005, S. 33 (34, 39 ff.).

580 RV 471 Blg NR XXII. GP, S. 23; OGH (5.6.2008), SZ 2008/76, S. 486 (487 f.).

581 OGH (19.12.2007), JBl 2008, S. 520 (521); Schwimann[4]/*Bernat*, § 163b Rn. 6.

DNS-Gutachten gestützte Vaterschaft[582] - können sich Kinder bis an ihr Lebensende als „Serienanstragsteller ausleben".[583]

Ursprünglich war auch eine Antragslegitimation des potenziellen biologischen Vaters erwogen worden.[584] Es wurde jedoch auf sie verzichtet, um im Interesse der sozial gelebten Familie zu „verhindern, dass sich dem Kind, das schon einen Vater im Rechtssinn hat, der biologische Vater um jeden Preis aufdrängt".[585] Dies bedeutet jedoch nicht, dass das österreichische Abstammungsrecht dem leiblichen Vater die Feststellung der wahren Abstammung völlig verweigert. So steht einem biologischen Vater grundsätzlich das Verfahren des „durchbrechenden Vaterschaftsanerkenntnisses" nach § 147 Abs. 2 ABGB zur Verfügung.[586]

Antragsgegner kann im Vätertauschverfahren grundsätzlich jeder Mann sein, der nicht der rechtliche Vater des Kindes ist, nur ein Drittsamenspender im Sinne des § 148 Abs. 4 ABGB ist kein zulässiger Antragsgegner.[587]

Mit Ausnahme der Fälle von künstlicher Befruchtung im Sinne des § 148 Abs. 3 ABGB ist Beweisthema die Zeugung des Kindes durch den Antragsgegner.[588] Dabei kann das Kind entsprechend den Regelungen über die Vaterschaftsfeststellung nach § 147 ABGB wahlweise den Nachweis der positiven Abstammung kraft genetischer Abstammung (oder kraft wirksamer Zustimmung des Antragsgegners zur künstlichen Befruchtung mittels Drittsamen im Sinne von § 148 Abs. 4 ABGB) erbringen oder den Nachweis, dass der Antragsgegner der Mutter im Zeitraum 180 bis 300 Tage vor der Geburt, beigewohnt hatte, wobei im letztgenannten Fall dem Beiwohner der Ausschlussbeweis gegen die Vaterschaftsvermutung offensteht.[589]

Sowohl der positive Abstammungsnachweis als auch der Ausschlussbeweis können durch DNS-Gutachten erbracht werden.[590] Hierbei treffen insbesondere den Antragsgegner bzw. das antragstellende Kind die Mitwirkungspflichten des § 85 Abs. 1 AußStrG: „Soweit es zur Feststellung der Abstammung erforderlich ist, haben die Parteien und alle Personen, die nach den Ergebnissen des Verfahrens zur Aufklärung des Sachverhalts beitragen können, bei der Befundaufnahme durch einen vom Gericht bestellten Sachverständigen insbesondere an der notwendigen Gewinnung von Gewebeproben, Körperflüssigkeiten und Blutproben, mitzuwirken." Nach § 85 Abs. 2 AußStrG sind Ausnahmen möglich, soweit die Mitwirkung eine Gefahr für Gesundheit oder Leben bedeutet. Bei unrechtmäßig verweigerter

582 Schwimann[4]/*Bernat*, § 163b Rn. 1 ff.
583 Schwimann[4]/*Bernat*, § 163b Rn. 6.
584 RV 471 Blg NR XXII. GP, S. 23.
585 RV 471 Blg NR XXII. GP, S. 23 mit Verweis auf *Wellenhofer-Klein*, FamRZ 2003, S. 1889 (1890).
586 Siehe unten S. 100 ff.
587 Schwimann[4]/*Bernat*, § 163b Rn. 6.
588 Schwimann[4]/*Bernat*, § 163b Rn. 12.
589 Schwimann[4]/*Bernat*, § 163b Rn. 11; siehe zu § 163 ABGB: OGH (29.8.2007), JBl 2008, S. 174; Schwimann[4]/*Bernat*, § 163 Rn. 4.
590 Schwimann[4]/*Bernat*, § 163 Rn. 3.

Mitwirkung kann eine Durchsetzung mittels unmittelbaren Zwangs angeordnet werden, § 85 Abs. 3 AußStrG.

e) Durchbrechendes Vaterschaftsanerkenntnis, § 147 Abs. 2 ABGB

Das durchbrechende Vaterschaftsanerkenntnis hat der österreichische Gesetzgeber mit dem Kindschaftsrechts-Änderungsgesetz 2001 (KindRÄG 2001) eingeführt und mit FamErbRÄG 2004 nachgebessert.[591] Die Regelung befand sich bis zum KindNamRÄG 2013 in § 163e Abs. 2 ABGB a.F. und wurde im Wege der Neugliederung des Kindschaftsrechts mit demselben Wortlaut als neuer § 147 Abs. 2 ABGB übernommen. § 147 Abs. 2 ABGB ermöglicht einem Mann, der sich zu seiner Vaterschaft bekennt, sein leibliches Kind, welches schon einen rechtlichen Vater hat, anzuerkennen.[592] Mit diesem Institut wird eine schon bestehende rechtliche Vaterschaft beliebiger Art verdrängt und gleichzeitig eine neue Zuordnung herbeigeführt.[593] Mittels dieses Verfahrens kann ausnahmslos jede rechtliche Vaterschaft verdrängt werden, sogar die rechtskräftig gerichtlich festgestellte biologische Vaterschaft.[594] Mit Blick auf den Grundsatz der Rechtskraft fragt *Schwimann* zu Recht, welchen Sinn es hat, mit der Einführung des uneingeschränkten verdrängenden Vaterschaftsanerkenntnisses „gleichsam Rechtskraftduelle zu provozieren".[595]

Die verdrängte Vaterschaft wird nicht endgültig beseitigt, sondern schwebend unwirksam und lebt mit Beseitigung des verdrängenden Anerkenntnisses wieder auf.[596]

Das Anerkenntnis wirkt ab dem Zeitpunkt seiner Erklärung, § 147 Abs. 2 S. 3 ABGB.

Der sich eindeutig aus dem Wortlaut ergebende schrankenlose Anwendungsbereich des § 147 ABGB, der jede Form der rechtlichen Vaterschaft umfasst, wurde in den Gesetzgebungsmaterialen nicht als Besonderheit erwähnt.[597] Als Ziel des verdrängenden Vaterschaftsanerkenntnisses nannte der Gesetzgeber, die Schaffung einer Alternative zum bürokratischen und kostenintensiven Ehelichkeitsbestreitungsprozess für solche Fälle, in welchen alle Beteiligten Kenntnis von der Unrichtigkeit einer Ehelichkeitsvermutung haben.[598] Eine entsprechende Erleichterung sei praxisgerecht, da Schätzungen zufolge bis zu 95 % der Kinder, die nach der Aufhebung, Scheidung oder Nichtigerklärung der Ehe der Mutter geboren werden, nicht

591 öBGBl Nr. 135/2000; öBGBl I Nr. 58/2004 Nr. 18; RV 471 Blg NR XXII. GP, S. 26.

592 RV 471 Blg NR XXII. GP, S. 26.

593 *Schwimann*, StAZ 2005, S. 33 (40).

594 Schwimann[4]/*Bernat*, § 163e Rn. 5; kritisch *Schwimann*, StAZ 2005, S. 33 (40 f.); Schwimann[4]/*Bernat*, § 163e Rn. 6.

595 *Schwimann*, StAZ 2005, S. 33 (43).

596 Schwimann[4]/*Bernat*, § 163e Rn. 2.

597 Vgl. auch Schwimann[4]/*Bernat*, § 163e Rn. 5.

598 RV 296 Blg NR XXI. GP, S. 61; *Mottl*, in: *Ferrari/Hopf*, S. 101 (105).

vom Ehemann abstammen sollen.[599] Der Gesetzgeber stützte sich bei der Schaffung dieser Regelung auf § 1592 BGB als Vorbild.[600] Richtigerweise muss mit diesem Hinweis ein solcher auf die Regelung des § 1599 Abs. 2 BGB gemeint sein, welche jedoch wesentlich weniger weit geht als die österreichische. Nach § 1599 Abs. 2 BGB entfällt die Vaterschaft kraft Ehe mit der Mutter bei Scheidung nur dann, wenn ein Dritter binnen Jahresfrist nach Rechtskraft des Scheidungsurteils die Vaterschaft anerkennt.

Das qualifizierte Anerkenntnis setzt zum Schutz der sozial gelebten Familie eine besondere Mitwirkung der rechtlichen Familie voraus:[601] Beim minderjährigen Kind muss unter Einhaltung der Formvorschriften sowohl die Mutter den Anerkennenden als Vater bezeichnen als auch das Kind, vertreten durch den Jugendwohlfahrtsträger (§ 147 Abs. 4 ABGB), der Anerkennung zustimmen, § 147 Abs. 2 S. 1, 2 ABGB. Die „Vaterbezeichnung" durch die Mutter ist als höchstpersönliches Zustimmungsrecht ausgestaltet. Die Mutter muss hierbei urteils- und einsichtsfähig sein (§ 147 Abs. 2 S. 2 ABGB), das Handeln ihres gesetzlichen Vertreters ist seit Inkrafttreten des FamErbRÄG 2004 nicht mehr möglich.[602] Ist das Kind volljährig, ist nur noch dessen Zustimmung erforderlich.

Der bisherige Vater kann durch Widerspruch die Außerkraftsetzung des durchbrechenden Anerkenntnisses durch das Gericht herbeiführen, § 147 Abs. 3 ABGB. Widerspruchsbefugt ist seit dem FamErbRÄG 2004 auch die Mutter des bei der Anerkenntniserklärung volljährigen Kindes, § 147 Abs. 3 S. 1 ABGB. Diese Widerspruchsbefugnis soll dem Schutz der sozial gelebten Familie vor Eingriffen durch Außenstehende dienen.[603]

Im Falle des Widerspruchs haben der Anerkennende, das Kind, die Mutter oder der bisherige Vater die Möglichkeit, die biologische Abstammung des Kindes vom Anerkennenden zu beweisen. Ist der positive Abstammungsbeweis gelungen, wird das durchbrechende Vaterschaftsanerkenntnis wirksam.

Das verdrängende Vaterschaftsanerkenntnis ist wie jedes Vaterschaftsanerkenntnis außerdem in den Fällen des § 154 ABGB durch das Gericht für unwirksam zu erklären. So ist es von Amts wegen für unwirksam zu erklären bei Formmängeln bezüglich der Zustimmung des Kindes oder der Bezeichnung des Anerkennenden als Vater durch die Mutter (§ 154 Abs. 1 Nr. 1 lit. a ABGB) oder bei fehlender erforderlicher gesetzlicher Vertretung des Kindes, des Anerkennenden oder der Mutter (§ 154 Abs. 1 Nr. 1 lit. b ABGB). Außerdem hat das Gericht auf Antrag des Anerkennenden das Anerkenntnis für unwirksam zu erklären, wenn der Anerkennende beweist, dass er durch List, begründete und ungerechte Furcht oder Irrtum zum Anerkenntnis veranlasst wurde (§ 154 Abs. 1 Nr. 3 lit. a ABGB) oder er erst nachträglich von solchen Umständen Kenntnis erlangte, die für die Nichtabstammung

599 RV 296 Blg NR XXI. GP, S. 61.
600 RV 296 Blg NR XXI. GP, S. 61; *Mottl*, in: *Ferrari/Hopf*, S. 101 (105).
601 RV 471 Blg NR XXII. GP, S. 26.
602 Schwimann[4]/*Bernat*, § 163e Rn. 4.
603 RV 471 Blg NR XXII. GP, S. 26.

des Kindes sprechen (§ 154 Abs. 1 Nr. 3 lit. b ABGB). Entsprechende Anträge sind nur innerhalb von zwei Jahren ab Entdeckung des Willensmangels oder der neuen Umstände zulässig, § 154 Abs. 2 ABGB. Darüber hinaus kann das verdrängende Vaterschaftsanerkenntnis auch durch erneute verdrängende Akte, wie ein Vätertauschverfahren gemäß § 150 ABGB auf Antrag des Kindes oder eine weiteres verdrängendes Vaterschaftsanerkenntnis „beseitigt" werden. Im Falle einer erneuten Verdrängung darf jedoch die ursprünglich verdrängte Vaterschaft nicht wieder aufleben, vielmehr muss sie weiterhin schwebend unwirksam bleiben, da ansonsten eine Doppelvaterschaft für das Kind droht.[604]

C. Berichtigung des Personenstandsregisters

Fehler, die bei der Eintragung in das Personenstandsregister unterlaufen, müssen berichtigt werden, § 42 Abs. 1 öPStG. Die Berichtigung kann auf Antrag oder von Amts wegen erfolgen, § 42 Abs. 3 öPStG.

Für eine Berichtigung der Mutterschaft ist Gegenstand der Beweisführung nicht die Frage, wer die genetische Mutter ist, sondern welche Frau das Kind geboren hat.[605] Auch hier ist nach einer Ansicht der genetische Nachweis wie im Abstammungsverfahren über die Mutterschaft unzulässig.[606] Nach anderer Ansicht soll zum Beweis der Tatsache der Geburt der genetische Abstammungsbeweis zulässig sein.[607]

Zweifel über die Identität der Frau, die das Kind tatsächlich geboren hat, können nach zunehmenden Stimmen in der Literatur in einem gerichtlichen Abstammungsverfahren analog den Antragsmöglichkeiten zur Feststellung der Vaterschaft bzw. der fehlenden Abstammung geklärt werden.[608] Die Notwendigkeit eines gerichtlichen Abstammungsverfahrens wird unter Berufung auf Art. 6 Abs. 1 EMRK mit dem Schutz zivilrechtlicher Belange, zu welchen auch die mütterliche Abstammung zählt, begründet.[609] Dabei wird insbesondere auf eine Entscheidung des OGH vom 19.12.2007 verwiesen.[610] Allerdings bejahte das Gericht in dieser Entscheidung nicht die Existenz von bestimmten Verfahren zur Feststellung der Mutterschaft oder der fehlenden mütterlichen Abstammung im österreichischen Recht. Der OGH stellte vielmehr anlässlich einer Entscheidung zu ausländischem Recht klar, dass die Regelungen über gerichtliche Abstammungsverfahren nach §§ 82 ff. AußStrG grundsätzlich auch bei einem Streit über die Mutterschaft einschlägig sind. Die Frage, ob eine Feststellung oder Bestreitung der Mutterschaft überhaupt möglich ist, bestimmt

604 Vgl. auch Schwimann[4]/*Bernat*, § 163b Rn. 14.
605 Schwimann[4]/*Stormann*, § 137b Rn. 2.
606 Schwimann[4]/*Stormann*, § 137b Rn. 2 f.
607 Klang[3]/*Stefula*, § 137b Rn. 8.
608 Klang[3]/*Stefula*, § 137b Rn. 8; Schwimann[4]/*Stormann*, § 137 Rn. 2. Offenlassend *Schwimann* StAZ 2005, S. 33 (39). Siehe oben S. 82 f.
609 Klang[3]/*Stefula*, § 137 Rn. 8.
610 Klang[3]/*Stefula*, § 137 Rn. 8.

sich allerdings nach dem anwendbaren materiellen Recht.[611] Für das österreichische materielle Recht ist jedenfalls die Möglichkeit einer konstitutiven Feststellung der Abstammung oder Nichtabstammung von einer Frau als Mutter abzulehnen.[612]

III. Ergebnis

Sowohl im deutschen als auch im österreichischen Recht gibt es Fälle, in welchen die rechtlichen Eltern im Sinne des Familienrechts von den genetischen abweichen.

Für Abweichungen hinsichtlich der Vaterschaft sehen beide Rechtsordnungen Korrekturmöglichkeiten vor. Diese sind jedoch zum Schutz der sozial gelebten Familie vor Eingriffen Dritter beschränkt. Mit der Einführung des Vätertauschverfahrens und des durchbrechenden Vaterschaftsanerkenntnisses in das ABGB ist ein Wechsel der Zuordnung der rechtlichen Vaterschaft nun im österreichischen Recht wesentlich einfacher als im deutschen.

Eine Korrektur der abstammungsrechtlichen Mutterschaft ist im Familienrecht beider Rechtsordnungen nicht geregelt, obwohl und gerade weil den Gesetzgebern beider Staaten bewusst war, dass ein Auseinanderfallen der rechtlichen und genetischen Mutterschaft bei Inanspruchnahme bestimmter medizinischer Fortpflanzungsmethoden durchaus möglich ist. In Österreich befürworten dennoch Teile der Literatur für den Nachweis der Tatsache der Geburt eine analoge Anwendung der Regelungen über die Feststellung der väterlichen Abstammung bzw. Nichtabstammung. Details, wie die Wirkung entsprechender Gerichtsbeschlüsse und zulässige Beweismittel, sind jedoch umstritten.

2. Abschnitt: Die Abstammungsklärung ohne Statuswirkung nach § 1598a BGB

I. Zur Entstehungsgeschichte des § 1598a BGB

Mit dem „Gesetz zur Klärung der Abstammung unabhängig vom Anfechtungsverfahren“ wurde der § 1598a mit Wirkung zum 1.4.2008 in das deutsche BGB eingefügt.[613]

Anlass war eine Entscheidung des BVerfG vom 13.2.2007, in welcher das Gericht dem Gesetzgeber den Auftrag erteilte, bis zum 31.3.2008 „zur Verwirklichung des Rechts des rechtlichen Vaters auf Kenntnis der Abstammung seines Kindes von ihm (Art. 2 I i.V. mit Art. 1 I GG) ein geeignetes Verfahren allein zur Feststellung der Vaterschaft bereitzustellen“.[614]

---

611 OGH (19.12.2007), SZ 2007/206, S. 585 (588 f.).

612 Siehe oben S. 84.

613 BGBl I 2008, S. 441. Die Ansprüche des § 1598a BGB werden gemäß § 169 Nr. 2 FamFG den Abstammungssachen zugeordnet.

614 BVerfG (13.2.2007), BVerfGE 117, 202, 1. Leitsatz; BT-Drucks. 16/8219, S. 1.

In dem vom BVerfG zu entscheidenden Fall ging es um die Verfassungsbeschwerde eines Mannes, der als rechtlicher Vater eines Kindes eine Vaterschaftsanfechtungsklage eingereicht hatte. Diese war von den Vorinstanzen abgewiesen worden, weil es an dem für die Schlüssigkeit seiner Vaterschaftsanfechtungsklage erforderlichen Anfangsverdacht für die mangelnde biologische Abstammung fehlte. Der Vater hatte den Anfangsverdacht mit dem Ergebnis eines Vaterschaftstests begründet, durch den die Vaterschaft mit hundertprozentiger Sicherheit ausgeschlossen worden war. Allerdings hatte der Vater diesen Vaterschaftstest heimlich ohne die Einwilligung von Mutter und Kind durchführen lassen. Alle drei Instanzen hatten die gegen eine Vaterschaft sprechenden Umstände als nicht hinreichend dargelegt angesehen, da heimlich eingeholte Vaterschaftstests gegen das informationelle Selbstbestimmungsrecht des Kindes verstießen und damit nicht verwertbar seien.[615] Dieses Verwertungsverbot hat das BVerfG bestätigt.[616] Seit 1.2.2010 regelt nun auch § 17 Gendiagnostikgesetz (GenDG), dass Abstammungsgutachten nur mit Einwilligung der untersuchten Personen vorgenommen werden dürfen.[617]

---

615 BVerfG (13.2.2007), BVerfGE 117, 202 (208 ff.); BGH (12.1.2005), NJW 2005, S. 497.

616 BVerfG (13.2.2007), BVerfGE 117, 202 (203), 2. Leitsatz.

617 § 17 GenDG lautet:

„§ 17 Genetische Untersuchungen zur Klärung der Abstammung

(1) [1]Eine genetische Untersuchung zur Klärung der Abstammung darf nur vorgenommen werden, wenn die Person, deren genetische Probe untersucht werden soll, zuvor über die Untersuchung aufgeklärt worden ist und in die Untersuchung und die Gewinnung der dafür erforderlichen genetischen Probe eingewilligt hat; (...) [2]Die Aufklärung muss durch die für die Vornahme der Untersuchung verantwortliche Person erfolgen; (...) [3]Es dürfen nur die zur Klärung der Abstammung erforderlichen Untersuchungen an der genetischen Probe vorgenommen werden. [4]Feststellungen über andere Tatsachen dürfen nicht getroffen werden.

(2) Absatz 1 gilt entsprechend für Personen, die eine genetische Untersuchung zur Klärung der Abstammung vornehmen lassen.

(3) [1]Bei einer Person, die nicht in der Lage ist, Wesen, Bedeutung und Tragweite der genetischen Untersuchung zu erkennen und ihren Willen hiernach auszurichten, darf eine genetische Untersuchung zur Klärung der Abstammung vorgenommen werden, wenn

1. die Untersuchung der Person zuvor in einer ihr gemäßen Weise so weit wie möglich verständlich gemacht worden ist und sie die Untersuchung oder die Gewinnung der dafür erforderlichen genetischen Probe nicht ablehnt,
2. der Vertreter der Person zuvor über die Untersuchung aufgeklärt worden ist und dieser in die Untersuchung und die Gewinnung der dafür erforderlichen genetischen Probe eingewilligt hat und
3. die Person voraussichtlich allenfalls geringfügig und nicht über die mit der Untersuchung und der Gewinnung der dafür erforderlichen genetischen Probe in der Regel verbundenen Risiken hinaus gesundheitlich beeinträchtigt wird.

Die Tatsache, dass der Vater seine Vaterschaft wegen der Unverwertbarkeit des heimlichen Vaterschaftstests nicht erfolgreich anfechten konnte, da er ohne den Test nicht in der Lage war, die gegen die Vaterschaft sprechenden Umstände darzulegen und damit die Voraussetzungen der Anfechtung zu erfüllen, ist laut BVerfG nicht zu beanstanden.[618] Die Voraussetzungen des Anfechtungsverfahrens inklusive der erhöhten Darlegungslast des rechtlichen Vaters dienen dem Interesse der Mutter und insbesondere des Kindes am Fortbestand der familiären rechtlichen Beziehungen.[619]

Das BVerfG bejahte dennoch eine Verletzung des allgemeinen Persönlichkeitsrechts des Vaters, da es der Gesetzgeber unterlassen hatte, „ein rechtsförmiges Verfahren bereitzustellen, in dem die Abstammung eines Kindes von seinem rechtlichen Vater geklärt und die Tatsache ihres Bestehens oder Nichtbestehens festgestellt werden kann, ohne daran zugleich Folgen für den rechtlichen Status des Kindes zu knüpfen."[620] In der Folge schuf der Gesetzgeber das „Gesetz zur Klärung der Abstammung unabhängig vom Anfechtungsverfahren" und fügte damit unter anderem § 1598a in das BGB ein.

II. Inhalt des § 1598a BGB

§ 1598a BGB trägt die amtliche Überschrift „Anspruch auf Einwilligung in eine genetische Untersuchung zur Klärung der leiblichen Abstammung".

Nach § 1598a Abs. 1 S. 1 BGB können zur Klärung der leiblichen Abstammung sowohl der rechtliche Vater des Kindes jeweils von der Mutter des Kindes und dem

---

[2]Für die Aufklärung und die Einwilligung des Vertreters gelten Absatz 1 Satz 1 und 2 und Absatz 2 entsprechend. [3]Die §§ 1627 und 1901 Abs. 2 und 3 des Bürgerlichen Gesetzbuchs finden Anwendung.

(4) [1]Genetische Untersuchungen zur Klärung der Abstammung dürfen nur durch Ärztinnen oder Ärzte oder durch auf dem Gebiet der Abstammungsbegutachtung erfahrene nichtärztliche Sachverständige mit abgeschlossener naturwissenschaftlicher Hochschulausbildung vorgenommen werden. (...)

(6) Eine vorgeburtliche genetische Untersuchung zur Klärung der Abstammung darf abweichend von § 15 Abs. 1 Satz 1 nur durch Ärztinnen oder Ärzte vorgenommen werden, wenn nach ärztlicher Erkenntnis an der Schwangeren eine rechtswidrige Tat nach den §§ 176 bis 179 des Strafgesetzbuchs begangen worden ist und dringende Gründe für die Annahme sprechen, dass die Schwangerschaft auf der Tat beruht.

(7) [1]Der nach den Absätzen 1, 2 und 3 Satz 1 Nr. 2 erforderlichen Einwilligung steht eine rechtskräftige gerichtliche Entscheidung nach § 1598a Abs. 2 des Bürgerlichen Gesetzbuchs gleich. [2]In diesem Falle ist eine Ablehnung nach Absatz 3 Satz 1 Nr. 1 unbeachtlich. [3]Die Vorschriften über die Feststellung der Abstammung im Rahmen eines gerichtlichen Verfahrens bleiben unberührt. (...)

618 BVerfG (13.2.2007), BVerfGE 117, 202 (235).

619 BVerfG (13.2.2007), BVerfGE 117, 202 (234 ff.).

620 BVerfG (13.2.2007), NJW 2007, S. 753.

Kind (Nr. 1), als auch die Mutter des Kindes jeweils von dessen rechtlichem Vater und dem Kind (Nr. 2), als auch das Kind jeweils von beiden rechtlichen Elternteilen (Nr. 3) verlangen, dass diese in eine genetische Abstammungsuntersuchung einwilligen und die Entnahme einer für die Untersuchung geeigneten genetischen Probe dulden.

Diese Probe muss nach den anerkannten Grundsätzen der Wissenschaft entnommen werden, § 1598a Abs. 1 S. 2 BGB. Über den Umgang mit der Probe und die Durchführung der Untersuchung enthält § 1598a BGB keine Regelung.[621] Die Einholung des Abstammungsgutachtens bleibt dem Klärungsberechtigten überlassen, er muss die Kosten dafür tragen[622] und kann den Zeitpunkt der Untersuchung frei wählen, denn § 1598a BGB regelt keine Frist, innerhalb welcher der Klärungsberechtigte die erhaltene Probe untersuchen lassen müsste.[623] Auch die Wahl der Untersuchungsmethode und des Anbieters, der die Untersuchung durchführen soll, hat der Gesetzgeber dem Klärungsberechtigten bewusst überlassen, um ihm die Inanspruchnahme kostengünstiger Angebote zu ermöglichen und damit den Anreiz heimlicher Vaterschaftstests zu reduzieren.[624]

Lässt der Klärungsberechtigte die Probe in Deutschland untersuchen,[625] kommt das Gendiagnostikgesetz zur Anwendung, welches in § 17 Regelungen über Abstammungsgutachten enthält.[626] So regeln z.B. § 17 Abs. 1 S. 3 und 4, dass nur die zur Klärung der Abstammung erforderlichen Untersuchungen an der genetischen Probe vorgenommen und nicht Feststellungen über andere Tatsachen (wie z.B. Krankheiten) getroffen werden dürfen.

Wird die Einwilligung in die genetische Untersuchung entgegen § 1598a Abs. 1 S. 1 BGB nicht erteilt, hat das Familiengericht auf Antrag des Klärungsberechtigten eine nicht erteilte Einwilligung zu ersetzen und die Duldung einer Probeentnahme anzuordnen, § 1598a Abs. 2 BGB.

Allerdings setzt das Gericht das Verfahren aus, wenn und solange die Klärung der leiblichen Abstammung eine erhebliche Beeinträchtigung des Wohls des minderjährigen Kindes begründen würde, die auch unter Berücksichtigung der Belange des Klärungsberechtigten für das Kind unzumutbar wäre, § 1598a Abs. 3 BGB. Als Beispiel hierfür wird in der Gesetzesbegründung die Suizidgefahr oder die Verschlechterung einer bereits bestehenden schweren Krankheit genannt.[627] Damit der Klärungsanspruch nicht leerläuft ist, ist § 1598a Abs. 3 BGB entsprechend der in der Gesetzesbegründung erkennbaren Tendenz nur in extremen Ausnahmefällen anzuwenden.[628]

---

621 *Helms*, FamRZ 2008, S. 1033 (1035); *Schwab*, FamRZ 2008, S. 23 (24).
622 *Helms*, FamRZ 2008, S. 1033 (1035); *Schwab*, FamRZ 2008, S. 23 (24).
623 *Schwab*, FamRZ 2008, S. 23 (24).
624 BT-Drucks. 16/6561, S. 13; *Helms*, FamRZ 2008, S. 1033 (1035).
625 Kritisch zur Möglichkeit der Durchführung der Untersuchung im Ausland *Schwab*, FamRZ 2008, S. 23 (24).
626 Siehe oben Fn. 617.
627 BT-Drucks. 16/6561, S. 13.
628 *Helms*, FamRZ 2008, S. 1033 (1036).

Nach § 1598a Abs. 4 S. 1 BGB kann, wer in eine genetische Abstammungsuntersuchung eingewilligt und eine genetische Probe abgegeben hat, von dem Klärungsberechtigten, der eine Abstammungsuntersuchung hat durchführen lassen, Einsicht in das Abstammungsgutachten oder Aushändigung einer Abschrift verlangen.[629]

Die Ansprüche aus § 1598a BGB auf Einwilligung in die Abstammungsuntersuchung und Duldung der Entnahme einer Probe verjähren nicht (§ 194 Abs. 2 BGB) und ihre gerichtliche Geltendmachung unterliegt keiner Frist.[630] Die Klärungsansprüche bestehen auch in Fällen, in welchen die Frist zur Anfechtung der Vaterschaft für den Klärungsberechtigten schon verstrichen ist.[631] Das Ergebnis der Untersuchungen nach § 1598a BGB lässt keine neue Anfechtungsfrist beginnen,[632] die Anfechtungsfristen werden durch Einleitung des Klärungsverfahrens nach § 1600b Abs. 5 S. 1 i.V.m. § 204 Abs. 2 BGB allerdings gehemmt. Grundsätzlich endet die Hemmung sechs Monate nach Beendigung des Klärungsverfahrens, § 204 Abs. 2 S. 1 BGB. Gerät das Klärungsverfahren jedoch in Stillstand dadurch, dass die Beteiligten es nicht betreiben, so tritt an die Stelle der Beendigung des Verfahrens die letzte Verfahrenshandlung der Beteiligten oder des Gerichts, § 204 Abs. 2 S. 2 BGB. Diese Regelung ist von Bedeutung, um die Anfechtungsfristen der Willkür der Klärungsberechtigten zu entziehen: Da auch innerhalb des Verfahrens nach § 1598a BGB keine Fristen gelten, kann der Klärungsberechtigte die erhaltene Probe jahrelang verwahren - ohne die Abstammungsuntersuchung vornehmen zu lassen - und damit die Beendigung des Verfahrens verzögern.[633]

Für die Geltendmachung der Ansprüche aus § 1598a BGB besteht keine Substantiierungspflicht für die Zweifel an der biologischen Abstammung.[634]

III. Klärungsberechtigte und Passivlegitimierte

Klärungsberechtigt sowie passivlegitimiert sind nach § 1598a Abs. 1 BGB jeweils nur einander rechtlich als Vater, Mutter und Kind zugeordnete Personen.

---

629 Diese Rechte müssen über den Gesetzeswortlaut hinaus auch solchen Klärungsverpflichteten zustehen, deren Einwilligung durch das Gericht ersetzt wurde, *Schwab*, FamRZ 2008, S. 23 (25).

630 *Helms*, FamRZ 2008, S. 1033 (1034); *Schwab*, FamRZ 2008, S. 23 (24). Zum Fehlen einer Regelung für den Todesfall, *Wellenhofer*, NJW 2008, S. 1185 (1189).

631 *Helms*, FamRZ 2008, S. 1033 (1037).

632 Der Neubeginn der Anfechtungsfristen war im Gesetzentwurf vorgesehen, BT-Drucks. 16/8219, S. 16 f. und aufgrund erheblicher Kritik (z.B. *Helms/Frank*, FamRZ 2007, S. 1277 (1280 f.) nicht übernommen worden. Dies ist zu begrüßen, denn das BVerfG hatte den Gesetzgeber nicht aufgerufen, die Anfechtungsvoraussetzungen zu erleichtern, sondern die Möglichkeit einer rechtsfolgenlosen Klärung der Vaterschaft des leiblichen Vaters zu eröffnen.

633 *Schwab*, FamRZ 2008, S. 23 (24).

634 *Helms*, FamRZ 2008, S. 1033 (1034).

Weder klärungsberechtigt noch passivlegitimiert sind Personen, welche nicht Teil der rechtlichen Dreipersonengruppe Vater-Mutter-Kind sind, wie z.B. der mutmaßliche biologische Vater,[635] die potenzielle biologische Mutter,[636] die (rechtlichen) Großeltern oder die Geschwister des Kindes.[637]

A. *Die Klärung der biologischen Vaterschaft des rechtlichen Vaters*

Mit der Schaffung des § 1598a BGB reagierte der Gesetzgeber auf den Auftrag des BVerfG, eine gesetzliche Regelung zur isolierten Feststellung der Abstammung eines Kindes von seinem rechtlichen Vater einzuführen, um den Schutz des Rechts des rechtlichen Vaters auf Kenntnis der Abstammung zu verwirklichen.[638] Um die genetische Abstammung des Kindes von seinem rechtlichen Vater zu überprüfen, haben der rechtliche Vater selbst, die rechtliche Mutter und das Kind jeweils Anspruch darauf, die Einwilligung der jeweils anderen beiden Personen zur Durchführung einer Abstammungsuntersuchung und die Duldung der Entnahme einer Probe zu diesem Zweck zu verlangen.

Auch zur Klärung der väterlichen Abstammung kann es auf die Duldung einer Probeentnahme durch die Mutter ankommen: So ist aus Abstammungsuntersuchungen im Statusverfahren bekannt, dass der Informationsgehalt einer Abstammungsuntersuchung höher ist, wenn neben der Vaterschaft zugleich die Abstammung von der Mutter untersucht wird.[639]

Geht es um die Klärung, ob die rechtliche Vaterschaft der biologischen entspricht, liegt die Klärungsberechtigung von Vater und Kind, jeweils als Ausdruck ihres Rechts auf Kenntnis der väterlichen Abstammung auf der Hand. Die Mutter kann sich jedoch bei der Klärung der Vaterschaft ihres Kindes nicht auf ihr Recht auf Kenntnis der Abstammung berufen, daher ist ihre Klärungsberechtigung hinsichtlich der Vaterschaft aus verfassungsrechtlichen Gründen nicht erforderlich.[640] Dennoch hat der Gesetzgeber die Mutter des Kindes in den Kreis der Klärungsberechtigten hinsichtlich der Klärung der biologischen Vaterschaft des rechtlichen Vaters aufgenommen. Schließlich hat die Mutter nach deutschem Recht - anders als im österreichischen - auch ein eigenes Recht auf Anfechtung der Vaterschaft

---

635 Siehe dazu unten S. 112 ff.

636 Siehe dazu unten S. 121 f.

637 Musielak/Borth[5]/*Borth*/*Grandel*, § 169 Rn. 7; *Frank/Helms*, FamRZ 2007, S. 1277 (1279); *Schwab*, FamRZ 2008, S. 23. Den Ausschluss des leiblichen Vaters für verfassungswidrig haltend, MüKo[6]/*Wellenhofer*, § 1598a Rn. 10.

638 BVerfG (13.2.2007), BVerfGE 117, 202; BT-Drucks. 16/8219, S. 1.

639 *Schneider*, S. 52 f. ist für eine teleologische Reduktion des § 1598a BGB dahingehend, dass zur Klärung der Vaterschaft die Mutter die Entnahme einer Probe nur dann dulden muss, wenn nach der Untersuchung der Probe von Vater und Kind tatsächlich noch ein Unsicherheitsfaktor bezüglich der Abstammung des Kindes vom rechtlichen Vater besteht.

640 *Schneider*, S. 51.

gemäß § 1600 Abs. 1 Nr. 3 BGB.[641] Die Klärungsberechtigung der Mutter könnte folglich damit zu erklären sein, dass dieser als Minus zum Anfechtungsrecht auch der rechtsfolgenlose Klärungsanspruch zustehen sollte.[642] Das Anfechtungsrecht der Mutter wird damit begründet, dass die Tatsache, wer rechtlicher Vater ihres Kindes ist, wegen der gemeinsamen Sorge auch erhebliche Folgen für die Mutter hat, wie z.B. die Aufteilung der Unterhaltsleistungen.[643] Das bloße Wissen um die väterliche Abstammung hat jedoch keine entsprechend weitreichenden Konsequenzen für die Mutter.[644] Allerdings hat nach der Intention des Gesetzgebers das Verfahren nach § 1598a BGB unter anderem auch die Bedeutung einer Vorstufe vor dem Anfechtungsverfahren,[645] so dass die Klärungsberechtigung zumindest der anfechtungsberechtigten Mutter nachvollziehbar ist[646] - unter anderem auch zur Vermeidung der Durchführung heimlicher Vaterschaftstests durch die Mutter.[647] Darüber hinaus besteht jedoch die Klärungsberechtigung der Mutter zeitlich unbegrenzt und damit auch in Fällen, in denen ihre Frist zu Anfechtung der Vaterschaft bereits abgelaufen ist.

B. Die Klärung der biologischen Mutterschaft der rechtlichen Mutter

Es stellt sich die Frage, ob § 1598a BGB auch zur Klärung der biologischen Mutterschaft der rechtlichen Mutter angewandt werden kann. Dem reinen Wortlaut nach enthält § 1598a BGB Ansprüche zur Klärung der Abstammung, was grundsätzlich auch die Mutterschaft umfasst.[648]

Gegen eine Anwendbarkeit des Klärungsverfahrens auf die Überprüfung der Mutterschaft könnte die systematische Stellung der Norm sprechen. So wurde § 1598a BGB zwischen Vorschriften über die väterliche Abstammung eingefügt.[649] Allerdings befindet sich die Vorschrift im zweiten Titel des zweiten Abschnitts des vierten Buchs des BGB.[650] Dieser zweite Titel trägt die amtliche Überschrift „Abstammung“ und enthält nicht nur Regelungen über die väterliche Abstammung, sondern mit § 1591 BGB auch eine Regelung zur mütterlichen Abstammung.[651] Somit spricht

---

641 *Schneider*, S. 51. Zum Anfechtungsrecht siehe oben S. 83 ff. (Deutschland) und S. 95 (Österreich).

642 *Schneider*, S. 51.

643 *Schneider*, S. 51.

644 *Schneider*, S. 51.

645 BT-Drucks. 16/6561, S. 10; *Helms*, FamRZ 2008, S. 1033 (1036); *Schneider*, S. 54.

646 *Schneider*, S. 51.

647 BT-Drucks. 16/6561, S. 12.

648 Staudinger[2011]/*Rauscher*, § 1598a Rn. 29; Spickhoff/*Spickhoff*, § 1598a Rn. 4; *Helms*, FamRZ 2008, S. 1033; *Ostermann*, S. 282; *Schneider*, S. 55; *Schwab*, FamRZ 2008, S. 23 (24).

649 Staudinger[2011]/*Rauscher*, § 1598 Rn. 29; MüKo[6]/*Wellenhofer*, § 1598a Rn. 22.

650 *Schneider*, S. 54.

651 *Schneider*, S. 54.

die systematische Stellung des § 1598a BGB nicht gegen eine Anwendbarkeit der Norm auf die Klärung der biologischen Abstammung von der rechtlichen Mutter.[652]

Auch der Entstehungsgeschichte der Norm ist kein Ausschluss der Anwendung auf die mütterliche Abstammung zu entnehmen.[653] Allerdings gehen die Gesetzesbegründungen auch nicht auf die Klärung der Mutterschaft, sondern nur auf die Klärung der Vaterschaft ein.[654] Schließlich trägt das den § 1598a BGB einführende Gesetz den Namen „Gesetz zur Klärung der Vaterschaft unabhängig vom Anfechtungsverfahren".[655]

Muscheler gibt zu bedenken, dass bei einem die Anwendbarkeit auf die Mutterschaft bejahendem Gesetzgeberwillen entsprechende Ausführungen in der Gesetzesbegründung zu erwarten gewesen wären,[656] gerade auch mit Blick auf den jahrzehntelangen Streit um die Feststellungsklage und die aktuellen Fragen der künstlichen Fortpflanzungsmedizin sowie die faktische Etablierung von Babyklappe und anonymer Geburt. So ist zu vermuten, dass dem Gesetzgeber nicht bewusst war, dass seine neue Regelung dem bloßen Wortlaut nach auch auf die Mutterschaft anwendbar ist.[657]

Die Tatsache, dass die rechtliche Mutterschaft nach deutschen Recht nicht anfechtbar ist, steht der Klärung der genetischen Mutterschaft nach § 1598a BGB nicht entgegen, schließlich soll die Norm gerade eine von einer Anfechtung unabhängige Abstammungsfeststellung ermöglichen.[658] Die rechtsfolgenlose Klärung der biologischen Mutterschaft ist auch kein Widerspruch zu § 1591 BGB, diese Norm will lediglich eine gespaltene Mutterschaft verhindern.[659] Daraus kann aber nicht abgeleitet werden, dass § 1591 BGB zusätzlich die rechtsfolgenlose Feststellung einer zwar unerwünschten, aber doch erfolgten, Spaltung ausschließen will.

Der überwiegende Teil der Literatur bejaht die Anwendbarkeit des § 1598a BGB zur Klärung der biologischen Mutterschaft der rechtlichen Mutter.[660] Dem ist aufgrund des Wortlauts der Norm und mangels zwingender Gegenargumente zuzustimmen. Dieses Ergebnis entspricht auch dem Recht der Mutter auf Kenntnis, ob ein Kind von ihr abstammt und dem Recht des Kindes auf Kenntnis seiner Abstammung.

Ein genauer Blick ist jedoch auf die Frage zu werfen, in welchen Fällen dieser Anspruch auf Klärung der biologischen Abstammung von der rechtlichen Mutter überhaupt relevant wird.

---

652 *Ostermann*, S. 282; *Schneider*, S. 54.
653 Spickhoff/*Spickhoff*, § 1598a Rn. 4.
654 BT-Drucks. 16/8219; BT-Drucks. 16/6561; vgl. MüKo[6]/*Wellenhofer*, § 1598a Rn. 22.
655 BGBl I 2008, S. 441. Siehe auch *Muscheler*, FPR 2008, S. 257 (259).
656 *Muscheler*, FPR 2008, S. 257 (259).
657 *Muscheler*, FPR 2008, S. 257 (259); Spickhoff/*Spickhoff*, § 1598a Rn. 4.
658 BT-Drucks. 13/4899, S. 82; MüKo[6]/*Wellenhofer*, § 1598a Rn. 22.
659 Spickhoff/*Spickhoff*, § 1598a Rn. 4.
660 Musielak/Borth[5]/*Borth*/*Grandel*, § 169 Rn. 7; Staudinger[2011]/*Rauscher*, § 1598 Rn. 30; Spickhoff/*Spickhoff*, § 1598a Rn. 4; MüKo[6]/*Wellenhofer*, § 1598a Rn. 22; *Borth*, FPR 2007, S. 381 (382); *Helms*, FamRZ 2008, S. 1033; Ostermann, S. 296 f., 300; *Schneider*, S. 55; *Schwab*, FamRZ 2008, S. 23 (24).

Die Literatur erwähnt hier als Beispiel Fälle von Kindesverwechslungen im Geburtskrankenhaus und Fälle der Fortpflanzungsmedizin wie die Eizell- und Embryospende.[661] Es ist jedoch zu bedenken, dass mit § 1598a BGB nur die biologische Abstammung von der rechtlichen Mutter geklärt werden kann.[662] *Spickhoff* spricht auch von der Feststellung der „Nichtabstammung von der Geburtsmutter".[663] Dies ist konsequent, immerhin soll § 1598a BGB nur im Verhältnis der rechtlichen Familie gelten und rechtliche Mutter ist nach § 1591 BGB die Frau, die das Kind geboren hat.

Die Klärung der biologischen Mutterschaft der rechtlichen Mutter kann damit in solchen Fällen der medizinisch unterstützten Fortpflanzung relevant werden, in welchen die Mutter ein Kind ausgetragen und geboren hat, welches nicht von ihr abstammt, also in Fällen der Eizell-[664] oder Embryospende[665]. Wird die Mutter mit einer Eizellspende oder Embryospende behandelt, werden sie und ihr Partner dies in der Regel wissen und kein Bedürfnis einer Überprüfung der nicht vorhandenen biologischen Abstammung von der Mutter haben. Realistisch ist daher die Durchführung einer Klärung höchstens auf Initiative des Kindes, welches vermutet, dass seine Eltern ihm verheimlichen, dass es infolge einer Eizell- oder Embryospende von der Mutter geboren wurde.

Daneben kommen noch Fälle in Betracht, in welchen die Eltern keine Eizell- oder Embryospende, sondern eine medizinisch unterstützte Fortpflanzung unter Verwendung der Eizellen der Mutter gewollt hatten, es jedoch im Rahmen der Behandlung im Labor zu einer Verwechslung mit fremden Eizellen oder Embryonen kam z.B. im Rahmen einer fehlerhaften Etikettierung der eingefrorenen Eizellen beim sogenannten „Social Freezing".

Neben den Fällen der Fortpflanzungsmedizin wird als Anwendungsfall des § 1598a BGB oft das Klärungsinteresse infolge einer Kindesverwechslung im Krankenhaus angeführt.[666] Es ist jedoch darauf hinzuweisen, dass bei der vermuteten Kindesverwechslung Klärungsansprüche aus § 1598a BGB innerhalb der faktischen Familie gerade nicht anwendbar sind. Leben infolge einer Kindesvertauschung Eltern mit einem fremden Kind zusammen, ist dieses Kind nicht rechtlich mit ihnen verwandt. Mutter des Kindes ist die Frau, die das Kind (vor der Verwechslung) geboren hat, § 1591 BGB. Somit kann bei Kindesvertauschungen § 1598a BGB nur im Verhältnis zur wahren Geburtsmutter angewandt werden. Das Gleiche muss auch für Kindesunterschiebungen gelten. Im Verhältnis zwischen Kind und faktischer Mutter ist § 1598a BGB mangels rechtlicher Abstammung nicht anwendbar. Richtigerweise ist hier § 169 Nr. 1 FamFG anwendbar, mit dem überprüft werden

661 Zur Eizell- und Embryospende: Staudinger[2011]/*Rauscher*, § 1598 Rn. 29); *Helms*, FamRZ 2008, S. 1033; *Schwab*, FamRZ 2008, S. 23 (24). Die Anwendbarkeit bei Kindsverwechslungen bejahend, *Borth*, FPR 2007, S. 381 (382).

662 Staudinger[2011]/*Rauscher*, § 1598 Rn. 31. So auch MüKo[6]/*Wellenhofer*, § 1598a Rn. 22.

663 Staudinger[2011]/*Rauscher*, § 1598 Rn. 31.

664 Zur Eizellspende siehe unten S. 274 ff.

665 Zur Embryospende siehe unten S. 280 ff.

666 *Helms*, FamRZ 2008, S. 1033; *Schwab*, FamRZ 2008, S. 23 (24).

kann, ob zwischen dem Kind und der Mutter die durch Geburt begründete rechtliche Abstammung besteht oder das Kind einer Verwechslung entstammt.[667] Ein anonym geborenes oder anonym in der Babyklappe abgegebenes Kind, welches später adoptiert wurde, hat wegen des durch die Adoption erfolgten Verlusts der ursprünglichen rechtlichen Mutter keinen Anspruch aus § 1598a BGB gegen die vermutete Geburtsmutter. Gegen den biologischen Vater hat das Kind in diesem Fall auch keinen Anspruch aus § 1598a BGB: Selbst wenn zum Zeitpunkt der Geburt kraft Ehe mit der Mutter der Erzeuger rechtlicher Vater war, wurde diese rechtliche Abstammung durch die Adoption beendet.

Wurde das Kind jedoch anonym geboren oder anonym in eine Babyklappe gelegt und später nicht adoptiert, besteht seine rechtliche Abstammung von der Geburtsmutter fort und damit auch seine Abstammung vom damaligen Ehemann der Mutter. Innerhalb dieser rechtlichen Familie sind die Klärungsansprüche des § 1598a BGB anwendbar. Dafür benötigen die Betroffenen jedoch zunächst Informationen über die Identität der Familienmitglieder.

Nach dem Wortlaut des § 1598a BGB hat auch der rechtliche Vater einen Anspruch auf Klärung der biologischen Abstammung des Kindes von der rechtlichen Mutter. Dabei ist die Kenntnis, ob das ihm rechtlich zugeordnete Kind tatsächlich auch von dessen rechtlicher Mutter abstammt, nicht vom Grundrecht des Vaters auf Kenntnis der Abstammung seines Kindes gedeckt. Auch kann seine Klärungsberechtigung - anders als die Klärungsberechtigung der Mutter hinsichtlich der Vaterschaft - nicht mit dem Gedanken an eine Vorbereitung der Anfechtung der rechtlichen Mutterschaft begründet werden, da das deutsche Recht keine Anfechtung der Mutterschaft kennt.[668] In der Praxis wird der rechtliche Vater jedoch auch nur selten ein Interesse an der Klärung der genetischen Mutterschaft der rechtlichen Mutter haben; höchstens in einem Fall, in welchem der Vater nach Inanspruchnahme einer Methode der Fortpflanzungsmedizin ohne Keimzell- oder Embryospende eine Eizell- oder Embryonenverwechslung vermutet (z.B. bei extrakorporaler Befruchtung der Keimzell der Wunscheltern nach erfolgtem „Social Freezing“) und ihn weder das Kind noch dessen Mutter bei der Klärung der Verdachts unterstützen.

C. Die Klärung der potenziellen biologischen Vaterschaft

Der potenzielle biologische Vater, der nicht zugleich der rechtliche ist, ist nach § 1598a BGB weder Klärungsberechtigter noch passivlegitimiert, d.h. er muss auch nicht in eine Abstammungsuntersuchung zur Klärung seiner biologischen Vaterschaft einwilligen.

---

667 Musielak/Borth[5]/*Borth/Grandel*, § 169 Rn. 3.

668 Siehe dazu oben S. 82.

1. *Die fehlende Klärungsberechtigung des potenziellen biologischen Vaters*

Nach § 1598a BGB hat der mutmaßliche biologische Vater keine Klärungsberechtigung. Die Norm schützt nicht sein Interesse an der Kenntnis von der Abstammung seines mutmaßlichen biologischen Kindes.

Das BVerfG hatte seinerseits im Urteil vom 13.2.2007, welches den Regelungsauftrag zur Schaffung eines rechtsfolgenlosen Klärungsverfahrens an den Gesetzgeber enthielt, einen Klärungsanspruch des potenziellen biologischen Vaters nicht ausgeschlossen, jedoch erörtert, dass in diesen Fällen die Voraussetzungen strenger sein müssten als diejenigen für die Klärung der Nichtabstammung vom rechtlichen Vater.[669]

Der Gesetzgeber hat jedoch einen Regelungsbedarf für eine Normierung der Erleichterung der Klärung der wahren biologischen Abstammung vom mutmaßlichen und nicht zugleich rechtlichen Vater nicht erkennen können: „Während es beim Klärungsanspruch von rechtlichem Vater, Mutter und Kind gegeneinander um die Frage geht, ob der bestehenden rechtlichen Vaterschaft eine leibliche Abstammung zugrunde liegt, würde es bei einem Klärungsanspruch des biologischen Vaters allein um die Frage gehen, ob eine leibliche Abstammung zwischen ihm und dem Kind besteht. Diesem Klärungsinteresse des biologischen Vaters ist jedoch durch die bestehenden Möglichkeiten der Vaterschaftsanfechtungsklage nach § 1600 BGB und der Vaterschaftsfeststellungsklage nach § 1600d BGB ausreichend Rechnung getragen (...).“[670] Es bestehe die Gefahr, dass der lediglich biologische Vater, seine Vaterschaft klären lasse, ohne jedoch zugleich rechtlich Verantwortung für das Kind zu übernehmen.[671] Dies könnte insbesondere den Interessen des Kindes und gegebenenfalls auch den Interessen des rechtlichen Vaters und der Mutter am ungestörten Fortbestand der sozial gelebten rechtlichen Familie zuwiderlaufen.[672]

In einem Beschluss vom 13.10.2008 über die Nichtannahme einer Verfassungsbeschwerde, hat das BVerfG die Verfassungsmäßigkeit der fehlenden Klärungsberechtigung des potenziellen biologischen Vaters bestätigt.[673] Das allgemeine Persönlichkeitsrecht schütze zwar auch das Interesse eines Mannes, Kenntnis davon zu erlangen, ob ein Kind von ihm abstamme.[674] Hieraus erwachse jedoch kein Anspruch, die Abstammung des Kindes von ihm in jedem Fall klären zu lassen.[675] Der Gesetzgeber habe bei der Ausgestaltung des Verfahrens nach § 1598a BGB in zulässiger Weise von seinem Gestaltungsspielraum Gebrauch gemacht, indem er im Interesse des Kindes an der Stabilität seiner rechtlichen und sozial-familiären Zuordnung und im Interesse von Mutter und Kind am Schutz persönlicher Daten und

---

669 BVerfG (13.2.2007), BVerfGE 117, 202 (238); Staudinger[2011]/*Rauscher*, § 1598a Rn. 9.
670 BT-Drucks. 16/8219, S. 6.
671 BT-Drucks. 16/8219, S. 7.
672 BT-Drucks. 16/8219, S. 7.
673 BVerfG (13.10.2008), FamRZ 2008, S. 2257 (2258).
674 BVerfG (13.10.2008), FamRZ 2008, S. 2257 (2258).
675 BVerfG (13.10.2008), FamRZ 2008, S. 2257 (2258).

intimer Begebenheiten eine Klärungsberechtigung des potenziellen biologischen Vaters nicht vorgesehen habe.[676]

Mit Urteil vom 22.3.2012 in der Rechtssache *Kautzor/Deutschland* hat der EGMR bestätigt, dass die fehlende Klärungsberechtigung des mutmaßlichen biologischen Vaters auch nicht gegen Art. 8 EMRK verstößt.[677] Zwar sei das Recht des biologischen Vaters auf Klärung der Abstammung seines Kindes vom Schutzbereich des Privatlebens umfasst,[678] aber die Tatsache, dass dem potenziellen biologischen Vater nur das Anfechtungsverfahren und nicht das Verfahren zur rechtsfolgenlosen Abstammungsklärung nach § 1598a BGB zur Verfügung steht,[679] verstoße nicht gegen Art. 8 EMRK. Es liege im Ermessenspielraum des deutschen Gesetzgebers, einen solchen Anspruch zum Schutz des Kindes und seiner sozial gelebten Familie vor externen Einwirkungen auszuschließen.[680]

In der Literatur wird indessen die fehlende Klärungsberechtigung des mutmaßlichen biologischen Vaters bemängelt.[681] Fordert man jedoch eine Klärungsberechtigung für den potenziellen Vater, dürfte sie höchstens sein eigenes Abstammungsverhältnis zum Kind und nicht die Abstammungsverhältnisse zwischen Mutter und Kind und rechtlichem Vater und Kind betreffen. Andernfalls könnte er die fehlende Abstammung innerhalb der rechtlichen Familie aufdecken, ohne selbst betroffen zu sein. Dies würde die Interessen der rechtlichen Familie des Kindes verletzen und wäre auch nicht durch ein Kenntnisinteresse des mutmaßlichen leiblichen Vaters geschützt. Das Interesse des mutmaßlichen Vaters an der Feststellung seiner leiblichen Kinder umfasst nicht die Frage, mit wem außer ihm selbst sein mutmaßliches Kind genetisch verwandt ist. Zudem dürfte das Klärungsrecht des potenziellen biologischen Vaters zum Schutz der rechtlichen Familie des Kindes nur in Fällen bestehen, in welchen das Kind entweder keinen rechtlichen Vater hat oder keine sozial-familiäre Beziehung im Sinne des § 1600 Abs. 4 BGB zum rechtlichen Vater besteht.[682] Existiert zwischen dem rechtlichen Vater und dem Kind eine sozial-familiäre Beziehung muss - parallel zur Wertung des Anfechtungsrechts[683] - jedenfalls eine Klärungsberechtigung des mutmaßlichen Vaters

---

676 BVerfG (13.10.2008), FamRZ 2008, S. 2257 (2258); ebenso OLG Nürnberg (6.11.2012), FamRZ 2013, S. 227 (228). A.A. *Frank/Helms*, FamRZ 2007, S. 1277 (1279).

677 EGMR (22.3.2012), *Kautzor/Deutschland*, Az. 23338/09, Rn. 91.

678 EGMR (22.3.2012), *Kautzor/Deutschland*, Az. 23338/09, Rn. 90.

679 Am selben Tag hat der EGMR auch entschieden, dass selbst die Tatsache, ob dem vermeintlichen biologischen Vater überhaupt ein Anfechtungsrecht zur Verfügung steht, im Ermessen des Mitgliedstaates steht, EGMR (22.3.2012), *Ahrens/Deutschland*, Az. 45071/09, Rn. 88 f.

680 EGMR (22.3.2012), *Kautzor/Deutschland*, Az. 23338/09, Rn. 78, 80, 91.

681 *Helms*, FamRZ 2010, S. 1 (7); *Ostermann*, S. 261.

682 *Helms*, FamRZ 2010, S. 1 (7). Zur Bedeutung der sozial-familiären Beziehung bei der Vaterschaftsanfechtung siehe oben S. 86.

683 Siehe oben S. 86.

ausgeschlossen sein.[684] Besteht diese Beziehung nicht, ist der mutmaßliche Vater anfechtungsberechtigt und es wäre legitim ihm als Vorstufe zum Anfechtungsverfahren auch die rechtsfolgenlose Klärung seiner Vaterschaft zu ermöglichen.[685] Nach anderer Ansicht ist ein Klärungsanspruch des mutmaßlichen Vaters gerade in Fällen erforderlich, in welchen eine sozial-familiäre Beziehung zwischen dem rechtlichen Vater und dem Kind besteht.[686] Da diese dem mutmaßlichen Vater die Vaterschaftsanfechtung verwehrt, solle er als Minus wenigstens sein Kenntnisinteresse befriedigen können.[687] Diese Argumentation überzeugt nicht, sie verkennt den Stellenwert des Schutzes der sozial-gelebten Familie. In Fällen, in welchen das Gesetz dem mutmaßlichen Vater zum Schutz der Familie des Kindes sogar die Übernahme der Verantwortung für sein Kind verwehrt, kann er nicht aus bloßem Kenntnisinteresse die Abstammung des Kindes von ihm klären lassen und damit die Gefahr einer Störung in der Familie hervorrufen.

Das Kenntnisinteresse des mutmaßlichen Vaters ist grundsätzlich schutzwürdig, jedoch ist der Schutz der sozial gelebten Familie des Kindes vorrangig. Existiert keine schutzwürdige Sozialbeziehung zwischen dem rechtlichen Vater und dem Kind, steht einem Klärungsanspruch des mutmaßlichen Vaters kein vorrangiger schutzwürdiger Belang entgegen. Für den letztgenannten Fall ist die in der Literatur vom Gesetzgeber geforderte Einführung einer Klärungsberechtigung des potenziellen biologischen Vaters zum Schutz seines berechtigten Interesses an der Kenntnis seiner Nachkommen zu wünschen.

2. Die fehlende Passivlegitimation des potenziellen biologischen Vaters

Die Gesetzesbegründung zur Einführung des § 1598a BGB befasst sich intensiv mit dem Ausschluss der Klärungsberechtigung des biologischen Vaters, geht jedoch nicht auf die Frage der Passivlegitimation des potenziellen biologischen Vaters ein.[688]

Insgesamt regelt § 1598a BGB nur die Überprüfung der biologischen Abstammung innerhalb des rechtlichen Eltern-Kind-Verhältnisses. Die Feststellung, dass innerhalb der rechtlichen Familie die biologische Abstammung fehlt, ist jedoch nur eine Facette des Rechts auf Kenntnis der eigenen Abstammung. Aus Perspektive des Kindes ist das Wissen um die Nichtabstammung von einer Person nur eine Vorstufe zum Wissen um seine biologische Abstammung. Auf das positive Klärungsinteresse des Kindes ging jedoch der Gesetzgeber bei Schaffung des § 1598a BGB überhaupt

684 *Helms*, FamRZ 2010, S. 1 (7); *Ostermann*, S. 261; *Wellenhofer*, NJW 2008, S. 1185 (1188).

685 Zur Funktion des § 1598a BGB als Vorstufe zum Anfechtungsverfahren siehe S. 109.

686 *Frank/Helms*, FamRZ 2007, S. 1277 (1279).

687 *Frank/Helms*, FamRZ 2007, S. 1277 (1279).

688 BT-Drucks. 16/6561.

nicht ein.[689] Ist das Kind also einem rechtlichen Vater zugeordnet und hat ein Mitglied der rechtlichen Familie von der rechtsfolgenlosen Klärung der Nichtabstammung Gebrauch gemacht, bleibt das Kind mit dem Wissen um die Nichtabstammung zurück und wird hinsichtlich der Klärung der tatsächlichen Abstammung auf eine Statuskorrektur mittels Vaterschaftsanfechtung und anschließender Vaterschaftsfeststellung verwiesen. Wählt das Kind diesen Weg, bleibt es im Zweifel sogar ohne rechtlichen Vater, da es zwar die rechtliche Vaterschaft erfolgreich angefochten hat, sich im Vaterschaftsfeststellungsverfahren aber herausstellen kann, dass doch keine Abstammung vom mutmaßlichen biologischen Vater besteht.[690]

Das Kind, welches von der Nichtabstammung vom rechtlichen Vater Kenntnis erlangt hat, wird gedrängt, sich zwischen dem Verzicht auf Klärung seiner wahren Abstammung und der rechtlichen Auflösung seiner bisherigen Familie zu entscheiden. Diese Lösung, dass die Klärung der Abstammung zunächst die Anfechtung der Vaterschaft erfordert, ist im Hinblick auf den Schutz sowohl der rechtlichen (und gleichzeitig sozial gelebten) Familie als auch des Rechts des Kindes auf Kenntnis seiner biologischen Abstammung nicht akzeptabel. In sich widersprüchlich wird mit Blick auf die Interessen des rechtlichen Vaters die Einführung des § 1598a BGB gerade mit seinem Interesse am rechtlichen Fortbestand seiner Familie bei gleichzeitigem Klärungsinteresse begründet: „Aufgrund des Klageziels birgt das Anfechtungsverfahren die Gefahr, Konflikte in der Familie zu verschärfen, und bietet den Vätern, die lediglich Gewissheit über die Frage der Abstammung haben wollen, nicht aber die Vaterschaft rechtlich in Frage stellen, keine sinnvolle Lösung."[691] Das Interesse des Kindes nicht nur seine Nichtabstammung von den rechtlichen Eltern, aber auch seine Abstammung von den mutmaßlichen Eltern zu klären - bei gleichzeitigem Fortbestand seiner ursprünglichen rechtlichen Familie -, berücksichtigt der Gesetzgeber nicht.[692]

Auch die Rechtsprechung musste sich schon mit dem fehlenden Klärungsanspruch des Kindes gegen den mutmaßlichen Vater beschäftigen.[693] So hat das OLG Nürnberg in der Entscheidung vom 17.6.2010 angeführt, dass § 1598a BGB nur auf die Klärung der Frage gerichtet sei, ob der rechtliche Vater auch der leibliche sei, und dem Kind daher kein Anspruch gegen den vermuteten leiblichen Vater auf Abgabe einer geeigneten Körperprobe zur genetischen Abstammungsuntersuchung eingeräumt werde.[694] Dem Kind sei es vielmehr zuzumuten, innerhalb der Vaterschaftsanfechtungsfrist wenigstens ein Verfahren nach § 1598a BGB gegen den

---

689 Kritisch MüKo[6]/*Wellenhofer*, § 1598 Rn. 11; *Frank/Helms*, FamRZ 2007, S. 1277 (1278 f.). Siehe auch OLG Frankfurt (6.5.2009) nur veröffentlicht als BeckRS 2011, 15590.

690 *Schneider*, S. 144.

691 BT-Drucks. 16/6561, S. 9.

692 MüKo[6]/*Wellenhofer*, § 1598a BGB Rn. 11; kritisch Nachholbedarf erkennend *Muscheler*, FamRZ 2008, S. 257 (258).

693 OLG Nürnberg (17.6.2013), FamRZ 2014, S. 404.

694 OLG Nürnberg (17.6.2013), FamRZ 2014, S. 404.

rechtlichen Vater einzuleiten und sich gegebenenfalls mit Hilfe eines an eine Vaterschaftsanfechtung anschließenden Vaterschaftsfeststellungsverfahrens Kenntnis von seiner Abstammung zu verschaffen.[695] In seiner Begründung wies das Gericht auf Entscheidungen des BVerfG[696] und des EGMR[697] hin, welche allerdings nur die Rechtmäßigkeit der fehlenden Klärungs*berechtigung* des *potenziellen leiblichen Vaters* bestätigt hatten.[698]

Dem OLG Nürnberg ist nur teilweise zuzustimmen. Richtig ist, dass § 1598a BGB weder ausdrücklich noch im Rahmen einer erweiterten Auslegung einen Klärungsanspruch des Kindes gegen den mutmaßlichen leiblichen Vater enthält.[699]

Die Tatsache, dass das BVerfG sich im Jahr 2008 schon zur Rechtmäßigkeit der fehlenden Klärungsberechtigung des mutmaßlichen Vaters geäußert hat, lässt allerdings nicht die Annahme zu, dass quasi spiegelbildlich damit auch die fehlende Klärungsverpflichtung des mutmaßlichen Vaters gegenüber dem Kind grundgesetzkonform ist.[700] Allerdings hat das BVerfG in seiner Entscheidung vom 14.9.2016 die Verfassungsmäßigkeit der fehlenden Klärungsverpflichtung des mutmaßlichen Vaters ausdrücklich bejaht:[701] Die Klärung der Abstammung vom mutmaßlichen leiblichen und nicht zugleich rechtlichen Vater könne je nach Fallkonstellation verschiedene Personen in ihren Grundrechten beeinträchtigen.[702] Neben dem Grundrecht des Kindes auf Kenntnis seiner Abstammung habe der Gesetzgeber auch gegenläufige Interessen zu berücksichtigen:[703] So räume das allgemeine Persönlichkeitsrecht in der Ausprägung des Schutzes der Privat- und Intimsphäre sowohl der Mutter und als auch dem mutmaßlichen Vater ein, geschlechtliche Beziehungen nicht offenbaren zu müssen.[704] Ist das Kind aus einer entsprechenden geschlechtlichen Beziehung hervorgegangen, sei der Schutz des Privat- und Intimlebens gegenüber dem Kenntnisinteresse reduziert, nicht jedoch in Fällen, in welchen das Kind nicht der Beziehung entstammt.[705] Zudem betroffen sei das Recht auf informationelle Selbstbestimmung des mutmaßlichen Vaters, dessen genetische Merkmale in der Abstammungsklärung untersucht werden sollen.[706] Die Untersuchung bedeute

695 OLG Nürnberg (17.6.2013), FamRZ 2014, S. 404.
696 BVerfG (13.10.2008), FamRZ 2008, S. 2257 (2258).
697 EGMR (22.3.2012), *Kautzor/Deutschland*, Az. 23338/09, Rn. 91.
698 OLG Nürnberg (17.6.2013), FamRZ 2014, S. 404 f.
699 OLG Nürnberg (17.6.2013), FamRZ 2014, S. 404. Siehe nun auch BVerfG (14.9.2016), NZFam, S. 400.
700 Zur Entscheidung des BVerfG über die fehlende Klärungsberechtigung des mutmaßlichen biologischen Vaters siehe oben S. 108; BVerfG (13.10.2008), FamRZ 2008, S. 2257 (2258).
701 BVerfG (19.4.2016), NZFam 2016, S. 400.
702 BVerfG (19.4.2016), NZFam 2016, S. 400 (405).
703 BVerfG (19.4.2016), NZFam 2016, S. 400 (405, 403 f.).
704 BVerfG (19.4.2016), NZFam 2016, S. 400 (405 f.).
705 BVerfG (19.4.2016), NZFam 2016, S. 400 (405 f.).
706 BVerfG (19.4.2016), NZFam 2016, S. 400 (406).

auch einen Eingriff in seine körperliche Unversehrtheit, Art. 2 Abs. 2 GG.[707] Die Abstammungsklärung könne auch den zur Mitwirkung verpflichteten Mann und seine Familie in ihrem durch Art. 6 Abs. 1 GG geschützten Familienleben beeinträchtigen.[708] Diese Belastung für die Familie bestehe sowohl, wenn die Vaterschaft widerlegt werde, da die geschlechtliche Beziehung zur Mutter des Kindes weiterhin im Raum stünde, als auch in Fällen, in welchen die Vaterschaft nachgewiesen werde.[709] Zudem führt das BVerfG als betroffene Interessen, das Selbstverständnis des rechtlichen Vaters an, auch der genetische Vater des Kindes zu sein,[710] sowie auch das Selbstverständnis des mutmaßlichen Vaters, nicht genetischer Vater eines bestimmten Kindes zu sein.[711]

Diesen komplexen, nicht vollständig auflösbaren Grundrechtekonflikt habe nach Ansicht des BVerfG der Gesetzgeber im Rahmen des ihm zustehenden Ausgestaltungsspielraums und auf verfassungsrechtlich nicht zu beanstandende Weise gelöst.[712] Der Konflikt sei weder zu Gunsten noch zu Lasten allein einer Seite entschieden.[713] Zwar stehe dem Kind zur rechtsfolgenlosen Klärung seiner Abstammung von einem Mann, der nicht sein rechtlicher Vater ist, kein Verfahren zur Verfügung, allerdings habe der Gesetzgeber das Vaterschaftsfeststellungsverfahren nach § 1600d BGB bereitgestellt, welches dem Kind die Feststellung der rechtlichen Vaterschaft des mutmaßlichen Vaters mit inzidenter Klärung der biologischen Abstammung ermögliche.[714] Das BVerfG betont jedoch, dass der Gesetzgeber den Konflikt der betroffenen Grundrechte auch auf andere Weise hätte lösen und ein Verfahren zur rechtsfolgenlosen Klärung der Abstammung vom mutmaßlichen und nicht zugleich rechtlichen Vater hätte bereitstellen können.[715] Zwingend vorgegeben sei dies dem Gesetzgeber jedoch nach Ansicht des BVerfG nicht.[716]

Meines Erachtens bestehen jedoch ernsthafte Zweifel, ob nicht der Gesetzgeber es unter Verletzung des allgemeinen Persönlichkeitsrechts des Kindes (Art. 2 Abs. 1 i.V.m. Art. 1 Abs. 1 GG) unterlassen hat, im Zusammenhang mit der Einführung des § 1598a BGB auch ein Verfahren für das Kind bereitzustellen, in welchem dieses die Tatsache des Bestehens seiner Abstammung von seinem mutmaßlichen Vater rechtsfolgenlos klären kann, ohne dass es zunächst seine väterliche Abstammung anfechten und anschließend die Vaterschaft des mutmaßlichen Vaters mit Statuswirkung feststellen lassen muss. Grundsätzlich hat der Gesetzgeber zwar einen Ausgestaltungsspielraum bei der Abwägung kollidierender Grundrechte, allerdings

707 BVerfG (19.4.2016), NZFam 2016, S. 400 (406).
708 BVerfG (19.4.2016), NZFam 2016, S. 400 (406).
709 BVerfG (19.4.2016), NZFam 2016, S. 400 (406).
710 BVerfG (19.4.2016), NZFam 2016, S. 400 (407).
711 BVerfG (19.4.2016), NZFam 2016, S. 400 (406).
712 BVerfG (19.4.2016), NZFam 2016, S. 400 (407).
713 BVerfG (19.4.2016), NZFam 2016, S. 400 (407).
714 BVerfG (19.4.2016), NZFam 2016, S. 400 (407).
715 BVerfG (19.4.2016), NZFam 2016, S. 400 (407).
716 BVerfG (19.4.2016), NZFam 2016, S. 400 (407).

kann es nicht sein, dass er in sich entsprechenden Interessenlagen unterschiedliche oder gar widersprüchliche Wertungen der Interessen vornimmt.

Weite Teile der Argumentation des BVerfG in seinem Urteil vom 13.2.2007 lassen sich auch auf das Klärungsinteresse des Kindes an seiner leiblichen Abstammung übertragen; die Übertragung würde wie folgt lauten:[717]

Das Klärungsbegehren des Kindes kann darin begründet liegen, dass es zwar Klarheit über seine Abstammung haben will, sich aber mit dem rechtlichen Vater so verbunden fühlt, dass es auch dann, wenn es nicht dessen leibliches Kind ist, dessen rechtliches Kind bleiben möchte.[718] Für dieses von Art. 2 Abs. 1 i.V.m. Art. 1 Abs. 1 GG geschützte Begehren, allein oder zunächst einmal nur Kenntnis von seiner Abstammung zu erlangen, ist das einer Vaterschaftsfeststellung vorgeschaltete Anfechtungsverfahren, das auf das Ziel der Beendigung der rechtlichen Vaterschaft ausgerichtet ist, zu weitgehend und nicht angemessen.[719] Es zwingt das Kind dazu, bei Verfolgung seines Interesses, die wahre Abstammung zu erfahren, zugleich auch den möglichen Verlust seiner rechtlichen Abstammung in Kauf zu nehmen oder, wenn es dies nicht will, darauf zu verzichten, Kenntnis von seiner Abstammung zu erlangen.[720] Dies wird weder dem Recht auf Kenntnis der Abstammung gerecht noch dient es dem Interesse des betroffenen Kindes und seiner rechtlichen Eltern am Erhalt der rechtlichen Beziehung zwischen Vater und Kind.[721]

Das Fehlen der Klärungsmöglichkeit könnte höchstens mit einem als vorrangig zu schützenden Interesse der Eltern an der Wahrung des Familienfriedens begründet werden. Ein entsprechendes Überwiegen des Schutzes des Familienfriedens widerspricht aber der Wertung des § 1598a BGB, wonach die Eltern ihrerseits (und

---

717 In den folgenden Fußnoten finden sich die die wörtlichen Zitate aus der Entscheidung des BVerfG vom 13.2.2007 zum Vergleich.

718 „Dies kann darin begründet liegen, dass er zwar Klarheit über die Abstammung des Kindes haben will, sich aber mit dem Kind persönlich so verbunden fühlt, dass er auch dann, wenn er nicht der Erzeuger des Kindes ist, diesem rechtlicher Vater bleiben möchte." BVerfG (13.2.2007), BVerfGE 117, 202 (237).

719 „Für dieses von Art. 2 I i.V. mit Art. 1 I GG geschützte Begehren, allein oder zunächst einmal nur Kenntnis von der Abstammung des ihm rechtlich zugeordneten Kindes zu erlangen, ist das Anfechtungsverfahren, das auf das Ziel der Beendigung der rechtlichen Vaterschaft ausgerichtet ist, zu weitgehend und nicht angemessen." BVerfG (13.2.2007), BVerfGE 117, 202 (237 f.).

720 „Es zwingt den rechtlichen Vater dazu, bei Verfolgung seines Interesses, die Abstammung des Kindes von ihm zu erfahren, zugleich auch den möglichen Verlust seiner rechtlichen Vaterschaft in Kauf zu nehmen oder, wenn er dies nicht will, darauf zu verzichten, Kenntnis von der Abstammung des Kindes zu erlangen." BVerfG (13.2.2007), BVerfGE 117, 202 (238).

721 „Dies wird weder dem väterlichen Kenntnisinteresse gerecht, das sich nur auf die Abstammung bezieht, noch dient es dem Interesse des betroffenen Kindes am Erhalt seiner rechtlichen Beziehung zu seinem Vater." BVerfG (13.2.2007), BVerfGE 117, 202 (238).

das Kind) jederzeit ohne Rücksicht auf den Familienfrieden die Nichtabstammung des Kindes feststellen lassen können.

Es ist nicht verhältnismäßig das Kenntnisinteresse des Kindes dem Familienfrieden unterzuordnen und gleichzeitig dem Kenntnisinteresse der Eltern Vorrang vor dem Familienfrieden zu gewähren.

Dem Klärungsinteresse des Kindes könnten vorrangige Belange des potenziellen Vaters entgegenstehen. So ist das allgemeine Persönlichkeitsrecht des biologischen Vaters betroffen, weil die Tatsache der Zeugung des Kindes sein Privatleben betrifft. Gegenüber dem Kenntnisrecht des Kindes ist der Schutz dieses Aspekts des Privatlebens des Vaters aber nachrangig, da dieser die Zeugung des Kindes mitveranlasst hat.[722] Zudem könnte die Klärung seiner Vaterschaft negative Auswirkungen auf das Zusammenleben in seiner nach Art. 6 Abs. 1 GG geschützten Familie haben.[723] Auch hier ist das Kenntnisrecht des Kindes als vorrangig einzustufen, da eine mögliche Störung der Familie des biologischen Vaters durch die Existenz des Kindes nicht durch das Kind, sondern den Vater mitverursacht wurde.[724] Sollte die Abstammungsklärung ergeben, dass der mutmaßliche Vater doch nicht der biologische ist, greifen die beiden letztgenannten Argumente nicht, den Beeinträchtigungen steht kein überwiegendes Kenntnisinteresse gegenüber.[725] Dennoch sind diese Beeinträchtigungen hinzunehmen, denn der Fall ist nicht anders zu beurteilen, als der eines Mannes, der als mutmaßlicher Vater auf Antrag des Kindes Beteiligter eines unbegründeten Vaterschaftsfeststellungsverfahrens nach § 1600d BGB wird.[726] Um zu verhindern, dass ein Kind, welches keine Kenntnis von seinem biologischen Vater hat, ins Blaue hinein alle männlichen Bekannten der Eltern mit Klärungsansprüchen konfrontiert, muss für das neue Verfahren, anders als im Fall des § 1598a BGB, die Darlegung eines Anfangsverdachts verlangt werden.[727] Für die Substantiierung des Anfangsverdachts kann das Kind gegebenenfalls bestehende Ansprüche auf Auskunft über die Identität seine biologischen Vaters nutzen.[728]

Die Tatsache, dass der Gesetzgeber dem Kind kein Verfahren zur rechtsfolgenlosen Klärung seiner Abstammung vom mutmaßlichen biologischen Vater zur Verfügung gestellt hat, verletzt das Recht des Kindes auf Kenntnis seiner Abstammung und sein Interesse am Fortbestand seiner rechtlichen Familie.

Der Gesetzgeber hat ein Verfahren einzuführen, mit welchem das Kind seine biologische Abstammung vom mutmaßlichen Vater rechtsfolgenlos klären kann.

---

722 *Schneider*, S. 142.

723 *Schneider*, S. 142.

724 *Schneider*, S. 142.

725 BVerfG (19.4.2016), NZFam, S. 400 (407).

726 *Löhnig/Plettenberg/Runge-Rannow*, Anm. zu BVerfG (19.4.2016), NZFam 2016, S. 408 (409).

727 *Schneider*, S. 147.

728 *Schneider*, S. 147 f. Zu den Auskunftsansprüchen in den einzelnen Fallkonstellationen siehe unten S. 124 ff.

D. *Die Klärung der Abstammung von der potenziellen biologischen Mutter*

Entsprechend den Ausführungen zur Klärung der Vaterschaft ist § 1598a BGB nur für die Überprüfung der (Nicht-) Abstammung von der rechtlichen Mutter anwendbar, jedoch nicht für den Nachweis der genetischen Abstammung von einer anderen Frau.[729] Die Ausführung zur Klärung der Abstammung vom mutmaßlichen biologischen Vater lassen sich weitgehend auf die Klärung der Abstammung von der potenziellen biologischen Mutter übertragen.

Die Tatsache, dass das Kind keine Möglichkeit hat, rechtsfolgenlos die Abstammung von seiner mutmaßlichen biologischen Mutter zu klären, verletzt sein Recht auf Kenntnis der eigenen Abstammung.

Dies gilt umso mehr, als dem Kind ohnehin keine andere Klärungsmöglichkeit zusteht. Da das deutsche Recht weder eine Anfechtung noch eine Feststellung der Mutterschaft mit Statuswirkung kennt,[730] kann das Kind auch nicht auf solche Verfahren verwiesen werden.[731]

Die Tatsache, dass dem deutschen Recht sowohl die Mutterschaftsanfechtung, als auch die Mutterschaftsfeststellung fremd sind, steht einer rechtsfolgenlosen Klärung der Mutterschaft auch nicht entgegen. Die rechtsfolgenlose Klärung der väterlichen Abstammung im Rahmen des § 1598a BGB dient zwar auch als Vorstufe zum Anfechtungsverfahren, schützt jedoch in erster Linie auch das Recht auf Kenntnis der Abstammung; so bleibt § 1598a BGB zur Klärung der leiblichen Abstammung vom rechtlichen Vater zur Verwirklichung des Kenntnisrechts auch unbefristet anwendbar in Fällen,[732] in welchen die Fristen zur Anfechtung der Vaterschaft schon verstrichen sind und die Klärung der Abstammung eben nicht die Vorstufe zur Anfechtung ist.

Das Recht des Kindes auf Kenntnis seiner Abstammung erfordert ein Verfahren zur rechtsfolgenlosen Klärung seiner mutmaßlichen mütterlichen Abstammung. Es sind keine schutzwürdigen Interessen erkennbar, welchen sich das Kenntnisinteresse des Kindes unterordnen müsste.

Der Gesetzgeber hat mit Einführung des § 1598a BGB im Rahmen seines Gestaltungsspielraums das Recht des rechtlichen Vaters auf rechtsfolgenlose Klärung der Abstammung (bei gleichzeitigem Fortbestand der rechtlichen Familie) über das Interesse der Familienmitglieder an der Wahrung des Familienfriedens gestellt. Konsequenterweise muss er dann auch das Interesse des Kindes an der Klärung seiner biologischen Abstammung über das Interesse der Eltern an der Wahrung des Familienfriedens stellen. Es ist auch nicht akzeptabel, dass das Kind die Klärung

---

729 MüKo[6]/*Wellenhofer*, § 1598a Rn. 22.

730 Siehe dazu oben S. 82.

731 In einem Fall der Klärung der mutmaßlichen Vaterschaft, hatte das OLG Nürnberg das Kind auf das Statusverfahren verwiesen, OLG Nürnberg (17.6.2013), FamRZ 2014, S. 404.

732 BT-Drucks. 16/6561, S. 9, 12.

seiner Nichtabstammung von der rechtlichen Mutter hinnehmen muss, ihm jedoch keine Möglichkeit der rechtsfolgenlosen Klärung seiner mütterlichen Abstammung eröffnet wird. Für die konkreten Voraussetzungen des Klärungsanspruchs gelten die Ausführungen zur Klärung der Abstammung vom mutmaßlichen biologischen Vater entsprechend.

Kapitel 3: Konstellationen der Unkenntnis von der eigenen Abstammung und zivilrechtliche Auskunftsansprüche

Noch im Jahr 1985 stellte *Gottwald* fest: „Ein privates Recht auf Kenntnis der eigenen Abstammung besteht nicht. Es handelt sich vielmehr um ein ernstes rechtspolitisches und ethisches Anliegen (...)."[733] Diese klare Aussage als solche ist zumindest heute nicht mehr zutreffend. Die Rechtsprechung hat ein Grundrecht auf Kenntnis der eigenen Abstammung etabliert. Allerdings existiert noch immer nicht *der* privatrechtliche Anspruch auf Auskunft über die leiblichen Eltern. Auch der in Deutschland eingeführte § 1598a BGB zur Klärung der Abstammung ohne Statuswirkungen enthält nicht den privaten Auskunftsanspruch über die eigene Abstammung, sondern nur sehr begrenzte Klärungsmöglichkeiten hinsichtlich der Nichtabstammung innerhalb der rechtlichen Familie. Zur Bestimmung der einschlägigen Anspruchsgrundlagen für Ansprüche auf Auskunft über die eigene Abstammung ist eine Vielzahl von Konstellationen zu unterscheiden.

Die wichtigsten Fallgruppen der Unkenntnis von der eigenen leiblichen Abstammung sollen im Folgenden untersucht werden.

1. Abschnitt: Kinder ohne rechtliche väterliche Abstammung

I. Rechtstatsächliche Einführung

Seit den 60er Jahren des 20. Jahrhunderts steigt in Deutschland die Anzahl der Kinder, die von ledigen Frauen geboren werden. Dieser Anstieg ist sowohl ein absoluter als auch ein relativer: Wurden in den 1960er Jahren nur sechs Prozent aller Kinder von ledigen Müttern geboren, erreichte die Zahl 1979 die Zehnprozentmarke und 2001 waren es schon 25 %, 2010 gar 33 % und 2013 schließlich 35 %.[734] Die absolute Zahl stieg ebenfalls von 87.590 im Jahr 1979 auf 237.562 im Jahr 2013.[735]

---

733 *Gottwald*, in: FS Hubmann, S. 111 (125).

734 *Statistisches Bundesamt*, Bevölkerung und Erwerbstätigkeit 1946–2013, abrufbar unter: https://www.destatis.de/DE/ZahlenFakten/GesellschaftStaat/Bevoelkerung/Eheschliessungen/Tabellen/EheschliessungenGeboreneGestorbene.xls?__blob=publicationFile.

735 *Statistisches Bundesamt*, Bevölkerung und Erwerbstätigkeit 1946–2013, abrufbar unter: https://www.destatis.de/DE/ZahlenFakten/GesellschaftStaat/Bevoelkerung/Eheschliessungen/Tabellen/EheschliessungenGeboreneGestorbene.xls?__blob=publicationFile.

Auch in Österreich wächst sowohl in absoluter als auch relativer Hinsicht die Zahl der Kinder, die von ledigen Frauen geboren werden: Hatten im Jahr 1991 noch 25 % aller lebend Geborenen eine ledige Mutter, betrug der Anteil 2001 schon 33 % und gar 40 % im Jahr 2011 und 41 % im Jahr 2013.[736] Insgesamt stieg die Zahl der Ledigen unter den Gebärenden in Österreich von 23.463 im Jahr 1991 auf 31.522 im Jahr 2011 und 32.853 im Jahr 2013.[737]

Da heutzutage in Deutschland und Österreich ein Großteil der Kinder von ledigen Frauen geboren werden, ist es nicht unwahrscheinlich, dass viele von diesen Kindern ihren leiblichen Vater nicht kennen, so z.B. wenn die Mutter selbst gewollt oder ungewollt keinen Kontakt zum Erzeuger des Kindes hat.

II. Zivilrechtliche Auskunftsansprüche

Je nach Einzelfall ist es möglich, dass Kinder lediger Mütter auf der Suche nach dem leiblichen Vater versuchen, Auskunft von der Mutter zu erhalten. Es gilt daher näher zu untersuchen, inwieweit entsprechende Auskunftsansprüche existieren.

A. Auskunftsansprüche gegen die Mutter

1. Deutschland

Schon zu Beginn der 20. Jahrhunderts wurde in der Literatur vereinzelt ein Auskunftsanspruch des minderjährigen nichtehelichen Kindes gegen die Mutter auf Nennung des leiblichen Vaters aus der mütterlichen Pflicht zur Personensorge für das Kind abgeleitet.[738] Andere stuften das Interesse des Kindes an der Nennung des Erzeugers angesichts möglicher Unterhaltsansprüche als überwiegend vermögensrechtlich ein, mit der Folge, dass nach alter Rechtslage kein Anspruch auf Auskunft gegen die ledige Mutter bestanden hätte, da dieser regelmäßig nur die Personensorge - nicht jedoch die Vermögenssorge - zufiel, welche dem Vormund oblag, §§ 1707, 1708 BGB a.F.[739] So ging auch die Rechtsprechung bis in die 1970er Jahre nahezu einhellig davon aus, dass die Mutter keine Rechtspflicht zur Nennung

736 *Statistik Austria*, Ergebnisse im Überblick: Geborene, abrufbar unter: http://www.statistik.at/web_de/statistiken/menschen_und_gesellschaft/bevoelkerung/geburten/022899.html.

737 *Statistik Austria*, Ergebnisse im Überblick: Geborene, abrufbar unter: http://www.statistik.at/web_de/statistiken/menschen_und_gesellschaft/bevoelkerung/geburten/022899.html.

738 *Kipp*, § 94 II, S. 409 f.; *Reichhelm*, DJZ 1903, S. 398; *Seifarth*, Das Recht 1904, S. 571 (572). A.A. *Paetow*, ZBlVormWes 1912, S. 277 (280); ohne Begründung ebenfalls ablehnend OLG München (10.05.1911), SeuffA 67, Nr. 30.

739 Siehe auch SächsOLG (15.5.1913), ZBlVormWes 1913/14, S. 215 (216).

des unehelichen Vaters träfe,[740] sondern nur eine entsprechende sittliche Pflicht einer verantwortungsbewussten Mutter bestünde.[741]

Entsprechend beurteilte im Jahr 1911 das OLG München - im Zusammenhang mit einem Anspruch auf Zahlung eines zwischen Mutter und genetischem Vater des Kindes vereinbarten Schweigegeldes - Vereinbarungen zwischen einer unverheirateten Frau und dem Erzeuger des Kindes über das Stillschweigen über die Vaterschaft zunächst als grundsätzlich nicht sittenwidrig, es sei denn, die Eltern hätten mit der Abrede eine Unterhaltsgefährdung des Kindes gewollt.[742] Allerdings erkannte das OLG München dann schon im Jahr 1921 in einer Entscheidung über eine Schweigegeldrückforderung, dass Schweigevereinbarungen zwischen der Mutter und dem leiblichen Vater des Kindes sittenwidrig sind, wenn sie allgemein zu einer Benachteiligung des Kindes führen.[743]

a) Auskunftsanspruch aus §§ 681, 666 BGB analog

Den Auskunftsanspruch eines volljährigen nichtehelichen Kindes stützte eine Ansicht auf eine analoge Anwendung der Regelungen zur Geschäftsführung ohne Auftrag §§ 681, 666 BGB.[744] Mit der Volljährigkeit, dem Zeitpunkt, ab welchem das Kind für sich selbst sorgen müsse, solle die Mutter dem Kind zur Auskunft über dessen persönliche Verhältnisse verpflichtet sein. Diese Analogiebildung stieß mangels der erforderlichen vergleichbaren Interessenlagen bei Geschäftsführung ohne Auftrag und dem Interesse auf Offenbarung des genetischen Vaters auf Ablehnung.[745] Zudem wurden verfassungsrechtliche Bedenken gegen eine Einordnung der Mutter als Geschäftsführerin mit Auskunftspflicht über den an der Zeugung beteiligten Mann geäußert.[746]

b) Auskunftsanspruch aus Art. 6 Abs. 5 GG

Lorenz nimmt mit Blick auf die Rechtsprechung des BVerfG die Existenz eines Auskunftsanspruchs des nichtehelichen Kindes gegen seine Mutter auf Nennung

740 BayObLG (6.6.1972), FamRZ 1972, S. 521 (522); (29.7.1964), FamRZ 1964, S. 530 (531); (14.5.1963), FamRZ 1963, S. 527 (528); OLG Stuttgart (27.6.1963), FamRZ 1963, S. 525 (527); OLG Frankfurt (2.10.1961), FamRZ 1961, S. 539 (540); OLG Hamm (23.7.1954), DAVorm 1954, Sp. 116 (118); offenlassend OLG Karlsruhe (23.12.1971), FamRZ 1972, S. 95 (96).

741 BayObLG (29.7.1964), FamRZ 1964, S. 530 (531); OLG Hamm (23.7.1954), DAVorm 1954, Sp. 116 (118).

742 OLG München (10.05.1911), SeuffA 67, Nr. 30.

743 OLG München (22.10.1921), SeuffA 77, Nr. 58. Kritisch hinsichtlich der Weite des Begriffs Benachteiligung Anm. *Kahen*, JW 1922, S. 628.

744 *Opet/v. Blume*, § 1717, Rn. 9.

745 *Brüggemann*, S. 15; ebenfalls ablehnend *Kupfer*, ZBlFG 11 (1910/11), S. 77 (79).

746 *Donhauser*, S. 71.

des Vaters direkt aus dem Gleichstellungsgebot des Art. 6 Abs. 5 GG an.[747] Das Grundrecht auf Kenntnis der Abstammung solle dabei stets Vorrang vor dem allgemeinen Persönlichkeitsrecht der Mutter haben.[748] Richtigerweise überwiegt zwar im Regelfall das Auskunftsinteresse des Kindes, es können jedoch im Einzelfall besondere Umstände zu einem Vorrang des Persönlichkeitsrechts der Mutter führen.

Jedenfalls ist Art. 6 Abs. 5 GG als Grundrecht mangels unmittelbarer Drittwirkung keine geeignete Anspruchsgrundlage.[749] Seine Wertung kann höchstens die Generalklausel § 1618a Var. 1 BGB zu einem Auskunftsanspruch konkretisieren.[750]

c) Auskunftsanspruch aus Art. 1 Abs. 1 GG

Nach anderer Ansicht ist Art. 1 Abs. 1 GG die richtige Rechtsgrundlage.[751] Diesem Ansatz ist durch die Rechtsprechung des BVerfG eine Absage erteilt worden, denn das BVerfG leitet das Recht auf Kenntnis der Abstammung gerade nicht aus der Garantie der Menschenwürde, sondern aus dem allgemeinen Persönlichkeitsrecht ab.[752] Unabhängig von dieser Entscheidung können jedoch aus Grundrechten keine unmittelbaren zivilrechtlichen Ansprüche hergeleitet werden.[753] Demzufolge sind auch die Ansätze abzulehnen, welche den Auskunftsanspruch des Kindes gegen die Mutter direkt aus der Menschenwürde ableiten wollen.[754]

d) Auskunftsanspruch aus Art. 2 Abs. 1, Art. 1 Abs. 1 GG

Teilweise wird auch direkt das Persönlichkeitsrecht aus Art. 2 Abs. 1, Art. 1 Abs. 1 GG als Anspruchsgrundlage herangezogen.[755] Verfassungsrechtlich ist das Recht auf Kenntnis der eigenen Abstammung Bestandteil des Persönlichkeitsrechts. Grundrechte können wie oben dargelegt jedoch nicht unmittelbare Rechte zwischen den Bürgern untereinander begründen.

---

747 *Lorenz,* JuS 1995, S. 569 (572). BVerfG (18.1.1988), NJW 1988, S. 3010 stützt sich in Wahrheit auf § 1618a BGB i.V.m. Art. 6 Abs. 5 GG. Folgend LG Münster (21.2.1990), FamRZ 1990, S. 1031 (1032).

748 So undifferenziert *Lorenz,* JuS 1995, S. 569 (572).

749 Siehe oben S. 35.

750 BVerfG (18.1.1988), NJW 1988, S. 3010; LG Münster (21.2.1990), FamRZ 1990, S. 1031 (1032). Zu § 1618a BGB siehe sogleich unten.

751 *Mansees,* NJW 1988, S. 2984 (2985); zweifelnd *Lorenz,* JuS 1995, S. 569 (572).

752 Siehe oben 22 f.

753 Siehe oben S. 35. Zum Auskunftsanspruch konkret AG Rastatt (16.3.1995), FamRZ 1996, S. 1299 (1300).

754 Von einem solchen Anspruch ausgehend: *Dölle,* § 102 V3c, S. 392 f.; *Lorenz,* JuS 1995, S. 569 (571); *Mansees,* NJW 1988, S. 2984 (2985). Dagegen: AG Rastatt (16.3.1995), FamRZ 1996, S. 1299 (1300); *Donhauser,* S. 72.

755 AG Düsseldorf (14.12.1004), NJW-RR 2005, S. 554.

e) Auskunftsanspruch aus § 1618a Var. 1 BGB

Viel diskutiert wurde die Frage, ob die allgemeine Beistandspflicht des § 1618a Var. 1 BGB auch einen Anspruch des Kindes gegen seine Mutter auf Auskunft über die Identität des nichtehelichen Vaters enthält.

aa) Allgemeines

Der § 1618a BGB wurde erst im Jahr 1979 durch das Sorgerechtsgesetz vom 18.7.1979 eingefügt[756] und beruht auf einer Rezeption des damaligen Art. 271 und heutigen Art. 272[757] des schweizerischen ZGB.[758] Das deutsche Kindschaftsrecht kannte bis dahin keine Regelung mit entsprechendem Inhalt.[759] Schon zwei Jahre vor dem deutschen Gesetzgeber hatte der österreichische die helvetische Norm in § 137 Abs. 2 Var. 1 ABGB[760] rezipiert.[761] Aufgrund der bewussten Anlehnung des deutschen Gesetzgebers[762] an Art. 271 ZGB a.F. kann das schweizerische Recht als „legitime Auslegungshilfe"[763] für § 1618a BGB herangezogen werden.[764] Jedoch auch der österreichischen Regelung wird wegen des gemeinsamen Ursprungs ein gewisser rechtsvergleichender Erkenntniswert zugesprochen.[765] *Knöpfel* bemängelt, dass bei der Auslegung des § 1618a BGB zu selten der Gehalt des Art. 271 ZGB a.F./ Art. 272 ZGB n.F. berücksichtigt wird.[766] Abweichungen im Wortlaut seien aufgrund der bewussten Anlehnung zu vernachlässigen, zumal die in Art. 271 Abs. 1 ZGB a.F. zusätzlich normierte Achtungspflicht in Deutschland schon über Art. 1, 2 GG bestünde und daher nicht in § 1618a BGB „fehle".[767] Da das Grundgesetz jedoch keine Pflichten der Bürger untereinander begründet, ist dieses Argument wenig überzeugend. Die Begründung, dass § 1618a BGB im Übrigen statt der Terminologie des BGB die des ZGB verwendet, verdeutlicht jedoch die bewusste Anlehnung zumindest an

---

756 BGBl I 1979, S. 1061.

757 Art. 271 ZGB a.F. entspricht dem heutigen Art. 272 ZGB und lautet: „Eltern und Kinder sind einander allen Beistand, alle Rücksicht und Achtung schuldig, die das Wohl der Gemeinschaft erfordert."

758 BT-Drucks. 8/2788, S. 43; Staudinger[2007]/*Coester*, § 1618a Rn. 2; MüKo[6]/*v. Sachsen-Gessaphe*, § 1618a Rn. 1 f.; siehe *Knöpfel*, FamRZ 1985, S. 554 ff.

759 Staudinger[2007]/*Coester*, § 1618a Rn. 2.

760 Art. 137 Abs. 2 AGBGB lautet: „Eltern und Kinder haben einander beizustehen, die Kinder ihren Eltern Achtung entgegenzubringen." Dazu näher unten S. 145.

761 BernKo[4]/*Hegnauer*, Art. 272 Rn. 3.

762 BT-Drucks. 8/2788, S. 43; siehe auch den Vorschlag im Vorfeld der Einführung des § 1618a BGB von *Bosch*, in: FS Schiedermair, S. 51 (78).

763 Staudinger[2007]/*Coester*, § 1618a Rn. 2.

764 *Jayme*, FamRZ 1981, S. 221 (225); allgemein zur rechtsvergleichenden Auslegung bei rechtsvergleichender Vorgehensweise des Gesetzgebers, *Aubin*, RabelsZ 34 [1970], S. 459.

765 Staudinger[2007]/*Coester*, § 1618a Rn. 2.

766 *Knöpfel*, FamRZ 1985, S. 554 (557).

767 *Knöpfel*, FamRZ 1985, S. 554 (557).

einen Teil des Art. 271 Abs. 1 ZGB a.F.[768] *Knöpfel* räumt jedoch auch ein, dass inhaltliche Unterschiede gerechtfertigt sein können durch unterschiedliches Verfassungsrecht oder durch eine abweichende Regelungsdichte im nationalen Familienrecht.[769]

Für die Frage, ob § 1618a Var. 1 BGB einen Auskunftsanspruch des Kindes gegen die Mutter begründen kann, gilt es zunächst die Rechtsqualität dieser Norm zu bestimmen.

bb) § 1618a BGB als Anspruchsgrundlage

aaa) Rechtsqualität des § 1618a BGB

Laut Gesetzesbegründung soll § 1618a BGB als Grundnorm des deutschen Kindschaftsrechts das Solidaritätsprinzip im Verhältnis von Eltern und Kindern regeln und - vergleichbar mit § 1353 BGB im Eherecht[770] - als „Generalklausel des Kindschaftsrechts“[771] zur Füllung von Gesetzeslücken herangezogen werden.[772] Die Norm enthalte bewusst keine unmittelbaren Rechtsfolgen und soll nach dem Willen des Gesetzgebers als sog. *lex imperfecta* nur Leitlinien aufzeigen.[773] Allgemein werden jedoch unter dem Begriff der *leges imperfectae* Gesetze verstanden, die zwar einerseits Rechtspflichten begründen, welche jedoch ihrerseits wiederum nicht durchsetzbar sind.[774] Die Gesetzesbegründung ist damit widersprüchlich oder zumindest mehrdeutig. Generalklauseln enthalten generell keine konkreten Tatbestände und Rechtsfolgen, sie können jedoch von der Rechtsprechung im Rahmen der Lückenfüllung und Rechtsfortbildung zu konkreten Ansprüchen konkretisiert werden.[775]

Die Reaktionen auf die neue Vorschrift und ihre Gesetzesbegründung waren im Schrifttum geteilt.[776] Die Rechtsprechung übte Zurückhaltung bei der Anwendung von § 1618a BGB,[777] so dass die Norm die teilweise befürchtete ausufernde

768 „schuldig“ statt „verpflichtet“ und „Kinder“ statt „Kind“; *Knöpfel*, FamRZ 1985, S. 554 (557).

769 *Knöpfel*, FamRZ 1985, S. 554 (557).

770 BT-Drucks. 8/2788, S. 36 und S. 43.

771 Staudinger[2007]/*Coester*, § 1618a Rn. 6.

772 BT-Drucks. 8/2788, S. 36.

773 BT-Drucks. 8/2788, S. 43.

774 *Röhl/Röhl*, S. 27, 222.

775 BVerfG (15.1.1958), GRUR 1958, S. 254 (255); Maunz/Dürig[62]/*Herdegen*, Art. 1 Abs. 3 Rn. 63 und insbesondere 65.

776 Befürwortend *Bosch*, FamRZ 1980, S. 739 (748): Potenzial sich zur „goldenen Regel der Eltern-Kind-Beziehungen“ zu entfalten; *Knöpfel*, FamRZ 1985, S. 554 (565) sieht vielfältige Möglichkeiten der Rechtsfortbildung. Siehe zum Streit auch *Schwab*, in: FS Schnyder, S. 647 (649).
Kritisch: *Jayme*, FamRZ 1981, S. 221 (226), der die Norm mit einem „Kuckucksei“ vergleicht und von „rechtsvergleichender Naivität“ spricht; für weitgehend überflüssig haltend *Gernhuber*, in: FS Müller-Freienfels, S. 159 (174 ff.).

777 So das Fazit bei Staudinger[2007]/*Coester*, § 1618a Rn. 8; zu zurückhaltend jedoch LG Landau (13.4.1989), DAVorm 1989, Sp. 634 (635).

Auffangfunktion nicht eingenommen hat.[778] Ebenso wenig ist die befürchtete „Verrechtlichung" des familiären Bereichs eingetreten.[779] Nach allgemeiner Ansicht kann § 1618a BGB als Interpretationshilfe zur Auslegung anderer Normen herangezogen werden.[780] Ferner ist unstreitig, dass die Vorschrift die Geltendmachung und Durchsetzung von Ansprüchen gegenüber Familienangehörigen begrenzen kann.[781]

Einigkeit besteht weitgehend auch noch insoweit, dass die Norm in ihrer rechtsfortbildenden und lückenfüllenden Funktion[782] nicht rein sittliche Pflichten, sondern echte, wenn auch konkretisierungsbedürftige Rechtspflichten begründet.[783] Dem steht auch nicht entgegen, dass § 1618a BGB die für das BGB ungewöhnliche Formulierung „sind (...) schuldig" anstelle des üblichen „sind verpflichtet" wählt. Der ungewöhnliche Wortlaut greift nur die im Schweizer Recht für Rechtspflichten übliche Formulierung des als Vorbild dienenden Art. 271 ZGB a.F. auf.[784] Der Begriff „Schuld" ist nicht moralisch wertend, sondern im Sinne von „Verpflichtung" zu verstehen.[785] So war es auch in der Schweiz zur Zeit der Einführung des § 1618a BGB schon anerkannt, dass Art. 271 ZGB a.F. echte Rechtspflichten zur Folge haben kann.[786]

Der Herleitung von Rechtspflichten aus § 1618a BGB steht auch nicht entgegen, dass in der Gesetzesbegründung von einer *lex imperfecta* die Rede ist, genießt doch im Rahmen der Gesetzesauslegung der verfassungsrechtliche Schutzauftrag - der unter anderem durch Ausfüllung von Generalklauseln erfolgt - Vorrang vor dem Willen des historischen Gesetzgebers.[787]

---

778 *Bosch*, FamRZ 1989, S. 739 (748).

779 Staudinger[2007]/*Coester*, § 1618a Rn. 9 m.w.N.

780 BGH (24.2.1994), NJW 94, S. 1341 (1342 f.); BayObLG (23.9.1987), FamRZ 1987, S. 1298 (1299) und BayObLG (5.3.1991), FamRZ 1991, S. 1224 sowie OLG Köln (6.12.1995), FamRZ 1996, S. 963; *Gernhuber*, in: FS Müller-Freienfels S. 159 (179); *Knöpfel*, FamRZ 1985, S. 554 (558); *Weber*, FamRZ 1996, S. 1254 (1255); MüKo[6]/*v. Sachsen Gessaphe* § 1618a Rn. 10; Staudinger[2007]/*Coester* § 1618a Rn. 13; *Zettel*, DRiZ 1981, S. 211 (212).

781 So wohl auch *Gernhuber*, in: FS Müller-Freienfels, S. 159 (181 f.); *Knöpfel*, FamRZ 1985, S. 554 (565); MüKo[6]/*v. Sachsen Gessaphe* § 1618a Rn. 11; Staudinger[2007]/*Coester* § 1618a Rn. 15.

782 BT-Drucks. 8/2788, S. 36.

783 BGH (24.2.1994), NJW 1994, S. 1341 (1343); AG Passau (15.7.1978), FamRZ 1987, S. 1309 (1310); Staudinger[2007]/*Coester*, § 1618a Rn. 3; MüKo[6]/*v. Sachsen Gessaphe*, § 1618a Rn. 2; *Zettel*, DRiZ 1981, S. 211 (212); a.A. AG Regensburg (16.12.1992), FamRZ 1993, S. 1240, welches nur von einer sittlichen Pflicht ausgeht. AG Rastatt (16.3.1995), FamRZ 1996, S. 1299 (1300) verneint die Eignung des § 1618a BGB als Anspruchsgrundlage, die Norm habe allein appellativen Charakter.
Unmittelbare rechtliche Pflichten ebenfalls ablehnend *Weber*, FamRZ 1996, S. 1254 (1255).

784 *Schulte*, S. 89 f.

785 *Gernhuber*, in: FS Müller-Freienfels, S. 159 (164); *Schulte*, S. 90.

786 BG (9.11.1950), BGE 76 II, 265 (272); BernKo[3]/*Hegnauer*, Art. 271 Rn. 3.

787 *Eidenmüller*, JuS 1998, S. 789 (790); *Larenz/Canaris*, S. 251; a.A. *Neuner*, S. 132.

bbb) § 1618a Var. 1 BGB als Anspruchsgrundlage für den Auskunftsanspruch des nichtehelichen Kindes gegen die Mutter auf Nennung des Vaters

Schon früh vertrat *Knöpfel* die Ansicht, dass die Pflicht der Mutter, gegenüber ihrem nichtehelichen Kind dessen Erzeuger zu offenbaren, das „Schulbeispiel" einer Beistandspflicht sei, schließlich sei in der Schweiz ein solcher Anspruch aus der rezipierten Norm des ZGB auch anerkannt.[788] Auch die Rechtsprechung sah in § 1618a Var. 1 BGB die einfachgesetzliche Anspruchsgrundlage für den Anspruch des nichtehelichen Kindes gegen seine Mutter auf Auskunft über den leiblichen Vater.[789]

„Die Nennung des Namens des Vaters ist als Leistung von Beistand im Sinne des § 1618a BGB anzusehen", erkannte auch das LG Münster,[790] wobei es im zu entscheidenden Fall auf die vermögensrechtlichen Interessen des Kindes abstellte: „Es gehört zu den Beistandspflichten im Sinne dieser Vorschrift, Angehörige bei der Geltendmachung von Rechtsansprüchen zu unterstützen. Da zur Geltendmachung von Ansprüchen gegen den Vater die Kenntnis seiner Identität erforderlich ist, handelt es sich bei der Namensnennung um Beistand."[791]

Ob im Einzelfall tatsächlich ein Auskunftsanspruch besteht, ist im Rahmen einer umfassenden Interessenabwägung zu ermitteln.

Der BGH stellte relativ früh fest, dass „soweit rechtlich anerkannte Interessen (durch Art. 2 GG geschützte Intimsphäre der Mutter, durch Art. 6 Abs. 1 GG geschützte Ehe des Vaters) zu dem Wohl des nichtehelichen Kindes in Gegensatz geraten, [...] das letztere nicht zurückzutreten" habe, da nach der Rechtsprechung des BVerfG bei einer Interessenkollision zwischen Kind und Mutter oder Vater dem Kindeswohl Vorrang zukomme.[792] Als abwägungsrelevante Faktoren sind zu Gunsten des Kindes zu beachten: Die Erforderlichkeit der Kenntnis des leiblichen Vaters für das nichteheliche Kind zur Geltendmachung von erbrechtlichen Ansprüchen,[793] für die Vermeidbarkeit von geschlechtlichen Beziehungen zu nahen Verwandten des

788 *Knöpfel*, FamRZ 1985, S. 554 (563).

789 LG Passau (26.11.1987), NJW 1988, S. 144; LG Münster (21.2.1990), FamRZ 1990, S. 1031, (1032 f.). Die Qualifikation des § 1618a BGB als echte Rechtspflicht bestätigend BGH (24.2.1994), BGHZ 125, 206 (214). Ablehnend: AG Rastatt (16.3.1995), FamRZ 1996, S. 1299; LG Landau (13.4.1989), DAVorm 1989, Sp. 634 (635).

790 LG Münster (21.2.1990), FamRZ 1990, S. 1031 (1033).

791 LG Münster (21.2.1990), FamRZ 1990, S. 1031 (1033).

792 BGH (11.11.1981), BGHZ 82, 173 (178) mit Verweis auf BVerfG (21.5.1974), BVerfGE 37, 217 (252).

793 LG Münster (21.2.1990), FamRZ 1990, S. 1031 (1033) spricht von einem faktischen Erbverzicht; AG Gemünden (2.8.1989), FamRZ 1990, S. 200 (201); AG Passau (15.7.1987), FamRZ 1987, S. 1309. Bei entsprechender Abwägung im Rahmen der §§ 1706 f. BGB a.F.: BGH (11.11.1981), BGHZ 82, 173 (179); BayObLG (6.6.1972), FamRZ 1972, S. 521 (523 f.); OLG Karlsruhe (23.12.1971), FamRZ 1972, S. 95 (97); OLG Köln (18.10.1971), DAVorm 1972, Sp. 504 (506).

Vaters[794] oder dem Verstoß gegen Eheverbote nach § 4 EheG a.F. bzw. § 1307 BGB[795] sowie das persönliche Interesse des Kindes an der Kenntnis des Vaters zur eigenen Identitätsfindung[796] und im Zusammenhang mit der Aufklärung über mögliche Erbkrankheiten.[797] Ferner ist die Sicherstellung der Versorgung des Kindes allgemein, die durch spätere unvorhergesehene Krankheit oder den Tod der Mutter gefährdet werden kann, zu bedenken.[798] Zu Gunsten eines Schweigeinteresses der Mutter ist ihr allgemeines Persönlichkeitsrecht zu beachten, da die Tatsache, wer der Vater ihres Kindes ist, ihr Privat- und sogar das Intimleben betrifft. Dabei ist jedoch auch zu beachten, dass das Kind kein außenstehener Dritter ist, sondern dem Privat- und Intimleben der Mutter entspringt.[799]

cc) Zeitliche Anwendbarkeit des Auskunftsanspruchs aus § 1618a Var. 1 BGB

Die Beistands- und Rücksichtnahmepflichten bestehen lebenslang und erfordern anders als § 1619 BGB bewusst keine gemeinsame Hausgemeinschaft.[800] Nach allgemeiner Ansicht ist § 1618a BGB damit auch im Verhältnis zu volljährigen Kindern anwendbar.[801] Allerdings wird beim minderjährigen Kind § 1618a BGB als Generalklausel teilweise durch die spezielleren Normen über die elterliche Sorge verdrängt.[802]

794 AG Gemünden (2.8.1989), FamRZ 1990, S. 200 (201); BGH (11.11.1981), BGHZ 82, 173 (179) anlässlich einer entsprechenden Abwägung im Rahmen der §§ 1706 f. BGB a.F.
795 Entspricht § 4 EheG a.F. Bezüglich einer entsprechenden Abwägung im Rahmen der §§ 1706 f. BGB a.F.: BGH (11.11.1981), BGHZ 82, 173 (179); OLG Köln (18.10.1971), DAVorm 1972, Sp. 504 (506).
796 AG Gemünden (2.8.1989), FamRZ 1990, S. 200 (201); BGH (11.11.1981), BGHZ 82, 173 (179) für entsprechende Abwägungen im Rahmen der §§ 1706 f. BGB a.F.
797 AG Gemünden (2.8.1989), FamRZ 1990, S. 200 (201). Zu §§ 1706 f. BGB a.F.: BGH (11.11.1981), BGHZ 82, 173 (179); OLG Köln (18.10.1971), DAVorm 1972, Sp. 504 (506).
798 OLG Köln (18.10.1971), DAVorm 1972, Sp. 504 (506). Zum Unterhalt: BayObLG (6.6.1972), FamRZ 1972, S. 521 (523 a.E.). Siehe auch schon OLG Hamm (23.7.1954), DAVorm 1954, Sp. 116 (118).
799 Siehe oben S. 31.
800 BT-Drucks. 8/2788, S. 43; MüKo[6]/*v. Sachsen-Gessaphe* § 1618a Rn. 4.
801 BGH (24.2.1994), BGHZ 125, 206 (214 f.); Staudinger[2007]/*Coester*, § 1618a Rn. 23; MüKo[6]/*v. Sachsen-Gessaphe*, § 1618a Rn. 4.
802 *Knöpfel*, FamRZ 1985, S. 554 (558); *Eidenmüller*, JuS 1998, S. 789 (793) spricht von einer „Überlagerung“.

Die meisten Entscheidungen über einen Auskunftsanspruch auf Nennung des biologischen Vaters betreffen das volljährige nichteheliche Kind.[803] In diesem Sinne stellte *Eidenmüller* folgende Beweislastregel zu Lasten der Mutter auf: Volljährige nichteheliche Kinder haben einen Auskunftsanspruch gegen die Mutter auf Nennung des leiblichen Vaters, es sei denn, es stehen gewichtige Interessen der Mutter entgegen.[804]

Besonders umstritten ist die Frage, ob minderjährige Kinder aus § 1618a Var. 1 BGB einen Anspruch auf Nennung des Vaters haben. Nach einer Ansicht könne kein Auskunftsanspruch des minderjährigen Kindes gegen die Mutter aus § 1618a Var. 1 BGB abgeleitet werden,[805] die entgegengesetzte Entscheidung des AG Gemünden[806] müsse daher als „einmalige Entgleisung" betrachtet werden.[807] Dieser Kritik ist nicht zuzustimmen, vielmehr kann der Auskunftsanspruch des minderjährigen Kindes auch auf § 1618a Var. 1 BGB gestützt werden, nur kann die Abwägung der Interessen der Beteiligten hier aufgrund der zeitlichen Nähe zur Geburt und den Auswirkungen auf das Familienleben und das Kindeswohl noch zu einem andern Ergebnis führen.

Die Interessenlage hinsichtlich der Aufklärung über die eigene biologische Abstammung ist bei minderjährigen Kindern und volljährigen nicht notwendigerweise die gleiche. Wird jedoch auf die Notwendigkeit der Kenntnis zur Geltendmachung erbrechtlicher Ansprüche abgestellt, unterscheiden sich die Interessen minderjähriger und volljähriger Kinder nicht.[808] Auch ist das Interesse minderjähriger Kinder, die typischerweise noch nicht in der Lage sind, ihren eigenen Lebensunterhalt zu bestreiten, an der Verfolgung von Unterhaltsansprüchen jedenfalls nicht geringer als das volljähriger.[809] Daneben ist auch beim Minderjährigen der Aspekt der Persönlichkeitsentwicklung zu beachten. Hier wird gelegentlich angeführt, dass beim Kleinkind der Gesichtspunkt der Persönlichkeitsfindung noch keine Rolle spielt.[810] Sicherlich befindet sich ein Kleinkind noch nicht in der Phase der Persönlichkeits*findung*, ob die Kenntnis seines biologischen Vaters jedoch auch unter dem Aspekt der Persönlichkeits*entwicklung* kategorisch auszuschließen ist, erscheint doch fraglich. Jedenfalls richtig ist die Überlegung, dass sich die frühe Kenntnis des Kleinkindes im Einzelfall unter besonderen Umständen nachteilig auswirken kann,

---

803 AG Passau (15.7.1987), FamRZ 1987, S. 1309; LG Münster (21.2.1990), FamRZ 1990, S. 1031; LG Bremen (10.3.1998), NJW 1999, S. 729.

804 *Eidenmüller*, JuS 1998, S. 789 (792).

805 OLG Zweibrücken (19.10.1989), NJW 1990, S. 719 (720); *Donhauser*, S. 104; *Knöpfel*, FamRZ 1985, S. 554 (558).

806 AG Gemünden (2.8.1989), FamRZ 1990, S. 200.

807 *Donhauser*, S. 103.

808 *Eidenmüller*, JuS 1998, S. 789 (793), der auch in Fn. 40 die Entscheidung LG Essen (7.1.1994), FamRZ 1994, S. 1347, dahingehend missversteht. Tatsächlich bemerkt das LG Essen jedoch nur, dass im zu entscheidenden Fall nur monetäre Interessen und nicht das Interesse an der Kenntnis zu Zwecken der Persönlichkeitsentwicklung geltend gemacht wurden.

809 *Eidenmüller*, JuS 1998, S. 789 (793) geht von gleicher Interessenlage aus.

810 *Eidenmüller*, JuS 1998, S. 789 (793).

z.B. wenn es aus einer inzestuösen Beziehungen hervorgegangen oder der Erzeuger ein Schwerverbrecher ist.[811]

Eidenmüller will im Falle eines minderjährigen Kindes nicht seine für volljährige Kinder entwickelte Argumentationslastregel anwenden, sondern stets prüfen, ob eine Aufklärung geboten ist, was im Wege einer Abwägung der Umstände des Einzelfalls zu ermitteln ist.[812]

Donhauser schließt einen Auskunftsanspruch aus § 1618a Var. 1 BGB für minderjährige Kinder aus mit der Begründung, die Frage des Kindeswohls könnte im Ergebnis ohnehin die Mutter alleine entscheiden.[813] Diese Ansicht ist abzulehnen, da die Beurteilung des Kindeswohls nicht der Willkür der Mutter unterliegt, sondern anhand objektiver Kriterien ermittelt werden kann.[814] Das Kindeswohl umfasst das körperliche, seelische und geistige Wohl des Kindes.[815] Zum Kindeswohl zählt auch die Möglichkeit, zu einer selbständigen und verantwortungsbewussten Person heranzuwachsen, § 1626 Abs. 2 BGB.[816] Mit zunehmendem Alter des Kindes hat dessen Wille immer stärkere Bedeutung für die Feststellung des Kindeswohls.[817]

Nach *Eidenmüller* kann die Mutter eines minderjährigen Kindes im Einzelfall verpflichtet sein, diesem den Namen des leiblichen Vaters zu nennen.[818] Zur Bestimmung der „eigenständigen Informationsverantwortung" des Kindes orientiert er sich an der Altersgrenze des § 63 Abs. 1 S. 1 PStG und stellt folgende Regel auf: Ist das minderjährige Kind jünger als sechzehn Jahre, ist sein artikulierter Wille, die Identität seines Vaters kennen oder nicht kennen zu wollen, ein bei der Interessenabwägung zu berücksichtigender Faktor, der mit steigendem Alter des Kindes an Gewicht gewinnt.[819]

Das OLG Zweibrücken entschied, dass - bei Geltendmachung des Auskunftsbegehrens durch das Jugendamt - spätestens ab Vollendung des vierzehnten Lebensjahres des Kindes dessen Stellungnahme nicht mehr übergangen werden darf.[820]

Meines Erachtens sollte die Stellungnahme des Kindes unabhängig von einer bestimmten Altersgrenze stets berücksichtigt werden, wobei mit steigendem Alter das Kenntnisinteresse des Kindes an Gewicht gewinnt, da gleichzeitig der zu berücksichtigende Schutz des Kindes vor den nachteiligen Auswirkungen einer Aufklärung auf das Kindeswohl kontinuierlich abnimmt.

---

811 *Gernhuber/Coester-Waltjen*, Familienrecht[4], § 59, S. 927 f.; *Eidenmüller*, JuS 1998, S. 789 (793).
812 *Eidenmüller*, JuS 1998, S. 789 (793).
813 *Donhauser*, S. 104.
814 MüKo[6]/*Olzen*, § 1666 Rn. 42 ff.
815 MüKo[6]/*Olzen*, § 1666 Rn. 42.
816 MüKo[6]/*Olzen*, § 1666 Rn. 43.
817 MüKo[6]/*Olzen*, § 1666 Rn. 45 ff.
818 *Eidenmüller*, JuS 1998, S. 798 (793).
819 *Eidenmüller*, JuS 1998, S. 798 (793).
820 OLG Zweibrücken (19.10.1989), NJW 1990, S. 719 (720).

dd) Klagbarkeit und Vollstreckbarkeit des Auskunftsanspruchs aus § 1618a Var. 1 BGB

Umstritten ist die Frage, inwieweit Pflichten aus § 1618a BGB einklagbar und durchsetzbar sind.

So gehen *Knöpfel*, *Frank* und *Helms* zum Schutz des allgemeinen Persönlichkeitsrechts der Mutter von der Unklagbarkeit des Auskunftsanspruchs aus § 1618a BGB aus.[821]

In seiner Entscheidung vom 15.7.1987 stützte das AG Passau den Auskunftsanspruch des nichtehelichen Kindes gegen seine Mutter auf §§ 1618a, 1934a BGB i.V.m. Art. 6 Abs. 5 GG. Das Gericht ging davon aus, dass Ansprüche aus § 1618a BGB einklagbar seien, wenn sie der Durchsetzung verfassungsrechtlich geschützter Interessen dienen.[822] Gerade dies sei bei der Ausprägung des § 1618a BGB als Anspruch des nichtehelichen Kindes gegen seine Mutter auf Nennung des Vaters der Fall, sei doch die Auskunft unverzichtbare Voraussetzung zur Geltendmachung des verfassungsrechtlich geschützten damals geregelten Erbersatzanspruchs, § 1934a BGB a.F. i.V.m. Art. 6 Abs. 5 GG.

Das LG Passau wies die Berufung der zur Auskunft verurteilten Mutter zurück, da diese nichts vorgetragen habe, was zu einem Überwiegen ihres Persönlichkeitsrechts gegenüber dem Kenntnisinteresse des Kindes und damit zum Ausschluss der Durchsetzbarkeit des Auskunftsanspruchs führe.[823]

Die hierauf eingelegte Verfassungsbeschwerde wurde vom BVerfG nicht zur Entscheidung angenommen.[824]

Gegen die Vollstreckbarkeit des Auskunftsanspruchs des Kindes wird auch das Zeugnisverweigerungsrecht der Mutter aus § 383 Abs. 1 Nr. 3 ZPO angeführt.[825] In der Tat besteht ein solches Zeugnisverweigerungsrecht der Mutter - es entfällt auch nicht nach § 385 Abs. 1 Nr. 2 ZPO, da von der uneingeschränkten Aussagepflicht über Geburten die Umstände der Geburt sowie die Identität des Erzeugers nicht umfasst sind.[826] Allerdings bedeutet die Existenz dieses Zeugnisverweigerungsrechts keinen Widerspruch zur Durchsetzbarkeit des Auskunftsanspruchs: Zeugnisverweigerungsrechte dienen dem Schutz Dritter in Gewissenskonflikten, wohingegen die Mutter als Auskunftsschuldnerin im Rahmen des § 1618a BGB als Partei eine materielle Auskunftspflicht treffen kann.[827]

---

821 *Knöpfel*, FamRZ 1985, S. 554 (564). *Frank/Helms*, FamRZ 1997, S. 1258 (1262 f.) für den Fall, dass ein solcher Anspruch überhaupt besteht.

822 AG Passau (15.7.1987), FamRZ 1987, S. 1309 (1310).

823 LG Passau (26.11.1987), NJW 1988, S. 144.

824 BVerfG (18.1.1988), FamRZ 1989, S. 147.

825 AG Rastatt (16.3.1995), FamRZ 1996, S. 1299 (1301). Bei Verfahren nach FamFG sind §§ 383 ff. ZPO über § 30 Abs. 1 FamFG anwendbar.

826 RG (25.3.1942), RGZ 169, 48 (49); LSG Hessen (20.4.1989), NJW 1989, S. 2710 (2711).

827 *Eidenmüller*, JuS 1998, S. 789 (795); *Walker*, Anm. zu OLG Bremen (21.7.1999), JZ 2000, S. 314 (316).

Manche lehnten die Vollstreckbarkeit auch mit Hinweis auf die fehlende Vollstreckbarkeit von Ansprüchen aus Art. 272 ZGB ab.[828] Die Schweizer Norm wird als „Anwendungschance“ verstanden, deren Inhalt sich mangels objektiver Kriterien nicht fassen lasse und wegen der Relativität ihres Inhalts keinen Zwang vertrage, sondern nur freiwillig erfüllt werden könne.[829]

Die Tatsache, dass der konkrete Inhalt eines Anspruchs von einer Interessenabwägung im Einzelfall abhängig ist und damit von Fall zu Fall variiert, ist jedoch kein Argument gegen die Vollstreckbarkeit des im Einzelfall gegebenenfalls vorhandenen Anspruchs.

Hatten sich schon frühzeitig auch Stimmen für eine Vollstreckbarkeit ausgesprochen,[830] hat die wohl bislang herrschende Meinung die Vollstreckbarkeit mit Verweisung auf das allgemeine Persönlichkeitsrecht der Mutter und unter analoger Anwendung der Regelung des § 888 Abs. 3 ZPO a.F.[831] über die Unvollstreckbarkeit der Verpflichtung zur Eingehung der Ehe und zur Herstellung des ehelichen Lebens abgelehnt.[832] Seit der Schaffung des FamFG, welches nun für alle Familiensachen gilt, wird die Unvollstreckbarkeit der Verpflichtung zur Eingehung der Ehe und zur Herstellung des ehelichen Lebens in § 120 Abs. 3 FamFG geregelt.

Teilweise wurde der Auskunftsanspruch als „nutzloser juristischer Nonsens“[833] bezeichnet und die angenommene mangelnde Vollstreckbarkeit sogar als Argument gegen die Existenz eines Auskunftsanspruchs vorgebracht.[834] Andere dagegen lehnten einen Auskunftsanspruch gerade wegen dessen möglicher - jedoch unerwünschter - Vollstreckbarkeit ab.[835]

Teilweise wurde die Vollstreckbarkeit der Beistands- und Rücksichtspflichten aus § 1618a BGB mit dem Hinweis auf die Harmonie innerhalb der Familie als eine

---

828 *Frank/Helms*, FamRZ 1997, S. 1258 (1262).

829 BernKom[4]/*Hegnauer*, Art. 272 Rn. 7 f.

830 *Dölle*, § 102 V 3c, S. 393; *Reichhelm*, DJZ 1903, S. 398; *Seifarth*, Das Recht 1904, S. 571 (572); *Paetow*, ZBlVormWes 1912, S. 277 (281, siehe auch 279); *Wegner*, S. 71 Fn. 3. Siehe auch *Kipp*, § 94 II, S. 409 f. insbesondere Fn. 18.

831 § 888 Abs. 3 ZPO a.F. wurde geändert mit Wirkung vom 1.9.2009 durch Gesetz vom 17.12.2008, BGBl I 2008, S. 2586.

832 LG Bremen (10.3.1998), NJW 1999, S. 729; LG Landau (13.4.1989), DAVorm 1989, Sp. 634 (636); AG Schwetzingen (14.11.1991), DAVorm 1992, Sp. 88 (91); *Frank*, FamRZ 1988, S. 113 (116); *Frank/Helms*, FamRZ 1997, S. 1258 (1262); *Koch*, FamRZ 1990, S. 569 (573); *Moritz*, JURA 1990, S. 134 (140); *Kleineke*, S. 195 ff; Soergel[13]/*Strätz*, § 1618a Rn. 3; siehe auch *Gottwald*, in: FS Hubmann, S. 111 (119).

833 *Frank/Helms*, FamRZ 1997, S. 1258 (1262).

834 LG Landau (13.4.1989), DAVorm 1989, Sp. 634 (636); so wohl auch *Hilger*, Anm. AG Passau (15.7.1987), FamRZ 1988, S. 764 (765); *Frank/Helms*, FamRZ 1997, S. 1258 (1262 und insbesondere 1263) sprechen von einem „Schauprozess“ als Rache des Kindes gegen die Mutter; *Koch*, FamRZ 1990, S. 569 (573).

835 OLG Düsseldorf (20.9.1939), HRR 1940 Nr. 73; AG Schwetzingen (14.11.1991), DAVorm 1992, Sp. 88 (91). Zu Recht kritisch *Donhauser*, S. 82. Vgl. auch *Kleineke*, S. 192 f.

„unerträgliche Verrechtlichung" der Familienbeziehungen allgemein verneint.[836] Es ist jedoch befremdlich, dass auf denjenigen, der durch Vernachlässigung seiner familiären Pflichten gerade keine Rücksicht nimmt, (falsch verstandene) Rücksicht zu nehmen ist.[837] Soll das Rücksichtnahmegebot innerhalb der Familie tatsächlich gewährt werden, kann die Einklagbarkeit und Vollstreckbarkeit entsprechender Pflichten den Familienmitgliedern nicht kategorisch verwehrt werden.[838] Dabei ist jedoch hinsichtlich höchstpersönlicher Pflichten eine analoge Anwendung des § 888 Abs. 3 ZPO a.F. zu erwägen.[839] Ausdrücklich wurden die Pflichten aus § 1618a BGB in § 888 Abs. 3 ZPO a.F. nicht genannt. Nach dessen Wortlaut und Sinn schloss er jedenfalls nur die Vollstreckbarkeit bestimmter unvertretbarer Handlungen aus. Eine Interessenlage vergleichbar mit der in den explizit geregelten Fällen des § 888 Abs. 3 ZPO a.F. kam demnach höchstens in den Fällen unvertretbarer Beistands- und Rücksichtnahmepflichten in Betracht. Die Nennung des biologischen Vaters durch die Mutter wird von einigen als unvertretbare Handlung betrachtet.[840] Da die Benennung der biologischen Eltern grundsätzlich durch jede beliebige mit dem relevanten Wissen ausgestatte Person erfolgen kann - auch wenn es psychologisch vielleicht nicht wünschenswert oder faktisch unmöglich ist - handelt es sich gerade nicht um eine unvertretbare Handlung, anders als z.B. der persönliche Kontakt zu einem Elternteil, der nicht durch die Entsendung eines Babysitters erfüllt werden kann.[841]

Folgt man dieser Ansicht nicht und sieht in der Benennung der Eltern eine unvertretbare Handlung, stellt sich dennoch die Frage, ob eine Analogie zu § 888 Abs. 3 ZPO a.F. zulässig wäre.

Fraglich ist, ob Ansprüche aus § 1618a BGB überhaupt vergleichbar sind mit den in § 888 Abs. 3 ZPO a.F. genannten. Es genügt jedenfalls nicht, dass die Ansprüche aus § 1618a BGB einen „persönlich-sittlichen Einschlag" aufweisen.[842] Vielmehr sind die in § 888 Abs. 3 ZPO a.F. genannten Rechte solche, die stets der freien Selbstbestimmung unterliegen, d.h. die Vollstreckung wäre stets zugleich eine Verletzung

---

836 *Knöpfel*, FamRZ 1985, S. 554 (561); Soergel[13]/*Strätz*, § 1618a Rn. 3.

837 Staudinger[2007]/*Coester* § 1618 Rn. 19; *Schulte* S. 95. A.A. wohl *Weber*, FamRZ 1996, S. 1254 (1255).

838 *Schulte*, S. 95.

839 *Schulte*, S. 95. Ohne Differenzierung für alle Rechtspflichten aus § 1618a BGB Soergel[13]/*Strätz* § 1618a Rn. 3. Vgl. zur Frage der analogen Anwendung des § 888 Abs. 3 ZPO a.F. auch *Donhauser*, S. 82 ff. zustimmend S. 108. Für eine direkte Anwendbarkeit des § 888 Abs. 3 ZPO a.F. siehe auch *Zettel*, DRiZ 1981, S. 211 (212).

840 BGH (3.7.2008), NJW 2008, S. 2919 (2920); *Donhauser*, S. 82; *Frank/Helms*, FamRZ 1997, S. 1258 (1262); *Koch*, FamRZ 1990, S. 569 (573 f.); Anm. *Löhnig* zu BGH (3.7.2008), FamRZ 2008, S. 1753 f; *Meyer*, S. 197; *Walker*, Anm. zu OLG Bremen (21.7.1999), JZ 2000, S. 316.

841 *Schulte*, S. 102.

842 OLG Bremen (21.7.1999), NJW 2000, S. 963 (964). A.A. *Frank/Helms*, FamRZ 1997, S. 1258 (1262).

des allgemeinen Persönlichkeitsrechts des Schuldners.[843] Genau dies kann bei der Vollstreckung von Ansprüchen aus § 1618a BGB jedoch niemals der Fall sein: Schließlich handelt es sich bei diesen um Konkretisierungen einer Generalklausel, so dass schon bei der Anspruchsbegründung die verfassungsrechtlichen Wertungen zu berücksichtigen sind. Stehen hier verfassungsrechtlich geschützt Belange des Anspruchsgegners wie z.B. sein allgemeines Persönlichkeitsrecht entgegen, erfolgt schon im Rahmen der materiellen Prüfung eine Abwägung.[844] Überwiegen die Interessen des Gläubigers die des Schuldners einschließlich dessen allgemeinen Persönlichkeitsrechts und wird demzufolge ein Anspruch aus § 1618a BGB bejaht, ist dieser dann auch ohne erneute Interessenabwägung vollstreckbar; eine zweite verfassungsrechtliche Abwägung über § 888 Abs. 3 ZPO a.F. ist wegen des zwingenden Gleichlaufs überflüssig,[845] eine abweichende sogar falsch.[846]

Nach anderer Ansicht fehlt es aufgrund der Grundrechtsabwägung auf Ebene der Anspruchsvoraussetzungen schon an der für eine Analogie erforderlichen vergleichbaren Interessenlage, da § 888 Abs. 3 ZPO a.F. eine Sonderregelung für Ansprüche ist, die selbst keine Grundrechtsabwägung als Voraussetzung kennen.[847]

In der Rechtsprechung hat 2008 ein kaum beachteter Meinungswechsel zur Vollstreckbarkeit von Auskunftspflichten über die eigene Abstammung stattgefunden: „Der titulierte Anspruch auf Nennung des Vaters des nichtehelichen Kindes ist in der Regel auch vollstreckbar, weil durch die Vollstreckung der Eingriff in die Grundrechte der auskunftspflichtigen Kindesmutter nicht über das Maß hinaus vertieft wird, in dem ihre grundrechtlich geschützten Interessen bereits durch die (rechtskräftige) Verurteilung berührt sind."[848] Diese Entscheidung betraf allerdings den Auskunftsanspruch des Scheinvaters gegen die Mutter aus § 242 BGB und § 826 BGB. Die Erwägungen des Gerichts sind aber auf den Anspruch des Kindes aus § 1618a BGB uneingeschränkt übertragbar: „Die Vollstreckung des Anspruchs auf Auskunft über den Vater ihres Kindes berührt zwar das Persönlichkeitsrecht der Beklagten (...). Das allgemeine Persönlichkeitsrecht ist jedoch nicht schrankenlos gewährleistet. Soweit nicht in den unantastbaren Bereich privater Lebensgestaltung eingegriffen wird, hat der Einzelne die Einschränkungen hinzunehmen, die im

843 *Walker*, Anm. zu OLG Bremen (21.7.1999), JZ 2000, S. 314 (316).

844 Vgl. *Meyer*, S. 200 f. Siehe auch Anm. *Walker* zu OLG Bremen (21.7.1999), JZ 2000, S. 314 (316).

845 BGH (3.7.2008), NJW 2008, S. 2919 (2920 f.); OLG Bremen (21.7.1999), NJW 2000, S. 963 (964) mit Anm. *Walker*, JZ 2000, S. 314 (316); OLG Hamm (16.1.2001), NJW 2001, S. 1870 (1871); MüKo[2007]/*Gruber*, ZPO, § 888 Rn. 22; Staudinger[2011]/*Rauscher*, Einl. zu §§ 1589 ff. Rn. 132; gegen eine Anwendung von § 888 Abs. 3 ZPO a.F. auch Musielak[9]/*Lackmann*, § 888 Rn. 3. Vgl. dazu auch Anm. *Löhnig* zu BGH (3.7.2008), FamRZ 2008, S. 1753 (1754), *Meyer*, S. 200 f. A.A. *Kleineke*, S. 194.

846 Staudinger[2011]/*Rauscher*, Einl. zu §§ 1589 ff. Rn. 132; Anm. *Walker* zu OLG Bremen (21.7.1999), JZ 2000, S. 316 (317); *Schulte*, S. 105.

847 Anm. *Löhnig* zu BGH (3.7.2008), FamRZ 2008, S. 1753 (1754).

848 BGH (3.7.2008), NJW 2008, S. 2919.

überwiegenden Allgemeininteresse oder im Hinblick auf grundrechtlich geschützte Interessen Dritter unter strikter Wahrung der Verhältnismäßigkeit vorgenommen werden (...). Leitet sich - wie im vorliegenden Fall - der dem Vollstreckungstitel zu Grunde liegende materiell-rechtliche Anspruch aus einer zivilrechtlichen Generalklausel her (...), stellt sich die grundrechtliche Problematik bereits und in erster Linie im Erkenntnisverfahren. Dies gilt auch bei einer Verurteilung durch ein Versäumnisurteil, das nach § 331 Abs. 2 S. 1 HS. 1 ZPO gegen die Bekl. nur ergehen kann, wenn das als zugestanden anzunehmende tatsächliche Vorbringen des Kl. den Klageantrag rechtfertigt. Die danach erforderliche Schlüssigkeit der Klage setzt folglich in einem Fall wie dem vorliegenden die Prüfung voraus, ob dem geltend gemachten Anspruch auf Nennung des Kindesvaters Grundrechte der auf Auskunft in Anspruch genommenen Kindesmutter entgegenstehen. Führt die Abwägung unter Beachtung der grundrechtlich geschützten Interessen der Bekl. zu deren Verurteilung im Erkenntnisverfahren, ist der titulierte Anspruch in der Regel auch vollstreckbar, weil durch die Vollstreckung der Eingriff in die Grundrechte der Bekl. nicht über das Maß hinaus vertieft wird, in dem ihre grundrechtlich geschützten Interessen bereits durch die Verurteilung berührt sind."[849]

Fraglich ist, wie diese Erkenntnis sich auf die neue Rechtslage übertragen lässt. Der oben erwähnte § 120 FamFG, der dem § 888 ZPO a.F. entspricht, gilt grundsätzlich nur für Verfahren in Ehesachen und für streitige Familiensachen. Der Auskunftsanspruch des Kindes auf Nennung des leiblichen Vaters gegen die Mutter ist als streitige Familiensache einzustufen. Demzufolge ist § 120 FamFG grundsätzlich anwendbar und die Diskussion über die analoge Anwendung des § 888 Abs. 3 ZPO a.F. wird weiterhin zu § 120 Abs. 3 FamFG bestehen.[850] Sie wurde auch nicht durch eine Klarstellung des Gesetzgebers beendet. Dieser hat den Anwendungsbereich und eine mögliche Anpassung des Regelungsinhalts nicht erörtert, sondern stellte lapidar fest, dass der neue § 120 Abs. 3 FamFG dem § 888 Abs. 3 ZPO a.F. entspreche.[851]

Im Ergebnis ist dem BGH zuzustimmen, der richtig erkannt hat, dass wegen der bereits erfolgten Grundrechteabwägung bei der Frage der Existenz des konkreten Auskunftsanspruchs für eine analoge Anwendung des Vollstreckungsverbots wegen Verletzung des allgemeinen Persönlichkeitsrechts der Mutter kein Raum bleibt.

ee) Zusammenfassung

Die Generalklausel des § 1618a BGB ist grundsätzlich eine geeignete Anspruchsgrundlage für einen Anspruch des vaterlosen Kindes gegen seine Mutter auf Nennung des leiblichen Vaters. Dabei entscheidet das Ergebnis einer umfassenden Abwägung der betroffenen Interessen über die Existenz des Auskunftsanspruchs. Bei der Interessenabwägung sind auch die verfassungsrechtlich geschützten Belange der betroffenen

849 BGH (3.7.2008), NJW 2008, S. 2919 (2920 f.).
850 Vgl. auch Staudinger[2011]/*Rauscher*, Einl. zu §§ 1598 ff. Rn. 132.
851 BT-Drucks. 16/6308, S. 226.

Personen zu berücksichtigen. Steht dem Kind im konkreten Einzelfall ein Auskunftsanspruch aus § 1618a Var. 1 BGB gegen die Mutter zu, ist dieser auch vollstreckbar.

f) Auskunftsanspruch aus § 242 BGB

Nach isolierter Ansicht des AG Rastatt kann ein Anspruch des Kindes gegen die Mutter auf Nennung des leiblichen Vaters nur auf § 242 BGB gestützt werden.[852] Auf die Voraussetzungen des Anspruchs ging das Gericht nicht näher ein, da im zu entscheidenden Fall das Jugendamt den Auskunftsanspruch geltend gemacht hatte und das Gericht von einem höchstpersönlichen Anspruch des Kindes ausging.

Ein Auskunftsanspruch des Kindes gegen seine rechtliche Mutter aus § 242 BGB ist jedoch abzulehnen, weil für den Rückgriff auf die Generalklausel kein Raum bleibt, da § 1618a BGB als speziellere Norm im rechtlichen Mutter-Kind-Verhältnis vorgeht.

2. Österreich

a) Schweigerecht der Mutter, § 149 Abs. 1 Var. 2 ABGB

Im Zusammenhang mit der Pflicht des gesetzlichen Vertreters des Kindes, die Vaterschaft eines vaterlosen Kindes feststellen zu lassen, wird bei den Ausnahmen von dieser Pflicht auch der Fall angeführt, dass „die Mutter von ihrem Recht, den Namen des Vaters nicht bekanntzugeben, Gebrauch macht", § 149 Abs. 1 Var. 2 ABGB.[853] Anlässlich dieser Formulierung stellt sich die Frage, inwieweit das österreichische Familienrecht ein Recht der Mutter kennt, den leiblichen Vater des Kindes zu verschweigen. Als § 163a ABGB a.F. wurde der heutige, im Wortlaut unverändert gebliebene § 149 ABGB erst durch die Kindschaftsrechtsreform 1989 eingeführt[854] - kurz nach der Entwicklung des Rechts auf Kenntnis der eigenen Abstammung durch die Rechtsprechung des deutschen BVerfG. Entgegen der Entwicklung in Deutschland hat der österreichische OGH betont, dass das Recht der Mutter, die Angabe über den Vater zu verweigern, ein „fundamentales Recht" sei, welches der Intimsphäre der Mutter diene.[855] Während *Stefula* mit Verweis auf § 149 Abs. 1 Var. 2 ABGB jeglichen Anspruch des Kindes gegen seine Mutter auf Auskunft über den leiblichen Vater kategorisch ausschließt,[856] lehnt *von Sethe* jegliche Schlussfolgerung aus § 149 ABGB zur

852 AG Rastatt (16.3.1995), FamRZ 1996, S. 1299 (1300 f.).

853 § 149 ABGB lautet: „(1) Der gesetzliche Vertreter hat dafür zu sorgen, dass die Vaterschaft festgestellt wird, es sei denn, dass die Feststellung der Vaterschaft für das Wohl des Kindes nachteilig ist oder die Mutter von ihrem Recht, den Namen des Vaters nicht bekanntzugeben, Gebrauch macht. (...)."

854 Bundesgesetz vom 15.3.1989 über die Änderung des Kindschaftsrechts, öBGBl Nr. 162/1998, Rn. 8.

855 OGH (10.8.2006), SZ 2006/117, S. 109 (110). Siehe auch StenProt NR XVII. GP, S. 11128 (11211); kritisch *Ebert*, JBl 1995, S. 69 (73).

856 Klang³/*Stefula*, § 163a Rn. 11.

Existenz möglicher Auskunftsansprüche des Kindes ab.[857] Dem Wortlaut nach ist das Schweigerecht des § 149 ABGB „nur“ im Zusammenhang mit der gesetzlichen Pflicht des gesetzlichen Vertreters zur Durchführung einer statusrelevanten Vaterschaftsfeststellung geregelt. Damit soll das Schweigerecht in erster Linie die Intimsphäre der Mutter vor den Nachforschungen des gesetzlichen Vertreters des Kindes - einer außenstehenden Person - schützen. Dies spricht für eine entsprechende Begrenzung des Schweigerechts als ein solches gegenüber dem gesetzlichen Vertreter und den Standesbehörden. Dieses enge, dem Wortlaut entsprechende Verständnis des Schweigerechts würde einem statusneutralen Auskunftsanspruchs des Kindes als unmittelbar von der Abstammungsfrage betroffene und mit dem Privatleben der Mutter verbundene Person nicht entgegenstehen. Dagegen vertritt jedoch *Stefula* einen sehr weiten Anwendungsbereich des Schweigerechts der Mutter: Es bestünde nicht nur gegenüber dem gesetzlichen Vertreter des Kindes sowie gegenüber Dritten, wie dem Staat, sondern auch gegenüber dem Kind selbst.[858] Das Schweigerecht soll sich damit auch nicht nur auf die statusrelevante Vaterschaftsfeststellung beziehen, sondern auch jedem Begehren des Kindes gegen die Mutter auf Auskunft über die Identität seines biologischen Vaters entgegenstehen.[859] Die Mutter soll sich nur dann nicht mehr auf ihr Schweigerecht gegenüber dem Kind berufen können, wenn sie die Person des Vaters zuvor schon gegenüber dem gesetzlichen Vertreter des Kindes oder einer Behörde offenbart hat.[860] Andererseits soll das Schweigerecht fortbestehen, wenn die Mutter lediglich anderen Privatpersonen gegenüber Angaben über die Identität des biologischen Vaters gemacht hat.[861]

In der Literatur wird erkannt, dass ein entsprechend weites Verständnis des Schweigerechts gegen das Recht auf Kenntnis der leiblichen Eltern aus Art. 7 KRK verstößt,[862] was jedoch zivilrechtlich mangels der unmittelbaren Anwendbarkeit der Konvention als hinnehmbar erachtet wird.[863] Richtigerweise verpflichtet jedoch eine nicht unmittelbar anwendbare völkerrechtliche Norm die nationalen Gewaltenträger zur völkerrechtskonformen Auslegung der nationalen Normen, so dass auch hier das weite Verständnis des Schweigerechts völkerrechtswidrig und damit unzulässig ist.

Nicht zu vergessen ist auch, dass die Auslegung des § 149 Abs. 1 Var. 2 ABGB auch konform mit der EMRK sein muss, welche in Österreich nicht nur unmittelbar anwendbar ist, sondern schließlich auch Verfassungsrang genießt.

Die weite Auslegung des Schweigerechts könnte das in Art. 8 Abs. 1 Var. 1 EMRK enthaltene Recht auf Kenntnis der eigenen Abstammung verletzten. *Stefula* sieht jedoch keinen Verstoß gegen Art. 8 Abs. 1 Var. 1 EMRK, immerhin schütze Art. 8

---

857 *von Sethe*, S. 271.
858 Klang³/*Stefula*, § 163a Rn. 11.
859 Klang³/*Stefula*, § 163a Rn. 11.
860 Klang³/*Stefula*, § 163a Rn. 13.
861 Klang³/*Stefula*, § 163a Rn. 13.
862 *Ebert*, JBl 1995, S. 69 (83); Klang³/*Stefula*, § 163a Rn. 16.
863 Klang³/*Stefula*, § 163a Rn. 16.

Abs. 1 Var. 1 EMRK auch die Privatsphäre und damit die Intimsphäre der Mutter.[864] Es sei dem nationalen Gesetzgeber überlassen zu entscheiden, welchem Interesse er bei dieser Grundrechtekollision Vorrang gewähren möchte.[865] Der österreichische Gesetzgeber habe dementsprechend dem Schutz des Intimlebens der Mutter den Vorzug gegeben.[866] Ein derart allgemeiner Vorrang des Schutzes der Intimsphäre der Mutter steht im Gegensatz zur Rechtslage in Deutschland, wonach zum einen im Rahmen des § 1618a Var. 1 BGB stets eine Abwägung der Interessen im Einzelfall stattzufinden hat, und für welche insbesondere das BVerfG entschieden hat, dass allein der Schutz des Intimlebens der Mutter das Kenntnisrecht des Kindes nicht überwiegen kann, sondern vielmehr zusätzliche besondere Umstände bestehen müssen. Nur der Schutz des „normalen" Intimlebens ist nach deutschem Verständnis nicht ausreichend, da das Kind keine außenstehende Person ist, sondern dem Intimleben der Mutter entstammt. Die Interessenabwägung des EGMR im Zusammenhang mit dem von Art. 8 Abs. 1 Var. 1 EMRK erfassten Recht auf Kenntnis der eigenen Abstammung fällt jedoch in der Regel weniger streng aus. Der weite Beurteilungsspielraum bei der Abwägung in den einzelnen Fällen wurde vom EGMR jeweils mit der uneinheitlichen Rechtslage hinsichtlich der relevanten Themen - anonyme Geburt, künstliche Fortpflanzung und Abstammungsrecht - in den einzelnen Mitgliedstaaten begründet.[867] Auch hinsichtlich der Existenz von statusunwirksamen Auskunftsansprüchen des Kindes und ihres Verhältnisses zu einem gegebenenfalls existierenden Schweigerecht der Mutter ist keine einheitliche Rechtslage in den Mitgliedstaaten erkennbar. Dementsprechend haben auch hier die Mitgliedstaaten bei der Interessenabwägung einen weiten Beurteilungsspielraum. Dennoch könnte das besonders weite Verständnis des Schweigerechts in § 149 Abs. 1 Var. 2 ABGB auch einen weiten Beurteilungsspielraum überschreiten. Es stellt sich die Frage, ob ein Schweigerecht der Mutter unabhängig von der konkreten Situation, in der sie sich befindet, stets Vorrang haben kann, vor jeglichem Auskunftsverlangen eines jeden Kindes unabhängig von dessen Alter oder rechtlicher Vaterlosigkeit und unabhängig von sonstigen Umständen auf Seiten des Kindes. Im Fall *Odièvre* untersuchte der EGMR zunächst, ob die nationale Regelung über die anonyme Geburt ein legitimes Ziel verfolgte.[868] Der vom französischen Gesetzgeber durch die Regelung der medizinisch begleiteten anonymen Geburt bezweckte Schutz der Gesundheit von Mutter und Kind und die Vermeidung von Abtreibungen und Aussetzungen wurden vom EGMR als grundsätzlich legitimes Ziel anerkannt.[869] Mit der zwingenden Belehrung der Mutter über die Möglichkeit einer Offenbarung personenbezogener, jedoch nicht identifizierbarer Informationen habe nach Ansicht des EGMR der französische

864 Klang³/*Stefula*, § 163a Rn. 15.
865 Klang³/*Stefula*, § 163a Rn. 15.
866 Klang³/*Stefula*, § 163a Rn. 15.
867 Siehe oben S. 58, 61, 67 f.
868 Siehe oben S. 61.
869 Siehe oben S. 61.

Gesetzgeber bei der Abwägung des Rechts des Kindes auf Kenntnis der eigenen Abstammung mit den Interessen der Mutter und der Allgemeinheit noch nicht seinen Beurteilungsspielraum überschritten.[870]

Entsprechend stellt sich nun die Frage, ob das Schweigerecht der Mutter aus § 149 Abs. 1 Var. 2 ABGB auch einen legitimen Zweck verfolgt. In den Gesetzesmaterialien findet sich die Intention, die Mutter vor einem Eindringen des Staates in ihre Intimsphäre zu schützen.[871] Dies ist jedenfalls ein legitimes Ziel. Das gesetzliche Schweigerecht wurde darüber hinaus mit dem Zweck begründet, „die Mutter soll sich dafür entscheiden können, die Geschicke ihres Kindes in Eigenverantwortung ohne Unterstützung durch den Vater in die Hand zu nehmen."[872] Dieses Ziel kann nicht legitim sein, „ließe sich [damit] nämlich jede Verbannung eines Vaters aus der Familie rechtfertigen."[873]

Um den legitimen Schutz der Mutter vor Eingriffen des Staates in ihre Intimsphäre zu gewährleisten, genügt jedoch ein Schweigerecht gegenüber den staatlichen Behörden und insbesondere dem gesetzlichen Vertreter des Kindes, welcher grundsätzlich kraft § 149 ABGB für eine Vaterschaftsfeststellung zu sorgen hat.

Als weiteres Argument gegen einen Konventionsverstoß und für die Zulässigkeit der weiten Auslegung des Schweigerechts führt *Stefula* die mangelnde direkte Anwendbarkeit von Grundrechten zwischen Privatpersonen an.[874] Zwar sind Grundrechte nicht unmittelbar zwischen Privatpersonen anwendbar, sie verpflichten jedoch den Gesetzgeber zur Schaffung grundrechtskonformer Gesetze und den staatlichen Richter zur grundrechtskonformen Gesetzesauslegung. So kann auch das weite Verständnis des in § 149 Abs. 1 Var. 2 ABGB geregelten mütterlichen Schweigerechts einen Grundrechtsverstoß bedeuten.

Die pauschale Nachrangigkeit des Kenntnisrechts steht zudem im Widerspruch zu den Ausführungen des österreichischen Gesetzgebers im Rahmen der Gesetzesbegründung für das Fortpflanzungsmedizingesetz:[875] „Die Würde des Kindes und sein Recht auf freie Entfaltung der Persönlichkeit und die Gefahr psychischer Fehlentwicklungen durch Zweifel an seiner Abstammung erfordern es, dem Kind einen gesetzlichen Anspruch auf Kenntnis seines genetischen Vaters einzuräumen."[876] Allerdings richtet sich der hiermit begründete Auskunftsanspruch des § 20 Abs. 2 FMedG eines mittels Keimzellspende gezeugten Kindes nicht gegen die rechtlichen Eltern, sondern gegen den Arzt, das Krankenhaus oder den Landeshauptmann.[877] Die Frage, ob die Eltern das künstlich gezeugte Kind über seine

870 Siehe oben S. 61.

871 Siehe StenProt NR XVII. GP, S. 11128 (11211). Ebenfalls kritisch *Ebert*, JBl 1995, S. 69 (83 f.).

872 RV 172 Blg NR XVII. GP, S. 15.

873 Klang³/*Stefula*, § 163a Rn. 10.

874 Klang³/*Stefula*, § 163a Rn. 15.

875 *Ebert*, JBl 1995, S. 84.

876 RV 216 Blg NR XVIII. GP, S. 23.

877 Diesen Aspekt übersehend *Ebert*, JBl 1995, S. 69 (84).

Abstammung informieren, soll in ihrer „eigenen Verantwortung“ liegen.[878] Diese Verantwortung kann jedoch nicht willkürlich ausgeübt werden, sondern muss den Regelungen über die Rechte zwischen Eltern und Kindern und damit auch dem Kindeswohl und der Beistandspflicht des § 137 Abs. 2 Var. 1 ABGB entsprechen. Damit ist das Schweigerecht des § 149 Abs. 2 Var. 2 ABGB entsprechend seinem Wortlaut richtigerweise nur gegenüber dem gesetzlichen Vertreter des Kindes anwendbar.

Selbst wenn man der weiten Auslegung des Schweigerechts folgen wollte, kämen jedoch jedenfalls in Fällen, in welchen die Mutter ihr Schweigerecht infolge einer Offenbarung der Identität des Vaters gegenüber dem gesetzlichen Vertreter oder einer Behörde verwirkt hat, aber dennoch keine entsprechende Vaterschaftsfeststellung erfolgt ist, Ansprüche des Kindes auf Auskunft über die Person des leiblichen Vaters gegen die Mutter in Betracht.

So könnte das Kind in Unkenntnis seiner Abstammung sein, weil sein gesetzlicher Vertreter trotz Offenbarung des biologischen Vaters durch die Mutter pflichtwidrig eine Vaterschaftsfeststellung gemäß § 149 ABGB nicht veranlasst hat. Der gesetzlicher Vertreter könnte jedoch die Vaterschaftsfeststellung auch zu Recht unterlassen haben, weil sie für das Kindeswohl nachteilig ist, § 149 Abs. 1 Var. 1 ABGB. Für die Beurteilung des Kindeswohls waren gemäß § 178a ABGB a.F. grundsätzlich die Persönlichkeit des Kindes und seine Bedürfnisse, insbesondere seine Anlagen, Fähigkeiten, Neigungen, Entwicklungsmöglichkeiten sowie die Lebensverhältnisse der Eltern zu berücksichtigen. *Stefula* will daher auch im Rahmen des § 149 Abs. 1 Var. 1 ABGB „die derzeitige wirtschaftliche, soziale und psychische Lage des Kindes mit seiner hypothetischen Lage bei Feststellung der Vaterschaft vergleichen“ und aufgrund einer Gesamtabwägung aller Umstände des Einzelfalles entscheiden.[879] Aus wirtschaftlicher Sicht soll zu berücksichtigen sein, ob der mutmaßliche Vater auch ohne die Feststellung ohnehin schon Unterhalt zahlt, dessen Höhe und die Zuverlässigkeit des Eingangs: Zahlt der mutmaßliche Vater derzeit mehr als er müsste, könnte die Gefahr, das finanzielle Wohlwollen zu verlieren, gegen eine Feststellung sprechen.[880] Auch die Höhe der durch die Feststellung zu erwartenden Erbansprüche des Kindes sei relevant.[881] Gegen eine Feststellung sprechen soll, wegen der Gefahr späterer Unterhaltsverpflichtungen des Kindes, ein „offenkundig unumkehrbarer sozialer Abstieg des Mannes“.[882] Mit dem KindNamRÄG wurden die Kriterien für das Kindeswohl erweitert. Der Schwerpunkt liegt anders als bei der Argumentation von *Stefula* mit Verweis auf die alte Definition des Kindeswohls nicht auf den wirtschaftlichen Interessen. Wichtige Kriterien des Kindeswohls sind nach § 138 S. 2 ABGB eine angemessene Versorgung, insbesondere mit Nahrung, medizinischer und sanitärer Betreuung und Wohnraum, sowie eine sorgfältige Erziehung

878 RV 216 Blg NR XVIII. GP, S. 23.
879 Klang³/*Stefula*, § 163a Rn. 6.
880 Klang³/*Stefula*, § 163a Rn. 7; Schwimann⁴/*Bernat*, § 163a Rn. 3.
881 Klang³/*Stefula*, § 163a Rn. 7.
882 Klang³/*Stefula*, § 163a Rn. 8.

des Kindes (Nr. 1), die Fürsorge, Geborgenheit und der Schutz der körperlichen und seelischen Integrität des Kindes (Nr. 2), die Wertschätzung und Akzeptanz des Kindes durch die Eltern (Nr. 3), die Förderung der Anlagen, Fähigkeiten, Neigungen und Entwicklungsmöglichkeiten des Kindes (Nr. 4), die Berücksichtigung der Meinung des Kindes in Abhängigkeit von dessen Verständnis und der Fähigkeit zur Meinungsbildung (Nr. 5), die Vermeidung der Beeinträchtigung, die das Kind durch die Um- und Durchsetzung einer Maßnahme gegen seinen Willen erleiden könnte (Nr. 6), die Vermeidung der Gefahr für das Kind, Übergriffe oder Gewalt selbst zu erleiden oder an wichtigen Bezugspersonen mitzuerleben (Nr. 7), die Vermeidung der Gefahr für das Kind, rechtswidrig verbracht oder zurückgehalten zu werden oder sonst zu Schaden zu kommen (Nr. 8), verlässliche Kontakte des Kindes zu beiden Elternteilen und wichtigen Bezugspersonen sowie sichere Bindungen des Kindes zu diesen Personen (Nr. 9), die Vermeidung von Loyalitätskonflikten und Schuldgefühlen des Kindes (Nr. 10), die Wahrung der Rechte, Ansprüche und Interessen des Kindes (Nr. 11) sowie die Lebensverhältnisse des Kindes, seiner Eltern und seiner sonstigen Umgebung (Nr. 12).

Aus sozialer Sicht spreche nach *Stefula* gegen eine Vaterschaftsfeststellung die Tatsache, dass der potenzielle Vater geisteskrank oder ein Schwerverbrecher ist oder das Kind einer Vergewaltigung, einer Inzestverbindung oder einem nur „flüchtigen sexuellen Kontakt“ entstammt.[883] In den genannten Fällen sei zu berücksichtigen, inwieweit das Kind eine Vaterschaftsfeststellung psychisch verkrafte und welche Auswirkungen sie auf sein gesellschaftliches Ansehen haben könne.[884]

Die Aufzählung der für die Kindeswohlprüfung im Rahmen des § 163 Abs. 1 Var. 1 ABGB relevanten Belange zeigt, dass es doch eine Vielzahl von Fällen gibt, in welchen eine Pflicht zur Vaterschaftsfeststellung durch den gesetzlichen Vertreter des Kindes entfallen kann, das Kind in der Folge möglicherweise keine Kenntnis von der Identität des biologischen Vaters hat und die Mutter ihr diesbezüglich gegebenenfalls bestehendes weites Schweigerecht jedoch durch Offenbarung gegenüber dem gesetzlichen Vertreter des Kindes verloren hat.

Daher stellt sich nicht nur bei der richtigerweise engen Auslegung des mütterlichen Schweigerechts, sondern selbst bei einem weiten Verständnis, die Frage eines Auskunftsanspruchs des nichtehelichen Kindes gegen die Mutter auf Auskunft über die Identität des genetischen Vaters.[885]

b) Auskunftsanspruch aus dem Kindeswohlprinzip

Nach *Lurger* ist ein Anspruch auf Kenntnis der eigenen genetischen Abstammung einfachgesetzlich dem im Familienrecht geltenden Kindeswohlprinzip zu

---

883 RV 6 Blg NR XII. GP, S. 15; Klang³/*Stefula*, § 163a Rn. 8. Siehe auch Schwimann⁴/*Bernat*, § 163a Rn. 3.

884 Klang³/*Stefula*, § 163a Rn. 8.

885 A.A. *Bernat*, S. 205, der jeden Auskunftsanspruch ausschließt.

entnehmen.[886] Der Schutz des Kindeswohls ist die oberste Maxime des österreichischen Kindschaftsrechts.[887] Es ist jedoch fraglich, ob unmittelbar aus dem Grundsatz des Kindeswohls Ansprüche abgeleitet werden können.

Richtigerweise stellt das Kindeswohlprinzip als solches keine „tragfähige" eigene Anspruchsgrundlage dar.[888] Der Grundsatz ist jedoch bei der Anwendung der einzelnen Normen des Kindschaftsrechts zu berücksichtigen, wobei dies nicht zu einer willkürlichen „Aushebelung" oder Umgehung anerkannter Grundsätze führen darf.[889] Wie oben dargestellt, wurden mit dem KindNamRÄG 2013 die Kriterien, welche insbesondere im Zusammenhang mit dem Kindeswohl zu berücksichtigen sind, um eine ausführliche Liste erweitert.

c) Auskunftsanspruch aus § 137 Abs. 2 Var. 1 ABGB

aa) Allgemeines

Fast genau zwei Jahre vor der Einführung des § 1618a BGB in Deutschland trat der ähnlich lautende § 137 Abs. 2 ABGB in Österreich in Kraft.[890] Der Gesetzgeber wollte eine Beistandspflicht im Eltern-Kind-Verhältnis schaffen, die der ehelichen nachgebildet sein sollte.[891]

Auch der österreichische § 137 Abs. 2 Var. 1 ABGB beruht auf einer Rezeption des Schweizer Art. 271 ZGB a.F., auch wenn dies in den Gesetzesmaterialien nicht explizit erwähnt ist.[892] Wohl nicht zuletzt aufgrund des gemeinsamen Schweizer Vorbilds wird in der österreichischen Literatur und Rechtsprechung zu § 137 Abs. 2 Var. 1 ABGB häufig auf die deutsche Literatur zu § 1618a BGB verwiesen.[893] Möglicherweise kann daher auch ein Anspruch des nichtehelichen Kindes auf Nennung des biologischen Vaters auf § 137 Abs. 2 Var. 1 ABGB gestützt werden.

bb) § 137 Abs. 2 ABGB als Anspruchsgrundlage

aaa) Rechtsnatur des § 137 Abs. 2 ABGB

In der österreichischen Literatur und Rechtsprechung bestand von Anfang an Einigkeit darüber, dass § 137 Abs. 2 ABGB nicht nur sittliche Gebote statuiert, sondern

886 *Lurger*, in: *Bernat*, Reproduktionsmedizin, S. 108 (145).
887 Schwimann[4]/*Gitschthaler*, § 137 Rn. 5.
888 Vgl. Schwimann[4]/*Gitschthaler*, § 137 Rn. 6.
889 Vgl. Schwimann[4]/*Gitschthaler*, § 137 Rn. 6.
890 Bundesgesetz vom 30. Juni 1977 über die Neuordnung des Kindschaftsrechts, öBGBl Nr. 403/1977.
891 RV 60 Blg NR XIV. GP, S. 17.
892 Vgl. RV 60 Blg NR XIV. GP, S. 16 f.; *Stefula*, ÖJZ 2005, S. 609 (616) spricht von einer offenkundigen Rezeption; *Knöpfel*, FamRZ 1985, S. 554.
893 Z.B. OGH (6.10.2005), Az. 2Ob79/95i; *Stefula*, ÖJZ 2005, S. 609.

Rechtspflichten begründet.[894] So ist § 137 Abs. 2 ABGB „als Präambel zu verstehen, die programmatischen Charakter hat und der Hervorhebung eines der leitenden Prinzipien des Kindschaftsrechts dient. Der historische Gesetzgeber hat (...) das sittlich Geschuldete in eine Rechtspflicht gekleidet."[895]

bbb) § 137 Abs. 2 Var. 1 ABGB als Anspruchsgrundlage für einen Anspruch des vaterlosen Kindes gegen die Mutter auf Auskunft über den leiblichen Vater

Parallel zur Entwicklung der Rechtslage in Deutschland kommt auch im österreichischen Recht § 137 Abs. 2 Var. 1 ABGB als Anspruchsgrundlage für einen Anspruch auf Auskunft über den leiblichen Vater in Betracht. Fraglich ist, ob auch nach österreichischem Recht die Auskunftserteilung über die Identität des Vater eine mögliche Beistandsleistung der Mutter im Sinne des § 137 Abs. 2 Var. 1 ABGB sein kann. Die Pflicht zum Beistand setzt jedenfalls eine Abwägung der betroffenen Interessen voraus, wobei die des Beistandsgläubigers im Ergebnis überwiegen müssen. Neben dem über Art. 8 Abs. 1 Var. 1 EMRK verfassungsrechtlich geschützten Recht des Kindes auf Kenntnis seiner eigenen Abstammung ist auch das Recht der Mutter auf Schutz ihres Privat- und Intimlebens gemäß Art. 8 Abs. 1 Var. 1 EMRK zu bedenken. Ein allgemein gültiges Schweigerecht der Mutter hinsichtlich der väterlichen Abstammung des Kindes ist, wie oben erläutert, gegenüber dem Kind zu verneinen.[896]

Es stellt sich nun die Frage, inwieweit die oben genannten Gründe, welche die Pflicht des gesetzlichen Vertreters zur Vaterschaftsfeststellung im Interesse des Kindeswohls entfallen lassen, in die Abwägung über einen konkreten Auskunftsanspruch einfließen können: Bei einem statusunwirksamen Auskunftsanspruch spielen finanzielle Belange nur eine untergeordnete Rolle, schließlich werden durch das bloße Wissen um die Abstammung weder Unterhaltspflichten noch Erbansprüche begründet. Das Wissen um die eigene Abstammung kann zwar auch die Vorstufe einer rechtlichen Umsetzung derselben sein, automatische Konsequenz ist eine solche jedoch nicht. Gesellschaftliche Auswirkungen können auch vernachlässigt werden, immerhin kann das Kind das erlangte Wissen für sich behalten, die Auskunft ändert nicht seine nach außen erkennbare rechtliche Zuordnung. Zwar mag die rechtliche Zuordnung zu einem Vater, mit welchem die Mutter nur flüchtigen sexuellen Kontakt hatte, fragwürdig sein, dem bloßen Wissen über die Identität des Erzeugers steht die Flüchtigkeit der Beziehung zwischen den Eltern grundsätzlich jedoch nicht entgegen. Auch eine Geisteskrankheit des Vaters schließt das Kenntnisinteresse des Kindes nicht zwangsläufig aus. Stellt sich bei einer statusrechtlichen Vaterschaftsfeststellung eines geisteskranken Vaters die wohl berechtigte Frage,

894 OGH (2.7.2009), Az. 6Ob29/09x, Rn. 3.3; (24.4.2001), JBl 2001, S. 649 (651); *Beck*, Rn. 184; Rummel³/*Stabentheiner*, § 137 Rn. 4; *Stefula*, ÖJZ 2005, S. 609 (609 und 621 Fn. 187); Schwimann⁴/*Gitschthaler*, § 137 Rn. 8 ff.

895 OGH (2.7.2009), Az. 6Ob29/09x, Rn. 3.3; Schwimann⁴/*Gitschthaler*, § 137 Rn. 8.

896 Siehe oben S. 139 ff.

inwieweit der Vater überhaupt in der Lage ist, für das Kind dem Kindeswohl entsprechend zu sorgen,[897] kommt beim statusneutralen Kenntnisrecht höchstens die äußerst fragwürdige These von der fehlenden Identifizierungswürdigkeit (geistes-) kranker Elternteile in Betracht. Zudem handelt es sich möglicherweise auch um eine (medizinisch behandelbare) Erbkrankheit, so dass eine Aufklärung über eigene gesundheitliche Risiken sogar im Interesse des Kindes ist.

Das Kindeswohlprinzip ist der das österreichische wie auch deutsche Kindschaftsrecht beherrschende Grundsatz.[898] Erlangt ein Kind die Volljährigkeit, ist jedoch eine Auskunftsverweigerung unter Berufung auf das Kindeswohl nicht mehr möglich. Indessen können manche der genannten Belange als solche losgelöst vom Kindeswohl zu berücksichtigen sein. Dafür kommen z.B. die Entstehung des Kindes durch eine Vergewaltigung oder eine Inzestverbindung in Betracht. Hier ist jedoch auch zu überlegen, ob das Aufdecken der Inzestbeziehung der leiblichen Eltern dem Kenntnisinteresse tatsächlich unterzuordnen ist. Stehen einer statusrechtlichen Feststellung insbesondere die Auswirkungen auf die gesellschaftliche Stellung des Kindes entgegen, wäre das Wissen allein ohne gesellschaftliche Folgen. Insbesondere im Zusammenhang mit besonderen Erbkrankheiten kann gerade auch das Inzestkind ein gesteigertes Interesse an der Auskunft über seine Abstammung haben. Ebenso mag die Vaterschaftsfeststellung eines Vergewaltigers oder Schwerverbrechers zum Schutz des Kindes unerwünscht sein, eine bloße Auskunft, zumal möglicherweise nur gegenüber dem volljährigen Kind, dürfte dieses jedoch nicht gefährden. Im Falle einer Zeugung durch Vergewaltigung können allerdings schützenswerte Belange der Mutter einer Auskunftspflicht entgegenstehen. So betrifft die Tatsache, dass sie Opfer einer Straftat war, ihr Privatleben. Der Schutz vor Offenbarung dieses Aspekts ihres Privatlebens muss sich jedoch auch nicht dem Kenntnisrecht des Kindes unterordnen, da die Mutter selbst nur Opfer der Straftat war und die Zeugung des Kindes nicht selbst veranlasst hat.

Fraglich ist, ob bei der Abwägung der relevanten Belange auch das vom EGMR in der Entscheidung *Phinikaridou* angeführte Interesse des Vaters vor einer Verschonung von Klagen wegen weit in der Vergangenheit liegender Ereignisse berücksichtigt werden muss.[899] Bei dem Auskunftsanspruch des Kindes geht es jedoch zunächst nur um einen Anspruch gegen die Mutter, mögliche Klagen gegen den in Erfahrung gebrachten Vater sind nur eine mittelbare und auch keine zwingende Folge. Es könnte jedoch auch eine entsprechende Verschonung der Mutter als schützenswertes Interesse erwogen werden. Dieser Gedanke führt jedoch zu weit, immerhin waren die Existenz und die Abstammung des Kindes der Mutter stets bewusst.

Zudem wirkt sich die bloße Auskunftserteilung - anders als die im Verfahren *Phinikaridou* angestrebte Vaterschaftsfeststellung[900] - auch nicht unmittelbar auf

897 Schwimann[4]/*Bernat*, § 163a Rn. 3.
898 Schwimann[4]/*Gitschthaler*, § 137 Rn. 5; Staudinger[2006]/*Coester*, § 1697a Rn. 1.
899 Siehe oben S. 66.
900 Siehe oben S. 65.

die Zusammensetzung der jeweiligen rechtlichen Familie des Vaters und der Mutter des Kindes aus.

Berücksichtigenswert können nach der Rechtsprechung des EGMR auch die Interessen der Familie des biologischen Vaters sein.[901] Diese hat der EGMR im Fall *Phinikaridou* im Zusammenhang mit einer Vaterschaftsfeststellung in die Interessenabwägung einbezogen.[902] Angesichts eines bloßen Auskunftsanspruchs ohne unmittelbare erb- und unterhaltsrechtliche Konsequenzen fällt die Schutzbedürftigkeit der väterlichen Familie jedoch geringer aus. Die Auskunftserteilung kann nur die Störung des Familienfriedens nach sich ziehen, allerdings wurde die Ursache dafür nicht vom Kind, sondern von seinen biologischen Eltern gesetzt.

Die Frage, ob die Beistandspflicht der Mutter auch eine Auskunftspflicht enthält, hängt stets von der Abwägung der Umstände des Einzelfalls ab. Diese Abwägung muss auch in Österreich die Rechte der mit Verfassungsrang ausgestatteten EMRK erfassen. Hinsichtlich der Gewichtung der in die EMRK geschützten Belange steht Österreich jedoch wegen der uneinheitlichen Rechtslage im Hinblick auf Ansprüche auf Auskunft über die eigene Abstammung in den einzelnen Mitgliedstaaten ein weiter Beurteilungsspielraum zu.

cc) Klagbarkeit der Rechte aus § 137 Abs. 2 Var. 1 ABGB

Nach einhelliger Auffassung sind die Beistandspflichten aus § 137 Abs. 2 Var. 1 ABGB weder einklagbar[903] noch durchsetzbar.[904] Dabei ist in Österreich ein Meinungswandel bis hin zur Vollstreckbarkeit der Beistandspflichten, wie er sich in der deutschen Paralleldebatte vollzogen hat,[905] noch nicht in Sicht. So wird die Klagbarkeit der Beistandspflichten nach österreichischem Recht unter Berufung auf den Zweck der Beistandspflichten, nämlich die Stärkung der Familiensolidarität, abgelehnt.[906] So verneint auch *Stefula* die Klagbarkeit der Beistandspflicht mit dem Argument, dass ein gerichtlich ausgetragener Streit und die zwangsweise Vollstreckung der Entscheidung dem Zusammenhalt in der Familie mehr schade als nütze.[907] Er zitiert dabei eine Veröffentlichung von *Knöpfel* aus dem Jahr 1985 zum deutschen Recht.[908] Es ist jedoch nicht nachvollziehbar, warum ein Familienmitglied, welchem die Familiensolidarität durch Verletzung einer Beistandspflicht verwehrt wird, aus

---

901 Siehe oben S. 66.
902 Siehe oben S. 66.
903 OGH (2.7.2009), Az. 6Ob29/09x, Rn. 3.3; Schwimann[4]/*Gitschthaler*, § 137 Rn. 8; *Schuchter*, FamRZ 1979, S. 882; *Mader*, in: *Harrer/Zita*, S. 85 (97); *Ferrari-Hofmann-Wellenhof*, in: *Harrer/Zita*, S. 743 (752); *Pichler*, ÖA 1978, S. 21 (22); Klang[3]/*Barth*, § 137 Rn. 3 und 14; Schwimann[4]/*Gitschthaler*, § 137 Rn. 17; Rummel[3]/*Stabentheimer*, § 137 Rn. 8; *Stefula*, ÖJZ 2005, S. 609 (621).
904 Klang[3]/*Barth*, § 137 Rn. 14; *Schuchter*, FamRZ 1979, S. 882; *Beck*, Rn. 184.
905 Siehe oben, S. 134 ff.
906 *Stefula*, ÖJZ 2005, S. 609 (621).
907 *Stefula*, ÖJZ 2005, S. 609 (621).
908 *Stefula*, ÖJZ 2005, S. 609 (621) zitiert in Fn. 192 *Knöpfel*, FamRZ 1985, S. 554 (561).

Rücksicht auf die Familiensolidarität, diese Beistandspflichtverletzung nicht gerichtlich geltend machen kann.

Nach allgemeiner Auffassung in Österreich sind jedoch Klagen bzw. Anträge auf Leistung aus einer allgemeinen Beistandspflicht als unzulässig abzuweisen.[909] Eine entsprechende gesetzliche Regelung, aus der sich diese Unzulässigkeit ergäbe, existiert allerdings nicht.

Im Zusammenhang mit der fehlenden Klagbarkeit der Beistandspflicht aus dem Eltern-Kind-Verhältnis, wird in der Literatur stets auf die sonstigen rechtlichen Konsequenzen einer Beistandspflichtverletzung hingewiesen - als ob diese die fehlende Klagbarkeit ersetzen könnten. Konkret genannt werden hier erbrechtliche, unterhaltsrechtliche und schadensersatzrechtliche Konsequenzen:[910] Nach § 540 ABGB ist erbunwürdig, wer seine sich aus dem Rechtsverhältnis zwischen Eltern und Kindern ergebenden Pflichten dem Erblasser gegenüber gröblich vernachlässigt hat, solange sich nicht aus den Umständen entnehmen läßt, dass ihm der Erblasser vergeben habe.[911] Dies gilt auch für die gröbliche Vernachlässigung von Beistandspflichten.[912]

Daneben führt die österreichische Literatur auch unterhaltsrechtliche Konsequenzen der Verletzung der Beistandspflicht an.[913] Dabei wird § 143 Abs. 1 ABGB a.F.[914] zitiert. Im Zuge des Kindschafts- und Namensrechts-Änderungsgesetzes 2013 wurde mit Wirkung zum 1.2.2013 der Wortlaut des § 143 Abs. 1 ABGB a.F. ohne Veränderung als § 234 Abs. 1 ABGB n.F. übernommen. Diese Norm regelt jedoch nicht die Rechtsfolgen von Verletzungen der Beistandspflichten aus dem Eltern-Kind-Verhältnis oder allgemein von Verstößen gegen Rechtspflichten jeglicher Art aus dem Eltern-Kind-Verhältnis, sondern nur die Rechtsfolgen von Verletzungen von *Unterhalts*pflichten. Auch wenn die Regelungen der §§ 231 ff. ABGB über den Kindesunterhalt auf dem Beistandsgedanken beruhen und damit gewissermaßen besondere, konkretisierte Beistandspflichten sind, kann aus § 234 Abs. 1 ABGB n.F. nicht allgemein abgeleitet werden, dass die Verletzung einer Beistandspflicht aus § 137 Abs. 2 Var. 1 ABGB zu unterhaltsrechtlichen Konsequenzen führt. Verstöße

909 Stellvertretend *Stefula*, ÖJZ 2005, S. 609 (621).

910 OGH (2.7.2009), Az. 6Ob29/09x Rn. 3.5; (24.4.2001), JBl 2001, S. 649 (651); *Stefula*, JZ 2005, S. 609 (621 ff.); eine Schadensersatzpflicht ablehnend: *Kellner/Barth*, JBl 2007, S. 690 (698); nur unterhalts- und erbrechtliche Konsequenzen erwähnend, Rummel[2007]/*Stabentheimer*, § 137 Rn. 4.

911 Auch das Erbrechts-Änderungsgesetz 2015 (öBGBl I Nr. 87/2015), mit welchem das österreichische Erbrecht mit Wirkung zum 1.1.2017 reformiert wird, enthält eine entsprechende Regelung der Erbunwürdigkeit infolge einer gröblichen Verletzung einer Pflicht aus dem Eltern-Kind-Verhältnis in § 541 Nr. 3 ABGB n.F.

912 *Stefula*, JZ 2005, S. 609 (621).

913 Schwimann[4]/*Gitschthaler*, § 137 Rn. 17; *Stefula*, ÖJZ 2005, S. 609 (621 f.).

914 § 143 ABGB a.F. lautete: „Das Kind schuldet seinen Eltern und Großeltern unter Berücksichtigung seiner Lebensverhältnisse den Unterhalt, soweit der Unterhaltsberechtigte nicht imstande ist, sich selbst zu erhalten, und sofern er seine Unterhaltspflicht gegenüber dem Kind nicht gröblich vernachlässigt hat."

gegen die allgemeine Beistandspflicht aus § 137 Abs. 2 Var. 1 ABGB haben folglich keine unterhaltsrechtlichen Folgen.

Bei den schadensrechtlichen Auswirkungen von Verletzungen der Beistandspflicht aus dem Eltern-Kind-Verhältnis ist nach *Stefula* wie folgt zu unterscheiden: Ausgeschlossen seien Schadensersatzansprüche, die nur den widerrechtlich vorenthaltenen Beistand an sich ersetzen sollen.[915] Dieser Ausschluss sei erforderlich, käme es ansonsten faktisch doch zur unerwünschten Einklagbarkeit der Beistandspflichten.[916] Damit haben z.B. kranke Eltern, deren Kind sie entgegen bestehender Beistandspflicht nicht beim Schneeräumen unterstützt, keinen Anspruch gegen das Kind auf Ersatz der Aufwendungen für das Schneeräumen durch Dritte.[917] Führe jedoch die Verletzung der Beistandspflicht zu einem Schaden, der über den Ersatz für die entgangene Beistandsleistung hinausgehe, so sei er ersatzfähig.[918] Es ist jedoch nicht überzeugend, dass derartige Schadensersatzansprüche gerichtlich geltend gemacht werden dürfen, die zugrundeliegende Beistandspflicht jedoch nicht - um den Zusammenhalt in der Familie nicht zu gefährden.[919]

Als Argument gegen die Klagbarkeit der Beistandspflicht führt *Stefula* auch eine Entscheidung des OGH aus dem Jahr 1981 zur fehlenden Klagbarkeit der ehelichen Beistandspflichten an.[920] In dieser Entscheidung geht das Gericht davon aus, dass mit dem Bundesgesetz über die Neuordnung der persönlichen Rechtswirkungen der Ehe aus dem Jahr 1975 der Gesetzgeber entschieden habe, dass Streitigkeiten zwischen Ehegatten über rein persönliche Rechte und Pflichten, insbesondere aus der ehelichen Beistandspflicht des § 90 ABGB, grundsätzlich nicht mehr vom Gericht zu entscheiden seien.[921] Eine gesetzliche Formulierung dieses Grundsatzes hat der Gesetzgeber jedoch nicht vorgenommen.[922]

Der ursprüngliche Entwurf aus dem Jahr 1973 für die Neufassung des § 90 ABGB lautete noch:

> „(1) Die Ehegatten sind einander zur umfassenden Lebensgemeinschaft, Treue, anständiger Begegnung und zum Beistand verpflichtet. Bei der Gestaltung der ehelichen Lebensgemeinschaft haben sie aufeinander und auf die Familie Rücksicht zu nehmen; sie sollen einvernehmlich vorgehen. Die Beistandspflicht umfaßt nicht die Mitwirkung im Erwerb des anderen Ehegatten.

---

915 *Stefula*, ÖJZ 2005, S. 609 (622).
916 *Stefula*, ÖJZ 2005, S. 609 (622).
917 *Stefula*, ÖJZ 2005, S. 609 (622).
918 *Stefula*, ÖJZ 2005, S. 609 (622).
919 Siehe oben S. 148.
920 Es handelt sich dabei um die Entscheidung OGH (19.3.1981), Az. 7Ob760/80. Siehe *Stefula*, ÖJZ 2005, S. 609 (621, Fn. 195).
921 OGH (19.3.1981), Az. 7Ob760/80.
922 OGH (15.2.2000), Az. 5 Ob 117/99p; bedauernd *Schwimann*, ÖJZ 1976, S. 365 (373).

Wegen einer Verletzung der im Abs. 1 genannten Pflichten, soweit sie rein persönlicher Art sind, kann, außer zur Geltendmachung eines Scheidungsgrundes, das Gericht nicht selbständig angerufen werden."[923]

Allerdings trat dieser Entwurf des § 90 ABGB - insbesondere sein zweiter Absatz nicht in Kraft, die Neufassung von 1975 lautete vielmehr:

„Die Ehegatten sind einander zur umfassenden ehelichen Lebensgemeinschaft, besonders zum gemeinsamen Wohnen, sowie zur Treue, zur anständigen Begegnung und zum Beistand verpflichtet. Im Erwerb des anderen hat ein Ehegatte mitzuwirken, soweit ihm dies zumutbar und es nach den Lebensverhältnissen der Ehegatten üblich ist."[924]

Heute lautet § 90 ABGB:

„(1) Die Ehegatten sind einander zur umfassenden ehelichen Lebensgemeinschaft, besonders zum gemeinsamen Wohnen, sowie zur Treue, zur anständigen Begegnung und zum Beistand verpflichtet.
(2) Im Erwerb des anderen hat ein Ehegatte mitzuwirken, soweit ihm dies zumutbar, es nach den Lebensverhältnissen der Ehegatten üblich und nicht anderes vereinbart ist.
(3) Jeder Ehegatte hat dem anderen in der Ausübung der Obsorge für dessen Kinder in angemessener Weise beizustehen. Soweit es die Umstände erfordern, vertritt er ihn auch in den Obsorgeangelegenheiten des täglichen Lebens."[925]

Eine Beschränkung der Klagbarkeit der Pflichten aus § 90 ABGB wurde - anders als im verworfenen Entwurf von 1973 - bis heute nicht geregelt, nur in § 92 Abs. 3 ABGB findet sich seit 1975 eine Regelung zur gerichtlichen Feststellung der Rechtmäßigkeit von Wohnsitzverlegung und Wohnungstrennung.[926] Diese Regelung wird als „Ausnahme" eines allgemeinen Grundsatzes der fehlenden Klagbarkeit der persönlichen Ehewirkungen verstanden, dessen Geltung trotz fehlender gesetzlicher Verankerung nicht bezweifelt wird.[927] *Schwimann* befürchtet jedoch, dass mangels eines ausdrücklichen gesetzlichen Ausschlusses der Klagbarkeit nichtvermögensrechtlicher Ehepflichten ein Streit um die Zulässigkeit ihrer gerichtlichen Geltendmachung aufflammen könnte.[928] Dabei bedauert er das Fehlen einer Regelung über die Unzulässigkeit der Klagbarkeit nichtvermögensrechtlicher Ehepflichten und hofft, dass die Praxis an einem entsprechenden Grundsatz im Wege der Selbstdisziplin festhält.[929] *Schwimann* hält die Klagbarkeit nichtvermögensrechtlicher Ehewirkungen

923 RV 851 Blg NR XIII. GP, S. 1.
924 öBGBl I Nr. 412/1975.
925 öBGBl I Nr. 75/2009.
926 öBGBl I Nr. 412/1975.
927 Vgl. ablehnend *Schwimann*, ÖJZ 1976, S. 365 (373). Zum Ausnahmecharakter des § 92 Abs. 3 ABGB siehe *Ent*, NZ 1975, S. 177 (182).
928 *Schwimann*, ÖJZ 1976, S. 365 (373).
929 *Schwimann*, ÖJZ 1976, S. 365 (373).

für heikel, weil diese tief in den Intimbereich eingreifen und die zwangsweise Durchführung fragwürdig sei, da sie nur bei schon gescheiterten Ehen relevant sei oder zumindest ihrerseits zum Scheitern der Ehe beitrage.[930] Diese Überlegung lässt jedoch außer Acht, dass es neben solchen nichtvermögensrechtlichen Ehepflichten, die den Intimbereich der Ehe betreffen (z.B. Pflicht zur ehelichen Treue), auch andere gibt, die nicht den Intimbereich der Ehepartner berühren (Beistand in Form von Krankenhausbesuchen zur Versorgung mit notwendigen Dingen wie z.B. frischer Wäsche). Es ist nicht überzeugend, dass im letztgenannten Fall, die Pflichterfüllung zum Schutz des einfordernden Ehegatten nicht gerichtlich geltend gemacht werden kann.

Der ursprüngliche Entwurf aus dem Jahr 1973 für die Neufassung des § 90 Abs. 2 ABGB besagte, dass die Geltendmachung der im Entwurf in § 90 Abs. 1 ABGB genannten Rechte und Pflichten, zwischen Ehegatten ausgeschlossen ist, soweit die Rechte und Pflichten rein persönlicher Natur sind. Beistandspflichten wurden im Gegensatz zu Unterhaltspflichten vom Gesetzgeber als Pflichten rein persönlicher Natur eingeordnet.[931] In der Begründung des Entwurfs hieß es außerdem: „Der Gesetzesentwurf will eben nur den selbständigen Rechtsschutz im innersten Bereich der Ehe, wo es um kaum justiziable Streitfragen geht, nicht in einem selbständigen Gerichtsverfahren verankert wissen. Er will auch nicht die - nicht verwirklichbare - Hoffnung erwecken, der Richter habe es in seiner Macht, die ehelichen Streitigkeiten mit Rechtskraftwirkung zu lösen und den Bestand einer Ehe zu sichern. (...) Wegen der besonderen Eigenart der persönlichen Beziehungen der Ehegatten zueinander kann es nämlich nicht Aufgabe des Richters sein, streitenden Ehegatten seine Rechtsmeinung kundzutun, Vermittler zwischen Rechtsmeinungen von Ehegatten zu sein, Ehegatten an ihre Pflichten zu erinnern oder ihnen Aufträge zur Gestaltung ihres ehelichen Lebens zu erteilen. (...) Wirksam kann dem Rechtsschutzbedürfnis des in seinen Rechten verletzten Ehegatten nur im Verfahren auf Scheidung der Ehe entsprochen werden. Nur dort soll dieses Rechtsschutzbedürfnis der verletzten Ehegatten daher anerkannt werden, wo Rechtsschutz tatsächlich und wirksam gewährt werden kann."[932]

Es überzeugt jedoch nicht, dass damit die Ehepartner vor eine Alles-oder-nichts-Entscheidung gestellt werden, welche Ihnen nur die Wahl zwischen einer Ehescheidung oder der Hinnahme der Verletzung persönlicher Ehewirkungen lässt. Die Überlegung, dass nur im Rahmen eines Scheidungsverfahrens wirksam Rechtsschutz gewährt werden kann, ist nicht überzeugend.

Darüber hinaus stellt sich die Frage, ob die Idee von der fehlenden Klagbarkeit nichtvermögensrechtlicher Ehewirkungen ohne weiteres auf die Geltendmachung der Beistandspflichten aus dem Eltern-Kind-Verhältnis übertragen werden kann.[933]

930 *Schwimann*, ÖJZ 1976, S. 365 (372 f.).
931 RV 851 Blg NR XIII. GP, S. 14.
932 RV 851 Blg NR XIII. GP, S. 14.
933 Übertragend z.B. *Stefula*, ÖJZ 2005, S. 609 (621, Fn. 195).

Wird bei den Ehegatten argumentiert, dass die selbständige Geltendmachung der nichtvermögensrechtlichen Ehepflichten nur das Scheitern der Ehe verdeutliche oder hervorrufe und daher die Möglichkeit einer unselbständigen Geltendmachung im Rahmen eines späteren Scheidungsverfahrens genüge,[934] kann das Kind dagegen für die Geltendmachung nicht auf ein späteres Verfahren verwiesen werden. Das Familienrecht kennt kein der Scheidung entsprechendes Verfahren für den Fall, dass die Eltern-Kind-Beziehung aus rein subjektiver Sicht „gescheitert" ist.

Wird die Geltendmachung der nichtvermögensrechtlichen Ehepflichten insbesondere mit einem heiklen Eingriff in die Intimsphäre des Ehepartners abgelehnt, überzeugt dieses Argument gerade im Eltern-Kind-Verhältnis nicht, da die Beistandspflichten aus dem Eltern-Kind-Verhältnis in der Regel nicht das Intimleben der Eltern oder des Kindes betreffen. Beistandspflichten wie z.B.[935] Besuche im Krankenhaus zur Versorgung mit notwendigen Dingen oder die Unterstützung im Krankheitsfall bei körperlichen Arbeiten wie dem Schneeräumen berühren nicht das Intimleben der Beistand leistenden Person.

Grundsätzlich muss eine gerichtliche Geltendmachung der Beistandspflichten aus dem Eltern-Kind-Verhältnis zum Schutz der Beistand fordernden Person möglich sein. Nur für die Frage, ob im Einzelfall ein Anspruch auf Beistand besteht, ist zu berücksichtigen, ob die konkrete Form des Beistands tatsächlich gefordert werden kann, oder schützenswerte Belange des anderen Teils entgegen stehen, wie z.B. der Schutz seines Intimlebens.

Zusammenfassend lässt sich damit feststellen, dass die These von der Unzulässigkeit der gerichtlichen Geltendmachung der Beistandspflichten aus dem Eltern-Kind-Verhältnis nicht überzeugt. Die fehlende Klagbarkeit ergibt sich weder aus dem Gesetz noch aus der Übertragung des für das Eherecht vertretenen, zweifelhaften Grundsatzes der fehlenden Klagbarkeit aller nichtvermögensrechtlichen Ehepflichten. Vielmehr ist die Klagbarkeit der Beistandspflicht im Sinne des Rechtsschutzbedürfnisses der Beistand suchenden Person zu bejahen.

Zumindest im Zusammenhang mit der Klagbarkeit der Beistandspflichten aus dem Eltern-Kind-Verhältnis ist daher das Aufflammen eines Streits um die Zulässigkeit der gerichtlichen Geltendmachung nichtvermögensrechtlicher Ansprüche doch zu wünschen.

dd) Zeitliche Anwendbarkeit des Auskunftsanspruchs aus § 137 Abs. 2 Var. 1 ABGB

§ 137 Abs. 2 ABGB gilt wie § 1618a BGB über die Volljährigkeit des Kindes hinaus lebenslang.[936] Im Gegensatz zum Ansatz, den Anspruch auf Auskunft über die Identität

934 *Schwimann*, ÖJZ 1976, S. 365 (372 f.).

935 Weitere Beispiele für die Beistandspflichten bei Schwimann[4]/*Gitschthaler*, § 137 Rn. 10.

936 OGH (6.10.2005), Az. 2Ob79/05i; (24.4.2001), JBl 2001, S. 649 (651); (15.4.1997), Az. 14Os11/97; OLG Wien (29.4.1996), EFSlg 79.860; RV 60 Blg NR XIV. GP, S. 17;

unmittelbar auf das Kindeswohlprinzip zu stützen, kann auch ein volljähriges Kind einen Auskunftsanspruch aus § 137 Abs. 2 Var. 1 ABGB haben. Das Alter des Auskunft suchenden Kindes hat auch in die Abwägung der Umstände des Einzelfalles einzufließen. Kann bei minderjährigen Kindern eine Auskunftserteilung dem Kindeswohl widersprechen, ist das fortgeschrittene Alter an sich kein Argument gegen einen Auskunftsanspruch. In seiner *Jäggi*-Entscheidung[937] hat der EGMR betont, dass das Menschenrecht auf Kenntnis der eigenen Abstammung vom Alter unabhängig ist und auch einer sechzigjährigen Person noch zustehen kann.

ee) Zusammenfassung

§ 137 Abs. 2 Var. 1 ABGB kommt grundsätzlich als Anspruchsgrundlage für einen Anspruch des nichtehelichen Kindes gegen seine Mutter auf Offenbarung des biologischen Vaters in Betracht. Die Frage, in welchen Konstellationen ein Auskunftsanspruch bejaht werden kann, hängt maßgeblich von der Frage ab, welchen Umfang das in § 149 Abs. 1 Var. 2 BGB geregelte Schweigerecht der Mutter hat. Wie oben dargestellt, besteht das Schweigerecht der Mutter jedoch nur gegenüber dem gesetzlichen Vertreter des Kindes. Befürworter eines weiten Verständnisses des Schweigerechts (auch gegenüber dem Kind selbst) müssen zumindest in Fällen der Verwirkung des Schweigerechts einen Auskunftsanspruch des Kindes zulassen. Der konkrete Auskunftsanspruch ist immer von einer Abwägung der schützenswerten Belange des Einzelfalls abhängig. Für die Ermittlung der abwägungsrelevanten Belange ist der Inhalt der in Österreich mit Verfassungsrang ausgestatteten EMRK und damit die Rechtsprechung des EGMR zum Recht auf Kenntnis der eigenen Abstammung als Bestandteil des Rechts auf Privatleben (Art. 8 Abs. 1 Var. 1 EMRK) maßgeblich. Solange die Rechtslage auf diesem Gebiet in den einzelnen Mitgliedstaaten weiterhin uneinheitlich ist, besteht bei der Gewichtung der geschützten Interessen durch die österreichische Rechtsprechung ein weiter Beurteilungsspielraum. Ein Auskunftsrecht aus § 137 Abs. 2 Var. 1 ABGB ist entgegen der herrschenden Meinung auch einklagbar. Für die Ansicht der fehlenden Klagbarkeit der Beistandspflicht aus § 137 Abs. 2 Var. 1 ABGB gibt es keine gesetzliche Grundlage und sie verkennt das Rechtsschutzbedürfnis der Beistand suchenden Person. Es ist zu hoffen, dass sich in Zukunft die österreichische Rechtsprechung den Wandel bei der Beurteilung der Klag- und Vollstreckbarkeit der Beistandspflichten aus dem deutschen § 1618a BGB zum Vorbild nehmen und sowohl die Klagbarkeit als auch die Vollstreckbarkeit des Auskunftsanspruchs aus § 137 Abs. 2 Var. 1 ABGB bejahen wird.[938]

Klang[3]/*Barth*, § 137 Rn. 8; Rummel[2007]/*Stabentheimer*, § 137 Rn. 6; Schwimann[4]/*Gitschthaler*, § 137 Rn. 9.

937 Siehe oben S. 65.

938 Zu § 1618a BGB siehe oben S. 137 ff.

3. *Ergebnis*

Werden in der deutschen Rechtslehre verschiedene Anspruchsgrundlagen für Ansprüche des vaterlosen Kindes gegen die Mutter auf Auskunftserteilung über die Identität des biologischen Vaters diskutiert, stützt sich richtigerweise die Rechtsprechung überwiegend auf die Generalklausel des § 1618a Var. 1 BGB. Zum österreichischen Pendant, dem § 137 Abs. 2 Var. 1 ABGB gibt es dagegen noch keine entsprechenden Gerichtsentscheidungen. Dies ist vor allem auf die allgemein vertretene Nichteinklagbarkeit der Pflichten aus § 137 Abs. 2 Var. 1 ABGB zurückzuführen. Die These von der fehlenden Klagbarkeit der Beistandspflichten aus dem Eltern-Kind-Verhältnis ist jedoch weder gesetzlich geregelt noch kann sie überzeugend mit Wertungen des Familienrechts begründet werden. Entgegen der ganz herrschenden Meinung ist zum Schutz der Beistand suchenden Person die Klagbarkeit der Beistandspflichten aus dem Eltern-Kind-Verhältnis zu bejahen.

Neben der vorherrschenden Ansicht der Nichtklagbarkeit ist auch das in § 149 Abs. 1 Var. 2 ABGB normierte Schweigerecht der Mutter ein gewisses Hindernis für die Geltendmachung von Auskunftsansprüchen durch das Kind. Der Umfang diese Schweigerechts ist umstritten. Wie oben dargestellt besteht es jedoch dem Wortlaut entsprechend nur gegenüber dem gesetzlichen Vertreter des Kindes. Die Auskunftsansprüche bestehen auch und insbesondere für volljährige Kinder. § 1618a Var. 1 BGB wie auch § 137 Abs. 2 Var. 1 ABGB sind lebenslang im rechtlichen Eltern-Kind-Verhältnis anwendbar. Im Rahmen sowohl des § 1618a Var. 1 BGB als auch des § 137 Abs. 2 Var. 1 ABGB entscheidet eine Gesamtabwägung der berücksichtigenswerten Belange über das Bestehen oder Nichtbestehen des Auskunftsanspruchs im Einzelfall. In Deutschland sind insbesondere die grundgesetzlich verankerten Rechte der Betroffenen zu berücksichtigen. In Österreich sind in erster Linie die mit Verfassungsrang ausgestatteten Menschenrechte der EMRK in der Ausgestaltung der Rechtsprechung des EGMR zu bedenken. Sowohl das deutsche Grundgesetz als auch die EMRK schützen das Recht auf Kenntnis der eigenen Abstammung. Während in Deutschland die Abwägung im Rahmen des § 1618a BGB dank der Rechtsprechung des BVerfG zum Grundrecht auf Kenntnis der eigenen Abstammung aus Art. 2 Abs. 1, Art. 1 Abs. 1 GG meist zu Gunsten des Kenntnisrechts ausfällt, ist dies in Österreich bei Anwendung des § 137 ABGB nicht notwendigerweise zu erwarten, da der EGMR im Zusammenhang mit dem Schutz des Rechts auf Kenntnis der eigenen Abstammung aus Art. 8 Abs. 1 Var. 1 EMRK den einzelnen Mitgliedstaaten einen weiten Beurteilungsspielraum für die Abwägung mit entgegenstehenden Belangen einräumt. Würde die österreichische Rechtsprechung zunächst die Zulässigkeit der Klage auf Beistand bejahen und dann vom weiten Beurteilungsspielraum zu Lasten des Kenntnisrechts Gebrauch machen, könnten einander entsprechende Fälle in Deutschland und Österreich unterschiedlich entschieden werden.

B. Auskunftsansprüche gegen Dritte

Fraglich ist, ob das nichteheliche Kind gegenüber sonstigen Dritten einen Anspruch auf Erteilung einer Auskunft über den eigenen biologischen Vater hat. Dies wird in den meisten Fällen zu verneinen sein, mangels Rechtsbeziehung oder rechtlicher Sonderverbindung zwischen dem Kind und Dritten.

Allerdings sei hier kurz auf deutsche Gerichtsentscheidungen neueren Datums verwiesen. Das AG Düsseldorf gab einer Klage der Tochter einer Kundin eines Mobilfunkbetreibers gegen diesen auf Preisgabe geschützter Informationen über den biologischen Vater der Klägerin statt.[939] Die Klägerin hatte Auskunft begehrt über den Namen und die Adresse eine Mannes, den ihre Mutter in einem Internetforum kennen gelernt hatte. Die Mutter kannte nur den Vornamen und die ersten beiden Buchstaben des Familiennamens des Mannes, wusste jedoch nicht, ob die Angaben richtig waren. Daneben teilte der Mann der Mutter auch zwei Mobilfunknummern mit, unter welchen er erreichbar war. Die Mutter lud den Mann in ihre Wohnung ein, es kam zum Geschlechtsverkehr. Als die Mutter bemerkte, dass sie schwanger war, wollte sie mit dem Mann Kontakt aufnehmen, was dieser jedoch verweigerte. Die Mutter wandte sich an den Mobilfunkbetreiber, um mittels der Rufnummern Auskunft über die Identität des Mannes zu erhalten. Der Mobilfunkbetreiber verweigerte die Auskunft. Später erhob das Kind Klage gegen den Mobilfunkbetreiber auf Auskunft über den biologischen Vater. Das Gericht gab der Klage statt ohne eine spezielle Anspruchsgrundlage zu nennen.[940] Es wies auf die Rechtsprechung des BVerfG zum Recht auf Kenntnis der eigenen Abstammung als Bestandteil des Persönlichkeitsrechts hin.[941] Die Güterabwägung zwischen dem Kenntnisinteresse des Kindes und dem Interesse des Erzeugers an einer Geheimhaltung ergebe, dass

939 AG Düsseldorf (14.12.2004), NJW-RR 2005, S. 554.
940 AG Düsseldorf (14.12.2004), NJW-RR 2005, S. 554.
941 AG Düsseldorf (14.12.2004), NJW-RR 2005, S. 554.

das Auskunftsverlangen Vorrang vor den Auskunftsverboten des § 105 Telekommunikationsgesetz (TKG)[942] habe.[943]

In einem fast identischen Fall wies das LG Bonn die Klage einer Mutter, die jedoch einen eigenen Auskunftsanspruch geltend machte, mangels einschlägiger Anspruchsgrundlage ab.[944] Es sei weder ein vertraglicher noch ein gesetzlicher Auskunftsanspruch erkennbar und eine allgemeine Auskunftspflicht sei dem deutschen Recht nach ständiger Rechtsprechung fremd.[945] Ob ein Auskunftsanspruch des Kindes gegeben wäre, ließ das Gericht offen, allerdings bemerkte es kritisch, dass das AG Düsseldorf im vergleichbaren Fall den Anspruch nicht auf eine zivilrechtliche Anspruchsgrundlage, sondern unmittelbar auf das Grundrecht auf Kenntnis der eigenen Abstammung gestützt hatte.[946]

Allerdings entnahm wiederum auch das AG Bonn in einem entsprechenden Fall den Auskunftsanspruch eines Kindes gegen den Mobilfunkbetreiber direkt Art. 2 Abs. 1, Art. 1 Abs. 1 GG.[947] Diesem Ansatz ist allerdings nicht zuzustimmen, Grundrechte können nicht unmittelbar Ansprüche der Bürger untereinander begründen.

In der Folge entschied das LG Stuttgart, dass eine Frau, die sich über ein Internetportal mehrmals „ersteigern“ lässt, sexuellen Kontakt zu den „Bietern“ aufnimmt

---

942 § 105 TK lautet: „§ 105 Auskunftserteilung
(1) Über die in Teilnehmerverzeichnissen enthaltenen Rufnummern dürfen Auskünfte unter Beachtung der Beschränkungen des § 104 und der Absätze 2 und 3 erteilt werden.
(2) [1]Die Telefonauskunft über Rufnummern von Teilnehmern darf nur erteilt werden, wenn diese in angemessener Weise darüber informiert worden sind, dass sie der Weitergabe ihrer Rufnummer widersprechen können und von ihrem Widerspruchsrecht keinen Gebrauch gemacht haben. [2]Über Rufnummern hinausgehende Auskünfte über nach § 104 veröffentlichte Daten dürfen nur erteilt werden, wenn der Teilnehmer in eine weitergehende Auskunftserteilung eingewilligt hat.
(3) Die Telefonauskunft von Namen oder Namen und Anschrift eines Teilnehmers, von dem nur die Rufnummer bekannt ist, ist zulässig, wenn der Teilnehmer, der in ein Teilnehmerverzeichnis eingetragen ist, nach einem Hinweis seines Diensteanbieters auf seine Widerspruchsmöglichkeit nicht widersprochen hat.
(4) [1]Ein Widerspruch nach Absatz 2 Satz 1 oder Absatz 3 oder eine Einwilligung nach Absatz 2 Satz 2 sind in den Kundendateien des Diensteanbieters und des Anbieters nach Absatz 1, die den Verzeichnissen zugrunde liegen, unverzüglich zu vermerken. [2]Sie sind auch von den anderen Diensteanbietern zu beachten, sobald diese in zumutbarer Weise Kenntnis darüber erlangen konnten, dass der Widerspruch oder die Einwilligung in den Verzeichnissen des Diensteanbieters und des Anbieters nach Absatz 1 vermerkt ist.“

943 AG Düsseldorf (14.12.2004), NJW-RR 2005, S. 554.

944 LG Bonn (29.9.2010), BeckRS 2010, 24913.

945 LG Bonn (29.9.2010), BeckRS 2010, 24913.

946 LG Bonn (29.9.2010), BeckRS 2010, 24913.

947 AG Bonn (8.2.2011), FamFR 2011, S. 286.

und dabei schwanger wird, aufgrund einer Nebenpflicht aus dem mit dem Internetportal geschlossenen „Auktionsvertrag“ Anspruch auf Auskunft über die Identität der „Auktionsteilnehmer“ hat.[948]

„Der von der Klägerin geltend gemachte Anspruch des noch ungeborenen Kindes auf Klärung seiner Herkunft“ und zur Sicherung unterhaltsrechtlicher Ansprüche geht dem Interesse der „Auktionsteilnehmer“ an der Geheimhaltung ihre persönlichen Daten vor.[949] Dies sei auch von den AGB des Internetportals gedeckt, welche ausdrücklich bestimmen, dass bei einem berechtigten Interesse im Einzelfall, insbesondere wenn zivilrechtliche Schritte geboten sind, Auszüge aus dem Nutzerdatensatz Dritten übermittelt werden dürfen.[950] Die Klärung der Vaterschaft und mögliche Unterhaltsansprüche seien gebotene zivilrechtliche Maßnahmen. In diesem Fall begehrte die Mutter selbst im Interesse des Kindes die Auskunft und berief sich auf eine Nebenpflichtverletzung aus einem Vertrag, den sie selbst mit dem Internetportal geschlossen hatte. Bei der Interessenabwägung wird dann jedoch ausschließlich auf die Interessen des Kindes abgestellt und nicht auf die der Mutter. Es bleibt unklar, ob die Mutter einen eigenen Anspruch im Interesse des Kindes oder als gesetzliche Vertreterin des Kindes einen Anspruch des Kindes geltend machte.

Diese Fälle zeigen, dass in jüngster Zeit deutsche Instanzgerichte dazu tendieren, auch Ansprüche gegen Dritte auf Auskunft über die Identität des eigenen potenziellen biologischen Vater zu bejahen. Problematisch ist jedoch, dass die Rechtsprechung dabei die Fragen nach der einschlägigen Anspruchsgrundlage und der Aktivlegitimation vernachlässigt oder vermengt.

Grundgesetzliche Normen können jedenfalls nicht als Anspruchsgrundlage dienen. Auch vertragliche Ansprüche müssen genau untersucht werden.

Im erstgenannten Fall des AG Düsseldorf gab es keine vertragliche Beziehung zwischen dem Mobilfunkbetreiber, dessen Dienst der Vater nutzte, und dem Auskunft begehrenden Kind. Dieses konnte auch nicht in ein Vertragsverhältnis zwischen der Mutter und dem Mobilfunkbetreiber des Vaters einbezogen worden sein, da ein solches nicht vorlag. Eine Einbeziehung in das Vertragsverhältnis zwischen dem Erzeuger und der Mobilfunkbetreiber scheidet ebenfalls aus. Selbst wenn der Erzeuger ein entsprechendes Einbeziehungsinteresse gehabt hätte, ist für den Mobilfunkbetreiber nicht erkennbar, welche Personen der Vater in den Schutzbereich des Vertrages einbeziehen wollte. Das Gleiche gilt für die Fälle, welche das AG Bonn und das LG Bonn zu entscheiden hatten. Auch vertragliche Ansprüche der Mutter scheiden in diesen Fällen aus, da die Mutter in keinem Vertragsverhältnis zu den Mobilfunkbetreibern ihrer Gesprächsteilnehmer stand.

Nur im letztgenannten Fall des LG Stuttgart besteht eine Vertragsbeziehung zwischen dem Betreiber des Internetportals und der Mutter. Hier kommt tatsächlich eine vertragliche Nebenpflicht des Internetportals gegenüber der Mutter über die

948 LG Stuttgart (11.1.2008), NJW 2008, S. 2048.
949 LG Stuttgart (11.1.2008), NJW 2008, S. 2048 (2049).
950 LG Stuttgart (11.1.2008), NJW 2008, S. 2048 (2049).

Offenbarung der Identität der vermittelten Sexualpartner zur Klärung der Vaterschaft und möglicher Unterhaltsansprüche in Betracht. Fraglich ist, ob eine entsprechende Auskunftspflicht des Betreibers des Internetportals gegenüber dem Kind besteht. Hierfür müsste das Kind wirksam in den Schutzbereich des Vertrages zwischen der Mutter und dem Betreiber des Internetportales einbezogen worden sein. Gemäß dem Vertrag wird der Mutter der Zugang zu einer Plattform ermöglicht, wo sie sich von Männern als Sexualpartner ersteigern lassen kann. Die Mutter hat ein Interesse daran, ein Kind, welches durch den so organisierten Geschlechtsverkehr entstanden ist, in den Schutzbereich dieses Vertrages mit dem Internetportal einzubeziehen. Ein solches Interesse ist auch für den Betreiber eines Internetportals, welches gezielt die Kontaktaufnahme zum Zwecke sexueller Kontakte anbietet, zu erkennen. Das Kind ist damit wirksam in den Schutzbereich des Vertrages einbezogen worden. Damit besteht eine rechtliche Sonderverbindung zwischen dem Betreiber und dem Kind. Damit kann das Kind einen Auskunftsanspruch gegen den Betreiber aus § 242 BGB haben, wenn neben der Rechtsverbindung die übrigen von der Rechtsprechung entwickelten Voraussetzungen für diesen Anspruch erfüllt sind: Nach § 242 BGB besteht eine Auskunftspflicht, wenn zwischen dem Berechtigten und dem Verpflichtetem eine Rechtsverbindung besteht, die es mit sich bringt, dass der Berechtigte in entschuldbarer Weise über das Bestehen und den Umfang seines Rechts im Ungewissen ist und der Verpflichtete die zur Beseitigung der Ungewissheit erforderliche Auskunft unschwer geben kann.[951]

Aus der österreichischen Rechtsprechung sind ähnliche Entscheidungen über Auskunftsansprüche gegen Dritte wie z.B. Mobilfunkbetreiber oder Internetportale nicht bekannt.

2. Abschnitt: Kinder mit Scheineltern

Sowohl in Deutschland als auch in Österreich ordnet das Abstammungsrecht Kinder rechtlichen Eltern zu, von welchen sie nicht notwendigerweise abstammen. Im Folgenden sollen die Fälle möglicher Scheinvaterschaften und Scheinmutterschaften aufgezeigt und mögliche Ansprüche der Kinder auf Auskunft über die biologischen Elternteile untersucht werden.

Auf Fälle der Fortpflanzungsmedizin wird dabei nicht näher eingegangen, dieser Fallgruppe ist ein eigener Abschnitt gewidmet.[952]

I. Scheinvaterschaften

Trotz mancher Abweichung im Einzelfall folgt im deutschen und österreichischen Recht die rechtliche Abstammung in erster Linie der genetisch-biologischen

951 OLG Hamm (6.2.2013), NJW 2013, S. 1167 (1168). Siehe im Detail zu den Voraussetzungen eines Auskunftsanspruchs aus § 242 BGB unten S. 245 ff. und 268 f.

952 Siehe unten S. 212 ff.

Herkunft. Da diese früher jedoch nicht und auch heute nur mit Rückgriff auf Laboruntersuchungen feststellbar ist, folgt die rechtliche Zuordnung aus solchen Umständen, die eine biologische Abstammung vermuten lassen.[953] Die Vaterschaft wird in beiden Rechtsordnungen kraft Ehe mit der Mutter, durch Anerkenntnis der Vaterschaft oder durch gerichtliche Feststellung begründet. In allen drei Fällen ist denkbar, dass die rechtliche Vaterschaft von der biologischen abweicht und damit ein Informationsbedürfnis des Kindes hinsichtlich der Identität seines genetischen Vaters besteht.

A. Scheinvater kraft Ehe mit der Mutter

1. Deutschland

§ 1592 Nr. 1 BGB greift den römischen Grundsatz auf *pater est, quem nuptiae demonstrant.*[954] Vater ist, wer im Zeitpunkt der Geburt mit der Mutter verheiratet ist. Eine Eheschließung nach der Geburt genügt nicht. Andererseits verhindert das bloße Getrenntleben oder die Anhängigkeit eines Scheidungsverfahrens nicht die Vaterschaft des Ehemanns.[955] Wird aber vor der Geburt entweder die Ehe geschieden oder das Kind nach der Anhängigkeit eines Scheidungsantrags geboren und anerkennt ein anderer bis Ablauf eines Jahres nach Rechtskraft der Scheidung die Vaterschaft, ist der geschiedene Ehemann nicht der rechtliche Vater, § 1599 Abs. 2 S. 1 BGB. Verstirbt der Ehemann vor der Niederkunft seiner Ehefrau, ist er der Vater des Kindes, wenn dieses innerhalb von 300 Tagen nach dem Tod des Ehemanns geboren wird (§ 1593 S. 1 BGB), es sei denn, die Mutter ist zum Zeitpunkt der Geburt bereits erneut verheiratet. In diesem Fall ist zunächst der neue Ehemann der rechtliche Vater des Kindes. Dieser kann jedoch die Vaterschaft anfechten. Wird festgestellt, dass er nicht der Vater ist, gilt der vorherige Ehemann als Vater, § 1591 S. 3, 4 BGB.

In all diesen Konstellationen können somit rechtliche und biologische Vaterschaft auseinanderfallen, da die Kinder (zunächst) kraft Gesetzes dem Ehemann der Mutter zugerechnet werden.

2. Österreich

Gesetzlicher Vater ist nach § 144 Abs. 1 Nr. 1 ABGB der Ehemann der Mutter.[956] Dieser gilt auch dann als Vater, wenn er frühestens 300 Tage vor der Geburt verstorben ist. Kommen mehrere Männer als Vater nach § 144 Abs. 1 Nr. 1 ABGB in

---

953 *Dethloff*, § 10 Rn. 1.

954 MüKo^{6}/*Wellenhofer*, § 1592 Rn. 6.

955 MüKo^{6}/*Wellenhofer*, § 1593 Rn. 4.

956 § 144 Abs. 1 ABGB ist identisch mit § 138 Abs. 1 ABGB a.F. § 138 Abs. 1 ABGB wurde nach dem Vorbild des deutschen § 1592 BGB geschaffen, *Schwimann*, StAZ 2005, S. 33 (35).

Betracht, ist derjenige der Vater, der die Ehe mit der Mutter zuletzt geschlossen hat, § 144 Abs. 4 S. 1 ABGB.[957]

Das bloße Getrenntleben hindert wie im deutschen Recht nicht die rechtliche Vaterschaft des getrennt lebenden Ehemannes der Mutter.

Die tatsächliche biologische Abstammung ist für die Vaterschaft aufgrund der Ehe unerheblich und auch die Frage der natürlichen oder künstlichen Zeugung ist ohne Belang.[958] In allen Fällen der Zurechnung des Kindes zum Ehemann der Mutter ist es möglich, dass der gesetzliche Vater nicht zugleich der genetische ist.

B. Scheinvater kraft „wahrheitswidrigen" Anerkenntnisses

1. Deutschland

Gesetzlicher Vater ist auch der Mann, welcher die Vaterschaft anerkennt, § 1592 Nr. 2 BGB. Das Anerkenntnis bedarf nach § 1597 Abs. 1 BGB der öffentlichen Beurkundung.[959] Ein Formmangel führt grundsätzlich zur schwebenden Unwirksamkeit des Anerkenntnisses.[960] Trotz Formmangel wird ein Anerkenntnis wirksam, wenn seit der Eintragung in ein deutsches Personenstandsregister fünf Jahre verstrichen sind, § 1598 Abs. 2 BGB. Die Regelung des § 1598 BGB dient dem rechtspolitischen Ziel, auch im Falle einer Vaterschaft mittels Anerkennung eine grundsätzlich endgültige Klarstellung der Abstammungsverhältnisse unabhängig von deren genetischen Entsprechung zu erreichen.[961]

Wirksamkeitsvoraussetzung ist die Zustimmung der Mutter (§ 1595 Abs. 1 BGB) und, falls dieser die elterliche Sorge nicht zusteht, die Zustimmung des Kindes (§ 1595 Abs. 2 BGB). Die Anerkennung kann grundsätzlich auch schon vor der Geburt erfolgen, § 1594 Abs. 4 BGB.

Solange eine andere rechtliche Vaterschaft besteht, ist eine Anerkennung der Vaterschaft nicht wirksam, § 1594 Abs. 2 BGB. Nach dem Willen des Gesetzgebers[962] und dem Wortlaut der Norm („solange")[963] handelt es sich dabei um eine schwebende Unwirksamkeit.

Dagegen wirkt sich nach allgemeiner Ansicht eine abweichende genetische Abstammung nicht auf die Wirksamkeit eines unter Umständen bewusst wahrheitswidrigen Anerkenntnisses aus: Die Rechtsprechung begründet dies mit § 1600c

957 § 144 Abs. 4 S. 1 ABGB ist identisch mit § 138 Abs. 2 S. 1 ABGB a.F.

958 *Ferrari*, in: *Spickhoff/Schwab/Henrich/Gottwald*, S. 183 (185 f.). Siehe auch *Schwimann*, StAZ 2005, S. 33 (36).

959 Zur Zuständigkeit siehe Staudinger[2011]/*Rauscher*, § 1597 Rn. 77 ff.

960 MüKo[6]/*Wellenhofer*, § 1597 Rn. 5.

961 OLG Hamm (20.11.2007), FamRZ 2008, S. 1783 (1784); Staudinger[2011]/*Rauscher*, § 1598 Rn. 1; MüKo[6]/*Wellenhofer*, § 1598 Rn. 1; siehe auch BGH (19.12.1984), FamRZ 1985, S. 271.

962 BT-Drucks. 13/4899, S. 84.

963 MüKo[6]/*Wellenhofer*, § 1594 Rn. 29.

Abs. 2 BGB[964] und führt auch § 1598 Abs. 1 BGB an,[965] da in Verbindung mit dessen Vorgängernorm (§ 1600f BGB a.F.) der Gesetzgeber die Unwirksamkeit eines bewusst wahrheitswidrigen Anerkenntnisses gemäß § 134 BGB i.V.m. § 169 StGB in seiner Gesetzesbegründung ausdrücklich verneint hat.[966] Die bewusst wahrheitswidrige Anerkennung erfüllt nicht den Tatbestand der Personenstandsfälschung gemäß § 169 Var. 2 StGB:[967] Der Anerkennende gibt weder den Personenstand eines anderen gegenüber einer zur Führung von Personenstandsregistern oder zur Feststellung des Personenstandes zuständigen Behörde falsch an, noch unterdrückt er ihn. Denn „falsch" im Sinne des § 169 StGB sind nur solche Angaben, welche aus familienrechtlicher Sicht nicht korrekt sind - auf die biologische Wahrheit kommt es dabei nicht an.[968] Aus familienrechtlicher Sicht ist auch ein (bewusst) falsches Anerkenntnis wirksam, so dass die Angabe des Anerkennenden als Vater nicht „falsch" ist.[969]

Aus genetischer Sicht wahrheitswidrige Anerkennungen hat der Gesetzgeber bewusst in Kauf genommen in der Erwartung, dass die Zahl der falschen Anerkenntnisse gering bleiben würde.[970] Wahrheitswidrige Anerkenntnisse sind selbst dann wirksam, wenn der Anerkennende offensichtlich nicht der Vater sein kann. Eine Anfechtung des Anerkenntnisses bleibt jedoch gemäß § 1599 Abs. 1 BGB grundsätzlich möglich.

Auch die Anfechtungsberechtigung der Behörde, welche nur bei Vaterschaften kraft Anerkenntnis bestand, § 1600 Abs. 1 Nr. 5 BGB, sollte nicht wahrheitswidrige Anerkenntnisse per se, sondern nur deren missbräuchlichen Einsatz zur Umgehung von Einreise- und Aufenthaltsregelungen bei gleichzeitig fehlender sozial-familiärer Beziehung verhindern, § 1600 Abs. 3 BGB. Die Ausgestaltung der Anfechtungsberechtigung der Behörde wurde vom BVerfG jedoch für verfassungswidrig und damit nichtig erklärt.[971]

---

964 OLG Köln (25.10.2001), NJW 2002, S. 901 (902).

965 OLG Hamm (20.11.2007), FamRZ 2008, S. 1783 (1784) mit Verweis auf die Gesetzesbegründung; *Donhauser*, S. 38 zur Vorgängernorm § 1600f Abs. 1 BGB a.F.

966 BT-Drucks. V/2370, S. 26, 30. Vgl. auch OLG Hamm (20.11.2007), FamRZ 2008, S. 1783 (1784) mit Verweis auf die Gesetzesbegründung.

967 BT-Drucks. V/2370, S. 30.

968 OLG Hamm (20.11.2007), NJW 2008, S. 1240; Schönke/Schröder[29]/*Lenckner/Bosch*, § 169 Rn. 5.

969 OLG Hamm (20.11.2007) NJW 2008, S. 1240; Schönke/Schröder[29]/*Lenckner/Bosch*, § 169 Rn. 7; Lackner/Kühl[28]/*Lackner*, § 169 Rn. 3.

970 BT-Drucks. V/2370, S. 26; vgl. auch OLG Hamm, FamRZ 2008, S. 1783 (1784).

971 § 1600 Abs. 1 Nr. 5 BGB ist verfassungswidrig und damit nichtig BVerfG (17.12.2013), FamRZ 2014, S. 449; siehe oben S. 84 f.

2. Österreich

Auch nach österreichischem Recht ist eine gesetzliche Vaterschaft mittels Anerkennung derselben möglich - durch persönliche Erklärung in inländischer öffentlicher oder öffentlich beglaubigter Urkunde, § 145 Abs. 1 ABGB.

Das Anerkenntnis kann grundsätzlich auch schon vor der Geburt erklärt werden. Dies ergibt sich aus einem Erst-recht-Schluss aus § 145 Abs. 2 ABGB, wonach im Anerkenntnis die Bezeichnung der Mutter und des Kindes, „sofern es bereits geboren ist", aufzuführen ist. Das Kind und die Mutter können, sofern sie einsichts- und urteilsfähig sind, innerhalb von zwei Jahren ab Kenntnis von der Wirksamkeit des Anerkenntnisses bei Gericht Widerspruch erheben, § 146 Abs. 1 ABGB. Der Widerspruch der Mutter bedarf keiner Zustimmung einer weiteren Person.[972] Der Lauf der Frist ist gehemmt, solange die zum Widerspruch berechtigte Person nicht eigenberechtigt ist, § 146 Abs. 2 ABGB. Nicht eigenberechtigt sind alle Personen, die nicht voll geschäftsfähig sind, demnach alle Minderjährigen und alle Personen, welchen es in solchem Maße an geistiger Gesundheit mangelt, dass sie daher nicht voll geschäftsfähig sind.[973] Auch der gesetzliche Vertreter des minderjährigen einsichts- und urteilsfähigen Kindes kann mit Einwilligung des Kindes (§ 141 Abs. 1 S. 2 ABGB) den Widerspruch erklären, da der Widerspruch nach § 146 ABGB keine höchstpersönliche Erklärung erfordert.[974] Der Mangel einer entsprechenden Voraussetzung wird aus dem Vergleich des Wortlautes mit § 145 Abs. 1 und Abs. 3 ABGB abgeleitet. So normiert das Gesetz dort im Zusammenhang mit der Erklärung des Anerkenntnisses und den verbundenen Zustimmungen ausdrücklich die Höchstpersönlichkeit der Erklärungen, in § 146 ABGB schweigt der Gesetzeswortlaut jedoch diesbezüglich. Ist das Kind nicht einsichts- und urteilsfähig, kann nur der gesetzliche Vertreter den Widerspruch erklären. Im Zweifel wird bei mündigen Minderjährigen ihre Einsichts- und Urteilsfähigkeit vermutet, § 141 Abs. 1 S. 3 ABGB.

Auch wenn die Vaterschaft kraft Anerkenntnis in erster Linie die Möglichkeit eröffnen soll, dass Kinder lediger Mütter ihrem Erzeuger rechtlich zugeordnet werden,[975] sind auch Anerkennungen die von der genetischen Abstammung abweichen, möglich.

Besteht zum Zeitpunkt des Anerkenntnisses bereits die rechtliche Vaterschaft eines anderen Mannes, wird das Anerkenntnis grundsätzlich erst wirksam, „sobald mit allgemein verbindlicher Wirkung festgestellt ist, dass der andere Mann nicht der Vater des betreffenden Kindes ist", § 147 Abs. 1 ABGB. Die Verbindlichkeit der „Feststellung" erfordert gemäß § 43 Abs. 1 AußStrG eine rechtskräftige Gerichtsentscheidung. Der erforderliche Inhalt der Entscheidung muss nicht eine „Feststellung

---

972 Klang[3]/*Stefula*, § 163d Rn. 7, 9.

973 Klang[3]/*Stefula*, § 138b Rn. 6. Zum Streit über die Definition von „nicht eigenberechtigt" im Sinne des Abstammungsrechts siehe Klang[3]/*Stefula*, § 138b Rn. 3 ff. mit weiteren Nachweisen.

974 Klang[3]/*Stefula*, § 163d Rn. 5.

975 *Ferrari*, in: *Spickhoff/Schwab/Henrich/Gottwald*, S. 183 (188).

der Nichtvaterschaft" im engen wörtlichen Sinne sein, vielmehr ist auf den Zweck des § 147 Abs. 1 ABGB abzustellen: Ein für ein nicht vaterloses Kind abgegebenes Vaterschaftsanerkenntnis soll Wirksamkeit entfalten, wenn die Vaterschaft des bisherigen Vaters weggefallen ist, dass Kind nunmehr vaterlos ist.[976] Dies kann durch rechtskräftigen Beschluss nach § 154 ABGB über die Unwirksamkeit eines bestehenden Vaterschaftsanerkenntnisses erfolgen ebenso wie durch die Beseitigung einer bisherigen Vaterschaft durch Abänderung des ihrer gerichtlichen Feststellung zugrunde liegenden Beschlusses nach §§ 74 ff. AußStrG.[977]

Auch in diesen Fällen kann es sein, dass das Anerkenntnis nicht der genetischen Vaterschaft entspricht, da ein Dritter der genetische Vater ist.

Das österreichische Familienrecht unterscheidet zwischen dem gerade beschriebenen einfachen Vaterschaftsanerkenntnis für ein vaterloses (oder vaterlos gewordenes) Kind und dem qualifizierten, so genannten „verdrängenden" oder „vaterschaftsdurchbrechenden", Anerkenntnis bezüglich eines Kindes, welches bereits einem rechtlichen Vater zugeordnet ist.[978] Es handelt sich dabei um eine Besonderheit des österreichischen Rechts,[979] welche zum einen dem Kind im Falle eines Anerkenntnisses die vorübergehende Vaterlosigkeit erspart, andererseits die Einmischung Dritter in das Familienleben und eine Störung des Familienfriedens hinnimmt. Für das verdrängende Vaterschaftsanerkenntnis wird auf die oben erwähnte Voraussetzung der Feststellung der Nichtabstammung vom bisherigen Vater verzichtet, stattdessen muss das Kind lediglich in einer öffentlichen oder öffentlich beglaubigten Urkunde dem Anerkenntnis zustimmen, § 147 Abs. 2 ABGB.

Es handelt sich dabei um ein Anerkenntnis mit qualifizierten Voraussetzungen, welches auch bei bestehender rechtlicher Vaterschaft kraft Ehe, Anerkenntnis oder gerichtlicher Feststellung Wirksamkeit erlangt, § 147 Abs. 2 ABGB.[980]

Ist das Kind nicht eigenberechtigt, muss zusätzlich die urteilsfähige Mutter den Anerkennenden auch wiederum in öffentlicher oder öffentlich beglaubigter Urkunde als Vater des Kindes bezeichnen, § 147 Abs. 2 S. 2 ABGB. In diesem Fall steht eine abweichende genetische Abstammung der Anerkennung sogar noch weniger entgegen, allerdings kann der bisherige rechtliche (und möglicherweise zugleich biologische) Vater Widerspruch erheben, § 147 Abs. 3 ABGB.

Ein Widerspruch gegen das qualifizierte Anerkenntnis, hindert dessen Wirksamkeit, es sei denn, es ist erwiesen, dass das Kind vom Anerkennenden genetisch abstammt, §§ 147 Abs. 3, 154 Abs. 1 Nr. 2 ABGB. Sowohl die Mutter als auch das Kind haben das Recht innerhalb von zwei Jahren ab Wirksamkeit des Anerkenntnisses Widerspruch zu erheben, § 146d ABGB.

---

976 Klang³/*Stefula*, § 163e Rn. 5.

977 Klang³/*Stefula*, § 163e Rn. 5.

978 Siehe oben S. 100; Schwimann⁴/*Bernat*, § 163 Rn. 2.

979 Schwimann⁴/*Bernat*, § 163e Rn. 3.

980 Siehe oben S. 100 f.

Eine abweichende genetische Vaterschaft hindert auch im österreichischen Recht nicht die Wirksamkeit eines Vaterschaftsanerkenntnisses, sei es einfach oder verdrängend.

Das Gesetz selbst geht auch davon aus, dass Anerkenntnisse erfolgen, die nicht der genetischen Abstammung entsprechen, indem es den Antrag des Anerkennenden auf Feststellung der Unwirksamkeit seines Anerkenntnisses vorsieht, wenn er erst *nachträglich* von Umständen Kenntnis erlangt, die für die Nichtabstammung des Kindes sprechen und er die Nichtabstammung beweist, § 154 Abs. 1 Nr. 3 lit. b ABGB. Dieser Antrag kann nur innerhalb von zwei Jahren ab Kenntniserlangung gestellt werden, § 154 Abs. 2 S. 1 ABGB.

C. Scheinvater kraft „wahrheitswidriger" gerichtlicher Feststellung

1. Deutschland

Die gesetzliche Vaterschaft kann auch durch gerichtliche Feststellung begründet werden, § 1592 Nr. 3 BGB, wenn eine Vaterschaft aufgrund Ehe oder Anerkennung nicht (mehr) besteht. Voraussetzung ist eine Klage auf Vaterschaftsfeststellung gemäß § 1600e BGB, das Gericht wird nicht von Amts wegen tätig, antragsberechtigt sind die Mutter, das Kind und der Mann, der meint, der genetische Vater des Kindes zu sein.[981] § 1600d Abs. 2 BGB wird als Vater vermutet, wer der Mutter während der Empfängniszeit beigewohnt hat. Bestehen schwerwiegende Zweifel an der Vaterschaft, gilt die Vermutung nicht. Schwerwiegende Zweifel bestehen z.B. in Fällen des Mehrverkehrs, dessen Einwand als solchen *(exceptio plurium)* das deutsche Recht nicht mehr kennt.[982]

Auch wenn die Vermutung des § 1600d Abs. 2 BGB infolge der Entwicklung der DNS-Analysen an Bedeutung verloren hat, sind doch fehlerhafte gerichtliche Feststellungen möglich, wenn z.B. mangels Zweifeln ein biologisches Gutachten nicht eingeholt wird.

2. Österreich

Auch im österreichischen Recht kann die gesetzliche Vaterschaft aufgrund gerichtlicher Feststellung bestehen. Antragsbefugt sind das Kind und der Mann, von dem das Kind abstammt, § 148 Abs. 1 S. 2 ABGB. Dabei ist auch die Feststellung der Vaterschaft aufgrund der Zeugungsvermutung gesetzlich vorgesehen, § 148 Abs. 2 S. 1 ABGB: Kann das Kind beweisen, dass innerhalb von nicht mehr als 300 und nicht weniger als 180 Tagen vor seiner Geburt der Mann der Mutter beigewohnt hat, ist dieser als Vater festzustellen, es sei denn, er kann nachweisen, dass das Kind nicht von ihm abstammt. Dabei hat er den vollen Ausschlussbeweis zu bringen, die Einrede des Mehrverkehrs oder der Beweis der relativen Unwahrscheinlichkeit

981 MüKo^6/*Wellenhofer*,§ 1600d Rn. 12.

982 *Spickhoff*, in: *Spickhoff/Schwab/Henrich/Gottwald*, S. 13 (17).

genügen nicht.[983] Verzichtet er auf den Ausschlussbeweis oder kann er ihn nicht erbringen, sind durchaus Feststellungen möglich, die der genetischen Wirklichkeit nicht entsprechen. Die gerichtliche Feststellung kraft Vaterschaftsvermutung soll jedoch nur in Fällen zur Anwendung kommen, in welchen sich der mutmaßliche Vater z.B. durch „Untertauchen" einer Abstammungsuntersuchung entzieht.[984]

Die dargestellten Grundsätze über die gerichtliche Vaterschaftsfeststellung gelten auch für den Fall, dass mit dem Samen des Mannes eine medizinisch unterstütze Fortpflanzung vorgenommen worden ist, § 148 Abs. 2 S. 1 ABGB, es sei denn, er war ein Samen spendender Dritter, § 148 Abs. 4 ABGB. Dritter ist, wie § 148 Abs. 4 S. 2 ABGB definiert,[985] wer seinen Samen einer für medizinisch unterstützte Fortpflanzungen zugelassenen Krankenanstalt mit dem Willen hinterlässt, nicht selbst als Vater eines mit diesem Samen gezeugten Kindes festgestellt zu werden. Spendet also ein Mann für ein anderes Paar außerhalb einer Krankenanstalt mit entsprechender Zulassung seinen Samen, gilt er nicht als Dritter, so dass die Feststellung seiner rechtlichen Vaterschaft nicht ausgeschlossen ist.[986]

Bei der Spende durch einen Dritten im Sinne des § 148 Abs. 4 ABGB wird gemäß § 148 Abs. 3 ABGB stets der Wunschvater, der der medizinisch unterstützten Fortpflanzung zugestimmt hat, als Vater festgestellt, es sei denn der Wunschvater weist nach, dass das Kind nicht durch die medizinisch unterstützte Fortpflanzung gezeugt worden ist.

Bei der Feststellung der Vaterschaft des Mannes, der einer künstlichen Befruchtung einer Frau mit dem Samen eines Dritten zugestimmt hat, wird demnach gerade nicht der genetische Vater als Vater festgestellt. In diesen Fällen entspricht die gerichtlich festgestellte Vaterschaft bewusst nicht der genetischen.[987]

D. Ansprüche des Kindes auf Auskunft über die Identität des biologischen Vaters

1. Auskunftsansprüche des Kindes gegen die Mutter

a) Deutschland

Fraglich ist, ob das eheliche Kind einen Anspruch aus § 1618a Var. 1 BGB gegen die Mutter auf Auskunft über die Identität des biologischen Vaters hat. Zweifel des Kindes, ob der Ehemann der Mutter nur der rechtliche Vater nach § 1592 Nr. 1 BGB

---

983 *Ferrari*, in: *Spickhoff/Schwab/Henrich/Gottwald*, S. 183 (191).

984 RV 471 Blg NR XXII. GP, S. 8.

985 Die Definition wurde mit dem FamErbRÄG 2004 als § 163 Abs. 4 S. 3 ABGB a.F. eingeführt.

986 Ratio dieser Regelung ist die Sicherstellung, dass heterologe Inseminationen nicht außerhalb der hierzu befugten Krankenanstalten durchgeführt werden, § 4 Abs. 2 FMedG; *Ferrari*, in: *Spickhoff/Schwab/Henrich/Gottwald*, S. 183 (191).

987 Zu Auskunftsansprüchen bei Anwendung künstlicher Fortpflanzungsmethoden siehe unten S. 232 ff.

und nicht zugleich der biologische ist, begründeten nach langer Zeit herrschender Meinung keinen Auskunftsanspruch im Sinne des § 1618a Var. 1 BGB.[988] Die Existenz von Auskunftsansprüchen ehelicher Kinder wurde wegen der Statuswirkungen der Ehelichkeit angezweifelt oder verneint.[989] Nach anderer und jüngerer Ansicht soll die Ehe jedoch kein Hindernis für den Auskunftsanspruch des Kindes bilden, wenn eine „sozial-familiäre Beziehung" zum Ehemann der Mutter fehlt.[990]

Richtigerweise hängt die Frage, ob das Kind aus § 1618a Var. 1 BGB einen Anspruch gegen die Mutter auf Nennung des biologischen Vaters hat, von dem Ergebnis der Abwägung der berücksichtigenswerten Interessen ab. So könnte insbesondere das Interesse des rechtlichen Vaters am ungestörten Fortbestand der rechtlichen Familie dem Auskunftsbegehren des Kindes entgegenstehen. So wird teilweise eingewandt, dass ein möglicher Auskunftsanspruch des scheinehelichen Kindes die Interessen des Scheinvaters nicht ausreichend berücksichtigen würde.[991] Da jedoch nach Meinung des BVerfG der Schutz der Ehe der Mutter gemäß Art. 6 Abs. 1 GG hinter dem Persönlichkeitsrecht des Kindes zurückstehen muss, muss grundsätzlich das Gleiche für den Schutz der Ehe und Familie des Scheinvaters gelten.[992] Er könnte jedoch zumindest in Fällen, in welchen er die Scheinvaterschaft nicht bewusst eingegangen ist, schutzwürdiger sein als die Mutter, da er schließlich - anders als die Mutter - an der Entstehung des Kindes gerade nicht beteiligt war.

All diese Überlegungen sind jedoch im Lichte des neu eingeführten § 1598a BGB zu überdenken.[993] Nach § 1598a BGB haben jeder rechtliche Elternteil und das Kind das Recht, die (Nicht-)Abstammung untereinander überprüfen lassen. Wird nun die biologische Abstammung des Kindes von seinen rechtlichen Eltern ohne statusrechtliche Folgen überprüft, kann es nicht mit dem gegebenenfalls in Erfahrung gebrachten Wissen um die Nichtabstammung allein gelassen werden. Einem Anspruch des Kindes auf Auskunft über die Identität des biologischen Vaters kann nicht mehr ein vorrangiger Schutz der rechtlichen Familien entgegengehalten werden. Der Nachweis der fehlenden biologischen Abstammung innerhalb der rechtlichen Familie ist ein größerer „Eingriff" in das Familienleben als die Aufdeckung der wahren Abstammung.

Da das Wissen um die wahre Abstammung keine statusrechtlichen Folgen hat, ändert es somit nichts am Bestand der rechtlichen Familie. In Fällen, in welchen die rechtlichen Eltern die Abstammung des Kindes gemäß § 1598a BGB überprüfen lassen, muss dem Kind bei einem entsprechenden Ergebnis erst recht ein Anspruch auf Auskunft über seine wahre Abstammung zugestanden werden, zumindest die Interessen des die Überprüfung veranlassenden Elternteils können dann nicht vorrangig

---

988 *Coester*, in: FS Schnyder, S. 101 (108 f.); *Frank*, FamRZ 1988, S. 113 (114).
989 *Frank*, FamRZ 1988, S. 113 (114); *Lorenz*, JuS 1995, S. 569 (572).
990 Staudinger[2007]/*Coester*, § 1618a Rn. 54.
991 *Giesen*, JZ 1989, S. 364 (372).
992 *Donhauser*, S. 128.
993 Siehe zu § 1598a BGB ausführlich oben S. 103 ff.

sein. Ein entsprechender Einwand wäre dann als widersprüchliches Verhalten (*venire contra factum proprium*) unzulässig. Besondere Interessen des anderen, nicht die Abstammung überprüfenden, Elternteils sind jedoch weiterhin zu berücksichtigen, entsprechend der Rechtsprechung zu den besonderen berücksichtigenswerten Interessen der nichtehelichen Mutter.[994] Auch wenn sich der Gesetzgeber selbst bei der Schaffung des § 1598a BGB zu Ansprüchen des ehelichen Kindes auf Auskunft über die wahre biologische Abstammung nicht geäußert hat, sind sie als logische Folge des Wissens um die Nichtabstammung nicht mehr auszuschließen, das Bedürfnis derartige Auskunftsansprüche geltend zu machen, wird sogar steigen, da künftig mehr Kinder mit ihrer fehlenden Abstammung vom rechtlichen Vater konfrontiert werden.

Nicht ausreichend wäre eine freiwillige Eintragungsmöglichkeit, wie *Giesen* sie schon früh vorschlug:[995] Der Mutter eines ehelich geborenen Kindes sollte die Möglichkeit eröffnet werden, dem Standesbeamten bei der Eintragung des Kindes zusätzlich die Identität des genetischen Vaters anzugeben, ohne dass der Ehemann dies erführe.[996] Der zur Amtsverschwiegenheit verpflichtete Standesbeamte würde über den leiblichen Vater einen Vermerk aufnehmen, welchen das Kind ähnlich wie bei Adoptionen ab einem bestimmten Lebensalter einsehen könnte.[997] Der Missbrauchsgefahr durch Benennungen eines falschen leiblichen Vaters könnte nach Ansicht *Giesens* durch das Erfordernis seiner Zustimmung zur Eintragung begegnet werden.[998] Hier erscheint jedoch bedenklich, dass der Ehemann und rechtliche Vater als einziger aller Beteiligten - trotz berechtigter Aufklärungsinteressen - in Unkenntnis der Sachlage gelassen würde, was schwerlich mit dem grundgesetzlich gewährten Schutz von Ehe und Familie zu rechtfertigen ist. In jüngster Zeit hat die Rechtsprechung gerade das Kenntnisrecht des Scheinvaters bezüglich der wahren Abstammung seines Kindes durch Bestätigung entsprechender Auskunftsansprüche gegen die Mutter gestärkt.[999] Der BGH hat mit Urteil vom 9.11.2011 entschieden, dass der Scheinvater nach erfolgreicher Anfechtung seiner Vaterschaft zur Vorbereitung eines Unterhaltsregresses gegen den mutmaßlichen Erzeuger des Kindes einen Anspruch auf Auskunft über die Identität des Erzeugers gegen die Mutter aus § 242 BGB haben kann.[1000] Denn „aus dem Grundsatz von Treu und Glauben ergibt sich grundsätzlich ein Auskunftsanspruch, wenn die zwischen den Parteien bestehenden Rechtsbeziehungen es mit sich bringen, dass der eine Teil in entschuldbarer Weise über das Bestehen oder den Umfang seines Rechts im Ungewissen ist, und

994 Siehe oben S. 130.
995 *Giesen*, JZ 1989, S. 364 (376).
996 *Giesen*, JZ 1989, S. 364 (376).
997 *Giesen*, JZ 1989, S. 364 (376).
998 *Giesen*, JZ 1989, S. 364 (376).
999 BGH (9.11.2011), NJW 2012, S. 450; (11.1.2012), NJW 2012, S. 852.
1000 BGH (9.11.2011), NJW 2012, S. 450. Siehe zur Voraussetzung der erfolgreichen Vaterschaftsanfechtung auch die spätere Entscheidung BGH (11.1.2012), NJW 2012, S. 852.

der andere Teil in der Lage ist, unschwer die zur Beseitigung dieser Ungewissheit erforderlichen Auskünfte zu erteilen."[1001]

Dies gilt auch für die Ungewissheit des Scheinvaters über die Ansprüche auf Unterhaltsregress aus § 1607 Abs. 3 S. 2 BGB für den geleisteten Kindesunterhalt und § 1615 Abs. 3 i.V.m. § 1607 Abs. 3 S. 2 BGB für den geleisteten Betreuungsunterhalt.[1002] Dem steht nicht entgegen, dass nach erfolgreicher Anfechtung der Vaterschaft des Scheinvaters noch keine neue Vaterschaft festgestellt wurde.[1003] Die Rechtsausübungssperre des § 1600d IV BGB, wonach Rechtsauswirkungen der Vaterschaft erst ab ihrer Feststellung geltend gemacht werden können, kann nach ständiger Rechtsprechung des BGH in besonderen Fällen durchbrochen werden.[1004] Eine solche Ausnahme ist dann gegeben, wenn trotz erfolgreicher Vaterschaftsanfechtung davon auszugehen ist, dass für längere Zeit eine Vaterschaftsfeststellung nicht stattfinden wird, da die Antragsbefugten eine solches Verfahren ablehnen oder von ihrer Antragsmöglichkeit längere Zeit keinen Gebrauch gemacht haben.[1005]

Eine rechtliche Sonderverbindung der beteiligten Personen, die eine Auskunftspflicht nach Treu und Glauben rechtfertigt, kann sich nicht nur aus Vertragsverhandlungen, dauernden Geschäftsverbindungen, Nachwirkungen eines Vertrags oder aus einem Nachbarschaftsverhältnis ergeben, sondern auch dann bestehen, wenn ein sonstiges familienrechtliches Verhältnis unmittelbar zwischen den Beteiligten besteht.[1006] Ein solches hat der BGH in der Entscheidung vom 9.11.2011 auch dann bejaht, wenn der Mann seine Vaterschaft mit Zustimmung der Mutter anerkannt hatte.[1007] Beim Scheinvater kraft der Ehe mit der Mutter wird eine entsprechende Sonderbeziehung ohne zusätzliche Voraussetzungen auf Grundlage des § 1353 Abs. 1 BGB bejaht.[1008] Die Verpflichtung der Mutter zur Auskunft über die Identität des mutmaßlichen Vaters des Kindes berührt zwar das Persönlichkeitsrecht der Mutter (Art. 2 Abs. 1 GG, Art. 1 Abs. 1 GG), in Fällen, in denen sie den Mann zur Abgabe eines Vaterschaftsanerkenntnisses veranlasst und keine Zweifel an seiner Vaterschaft gezeigt hatte, wiegt ihr allgemeines Persönlichkeitsrecht aber regelmäßig nicht stärker als der Anspruch des Mannes auf effektiven Rechtsschutz aus Art. 20 Abs. 3 i.V.m. Art. 2 Abs. 1 GG zur Durchsetzung seines Unterhaltsregresses nach erfolgreicher Vaterschaftsanfechtung.[1009] Es hat jedoch stets eine Abwägung

---

1001 BGH (9.11.2011), NJW 2012, S. 450.
1002 BGH (9.11.2011), NJW 2012, S. 450 (451).
1003 BGH (9.11.2011), NJW 2012, S. 450 (451).
1004 BGH (11.1.2012), NJW 2012, S. 852; BGH (9.11.2011), NJW 2012, S. 450; (16.4.2008), NJW 2008, S. 2433.
1005 BGH (11.1.2012), S. 852 (853); (9.11.2011), NJW 2012, S. 450 (451); (16.4.2008), NJW 2008, S. 2433 (2434).
1006 BGH (9.11.2011), NJW 2012, S. 450 (451).
1007 BGH (9.11.2011), NJW 2012, S. 450 (452).
1008 MüKo[6]/*Wellenhofer*, Vor. §§ 1591 ff. Rn. 39.
1009 BGH (9.11.2011), NJW 2012, S. 450 (452).

der Interessen des Einzelfalls stattzufinden, so dass in anders gelagerten Fällen, das Ergebnis theoretisch auch zu Gunsten der Mutter ausfallen kann.[1010]

b) Österreich

Weder in der österreichischen Literatur noch in der Rechtsprechung zum österreichischen Recht wird der Anspruch des Kindes mit einem Scheinvater kraft dessen Ehe mit der Mutter auf Nennung der Identität des leiblichen Vaters diskutiert. Eine mit § 1598a BGB vergleichbare Regelung zur statusfolgenlosen Klärung der (Nicht-) Abstammung existiert in Österreich nicht. Grundsätzlich kann ein Auskunftsanspruch des Kindes aus § 137 Abs. 2 Var. 1 ABGB gegen seine Mutter bestehen. Dieser hängt von dem Ergebnis einer umfassenden Interessenabwägung im Einzelfall ab. Dabei sind auch die Interessen des leiblichen Vaters zu berücksichtigen. In diesem Zusammenhang ist insbesondere die Rechtsprechung des EGMR zu Art. 8 EMRK zu beachten. Wie oben dargestellt ist das Recht auf Beistand aus § 137 Abs. 2 Var. 1 ABGB nach ganz herrschender Ansicht nicht durchsetzbar.[1011] Da es jedoch an einer gesetzlichen Grundlage für eine entsprechende Nichtklagbarkeit fehlt, ist im Interesse des Rechtsschutzbedürfnisses der Beistand suchenden Personen die Klagbarkeit der Beistandspflichten aus § 137 Abs. 2 Var. 1 ABGB entgegen der herrschenden Ansicht zu bejahen.[1012]

c) Ergebnis

Im Ergebnis kann in beiden Rechtsordnungen die mütterliche Beistandspflicht aus § 1618a Var. 1 BGB bzw. § 137 Abs. 2 Var. 1 ABGB zu einem Auskunftsanspruch des Kindes gegen seine Mutter auf Nennung des leiblichen Vaters führen. Dabei hat eine umfassende Abwägung der betroffenen Interessen stattzufinden. Im deutschen Recht ergeben sich die schutzwürdigen Belange insbesondere aus dem Grundgesetz, wohingegen im österreichischen Recht die EMRK verfassungsrechtlichen Rang hat. Während im deutschen Recht die Abwägung meist zu Gunsten des Rechts auf Kenntnis der eigenen Abstammung ausfällt, ist der EGMR bei seiner Rechtsprechung wegen der unterschiedlichen Haltung der Mitgliedstaaten zurückhaltender und räumt den Mitgliedstaaten und damit auch Österreich einen weiten Beurteilungsspielraum bei der Gewichtung der Interessen ein.

Ferner wird die Abwägung nach österreichischem Recht tendenziell zu einem auskunftsfeindlicherem Ergebnis führen, da mangels einer Parallelnorm zu § 1598a BGB weder dessen Wertungen noch die Folgen einer Klärung der Nichtabstammung innerhalb der rechtlichen Familie zu berücksichtigen sind.

Mögliche Rechte aus § 137 Abs. 2 Var. 1 ABGB sind nach herrschender Meinung im Gegensatz zu den Ansprüchen aus § 1618a Var. 1 BGB nicht einklagbar. Wie oben

1010 Siehe dazu *Maurer*, Anm. zu BGH (9.11.2011), NJW 2012, S. 453.
1011 Siehe oben S. 148 ff.
1012 Siehe oben S. 148 ff.

dargestellt ist jedoch die Theorie von der fehlenden Klagbarkeit der Beistandspflichten aus dem Eltern-Kind-Verhältnis nicht überzeugend und daher abzulehnen.[1013]

2. *Auskunftsansprüche des Kindes gegen den Scheinvater*

a) Deutschland

Ein Anspruch des Kindes gegen den rechtlichen Scheinvater auf Auskunft über den biologischen Vater kann gemäß § 1618a Var. 1 BGB bestehen. Die oben genannten Erwägungen zum Anspruch gegen die Mutter sind übertragbar.[1014] Es kommt auf die umfassende Interessenabwägung im Einzelfall an. Insbesondere in Fällen, in welchen die Initiative einer Überprüfung der Abstammung innerhalb der rechtlichen Familie nach § 1598a BGB vom Scheinvater ausging, wird sich dieser zumindest nicht auf eigene, einer Auskunft entgegenstehende Interessen berufen können. Besondere Belange der Mutter könnten dennoch Vorrang vor dem Kenntnisrecht haben, nicht ausreichend ist jedoch ihr Interesse am Schutz der rechtlichen Familie, da sie selbst an der Zeugung des Kindes und damit an der Ursache der möglichen Störung der rechtlichen Familie beteiligt war.

b) Österreich

Für den möglichen Auskunftsanspruch des Kindes aus § 137 Abs. 2 Var. 1 ABGB gegen den Scheinvater kann auf die oben genannten Ausführungen zum Anspruch gegen die Mutter des Kindes mit Scheinvater verwiesen werden.[1015]

3. *Auskunftsansprüche gegen Dritte*

Für die oben angeführten Entscheidungen gegen Mobilfunkbetreiber oder Internetportale war die Frage, ob das Kind rechtlich vaterlos ist oder einen rechtlichen Scheinvater hat, ohne Belang. Dritte könnten sich ohnehin zur Verweigerung der Auskunft nicht auf mögliche Belange des Scheinvaters berufen. Auch wenn das Kind einem rechtlichen Scheinvater zugeordnet ist, kann daher hier auf die Ausführungen zu den Auskunftsansprüchen des vaterlosen Kindes gegen Mobilfunkbetreiber und Internetportale verwiesen werden.[1016]

E. Ergebnis

Auch das Kind, welches einem rechtlichen Scheinvater zugeordnet ist, ohne dabei einer medizinisch unterstützten Fortpflanzungsmethode zu entstammen, kann Ansprüche auf Auskunft über den leiblichen Vater haben.

1013 Siehe oben S. 148 ff.
1014 Siehe oben S. 166 ff.
1015 Siehe oben S. 170.
1016 Siehe oben S. 156 ff.

Es können je nach Einzelfall Auskunftsansprüche gestützt auf familienrechtliche Beistandspflichten gegen den Scheinvater und die Mutter bestehen. Die konkrete Existenz solcher Ansprüche hängt von einer Interessenabwägung im Einzelfall ab. Im deutschen Recht wird diese Abwägung durch die Möglichkeit der Geltendmachung von Ansprüchen aus § 1598a BGB zur statusfolgenlosen Klärung der Nichtabstammung innerhalb des rechtlichen Eltern-Kind-Verhältnisses geprägt. Sowohl die Wertung aus der bloßen Existenz dieser Ansprüche als erst recht auch deren konkrete Inanspruchnahme - gerade durch die Eltern - können zu einem Vorrang des Kenntnisinteresses des Kindes führen. Denn nach der Wertung des § 1598a BGB muss die rechtliche Familie jederzeit das Wissen um die fehlende biologische Abstammung hinnehmen, wenn nur einer der Beteiligten die Überprüfung der Abstammung begehrt. Dementsprechend wird tendenziell im deutschen Recht die Interessenabwägung im Rahmen der Beistandspflicht häufiger zum Überwiegen des Kenntnisverlangens des Kindes führen. Insgesamt wird die Schaffung des § 1598a BGB und dessen Inanspruchnahme - insbesondere durch den rechtlichen Vater - zur Klärung der biologischen Nicht-Abstammung vom rechtlichen Vater zu einem Anstieg der Auskunftsbegehren von Kindern mit Scheinvätern führen. Ein Kind, welches mit seiner fehlenden biologischen Abstammung vom Scheinvater konfrontiert wird, wird in der Regel Auskunft verlangen über die Identität seines genetischen Vaters.

Eine mit § 1598a BGB vergleichbare Norm, kennt das österreichische Recht nicht. Dadurch werden weniger Kinder über die Nichtabstammung vom rechtlichen Vater informiert, womit in Österreich die praktische Relevanz von Ansprüchen von Kindern mit Scheinvätern auf Auskunft über den jeweiligen leiblichen Vater etwas geringer ist als in Deutschland.

II. Scheinmutterschaften

Sofern die Anerkennung der Mutterschaft wie z.B. in Frankreich möglich ist, sind Fälle denkbar in welchen die anerkennende Mutter nicht zugleich die biologische ist und das Kind die Identität der letztgenannten kennen möchte.

A. Deutschland

Das deutsche Recht kennt jedoch keine Mutterschaft durch Anerkennung. Somit stellt sich auch nicht die Frage der Zulässigkeit einer Anerkennung der Mutterschaft entgegen der genetischen Abstammung. Seit der Kindschaftsrechtsreform 1998 gilt allein der Grundsatz des § 1591 BGB: Mutter ist die Frau, die das Kind geboren hat. Eine solche Regelung ist nach Meinung des Gesetzgebers - trotz früherer Formen von Tragmutterschaften - erst aufgrund der Entwicklungen in der Fortpflanzungsmedizin erforderlich geworden:[1017] Insbesondere bei Eizellspenden aber auch bei Embryospenden ist die gebärende Mutter nicht mit der genetischen

1017 *Dethloff*, § 10 Rn. 4; vgl. auch *Diederichsen*, NJW 1998, S. 1977 (1979). Kritisch *Coester*, DEuFamR 1999, S. 3 (5).

identisch.[1018] Zweck der Einführung des § 1591 BGB war auch die Verhinderung von Ersatzmutterschaften:[1019] Durch die Begründung der Mutterschaft einzig durch Geburt, verweigert das Familienrecht bewusst einer Familie, in der die Wunscheltern ihr Kind von einer fremden Frau haben austragen lassen, die rechtliche Verwirklichung der Wunschfamilie.

Scheinmutterschaften im engeren Sinne sind nach deutschem Recht mangels Mutterschaftsanerkennung nicht möglich. Die Kindesadoption und Fälle der modernen Fortpflanzungsmedizin, in welchen das Auseinanderfallen von genetischer und rechtlicher Mutterschaft möglich ist, werden in besonderen Abschnitten dieser Arbeit untersucht.[1020]

B. Österreich

Auch in Österreich ist seit dem Inkrafttreten der Kindschaftsrechtsreform 1992 Mutter die Frau, die das Kind geboren hat, § 137b ABGB a.F. Seit dem KindNamRÄG befindet sich der Wortlaut des § 137b ABGB a.F. nun in § 143 ABGB. Die Regelung wurde aus dem deutschen Recht wörtlich übernommen.[1021] Der ursprüngliche österreichische Entwurf aus dem Jahr 1987 sah jedoch noch eine Ausnahme vor: In Fällen medizinisch unterstützter Fortpflanzung sollte bei Verwendung einer fremden Eizelle die Spenderin die Mutter sein, falls ihr das Kind innerhalb von drei Monaten nach der Geburt überlassen würde.[1022] Diese Sonderregelung wurde jedoch wieder verworfen.

Ein Verstoß durch § 143 ABGB gegen das Gleichbehandlungsgebot von Mann und Frau (Art. 7 B-VG), das Selbstbestimmungsrecht der Frau und ein Verstoß gegen das Recht auf Kenntnis der eigenen Abstammung wird allgemein verneint.[1023] Teilweise wird jedoch eine erleichterte Übertragung der rechtlichen Mutterschaft von der Leihmutter, als der gebärenden Frau, auf die Wunschmutter gefordert.[1024]

§ 143 ABGB dient der Rechtssicherheit und Rechtsklarheit.[1025] Die Norm soll - wie die deutsche - Fremdmutterschaften vermeiden.[1026] Es wird jedoch in der Literatur die Frage aufgeworfen, wer die Mutter eines nicht in einem Mutterleib ausgetragenen Kindes wäre, sollte dies der medizinische Fortschritt in Zukunft ermöglichen. Nach dem Wortlaut des § 143 ABGB, wäre das Kind mutterlos, so dass möglicherweise doch (im Sonderfall) die genetische Mutterschaft wieder eine Rolle spielen

1018 Siehe unten zur Eizellspende unten S. 274 ff. und zur Embryospende unten S. 280 ff.
1019 BT-Drucks. 13/4899, S. 82.
1020 Siehe zur Kindesadoption S. 174 ff. und zur Fortpflanzungsmedizin S. 212 ff.
1021 *Schwimann*, StAZ 2005, S. 33 (36).
1022 Vgl. Eser/Koch/Wiesenbart/*Wiesenbart*, Bd. 2, S. 141 (147).
1023 *Lurger*, in: *Bernat*, Reproduktionsmedizin, S. 108 (146).
1024 *Lurger*, in: *Bernat*, Reproduktionsmedizin, S. 108 (149 f.) auch mit alternativen Konzepten zur Regelung der rechtlichen Mutterschaft, S. 153 ff.
1025 RV 216 Blg NR XVIII. GP, S. 24; Klang[3]/*Stefula*, § 137b Rn. 2.
1026 Klang[3]/*Stefula*, § 137b Rn. 2.

sollte.[1027] Der Anwendungsbereich des § 143 ABGB ist schrankenlos, so dass es auf den Willen der Frau, Mutter des Kindes zu sein, nicht ankommt.[1028] Eine Anfechtung der Mutterschaft ist auch nach österreichischem Recht nicht möglich.[1029]

C. Ergebnis

Weder im deutschen noch im österreichischen Recht ist eine Scheinmutterschaft kraft wahrheitswidriger Mutterschaftsanerkennung möglich. Beide Rechtsordnungen kennen im Gegensatz zu den romanischen Rechtsordnungen das Institut der Mutterschaftsanerkennung nicht. In Österreich besteht jedoch seit dem 24.2.2015 die Möglichkeit, dass neben der Mutter eine zweite Frau ihre „Elternschaft" anerkennt und damit zum zweiten Elternteil des Kindes wird.[1030] Diese Regelung gilt jedoch nur für gleichgeschlechtliche Paare, bei welchen eine der Frauen eine medizinisch unterstützte Fortpflanzung in Anspruch genommen hat. Mutter ist jedoch stets die Frau, die das Kind geboren hat, diese Zuordnung kann höchstens durch eine Adoption verändert werden. Die Partnerin der Mutter wird nicht zur zweiten Mutter, sondern zum zweiten „Elternteil".

Abweichungen zwischen rechtlicher und genetischer Mutterschaft sind bei Adoptionen und Inanspruchnahme der Fortpflanzungsmedizin möglich. Diese Fälle werden in besonderen Kapiteln dieser Arbeit untersucht.[1031]

3. Abschnitt: Adoption

„Die Annahme als Kind (Adoption) ist die Begründung eines Eltern-Kind-Verhältnisses einer Person oder eines Ehepaares (Annehmende) zu dem Kind einer anderen Person oder eines Ehepaares (Anzunehmender), zu dem bisher eine Kindschaftsbeziehung nicht bestand, durch Willensakte."[1032] Es ist somit dem Adoptionsrecht immanent, dass es zu einem Auseinanderfallen von leiblicher und rechtlicher Elternschaft kommen kann. Dies ist grundsätzlich nicht zu beanstanden,[1033] fraglich ist nur, ob Adoptivkinder Ansprüche auf Offenbarung der Identität der genetischen Eltern haben.

Im Gegensatz zu anderen Konstellationen des Auseinanderfallens von rechtlicher und genetischer Elternschaft ist gerade im Zusammenhang mit Adoptionen von Säuglingen oder Kleinkindern in der Gesellschaft ein Bewusstsein für die Bedeutung der Kenntnis der eigenen Abstammung und die Gefahr von möglichen

---

1027 Klang[3]/*Stefula*, § 137b Rn. 3; vgl. auch *Spickhoff*, in: *Spickhoff/Schwab/Henrich/Gottwald*, S. 13 (15).
1028 Klang[3]/*Stefula*, § 137b Rn. 4.
1029 Klang[3]/*Stefula*, § 137b Rn. 5.
1030 Siehe oben S. 93.
1031 Siehe unten S. 174 ff. (Adoption) und S. 212 ff. (Fortpflanzungsmedizin).
1032 MüKo[6]/*Maurer*, Vor. §§ 1741 ff. Rn. 1.
1033 OLG Stuttgart (21.3.2006), NJW-RR 2007, S. 76 (77).

Entwicklungsstörungen oder Identifikationsproblemen aufgrund von Kenntnisdefiziten vorhanden.[1034]

I. Rechtstatsächliche Einführung

Obwohl die Zahl der Kindesadoptionen in den Industrieländern in den letzten zwei Jahrzehnten stetig gesunken ist - nicht zuletzt wegen der wachsenden Möglichkeiten der Fortpflanzungsmedizin und deren Inanspruchnahme -, hat die Frage, inwieweit Adoptivkinder einen Anspruch auf Offenbarung der Identität ihrer leiblichen Eltern haben, nicht an Bedeutung verloren.

Immerhin wurden im Jahr 2013 in Deutschland noch 3793 Minderjährige adoptiert, waren es jedoch 1993 noch 8687 und 2003 immerhin noch 5336.[1035] Von den 3793 im Jahr 2013 adoptierten Kindern waren 1448 weder mit den Adoptiveltern verwandt noch wurden sie „nur" von Stiefmüttern oder -vätern adoptiert.[1036]

In Österreich werden nur die Zahlen der im Inland durch die Jugendwohlfahrt vermittelten Adoptionen veröffentlicht: 2008 wurden insgesamt 120 Kinder erfolgreich zur Adoption vermittelt, wobei es sich in 60 Fällen um Inkognitoadoptionen[1037] handelte.[1038] Leicht rückläufig kam es im Jahr 2010 nur zu 110 Inlandsvermittlungen, darunter waren 46 Inkognitoadoptionen.[1039] Im Jahr 2014 kam es zu 96 Inlandsvermittlungen, wovon 46 als Inkognitoadoption erfolgten.[1040]

II. Das Recht des Adoptivkindes auf Kenntnis der leiblichen Eltern nach dem Haager Adoptionsschutzabkommen

Neben den oben zu einem allgemeinen Recht auf Kenntnis der eigenen Abstammung untersuchten völkerrechtlichen Quellen könnte sich im Zusammenhang mit Adoptionen ein spezielles Kenntnisrecht für Adoptivkinder aus dem Haager Übereinkommen über den Schutz von Kindern und die Zusammenarbeit auf dem Gebiet

---

1034 Vgl. *Bayerisches Landesjugendamt*, Aufklärung des Kindes über seine Adoption.

1035 *Statistisches Bundesamt*, Statistiken der Kinder- und Jugendhilfe, Adoptionen, ZR 1, S. 20 f.; die Zahlen des Statistischen Bundesamtes sind abrufbar unter https://www.destatis.de/DE/ZahlenFakten/GesellschaftStaat/Soziales/Sozialleistungen/KinderJugendhilfe/Tabellen/Adoptionen.html.

1036 *Statistisches Bundesamt*, Statistiken der Kinder- und Jugendhilfe, Adoptionen, ZR 1, S. 20 f. Dieser Tabelle können auch die Daten und Verhältnisse der Werte für vergangene Jahre entnommen werden.

1037 Zum Begriff Inkognitoadoption siehe unten S. 177.

1038 *Bundesministerium für Wirtschaft, Familie und Jugend*, Jugendwohlfahrtsbericht Österreich 2008, S. 9.

1039 *Bundesministerium für Wirtschaft, Familie und Jugend*, Jugendwohlfahrtsbericht Österreich 2010, S. 9.

1040 *Bundesministerium für Familien und Jugend*, Kinder- und Jugendhilfebericht, Österreich 2014, S. 9.

der internationalen Adoption vom 29.5.1993 (AdoptAbk) ergeben.[1041] Das Übereinkommen ist allgemein am 1.5.1995 in Kraft getreten,[1042] für Österreich jedoch erst am 1.9.1999 und für Deutschland schließlich am 1.3.2002.[1043] Die Regelungen des Haager Adoptionsschutzabkommens sind zwingend und Vorbehaltserklärungen der Mitgliedstaaten unzulässig, Art. 40 AdoptAbk.[1044]

Gemäß Art. 30 AdoptAbk muss jeder Vertragsstaat Informationen über die Abstammung des Adoptivkindes aufbewahren (Abs. 1) und dem Kind und seinen Adoptiveltern zugänglich machen, „soweit das Recht des betreffenden Staates dies zulässt" (Abs. 2).[1045] Das Recht des Adoptivkindes auf Zugang zu den Informationen über seine Abstammung steht damit unter dem „Vorbehalt" der konkreten Ausgestaltung im nationalen Recht.[1046] Angesichts der Tatsache, dass die Regelungen des Abkommens zwingende Mindeststandards darstellen, darf das maßgebliche nationale Recht nur die Ausgestaltung des Informationszugangs bestimmen, jedoch nicht dessen Existenz in Frage stellen. Der Vorbehalt des nationalen Rechts ist damit kein absoluter, sondern besteht nur in einer Maßgabe hinsichtlich der inhaltlichen Ausgestaltung.

Das Adoptionsschutzabkommen enthält jedoch nur Regelungen für solche internationale Adoptionen, bei welchen das Kind einerseits und die künftigen Adoptiveltern andererseits ihren gewöhnlichen Aufenthalt in unterschiedlichen Mitgliedstaaten des Übereinkommens haben, Art. 2 Abs. 1 AdoptAbk. Dabei sind vom Anwendungsbereich des Abkommens ausgeschlossen solche Adoptionen, für welche die Zustimmungen zum Adoptionsverfahren von den zentralen Adoptionsbehörden der beiden betroffenen Staaten nicht bis zur Vollendung des achtzehnten Lebensjahres des Kindes erteilt wurden, Art. 3 i.V.m. Art. 17 lit. c AdoptAbk. Die völkerrechtliche Pflicht der Mitgliedstaaten, das Recht auf Informationszugang und Kenntnis der Identität der eigenen Eltern aus Art. 30 AdoptAbk zu schützen, besteht nur für Adoptionen, die dem Anwendungsbereich des Abkommens unterfallen. Für die Inlandsadoption und andere Adoptionen außerhalb des Anwendungsbereichs des Haager Adoptionsabkommens muss daher auf das oben dargestellte allgemeine Recht auf Kenntnis der eigenen Abstammung aus Art. 2 Abs. 1, Art. 1 Abs. 1 GG und Art. 8 Abs. 1 Var. 1 EMRK abgestellt werden. Zudem ist im Rahmen der völkerrechtsfreundlichen Auslegung und Anwendung der nationalen Gesetze auch das Kenntnisrecht des Art. 7 Abs. 1 Var. 1 KRK zu wahren.[1047]

1041 BGBl 2001 II, S. 1034. Dort sind der englische und der französische Text als verbindliche Fassung abgedruckt sowie die unverbindliche deutsche Übersetzung.

1042 *Rudolf*, ZfRV 2001, S. 183. Zum Verfahren siehe Art. 46 AdoptAbk.

1043 öBGBl III Nr. 145/1999; BGBl 2001 I, S. 2950.

1044 *Rudolf*, ZfRV 2001, S. 183 (184).

1045 Der verbindliche englische Wortlaut lautet „in so far as permitted by the law of that State", die verbindliche französische Fassung lautet „dans la mesure permise par la loi de leur Etat", BGBl 2001 II, S. 1034 (1044).

1046 *Durner*, ZG 2005, S. 243 (249).

1047 Zu Art. 7 KRK siehe oben S. 71 ff.

III. Inkognitoadoption

A. Begriff der Inkognitoadoption

Der Begriff der Inkognitoadoption umfasst Adoptionen, bei welchen die leiblichen Eltern auf die Mitteilung des Namens und Wohnortes der Annehmenden verzichten.[1048] Es handelt sich somit um ein einseitiges Inkognito.[1049] Dadurch soll gewährleistet werden, dass sich ein ungestörtes Eltern-Kind-Verhältnis zwischen dem Kind und den Adoptiveltern entwickeln kann.[1050] Zweck der Inkognitoadoption ist damit auch der Schutz des Adoptivkindes vor dem schädlichen Einfluss leiblicher Verwandter.[1051] Das Kind soll zur ungestörten Entwicklung seiner Persönlichkeit in einer sicheren, harmonischen Umgebung aufwachsen.[1052] Das Prinzip der Inkognitoadoption schließt nicht das Recht des Kindes auf Auskunft über seine leiblichen Eltern aus. Diese können nur ihrerseits mangels Informationen über den Verbleib des Kindes nicht von selbst Kontakt zu diesem aufnehmen. Wie bei einer offenen Adoption ist das Kind auch bei einer Inkognitoadoption darauf angewiesen, dass es (durch die Adoptiveltern) überhaupt von der Tatsache der Adoption erfährt.[1053]

B. Deutsches Adoptionsrecht und Inkognitoadoption

Mit dem Adoptionsgesetz, welches am 1.1.1977 in Kraft trat, erfuhr das deutsche Adoptionsrecht eine grundlegende Reform.[1054] Die Adoption erfolgte nicht länger durch einen Vertrag zwischen Annehmendem und Kind, sondern durch staatlichen Hoheitsakt (sog. Dekretsystem), und es wurde die Volladoption von Minderjährigen mit ihren weitreichenden familienrechtlichen Wirkungen eingeführt.[1055] Die Annahme als Kind wird auf Antrag des Annehmenden bzw. der Adoptiveltern vom Familiengericht ausgesprochen, § 1752 Abs. 1 BGB. Der Antrag bedarf der notariellen Beurkundung (§ 1752 Abs. 2 S. 2 BGB) und darf nur höchstpersönlich und nicht unter einer Bedingung gestellt werden (§ 1752 Abs. 2 S. 1 BGB). Zudem ist die Einwilligung der ursprünglichen Eltern des Adoptivkindes erforderlich, § 1747 Abs. 1 S. 1 BGB. Damit die leiblichen Eltern die Möglichkeit haben, die Tragweite

---

1048 Vgl. OGH (10.8.2006), SZ 2006/117, S. 109 (110).

1049 OGH (10.8.2006), SZ 2006/117, S. 109 (113); Staudinger[2007]/*Frank*, § 1747 Rn. 35.

1050 Staudinger[2007]/*Frank*, § 1747 Rn. 34; vgl. auch OGH (10.8.2006), SZ 2006/117, S. 109 (113).

1051 OGH (10.8.2006), SZ 2006/117, S. 109 (110); Klang[3]/*Barth/Neumayr*, § 181 Rn. 25; Schwimann[4]/*Höllwerth*, § 181 Rn. 19.

1052 OGH (10.8.2006), SZ 2006/117, S. 109 (114).

1053 OGH (10.8.2006), SZ 2006/117, S. 109 (114).

1054 Gesetz über die Annahme als Kind und zur Änderung anderer Vorschriften (Adoptionsgesetz) vom 2.7.1976, BGBl I 1976, S. 1749.

1055 BT-Drucks. 7/5087, S. 7; siehe Synopse MüKo[6]/*Maurer*, Vor. 1741 ff. Rn. 15; Staudinger[2007]/*Frank*, Vor. §§ 1741 ff. Rn. 9 f., § 1752 Rn. 1.

ihrer Entscheidung zu erfassen,[1056] kann gemäß § 1747 Abs. 2 S. 1 BGB die Einwilligung erst ab Vollendung der achten Lebenswoche des Kindes erklärt werden. Für die Einwilligung des mutmaßlichen Vaters eines nach § 1592 BGB vaterlosen Kindes gelten besondere Regelungen, die sich in § 1747 Abs. 1 S. 2 und Abs. 3 BGB befinden. Nicht erforderlich ist die Einwilligung eines Elternteils, der zur Abgabe der Erklärung dauerhaft außerstande ist oder dessen Aufenthalt dauerhaft unbekannt ist, § 1747 Abs. 4 BGB. Eine notwendige Einwilligung eines Elternteils kann gemäß § 1748 BGB in einzelnen Fällen durch das Familiengericht ersetzt werden. Dies kann unter bestimmten Voraussetzungen z.B. dann geschehen, wenn der Elternteil seine Pflichten gegenüber dem Kind gröblich verletzt hat oder durch sein Verhalten gezeigt hat, dass ihm das Kind gleichgültig ist, und wenn das Unterbleiben der Adoption für das Kind unverhältnismäßige Nachteile verursachen würde §§ 1748 Abs. 1, Abs. 2 BGB.

Erfolgt die Adoption eines minderjährigen Kindes durch ein Ehepaar, so erhält das Adoptivkind die Stellung eines gemeinschaftlichen Kindes, § 1754 Abs. 1 BGB.[1057] Das Kind erlangt verwandtschaftliche Beziehungen zu den Adoptiveltern und deren Verwandtschaft, die verwandtschaftlichen Beziehungen im Sinne des materiellen Zivilrechts zu den vorherigen (meist biologischen) Eltern erlöschen, § 1755 Abs. 1 S. 1 BGB. Nur bereits bestehende Ansprüche des Kindes auf Renten und andere wiederkehrende Leistungen - nicht jedoch Unterhaltsansprüche - bestehen fort, § 1755 Abs. 1 S. 2 BGB. Gemäß § 1757 BGB erhält das Kind den Familiennamen der Adoptiveltern als Geburtsnamen.

Die Inkognitoadoption als besondere Variante der Annahme als Kind sieht das deutsche Recht mit § 1747 Abs. 2 S. 2 BGB vor.[1058] Dabei handelt es sich, wie oben erläutert, auch nur um ein einseitiges Inkognito,[1059] bei welchem die leiblichen Eltern keine Informationen über die Adoptiveltern erhalten, letztere jedoch die Identität der leiblichen Eltern erfahren.[1060] Geschützt wird die Inkognitoadoption wie auch die „offene Adoption" zudem über § 1758 BGB,[1061] wonach alle im Zusammenhang mit der Adoption stehenden Tatsachen und Umstände nicht ohne die Zustimmung der Annehmenden und des Kindes offenbart werden dürfen.

Die deutschen Adoptionsvermittlungsstellen haben bis in die 80er Jahre des 20. Jahrhunderts nur Inkognitoadoptionen durchgeführt und wurden als institutionelle,

---

1056 BT-Drucks. 7/5087, S. 11 f.

1057 Auf die besonderen verwandtschaftlichen Beziehungen im Falle einer Stiefkindadoption soll im Rahmen dieser Arbeit nicht eingegangen werden, da diese Fallgruppe als solche im Zusammenhang mit Ansprüchen auf Auskunft über die leiblichen Eltern keine relevante Gruppe bildet. Bei Kenntnisdefiziten haben diese Kinder die gleichen Rechte wie Kinder mit Scheineltern bzw. Kinder die von ledigen Frauen geboren wurden und rechtlich vaterlos sind.

1058 BT-Drucks. 7/3061, S. 38; Staudinger[2007]/*Frank*, § 1747 Rn. 34 f.

1059 Siehe oben S. 177.

1060 Staudinger[2007]/*Frank*, § 1747 Rn. 35; MüKo[6]/*Maurer*, Vor. § 1741 Rn. 36.

1061 Staudinger[2007]/*Frank*, § 1758 Rn. 1.

beinahe unüberwindbare Barriere zwischen den leiblichen Eltern und den Adoptiveltern wahrgenommen.[1062] Dies erfolgte auch im Sinne der Adoptiveltern, die mit dem Adoptivkind wie eine biologisch gegründete Familie „normal" leben wollten.[1063] Die „Empfehlungen zur Adoptionsvermittlung" der Bundesarbeitsgemeinschaft der Landesjugendämter und überörtlichen Erziehungsbehörden begründeten den Vorzug der Inkognitoadoption mit dem Persönlichkeitsschutz des Kindes.[1064] Schon zu Beginn der 90er Jahre des 20. Jahrhunderts hatte sich die Einstellung der Gesellschaft und der Adoptionsvermittlungsstellen gewandelt, so dass offene Adoptionsformen nunmehr positiv bewertet wurden.[1065]

Auch die Aufklärungspflicht der Eltern im Rahmen ihrer Erziehungspflicht ist mittlerweile allgemein anerkannt: „Bei jeder Adoption eines Kleinkindes gehört es zur erzieherischen Aufgabe der Annehmenden, das Adoptivkind frühzeitig und behutsam über seine Herkunft aufzuklären, um Schockwirkungen bei Offenbarung durch Dritte und damit verbundene Auswirkungen auf die Persönlichkeitsentwicklung und die Beziehung zu den Adoptiveltern zu vermeiden".[1066]

Das Verständnis für die Nachforschungen Adoptierter auf der Suche nach den biologischen Eltern wuchs ebenfalls.[1067] Hierbei ist jedoch auch das Ausforschungs- und Offenbarungsverbot des § 1758 Abs. 1 BGB zu beachten.

Danach dürfen Tatsachen, die geeignet sind, die Adoption und ihre Umstände aufzudecken, ohne die Zustimmung der Adoptiveltern und des Kindes nicht offenbart oder ausgeforscht werden, es sei denn, dass besondere Gründe des öffentlichen

---

1062 *Textor*, Teil I, S. 57.

1063 *Textor*, Teil I, S. 57.

1064 Zitiert nach *Textor*, Teil I, S. 58.

1065 1990 hatten sich bei einer Umfrage durch das Bayerische Staatsministerium für Arbeit und Sozialordnung 83 von 104 bayerischen Adoptionsvermittlungsstellen beteiligt, die Angaben von 121 Adoptionsvermittlern wurden ausgewertet. Nur 16 % von ihnen beurteilten Inkognitoadoptionen als positiv, über 60 % sahen sie als (sehr) negativ, *Textor*, Teil I, S. 60 f. Die Auswirkungen von offenen Adoptionen auf die Beteiligten wurden von den befragten Adoptionsvermittlern sogar noch positiver eingeschätzt: für die biologischen Eltern 51 % positiv, 46 % ambivalent; für das Adoptivkind 37 % positiv, 49 % ambivalent; für die Adoptiveltern 24 % positiv, 57 % ambivalent, *Textor*, Teil I, S. 60 f.

1066 OLG Karlsruhe (27.2.1996), NJW-FER, S. 5; MüKo[6]/*Maurer*, § 1758 Rn. 25.

1067 93 % der Adoptionsvermittler empfinden die Suche der Adoptivkinder nach den leiblichen Eltern als völlig normal und nicht als Ausdruck einer unbefriedigenden Beziehung zu den Adoptiveltern. 60 % der Adoptionsvermittler finden, ein Adoptionsvermittler sollte alles in seiner Kraft stehende tun, um auf Antrag eines Adoptierten über sechzehn Jahren die leiblichen Eltern ausfindig zu machen, 35 % sehen das ambivalent und 5 % sind gegen eine solche Suche, *Textor*, Teil I, S. 52 f. Allerdings bejahen bis zu 30 %, dass die Anonymität der leiblichen Eltern besser geschützt und es dem Ermessen der Fachkräfte überlassen sein sollte, Kontakte zwischen diesen und einem suchenden Adoptierten herzustellen, *Textor*, Teil I, S. 52.

Interesses das erfordern. Zweck dieser Vorschrift ist es, Störungen durch Dritte, insbesondere durch eine Kontaktaufnahme von Seiten der leiblichen Eltern oder Verwandten zu vermeiden.[1068] Die Verbote richten sich an jeden Dritten, der Kenntnis von den Umständen der Adoption hat, an die leiblichen Eltern aber auch an die Adoptionsvermittlungsstelle, die Adoptiveltern und das Adoptivkind.[1069]

Für das unmittelbare Verhältnis zwischen den Adoptiveltern und dem Kind gilt § 1758 Abs. 1 BGB jedoch nicht.[1070] Damit werden die Aufklärung des Kindes durch die Adoptiveltern über die Tatsache der Adoption und die Identität der leiblichen Eltern und die entsprechenden Auskunftsansprüche des Kindes gegen die Adoptiveltern nicht von § 1758 Abs. 1 BGB berührt. Möchten die Adoptiveltern oder das Kind Nachforschungen bei oder unter Einbeziehung von Dritten anstellen, ist jedoch § 1758 Abs. 1 BGB anwendbar und wechselseitig jeweils die Zustimmung des Adoptivkindes und des anderen Adoptivelternteils bzw. die der Adoptiveltern erforderlich.[1071] Ab der Volljährigkeit des Kindes ist allein die Zustimmung des Kindes erforderlich, da die Aufklärung über die Adoption und die Wahl des angemessenen Zeitpunkts den Adoptiveltern nur im Rahmen der Erziehung überlassen ist und mit der Volljährigkeit die Zuständigkeit der Adoptiveltern für die Personensorge einschließlich der Kindeserziehung erlischt.[1072] Zudem kann das Kind bereits mit Vollendung des sechzehnten Lebensjahres ohne Zustimmung der Adoptiveltern beim Standesamt Einsicht in die Personenstandsregister nehmen und die persönlichen Daten der leiblichen Eltern zum Zeitpunkt der Geburt erfahren (§ 63 Abs. 1 S. 1 PStG) und mit Hilfe von Melderegisterauskünften die aktuelle Adresse der leiblichen Eltern erhalten.[1073] Möchte das Kind jedoch zusätzliche Auskünfte über die Umstände der Geburt erfahren, ist bis zur Volljährigkeit des Kindes die Zustimmung der Adoptiveltern erforderlich.[1074]

Um einen Widerspruch zwischen den Grundsätzen des § 1758 BGB und dem Recht auf Einsicht in Gerichtsakten zu vermeiden, regelt § 13 Abs. 2 S. 1 FamFG, dass Einsicht in Gerichtsakten Personen nicht gestattet werden kann, wenn ein Fall des § 1758 BGB gegeben ist. Interessanterweise wird diese Regel nicht länger als selbständiger Absatz in § 13 FamFG geregelt, sondern als § 13 Abs. 2 *S. 2* FamFG, welcher das Einsichtsrecht der am Verfahren nicht beteiligten Personen regelt, wohingegen § 13 Abs. 1 FamFG das Einsichtsrecht von Verfahrensbeteiligten normiert. Dieser Unterschied wird in der Literatur weder beachtet noch kommentiert, jedoch ist die Änderung weder denklogisch erforderlich noch sachgemäß. Eine Beschränkung der Akteneinsicht durch § 1758 BGB für am Verfahren nicht Beteiligte ist nicht angemessen. Zwar gelten die Verbote des § 1758 BGB nicht für das

1068 MüKo^{6}/*Maurer*, § 1758 Rn. 1; *Lichtinger*, S. 6.
1069 MüKo^{6}/*Maurer*, § 1758 Rn. 4.
1070 MüKo^{6}/*Maurer*, § 1758 Rn. 25.
1071 *Lichtinger*, S. 8.
1072 *Lichtinger*, S. 8 f.
1073 *Lichtinger*, S. 12.
1074 *Lichtinger*, S. 12.

Verhältnis von Adoptiveltern und Adoptivkind untereinander, jedoch sind diese jeweils im Außenverhältnis durchaus durch die Vorgaben des § 1758 BGB gebunden. Die Vorgängernorm des § 13 FamFG, der § 34 FGG,[1075] unterschied nicht zwischen dem Einsichtsrecht von Beteiligten und Nichtbeteiligten und war damit auch bei der Einsichtsversagung gemäß § 34 Abs. 2 FGG im Falles des § 1758 BGB auf „jeden" und damit beide Personengruppen gleichermaßen anwendbar.[1076] Dies schloss auch die Adoptiveltern und das Adoptivkind als Beteiligte des Adoptionsverfahrens ein. Eine Einschränkung des Anwendungsbereichs des früheren § 34 Abs. 2 FGG durch Platzierung als § 13 Abs. 2 S. 2 FamFG hat jedoch der Gesetzgeber nicht gewollt, der in seiner Gesetzesbegründung zu § 13 FamFG schreibt: „Satz 2 entspricht inhaltlich dem bisherigen § 34 Abs. 2 FGG."[1077] Daher ist § 13 Abs. 2 S. 2 FamFG nicht als Sonderfall des § 13 Abs. 2 S. 1 FGG für Adoptionsverfahren und daran nicht beteiligte Personen zu lesen, sondern als selbstständige Regelung zu verstehen, die auch für die am Adoptionsverfahren Beteiligten Anwendung findet.

Auch in rechtlicher Hinsicht bleibt die leibliche Abstammung trotz der starken Rechtswirkungen der Volladoption weiterhin relevant: Neben den genannten Ansprüchen im Sinne des § 1755 Abs. 1 S. 2 BGB gelten weiterhin das Eheverbot der Verwandtschaft (§ 1307 BGB), die Zeugnisverweigerungsrechte aufgrund Verwandtschaft (§ 383 Abs. 1 Nr. 3 ZPO, § 52 Abs. 1 Nr. 3 StPO) sowie das Inzestverbot (§ 173 StGB) fort.[1078]

Die ursprüngliche Abstammung ist jedoch dann nicht die leibliche, wenn z.B. die rechtliche Vaterschaft kraft der Ehe mit der Mutter bestand, der Erzeuger jedoch ein anderer Mann ist. Es ist nicht unwahrscheinlich, dass gerade Ehebruchkinder von den rechtlichen Eltern zur Adoption gegeben werden.

Teilweise versorgen biologische Mütter auch die Adoptionsvermittlungsstellen mit jeweils aktuellen Kontaktdaten und Fotos, um so dem Kind im Falle seiner Suche nach den Wurzeln ein Kennenlernen zu erleichtern.[1079]

Da die Identität der Eltern oder zumindest der Mutter im Geburtenregister festgehalten wird und das Kind mit Vollendung des sechzehnten Lebensjahres ein Einsichtsrecht hat, verstößt das Institut der Inkognitoadoption nicht gegen das Recht auf Kenntnis der eigenen Abstammung.[1080]

1075 § 34 FGG lautete:
„(1) [1]Die Einsicht der Gerichtsakten kann jedem insoweit gestattet werden, als er ein berechtigtes Interesse glaubhaft macht. [2]Das gleiche gilt von der Erteilung einer Abschrift; die Abschrift ist auf Verlangen von der Geschäftsstelle zu beglaubigen.
(2) Die Einsicht der Akten und die Erteilung von Abschriften ist insoweit zu versagen, als § 1758 des Bürgerlichen Gesetzbuchs entgegensteht."

1076 BayObLG (17.9.1984), FamRZ 1985, S. 208.

1077 BT-Drucks. 16/6308, S. 181.

1078 *Donhauser*, S. 154.

1079 *Reinke*, S. 102 f.

1080 *Donhauser*, S. 157; vgl. auch MüKo[6]/*Maurer*, Vor. § 1741 Rn. 36.

Coester möchte auch pränatale Adoptionen zulassen, um auf diesem Wege dem Kind Informationen über die biologische Abstammung, die z.B. bei einer (unzulässigen) anonymen Kindesabgabe verloren gingen, zu sichern - und dies, ohne dass die Beteiligten später eine statusrechtliche Korrektur und um den Fortbestand ihrer sozial gelebten Familien fürchten müssen.[1081] Die pränatale Adoption würde jedoch auch die Durchführung unzulässiger Leihmutterschaften erleichtern und insgesamt die Gefahr des Kinderhandels bergen. So könnte die Möglichkeit der pränatalen Adoption dazu führen, dass ungewollt kinderlose Paare eine andere Frau ein Kind für sich austragen lassen, welches im Ausland auf legale Weise oder in Deutschland rechtswidrig mit Hilfe heterologer Fortpflanzungsmedizin unter Verwendung von Keimzell des kinderlosen Paares gezeugt wurde.[1082] Ebenso kommt in Betracht, dass eine schwangere Frau überredet wird (auch unter Anbietung von Gegenleistungen), ihr Kind zur Adoption freizugeben. Durch die Möglichkeit der pränatalen Adoption würden zu einem frühen Zeitpunkt, zu welchem auch die schwangere Frau möglicherweise die Tragweite der Kindesabgabe noch nicht erfasst hat, rechtliche Fakten geschaffen. Gerade das will § 1747 Abs. 2 S. 1 BGB, wonach die leiblichen Eltern die Einwilligung zur Adoption noch nicht einmal unmittelbar nach der Geburt des Kindes, sondern erst ab der neunten Lebenswoche des Kindes erteilen können, verhindern.[1083] Es ist diese Achtwochenfrist, die die Ausführung rechtwidriger Vereinbarungen über die Kindesabgabe erheblich erschwert.[1084] Die Einführung einer pränatalen Adoption in das deutsche Familienrecht ist abzulehnen;[1085] auch der deutsche Gesetzgeber hat sich im Rahmen der Adoptionsrechtsreform bewusst dagegen entschieden.[1086]

C. Österreichisches Adoptionsrecht und Inkognitoadoption

Die heutigen österreichischen Regelungen zur Annahme an Kindesstatt wurden erst 1960 mit dem Adoptionsgesetz eingefügt[1087] und 2013 durch das Kindschafts- und Namensrechts-Änderungsgesetz geringfügig modifiziert sowie neu nummeriert.[1088] Nach österreichischem Recht kommt die Annahme an Kindesstatt durch schriftlichen Vertrag zwischen dem Annehmenden und dem Adoptivkind und anschließende gerichtliche Bewilligung zustande, § 192 Abs. 1 S. 1 ABGB. Der Adoptionsvertrag erfordert eine Willenseinigung des Annehmenden und des Adoptivkindes darüber, dass der Annehmende das Adoptivkind an Kindesstatt annehmen will und das Adoptivkind

1081 *Coester*, JZ 1992, S. 809 (812).
1082 Zu den verschiedenen Methoden der Fortpflanzungsmedizin und der genetischen Abstammung siehe unten S. 232 ff.
1083 BT-Drucks. 5/5087, S. 10 f.
1084 MüKo^6/*Maurer*, § 1747 Rn. 19.
1085 MüKo^6/*Maurer*, § 1752 Rn. 1.
1086 BT-Drucks. 5/5087, S. 6.
1087 öBGBl Nr. 58/1960.
1088 öBGBl I Nr. 15/2013.

als solches angenommen werden will.[1089] Ein minderjähriges Adoptivkind wird dabei durch seinen gesetzlichen Vertreter vertreten, eine gerichtliche Zustimmung ist hierfür nicht erforderlich, § 192 Abs. 2 S. 1 ABGB. Verweigert der gesetzliche Vertreter seine Einwilligung, so hat das Gericht auf Antrag des Adoptivkindes oder der Adoptiveltern die Einwilligung zu ersetzen, wenn die Verweigerung nicht gerechtfertigt ist, § 192 Abs. 2 S. 2 ABGB. Die gerichtliche Bewilligung der Adoption darf nur erteilt werden, wenn die ursprünglichen Eltern des Kindes zustimmen, § 195 Abs. 1 Nr. 1 ABGB. Das Zustimmungsrecht entfällt, wenn die Eltern als gesetzliche Vertreter den Adoptionsvertrag geschlossen haben, § 195 Abs. 2 BGB. Ferner entfällt das Zustimmungsrecht für solche Elternteile, die nicht in der Lage sind, sich verständig zu äußern, oder deren Aufenthalt seit mehr als sechs Monaten unbekannt ist, § 195 Abs. 2 ABGB. Unter Eltern sind die ursprünglichen rechtlichen Eltern zu verstehen, eine Sonderregelung für den mutmaßlichen Erzeuger eines rechtlich vaterlosen Kindes, kennt das österreichische Recht im Gegensatz zum deutschen nicht.[1090]

Auch in Deutschland erfolgte bis zur Adoptionsrechtsreform 1977 die Annahme an Kindes statt durch einen Vertrag zwischen dem Kind und den Adoptiveltern (§ 1741 Abs. 1 BGB a.F.) und anschließende Bestätigung durch das Vormundschaftsgericht (§§ 1741 Abs. 2, 1754 BGB a.F.). War das Kind geschäftsunfähig oder jünger als vierzehn Jahre, wurde es durch den gesetzlichen Vertreter vertreten (§ 1751 Abs. 1 BGB a.F.).[1091] Sowohl die Erklärung des Kindes als auch die des gesetzlichen Vertreters bedurften - abweichend vom geltenden österreichischen Recht - der vormundschaftsgerichtlichen Genehmigung (§ 1751 Abs. 1, Abs. 2 BGB a.F.). Wie im geltenden österreichischen Recht gab es kein Zustimmungsrecht des mutmaßlichen Erzeugers eines vaterlosen Kindes, allerdings wurde 1973 zumindest ein Anhörungsrecht für den vermeintlichen Erzeuger eines vaterlosen Kindes eingeführt (§ 1747b BGB a.F.).

Durch die Annahme an Kindesstatt entstehen nach österreichischem Recht zwischen dem minderjährigen Adoptivkind und dem Annehmenden die gleichen Rechte wie sie durch Abstammung begründet werden, § 197 Abs. 1 ABGB. Kraft Gesetzes erlöschen die familienrechtlichen Beziehungen zu den leiblichen Eltern und deren

---

1089 Klang³/*Barth/Neumayr*, § 179a Rn. 4.

1090 Siehe auch Klang³/*Barth/Neumayr*, § 181 Rn. 4.

1091 § 1751 BGB lautete in der Fassung vom 1.1.1962 bis zum 31.1.1976:
„(1) Für ein Kind, das geschäftsunfähig oder noch nicht vierzehn Jahre alt ist, kann der Vertrag nur von seinem gesetzlichen Vertreter geschlossen werden; er bedarf hierzu der Genehmigung des Vormundschaftsgerichts.
(2) Ein Kind, welches das vierzehnte Lebensjahr vollendet hat, kann den Vertrag nur selbst schließen; es bedarf hierzu, sofern es nicht unbeschränkt geschäftsfähig ist, der Zustimmung des gesetzlichen Vertreters und der Genehmigung des Vormundschaftsgerichts."

Verwandten grundsätzlich - mit Ausnahme von gewissen unterhaltsrechtlichen (§ 198 ABGB[1092]) und erbrechtlichen (§ 199 ABGB[1093]) Beziehungen.

Nach § 199 ABGB hat das Adoptivkind weiterhin ein gesetzliches Erbrecht nach den ursprünglichen rechtlichen Eltern und deren Verwandten.[1094] So schließt das Adoptivkind in der gesetzlichen Erbfolge nach der leiblichen Mutter deren Eltern aus.[1095] Auch die ursprünglichen rechtlichen Verwandten sind gesetzliche Erben des Adoptivkindes, allerdings gehen die Adoptiveltern den leiblichen Eltern vor, § 199 Abs. 2 ABGB.

Nach § 198 Abs. 1 ABGB sind die früheren rechtlichen Eltern auch nach der Adoption zur Unterhaltsleistung gegenüber dem Kind verpflichtet. Diese Pflicht ist jedoch subsidiär zur Unterhaltspflicht der Adoptiveltern, § 198 Abs. 3 ABGB. Auch die Unterhaltspflicht des Kindes gegenüber den ursprünglichen Eltern besteht grundsätzlich fort, der Unterhaltsanspruch der leiblichen Eltern ist jedoch gegenüber dem der Adoptiveltern nachrangig, §§ 198 Abs. 2, 3 ABGB.

Das Zusammenspiel der §§ 197, § 198 und § 199 ABGB und das Fehlen einer ausdrücklichen Regelung zur Entstehung von Verwandtschaftsbeziehungen zu den

---

1092 § 198 ABGB ist identisch mit § 182a ABGB a.F. und lautet:
„(1) Die im Familienrecht begründeten Pflichten der leiblichen Eltern und deren Verwandten zur Leistung des Unterhaltes und der Ausstattung gegenüber dem Wahlkind und dessen im Zeitpunkt des Wirksamwerdens der Annahme minderjährigen Nachkommen bleiben aufrecht.
(2) Das gleiche gilt für die Unterhaltspflicht des Wahlkindes gegenüber den leiblichen Eltern, sofern diese ihre Unterhaltspflicht gegenüber dem noch nicht vierzehn Jahre alten Kinde vor dessen Annahme an Kindesstatt nicht gröblich vernachlässigt haben.
(3) Die nach den Abs. 1 und 2 aufrecht bleibenden Pflichten stehen jedoch den durch die Annahme begründeten gleichen Pflichten im Range nach."

1093 § 199 ABGB basiert auf § 182b ABGB a.F. mit dem Unterschied, dass die Norm auf alle rechtlichen Väter und nicht nur auf eheliche Väter anwendbar ist. § 199 ABGB lautet:
„(1) Die im Erbrecht begründeten Rechte zwischen den leiblichen Eltern und deren Verwandten einerseits und dem Wahlkind und dessen im Zeitpunkt des Wirksamwerdens der Annahme minderjährigen Nachkommen andererseits bleiben aufrecht.
(2) Bei der gesetzlichen Erbfolge in das Vermögen des Wahlkindes in der zweiten Linie gehen die Wahleltern und deren Nachkommen einerseits den leiblichen Eltern und deren Nachkommen andererseits vor; ist das Wahlkind nur durch einen Wahlvater (eine Wahlmutter) angenommen worden und sind sowohl der Wahlvater (die Wahlmutter) oder dessen (deren) Nachkommen als auch die leibliche Mutter (der Vater) oder deren (dessen) Nachkommen vorhanden, so fällt der Nachlaß je zur Hälfte auf den Stamm des Wahlvaters (der Wahlmutter) und den der leiblichen Mutter (des Vaters)."

1094 Klang[3]/*Barth/Neumayr*, § 182b Rn. 1.

1095 Klang[3]/*Barth/Neumayr*, § 182b Rn. 1.

Verwandten der Adoptiveltern wird von der ganz herrschenden Meinung so verstanden, dass zwischen dem Adoptivkind und den Seitenverwandten sowie Vorfahren der Adoptiveltern keine familienrechtlichen Beziehungen entstehen.[1096] Eine gegenteilige Gesetzesauslegung dahingehend, dass die Entstehung familienrechtlicher Beziehungen zu den Verwandten der Adoptiveltern nicht ausdrücklich im Gesetz genannt wird, weil sie sich bereits aus der Stellung des Adoptivkindes als (eheliches) Kind der Adoptiveltern ergibt, wird von der Rechtsprechung mit Hinweis auf den historischen Gesetzgeber abgelehnt.[1097] Die fehlende Entstehung familienrechtlicher Beziehungen zu den Verwandten der Adoptiveltern wird in den Gesetzesmaterialien vorausgesetzt und damit begründet, dass die Verwandten der Adoptiveltern sonst durch bloßen Willensakt hinsichtlich der Erbfolge unbillig gebunden wären.[1098] Dieses Argument verwundert, schließlich sind entsprechende „Beeinflussungen" der Erbfolge auch durch bloße Kindeszeugung oder Vaterschaftsanerkennung möglich.

Gegenüber den leiblichen Verwandten erlöschen die familienrechtlichen Beziehungen mit Ausnahme der bloßen Verwandtschaft und den in § 198 ABGB genannten Unterhaltsrechten, § 197 Abs. 2 ABGB.

Dieses österreichische System entspricht weder dem geltenden deutschen Recht, das bei der Minderjährigenadoption die Beendigung der rechtlichen Verwandtschaft mit den leiblichen Verwandten und die Begründung von familienrechtlichen Beziehungen zwischen dem Adoptivkind und den Adoptiveltern sowie den Verwandten der Annehmenden vorsieht („starke" Adoption oder „Volladoption"), noch dem deutschen Recht vor Inkrafttreten der Adoptionsrechtsreform 1977. Wie das heutige österreichische Recht sah das deutsche Rechts zwar damals die Begründung einer Verwandtschaft mit den Adoptiveltern vor (§ 1757 BGB a.F.[1099]) und schloss zugleich Rechtsbeziehungen zu den Verwandten der Adoptiveltern aus (§ 1763 Abs. 1 BGB a.F.[1100]). Das frühere deutsche Recht kannte nur eine „schwache" Adoption unter Beibehaltung der rechtlichen Verwandtschaft mit den leiblichen

---

1096 OGH (16.9.1993), EvBl 1994/117. Klang³/*Barth/Neumayr*, § 182 Rn. 1; *Ent*, NZ 1960, S. 177 (181); Schwimann⁴/*Höllwerth*, § 182 Rn. 2; *Schwimann*, FamRZ 1973, S. 345.

1097 ZRS Wien (21.4.1993), Az. 47 R 196/93-17 referiert in OGH (16.9.1993), EvBl 1994/117.

1098 RV 107 Blg NR IX. GP, S. 20; ZRS Wien (21.4.1993), Az. 47 R 196/93-17 referiert in OGH (16.9.1993), EvBl 1994/117.

1099 § 1757 BGB in der Fassung vom 1.1.1900 bis zum 31.12.1976 lautete:
„(1) Durch die Annahme an Kindesstatt erlangt das Kind die rechtliche Stellung eines ehelichen Kindes des Annehmenden.
(2) Wird von einem Ehepaare gemeinschaftlich ein Kind angenommen oder nimmt ein Ehegatte ein Kind des anderen Ehegatten an, so erlangt das Kind die rechtliche Stellung eines gemeinschaftlichen ehelichen Kindes der Ehegatten."

1100 § 1763 BGB in der Fassung vom 1.1.1900 bis zum 31.12.1976 lautete:
„(1) Die Wirkungen der Annahme an Kindesstatt erstrecken sich nicht auf die Verwandten des Annehmenden. (2) (...)."

Verwandten (§ 1764 BGB a.F.).[1101] Nach dem früheren deutschen Recht blieb die gesetzliche Erbfolge zwischen dem Kind und seinen leiblichen Verwandten durch die Adoption unberührt. Anders als im österreichischen Recht hatten die Adoptiveltern kein gesetzliches Erbrecht nach dem Adoptivkind (§ 1759 BGB a.F.[1102]), während das Adoptivkind grundsätzlich gesetzlicher Erbe nach den Annehmenden - nicht jedoch nach deren Verwandten - war, es sei denn, das Erbrecht des Adoptierten war im Adoptionsvertrag ausgeschlossen worden, § 1767 Abs. 1 BGB a.F.[1103] Die übrigen Rechtswirkungen der fortdauernden Verwandtschaft zu den leiblichen Eltern wurden teilweise durch Gesetz modifiziert, so ruhte ihre Unterhaltspflicht als subsidiäre § 1766 BGB a.F.,[1104] die elterliche Gewalt endete jedoch, § 1765 BGB a.F.[1105] Die Unterhaltspflicht des Adoptivkindes gemäß § 1601 BGB gegenüber den leiblichen Eltern blieb im alten Recht auch nach der Adoption unverändert bestehen, so dass sich die Unterhaltspflichten des Adoptivkindes verdoppelten.[1106] Die Unterhaltspflichten gegenüber den leiblichen Eltern waren im Rang denen gegenüber den Adoptiveltern gleich, da auch schon in der Vergangenheit § 1609 BGB keine besondere Rangfolge für den Adoptionsfall kannte.[1107]

Der österreichische Gesetzgeber entschied sich mit der Adoptionsrechtsrefrom 1960 gegen ein entsprechendes System der schwachen Adoption, jedoch auch nicht für ein starke Adoption, sondern für eine Mischform: „Durch die Kindesannahme sollen die Verhältnisse in der natürlichen Familie möglichst nachgebildet werden. Aus diesem Grunde soll das Wahlkind rechtlich vollkommen einem ehelichen Kinde gleichgestellt werden. Seine Rechtsbeziehungen zu seinen leiblichen Verwandten sollen dort, wo sich eine Kollision ergibt, in den Hintergrund treten. (...)

1101 § 1764 BGB in der Fassung vom 1.1.1900 bis zum 31.12.1976 lautete: „Die Rechte und Pflichten, die sich aus dem Verwandtschaftsverhältnisse zwischen dem Kinde und seinen Verwandten ergeben, werden durch die Annahme an Kindesstatt nicht berührt, soweit nicht das Gesetz ein Anderes vorschreibt."

1102 § 1759 BGB a.F. lautete: „Durch die Annahme an Kindesstatt wird ein Erbrecht für den Annehmenden nicht begründet."

1103 § 1767 BGB a.F. lautete: „(1) In dem Annahmevertrag kann das Erbrecht des Kindes dem Annehmenden gegenüber ausgeschlossen werden. (...)."

1104 § 1766 BGB a.F. lautete: „(1) Der Annehmende ist dem Kinde und denjenigen Abkömmlingen des Kindes, auf welche sich die Wirkungen der Annahme erstrecken, vor den leiblichen Verwandten des Kindes zur Gewährung des Unterhalts verpflichtet. (...)."

1105 Die Regelungen über die elterliche Gewalt wurden auch vor der Adoptionsrechtsreform bereits modifiziert, nach der ursprünglichen Fassung endete die elterliche Gewalt der ursprünglichen Eltern, 1970 bis 1977 bestand die Möglichkeit, die elterliches Gewalt der leiblichen Eltern gerichtlich wiederherzustellen, § 1765 BGB a.F. (in wechselnden Fassungen).

1106 Vgl. hierzu MüKo[6]/*Maurer*, § 1770 Rn. 7 zur heutigen (schwachen) Volljährigenadoption.

1107 Zur parallelen Problematik bei der heutigen (schwachen) Volljährigenadoption siehe MüKo[6]/*Maurer*, § 1770 Rn. 7.

Die vorbehaltlose Durchführung des Grundsatzes der starken Adoption würde bedeuten, dass die Rechtsbeziehungen des Wahlkindes zu seiner natürlichen Familie ganz zu erlöschen hätten. Der Entwurf geht aber in dieser Beziehung nicht so weit. (...) Die Adoption kann und darf das Wahlkind nicht seiner Abstammung aus einer bestimmten Familie berauben. (...) Die gefundene Lösung beschreitet einen Mittelweg, indem sie zwischen den familienrechtlichen Beziehungen vermögensrechtlicher und nicht vermögensrechtlicher Art unterscheidet und die erbrechtlichen Beziehungen des Wahlkindes zu seiner natürlichen Familie bestehen läßt. (...)".[1108] In der österreichischen Literatur wird dieses bis heute geltende Recht der Minderjährigenadoption oft ungenau als „starke Adoption" bezeichnet.[1109]

Auf der Blutsverwandtschaft allein beruhende Regelungen wie das Eheverbot nach § 6 EheG und der Ehenichtigkeitsgrund des § 25 EheG bleiben auch nach der Adoption im Verhältnis zu den leiblichen Verwandten bestehen.[1110]

Seit Inkrafttreten des Kindschafts- und Namensrechtsänderungsgesetzes erhält das Kind nicht automatisch den Familiennamen der Annehmenden (§ 183 ABGB), sondern sein Familienname „kann" erneut bestimmt werden, § 157 Abs. 2 S. 2 ABGB, dies ist jedoch nicht erforderlich.

Der Adoptionsvertrag ist grundsätzlich bedingungsfeindlich.[1111] Eine zulässige Bedingung enthält jedoch § 88 AußStrG, welcher die österreichische Inkognitoadoption regelt:[1112] Die Vertragsparteien können durch übereinstimmenden Antrag die Adoption des Minderjährigen von der Bedingung abhängig machen, dass alle oder einzelne der Zustimmungs- und Anhörungsberechtigten mit Ausnahme des Jugendwohlfahrtsträgers auf eine Mitteilung des Namens und des Wohnortes der Annehmenden sowie auf die Zustellung des Bewilligungsbeschlusses verzichten, § 88 Abs. 1 AußStrG. Zustimmungsberechtigte in diesem Sinne sind grundsätzlich auch die leiblichen Eltern des Kindes, § 195 Abs. 1 Nr. 1 ABGB.

Der Verzicht nach § 88 Abs. 1 AußStrG gilt über den Wortlaut hinaus auch als Verzicht auf die Einsicht in die Adoptionsakten.[1113]

Im deutschen Recht war die Adoption dagegen stets bedingungsfeindlich, § 1742 BGB a.F., § 1752 Abs. 2 S. 1 BGB n.F. Vor der Adoptionsrechtsreform 1977 war die Inkognitoadoption nicht gesetzlich geregelt, jedoch trotz der fortbestehenden Verwandtschaft zur leiblichen Familie von der Rechtsprechung anerkannt[1114] - allerdings nicht als Bedingung der Wirksamkeit der Adoption.

1108 RV 107 Blg NR IX. GP, S. 20; siehe auch Zitate bei VfGH (2.12.1993), VfSlg 13.629.

1109 Schwimann[4]/*Höllwerth*, Vor § 179 Rn. 1; Koziol/Bydlinski/Bollenberger[3]/*Hopf*, § 182 Rn. 1.

1110 Klang[3]/*Barth/Neumayr*, § 182 Rn. 7; Schwimann[4]/*Höllwerth*, § 182 Rn. 8.

1111 Klang[3]/*Barth/Neumayr*, § 179a Rn. 7.

1112 Klang[3]/*Barth/Neumayr*, § 181 Rn. 24 ff.; Schwimann[4]/*Höllwerth*, § 181 Rn. 19 ff.

1113 OGH (5.3.1992) EFSlg 70.562; Klang[3]/*Barth/Neumayr*, § 181 Rn. 24.

1114 BGH (14.6.1951), BGHZ 2, 287. Die Inkognitoadoption wurde 1962 durch die neu geschaffene Möglichkeit der Einsetzung von Bevollmächtigten durch die

Auch die sonstigen leiblichen Verwandten haben nach österreichischem Recht im Falle einer Inkognitoadoption kein Recht auf Einsicht in die Adoptionsakten: Sie sind nicht Beteiligte des Adoptionsverfahrens und können als Dritte nur Akteneinsicht nehmen, soweit sie ein rechtliches Interesse glaubhaft machen.[1115] Obwohl im österreichischen Recht auch nach der Adoption unterhaltsrechtliche Pflichten zwischen den ursprünglichen Eltern (und deren Verwandten) einerseits und dem Kind andererseits existieren (§ 198 Abs. 1 ABGB) sowie gewisse erbrechtliche Stellungen (§ 199 Abs. 1 ABGB) bestehen bleiben, ist regelmäßig nicht erkennbar, wie sich eine Akteneinsicht der ursprünglichen Verwandten der Eltern zu deren Gunsten positiv auf diese fortbestehenden Privatrechtsverhältnisse auswirken könnte:[1116] Mögliche Unterhaltsverpflichtungen der ursprünglichen rechtlichen Familie gegenüber dem nunmehr adoptierten Kind sind für diese nicht vorteilhaft, und die (fort-)bestehende Erbenstellung des Kindes ist der ursprünglichen Familie ohnehin schon mit Kenntnis von der Existenz des Kindes bekannt.[1117] Die Glaubhaftmachung eines rechtlichen Interesses der ursprünglichen Verwandten des Kindes an einer Einsicht in die Adoptionsakten wird damit in der Regel nicht gelingen, es sei es denn, die leiblichen Verwandten möchten Unterhaltsansprüche gegen das Adoptivkind oder ihre Erbenstellung nach dem Adoptivkind geltend machen. Käme es zu einer konkreten Erbstreitigkeit, hätten die ursprünglichen Verwandten, sofern sie Beteiligte der Erbstreitigkeit sind, auch ein Einsichtsrecht in die Adoptionsakten.[1118] Dies ist z.B. dann der Fall, wenn das gesetzliche Erbrecht des Adoptivkindes nach den leiblichen Verwandten zum Zuge kommt bzw. sein entsprechendes Pflichtteilsrecht. Ein weiterer relevanter Erbfall tritt dann ein, wenn ein Adoptivkind ohne Nachkommen und mit vorverstorbenen Adoptiveltern zu beerben ist. Da sich die Wirkungen der Adoption nicht auf die Vorfahren der Adoptiveltern erstrecken, erben in diesem Fall allein die leiblichen Verwandten, wobei bei Vorversterben der leiblichen Eltern auch deren Vorfahren eine Erbenstellung zukommt, vgl. § 199 ABGB.[1119]

Im Jahr 2006 überprüfte der OGH die verfassungsrechtliche Zulässigkeit der Inkognitoadoption als Rechtsinstitut.[1120] Der Gerichtshof stellte zunächst fest, dass das minderjährige Adoptivkind ein Grundrecht auf Kenntnis seiner Herkunft besitzt. Warum er sich dabei allein auf das minderjährige Kind konzentriert, ist unklar, zumal die in der Begründung zitierte Entscheidung *Odièvre* des EGMR den Auskunftsanspruch eines volljährigen Kindes betraf. Der OGH überprüfte, ob die österreichische Reglung der Inkognitoadoption dem Recht des minderjährigen Kindes auf Kenntnis seiner Abstammung ausreichend Rechnung trage. Der

---

Annehmenden zum Abschluss des Adoptionsvertrages (§ 1751a BGB a.F.) noch erleichtert. Siehe dazu RGRK[12]/*Dickescheid*, § 1747 Rn. 11.

1115 OGH (5.3.1992) EFSlg 70.562.

1116 OGH (5.3.1992) EFSlg 70.562.

1117 OGH (5.3.1992) EFSlg 70.562.

1118 OGH (5.3.1992) EFSlg 70.562.

1119 Schwimann[4]/*Höllwerth/Stormann*, § 182b Rn. 5.

1120 OGH (10.8.2006), SZ 2006/117, S. 109 (111 ff.).

Gerichtshof bejahte diese Frage schließlich mit Hinweis auf das von der Zustimmung anderer - insbesondere der Mutter - unabhängige Einsichtsrecht des Minderjährigen in die Personenstandsbücher.[1121]

Zu Recht wies der OGH darauf hin, dass nicht nur bei einer Inkognitoadoption, sondern auch bei einer offenen Adoption, das Kind jedoch darauf angewiesen sei, über die Tatsache der Adoption als solche aufgeklärt zu werden, bevor es von seinen Auskunftsrechten Gebrauch machen könne.[1122]

IV. Ansprüche des Adoptivkindes auf Auskunft über die leiblichen Eltern

In Deutschland haben Adoptivkinder neben dem ideellen Interesse auf Kenntnis der eigenen Abstammung zusätzlich aufgrund des § 1755 Abs. 1 S. 2 BGB, der bis zur Adoption begründete Ansprüche auf Renten, Waisengelder und andere wiederkehrende Leistungen, nicht jedoch Unterhaltsansprüche, weiterbestehen lässt, auch ein materielles Interesse an der Auskunft über die vorherige und meist zugleich genetische Abstammung.[1123] Noch größer sind die materiellen Interessen des Adoptivkindes im österreichischen Recht, da es seine ursprüngliche erbrechtliche Stellung in der leiblichen Familie behält (§ 199 Abs. 1 ABGB) und subsidiäre Unterhaltsansprüche gegen seine leiblichen Verwandten hat (§ 198 Abs. 1 ABGB).[1124]

A. Das Recht auf Einsicht in die Personenstandsregister

1. Deutschland

Mit Vollendung des sechzehnten Lebensjahres kann das Adoptivkind in das Personenstandsregister Einsicht nehmen, § 63 Abs. 2 S. 1 PStG,[1125] und somit die Identität der ursprünglichen rechtlichen Eltern, die meist auch die genetischen sind, erfahren. Grundsätzlich ist die Identität der rechtlichen Eltern bei der Geburt in das

---

1121 OGH (10.8.2006), SZ 2006/117, S. 109 (112 f.). Näher dazu unten S. 190.

1122 OGH (10.8.2006), SZ 2006/117, S. 109 (114); siehe auch Anm. *Verschraegen*, EFZ 2007, S. 93.

1123 *Donhauser*, S. 156.

1124 OGH (5.3.1992), EFSlg 70.562.

1125 § 63 PStG lautet: § 63 Benutzung in besonderen Fällen
(1) [1]Ist ein Kind angenommen, so darf abweichend von § 62 ein beglaubigter Registerausdruck aus dem Geburtseintrag nur den Annehmenden, deren Eltern, dem gesetzlichen Vertreter des Kindes und dem über 16 Jahre alten Kind selbst erteilt werden. [2]Diese Beschränkung entfällt mit dem Tod des Kindes; § 1758 des Bürgerlichen Gesetzbuchs bleibt unberührt.
(2) (...)
(3) Die Absätze 1 und 2 gelten entsprechend für Auskunft aus einem und Einsicht in einen Registereintrag sowie Auskunft aus den und Einsicht in die Sammelakten."

Personenstandsregister einzutragen, § 21 Abs. 1 Nr. 4 PStG.[1126] Eine Ausnahme von der Eintragungspflicht gilt nur für Fälle der vertraulichen Geburt, § 21 Abs. 2a PStG. In Fällen der vertraulichen Geburt wird jedoch ein Herkunftsnachweis über die Abstammung angefertigt, für diesen gelten dann besondere Regeln über die Einsichtnahme.[1127]

Ob das Einsichtsrecht allein der Vermeidung von Inzestehen dienen soll oder zugleich als Ausprägung des Rechts auf Kenntnis der Abstammung verstanden werden kann, ist umstritten.[1128] Mit Erreichen des Mindestalters des § 63 Abs. 2 S. 1 PStG kann sich das Kind selbstständig über die Identität der ursprünglichen Eltern informieren. Diese Möglichkeit ist allerdings nicht mit einer möglicherweise gebotenen, frühzeitigen Aufklärung des Kindes durch die Adoptiveltern über die Tatsache der Adoption zu verwechseln.[1129]

2. Österreich

Auch das österreichische Personenstandsgesetz (öPStG) sieht das Recht des Adoptivkindes auf Einsicht in die Personenstandsregister vor. Das Adoptivkind ist unabhängig von einer Mitwirkung des gesetzlichen Vertreters schon mit Vollendung des vierzehnten Lebensjahres zur Einsichtnahme berechtigt, § 52 Abs. 2 öPStG.[1130]

1126 § 21 PStG lautet: „§ 21 Eintragung in das Geburtenregister
(1) Im Geburtenregister werden beurkundet
1. die Vornamen und der Geburtsname des Kindes,
2. Ort sowie Tag, Stunde und Minute der Geburt,
3. das Geschlecht des Kindes,
4. die Vornamen und die Familiennamen der Eltern sowie auf Wunsch eines Elternteils seine rechtliche Zugehörigkeit zu einer Religionsgemeinschaft, die Körperschaft des öffentlichen Rechts ist.
(2) (...)
(2a) [1]Bei einer vertraulichen Geburt nach § 25 Absatz 1 des Schwangerschaftskonfliktgesetzes werden nur die in Absatz 1 Nummer 1 bis 3 vorgeschriebenen Angaben aufgenommen. [2]Die zuständige Verwaltungsbehörde bestimmt die Vornamen und den Familiennamen des Kindes.
(...)."

1127 Siehe dazu unten S. 192, 196.

1128 Dagegen *Donhauser*, S. 155; dafür *Giesen*, JZ 1989, S. 364 (368); *Kleineke*, S. 268.

1129 *Giesen*, JZ 1989, S. 364 (368); siehe S. 179.

1130 § 52 öPStG lautet: § 52.
(1) Soweit kein überwiegendes schutzwürdiges Interesse der Personen, auf die sich die Eintragung bezieht, entgegensteht, steht das Recht auf Auskunft über Personenstandsdaten und aus Schriftstücken, die die Grundlage der Eintragung und späterer Veränderungen sowie der Ermittlung der Ehefähigkeit und der Fähigkeit, eine eingetragene Partnerschaft zu begründen, sowie auf Ausstellung von Personenstandsurkunden und Abschriften zu:
1. Personen, auf die sich die Eintragung bezieht, sowie sonstigen Personen, deren Personenstand durch die Eintragung berührt wird;
2. Personen, die ein rechtliches Interesse daran glaubhaft machen.

In diesem Alter befinde sich laut OGH das Adoptivkind in einem pubertären Entwicklungsstadium, einer Phase, in der die Suche nach der eigenen Identität eine besondere Rolle spiele, es habe jedoch andererseits auch schon die Möglichkeit einer ungestörten Persönlichkeitsentwicklung in einem sicheren harmonischen Umfeld gehabt.[1131] Mit der Einsichtnahme kann das Adoptivkind die grundsätzlich einzutragenden Angaben zur Identität der ursprünglichen Eltern (§ 11 Abs. 1 i.V.m. § 2 Abs. 3 öPStG)[1132] erfahren. Eine Ausnahme von der Eintragungspflicht hat jedoch das Bundesministerium für Justiz im Einvernehmen mit den Bundesministerium für Inneres und dem Bundesministerium für soziale Sicherheit und Generationen im „Erlass vom 27.7.2001 über Babynest und anonyme Geburt in Österreich" geregelt.[1133]

---

(2) Die sich aus Abs. 1 Z 1 und 2 ergebenden Rechte sind im Fall des § 88 des Außerstreitgesetzes – AußStrG, BGBl. I Nr. 111/2003, oder einer sonstigen Inkognitoadoption auf die Wahleltern und das Wahlkind, das das 14. Lebensjahr vollendet hat, beschränkt.

(...)."

1131 OGH (10.8.2006), SZ 2006/117, S. 109 (113 f.).

1132 § 2 öPStG lautet: „§ 2.

(1) Personenstandsdaten einer Person sind:
1. allgemeine Personenstandsdaten (Daten zum Personenkern);
2. besondere Personenstandsdaten sowie
3. sonstige Personenstandsdaten.

(2) Allgemeine Personenstandsdaten sind:
1. Namen;
2. Tag und Ort der Geburt;
3. Geschlecht;
4. Familienstand (ledig, verheiratet, in eingetragener Partnerschaft lebend, geschieden, Ehe aufgehoben, Ehe für nichtig erklärt, aufgelöste eingetragene Partnerschaft, eingetragene Partnerschaft für nichtig erklärt, verwitwet, hinterbliebener eingetragener Partner);
5. akademische Grade und Standesbezeichnungen;
6. Tag und Ort des Todes;
7. (...)
8. Staatsangehörigkeit.

(3) Besondere Personenstandsdaten zur Geburt sind:
1. allgemeine Personenstandsdaten der Eltern;
2. Datum und Ort der Eheschließung der Eltern.

(...)."

§ 11 öPStG lautet: § 11. (1) Über die allgemeinen und besonderen Personenstandsdaten des Kindes hinaus sind einzutragen:
1. der Zeitpunkt der Geburt des Kindes;
2. die Wohnorte der Eltern und gegebenenfalls Angaben nach § 37 Abs. 2 zweiter Satz; (...)."

1133 JABl 36/2001.

B. *Einsicht in den Herkunftsnachweis des vertraulich geborenen Kindes*

1. *Gesetz zur Regelung der vertaulichen Geburt*

Am 1.5.2014 trat in Deutschland das Gesetz zum Ausbau der Hilfen für Schwangere und zur Regelung der vertraulichen Geburt in Kraft.[1134] Durch dieses Gesetz wurden insbesondere in das Schwangerschaftskonfliktgesetz (SchKG) ein zusätzlicher Abschnitt sechs mit dem Titel „Vertrauliche Geburt" eingefügt,[1135] neue Regelungen über die Anzeige- und Beurkundungspflichten in das Personenstandsgesetz (PStG) aufgenommen[1136] und das BGB um Sonderregelungen zur elterlichen Sorge der Mutter[1137] und zum Adoptionsrecht[1138] ergänzt.

Verbote oder andere Regelungen zu den bestehenden Angeboten von anonymer Kindesabgabe, Babyklappe und anonymer Geburt enthält das neue Gesetz entgegen der Empfehlung des Ethikrats bedauerlicherweise nicht.[1139] Vielmehr soll das nun geschaffene Institut der vertraulichen Geburt „eine echte Alternative zu den weiter bestehenden Angeboten der anonymen Kindesabgabe und den vorhandenen Babyklappen darstellen, für die das Gesetz eine Evaluierung vorsieht."[1140]

Ein wichtiger Schwerpunkt des neuen Verfahrens der vertraulichen Geburt ist die umfassende Beratung der betroffenen Frauen.[1141] Zuständige Beratungsstellen sind allgemeine Beratungsstellen im Sinne des § 3 SchKG, die neben den allgemeinen Beratungsaufgaben im Zusammenhang mit der Beratung von Schwangeren auch Gewähr für eine ordnungsgemäße Durchführung des Verfahrens der vertraulichen Geburt bieten und über hinreichend Beratungsfachkräfte verfügen, § 28 Abs. 1 SchKG. Um die Beratung zur vertraulichen Geburt wohnortnah durchzuführen, können die allgemeinen Beratungsstellen auch eine externe Beratungsfachkraft hinzuziehen, § 28 Abs. 2 SchKG. Ein ausreichendes Angebot von allgemeinen Beratungsstellen im Sinne des SchKG ist von den Ländern sicherzustellen, wobei auch Beratungsstellen freier Träger gefördert werden und die Ratsuchenden zwischen Beratungsstellen unterschiedlicher weltanschaulicher Ausrichtung auswählen können sollen, § 3 SchKG.

1134 BGBl I 2013, S. 3458 ff. Auszüge aus dem SchKG befinden sich auf S. 300 ff.

1135 Auch die §§ 1 und 2 SchKG wurden modifiziert.

1136 § 10 Abs. 4 PStG, § 18 Abs. 2 PStG, § 21 Abs. 2a PStG wurden neu eingefügt, § 70 Abs. 1 PStG wurde neu gefasst.

1137 Neu eingefügt wurde § 1674a BGB.

1138 Neu eingefügt wurde § 1747 Abs. 4 S. 2 BGB.

1139 BT-Drucks. 17/12814, S. 2; *Berkl*, StAZ 2014, S. 65 (66, 72 f.); *Helms*, FamRZ 2014, S. 609 (611); *Schwedler*, NZFam 2014, S. 193.

1140 BT-Drucks. 17/12814, S. 2, 8. Die Evaluierung soll drei Jahre nach Inkrafttreten des Gesetzes erfolgen, Art. 8.

1141 Helms, FamRZ 2014, S. 609 (612); BT-Drucks. 17/12814, S. 9.

2. *Vertraulichkeit der Identität der Mutter und Herkunftsnachweis*

Einer Schwangeren, die ihre Identität nicht preisgeben und ihr Kind nach der Geburt abgeben möchte, ist von der Beratungsstelle ein ausführliches ergebnisoffenes Beratungsgespräch zur Bewältigung der psychosozialen Konfliktlage anzubieten, § 2 Abs. 4 S. 1 SchKG. Inhalt des Beratungsgesprächs sind nach § 2 Abs. 4 S. 2 SchKG das Aufzeigen von geeigneten Hilfsangeboten zur Bewältigung der Situation und die Aufklärung über Wege, die der Schwangeren die Aufgabe der Anonymität oder ein Leben mit dem Kind ermöglichen. Erst wenn nach dieser Beratung die Schwangere ihre Identität noch immer nicht offen legen möchte, darf als Ultima Ratio eine Beratung zur vertraulichen Geburt erfolgen, § 25 Abs. 1 SchKG.[1142]

Vorrangiges Ziel der Beratung über die vertrauliche Geburt ist, der Schwangeren eine medizinisch betreute Entbindung zu ermöglichen und ihr Hilfestellung anzubieten, so dass sie sich für ein Leben mit dem Kind entscheiden kann, § 25 Abs. 2 S. 1 SchKG. Die Beratung umfasst gemäß § 25 Abs. 2 S. 2 SchKG insbesondere Informationen zum Ablauf des Verfahrens und die Rechtsfolgen einer vertraulichen Geburt (Nr. 1), Informationen über die Rechte des Kindes unter besonderer Hervorhebung der Bedeutung der Kenntnis der eigenen Abstammung für die Entwicklung des Kindes (Nr. 2), Informationen über die Rechte des Vaters (Nr. 3), die Darstellung des Adoptionsverfahrens (Nr. 4), Informationen über die Rechte der Frau gegenüber ihrem Kind im Falle der nachträglichen Aufgabe der Anonymität (Nr. 5) und Informationen zum Einsichtsrecht des Kindes in den Herkunftsnachweis mit Vollendung seines sechzehnten Lebensjahres und dem Verfahren, falls die Mutter einer solchen Einsichtnahme widerspricht (Nr. 6).

Wendet sich eine Schwangere zur Entbindung unmittelbar an eine Geburtseinrichtung oder eine zur Geburtshilfe berechtigte Person ohne Feststellung ihrer Identität, hat der Leiter der Geburtseinrichtung oder der Geburtshelfer unverzüglich eine Beratungsstelle im örtlichen Einzugsbereich über die Aufnahme zu informieren, § 29 Abs. 1 SchKG.

Die unterrichtete Beratungsstelle sorgt dafür, dass der Schwangeren die Beratung zur vertraulichen Geburt und deren Durchführung angeboten wird, wobei die Schwangere nicht zur Annahme der Beratung gedrängt werden darf, § 29 Abs. 2 SchKG. Das gilt gemäß § 29 Abs. 3 SchKG auch, wenn das Kind bereits geboren wurde. Zudem ist die Beratung zur vertraulichen Geburt auch solchen Frauen anzubieten, die heimlich entbunden haben und sich erst nach der Geburt an eine Beratungsstelle wenden, § 30 SchKG.

Entscheidet sich die Schwangere für eine vertrauliche Geburt, wählt sie gemäß § 26 Abs. 1 SchKG für sich ein Pseudonym, unter welchem sie im Verfahren der vertraulichen Geburt handelt, einen Vor- und einen Familiennamen (Nr. 1) und für das Kind je einen oder mehrere weibliche und männliche Vornamen (Nr. 2). Die Beratungsstelle meldet die Schwangere unter deren Pseudonym in einer geburtshilflichen

---

1142 BT-Drucks. 17/12814, S. 10 und insbesonders S. 18; *Helms*, FamRZ 2014, S. 609 (612).

Einrichtung oder bei einem Geburtshelfer zur Entbindung an mit dem Hinweis, dass es sich um eine vertrauliche Geburt handelt, § 26 Abs. 4 S. 1 SchKG. Dabei teilt die Beratungsstelle auch die von der Schwangeren gewählten Vornamen für das Kind mit, § 26 Abs. 4 S. 3 SchKG.

Zudem hat gemäß § 26 Abs. 5 SchKG die Beratungsstelle dem am zukünftigen Geburtsort zuständigen Jugendamt das Pseudonym der Schwangeren, den voraussichtlichen Geburtstermin und die Einrichtung oder die zur Leistung von Geburtshilfe berechtigte Person, bei der die Anmeldung zur Geburt erfolgt ist, mitzuteilen. Die Informierung des Jugendamtes soll die unverzügliche Inobhutnahme des Kindes sichern.[1143]

Unverzüglich nach der Geburt teilt der Leiter der Einrichtung der Geburtshilfe oder bei einer Hausgeburt die zur Geburtshilfe berechtigte Person, der Beratungsstelle das Geburtsdatum und den Geburtsort des Kindes mit, § 26 Abs. 6 SchKG.

Die Beratungsstelle hat einen Nachweis für die Herkunft des Kindes zu erstellen, § 26 Abs. 2 S. 1 SchKG. Dafür nimmt sie die wahren Namen der (werdenden) Mutter, ihr Geburtsdatum und ihre Anschrift auf und überprüft diese Angaben anhand eines gültigen zur Identitätsfeststellung geeigneten Ausweises, § 26 Abs. 2 S. 2 SchKG. Der erstellte Herkunftsnachweis ist gemäß § 26 Abs. 3 SchKG in einem Umschlag zu verschließen, auf welchem außen folgende Informationen zu vermerken sind: die Tatsache, dass er einen Herkunftsnachweis enthält, das Pseudonym der Mutter, der Geburtsort und das Geburtsdatum des Kindes, der Name und die Anschrift der Geburtshilfeeinrichtung oder der zur Leistung von Geburtshilfe berechtigten Person, bei der die Anmeldung zur Geburt erfolgt ist.

Gemäß § 27 Abs. 1 SchKG sendet die Beratungsstelle, sobald sie Kenntnis von der Geburt des Kindes erlangt hat, den Umschlag mit dem Herkunftsnachweis an das Bundesamt für Familie und zivilgesellschaftliche Aufgaben in Köln zur sicheren Verwahrung. Daneben informiert die Beratungsstelle auch das Jugendamt, um die unverzügliche Inobhutnahme des Kindes zu sichern.[1144]

Die Geburtshilfeeinrichtung ist gemäß § 18 Abs. 1 Nr. 2, § 20 PStG oder der Geburtshelfer nach § 18 Abs. 1 Nr. 1, § 19 PStG gegenüber dem Standesamt zur Anzeige der Geburt verpflichtet. Die Anzeige muss Ort, Tag, Stunde und Minute der Geburt sowie das Geschlecht des Kindes enthalten.[1145] Zusätzlich sind auch das Pseudonym der Mutter und ihre Wunschvornamen für das Kind zu übermitteln, § 18 Abs. 2 PStG, wobei erkennbar sein muss, dass es sich nur um ein Pseudonym und Wunschnamen handelt. Diese Klarstellung ist aus zwei Gründen von Bedeutung: Zum einen ruht die elterliche Sorge der Mutter bei der vertraulichen Geburt mit dem Zeitpunkt der Geburt (§ 1674a BGB), so dass ihr die Berechtigung zur Vornamensbestimmung fehlt und das Standesamt die nach Landesrecht zuständige Verwaltungsbehörde von der vertraulichen Geburt in Kenntnis setzen muss, damit die

1143 *Berkl*, StAZ 2014, S. 65 (69); BT-Drucks. 17/13391, S. 8.
1144 *Berkl*, StAZ 2014, S. 65 (69); BT-Drucks. 17/13391, S. 8.
1145 *Berkl*, StAZ 2014, S. 65 (69).

Verwaltungsbehörde die Vornamen und den Familiennamen des Kindes gemäß § 21 Abs. 2a S. 2 PStG bestimmt.[1146] Im Interesse des Kindes hat die Verwaltungsbehörde die Wunschnamen der Mutter zu übernehmen, es sei denn, die Festlegung dieser Vornamen würde zu einer Kindeswohlgefährdung führen.[1147] Zum anderen muss das Pseudonym der Mutter in der Anzeige an das Standesamt als solches erkenntlich sein, da es sich hierbei nicht um den wahren Namen der Mutter handelt. Bei einer vertraulichen Geburt sieht das Gesetz gerade keine Eintragung über die Mutter in das Personenstandsregister vor (§ 21 Abs. 2a PStG), da eine Eintragung zum wahren Namen der Mutter nicht möglich ist und die Registrierung fiktiver Daten nicht mit dem Grundsatz der Wahrheit und Klarheit der Register vereinbar ist.[1148] Wegen der besonderen Beweiswirkung der Personenstandsregister nach § 54 Abs. 1 PStG muss im öffentlichen Rechtsverkehr auf die Richtigkeit der in den Personenstandsurkunden festgestellten Angaben vertraut werden können.[1149] Daher dürfen Tatsachen weder falsch noch missverständlich eingetragen werden.[1150]

Das Standesamt teilt dem Bundesamt für Familie und zivilgesellschaftliche Aufgaben den beurkundeten Namen des Kindes zusammen mit dem Pseudonym der Mutter mit, § 26 Abs. 7 SchKG. Das Bundesamt für Familie und zivilgesellschaftliche Aufgaben vermerkt den vom Standesamt mitgeteilten Namen des Kindes auf dem Umschlag, der den Herkunftsnachweis enthält, § 27 Abs. 2 SchKG.

Hat die Frau Nachrichten für das Kind hinterlassen, werden diese von der Beratungsstelle an die Adoptionsvermittlungsstelle weitergeleitet und dort in die Vermittlungsakte aufgenommen; wird das Kind nicht adoptiert, werden die Nachrichten an das Bundesamt für Familie und zivilgesellschaftliche Aufgaben weitergeleitet, § 26 Abs. 8 SchKG.

Entscheidet sich eine Frau für die vertrauliche Geburt, so ruht ihre elterliche Sorge gemäß § 1647a S. 1 BGB. Da auch der Vater des Kindes nicht bekannt ist, muss ein Vormund bestellt werden, § 1773 BGB. Entscheidet sich die Mutter nachträglich, ihre Anonymität offiziell aufzugeben, lebt ihre elterliche Sorge nach § 1647a S. 2 BGB wieder auf, wenn das Familiengericht feststellt, dass sie ihm gegenüber die für den Geburtseintrag ihres Kindes erforderlichen Angaben gemacht hat und das Kind noch nicht adoptiert wurde (§ 1755 Abs. 1 S. 1 BGB).[1151] Sobald die elterliche Sorge der Mutter wieder auflebt, erlischt die Vormundschaft gemäß §§ 1882, 1773 BGB. Es ist jedoch vom Familiengericht zu prüfen, ob Maßnahmen nach §§ 1666, 1666a BGB zu ergreifen sind, wenn Anhaltspunkte für eine Kindeswohlgefährdung existieren.[1152] Legt die Mutter erst nach der Adoption ihre Identität offiziell offen, sind ihre Daten dennoch im Wege einer Folgebeurkundung nach § 27 Abs. 3 Nr. 1 PStG

1146 *Berkl*, StAZ 2014, S. 65 (69).
1147 *Berkl*, StAZ 2014, S. 65 (69).
1148 *Berkl*, StAZ 2014, S. 65 (69). *Helms*, FamRZ 2014, S. 609 (612).
1149 *Berkl*, StAZ 2014, S. 65 (69).
1150 *Berkl*, StAZ 2014, S. 65 (69).
1151 *Helms*, FamRZ 2014, S. 609 (613).
1152 *Berkl*, StAZ 2014, S. 65 (70); *Helms*, FamRZ 2014, S. 609 (613).

im Personenstandsregister zu ergänzen, da in dem seltenen Fall einer Aufhebung der Adoption das Verwandtschaftsverhältnis des Kindes zu seiner leiblichen Mutter nach § 1764 Abs. 3 BGB wieder auflebt.[1153]

3. Recht auf Einsichtnahme in den Herkunftsnachweis

Für den Fall, dass die Mutter nach der vertraulichen Geburt ihre Identität nicht offenbart, regelt § 31 SchKG das Recht des Kindes auf Einsichtnahme in seinen Herkunftsnachweis. Mit Vollendung des sechzehnten Lebensjahres hat das vertraulich geborene Kind das Recht, den beim Bundesamt für Familie und zivilgesellschaftliche Aufgaben verwahrten Herkunftsnachweis einzusehen oder Kopien zu verlangen, § 31 Abs. 1 SchKG. Allerdings kann die biologische Mutter Belange, die dem Einsichtsrecht des Kindes entgegenstehen unter ihrem Pseudonym bei gleichzeitiger Nennung von Ort und Datum der Geburt des Kindes bei einer Beratungsstelle erklären, jedoch nicht bevor das Kind das fünfzehnte Lebensjahr vollendet hat, § 31 Abs. 2 S. 1, 2 SchKG. Die Beratungsstelle zeigt der Mutter Hilfsangebote auf, erörtert mit ihr mögliche Maßnahmen zur Abwehr der befürchteten Gefahren (§ 31 Abs. 2 S. 3 SchKG) und hat die Mutter darüber zu informieren, dass das Kind sein Einsichtsrecht gerichtlich geltend machen kann (§ 31 Abs. 2 S. 4 SchKG). Bleibt die Mutter bei ihrer Erklärung über Gründe, die gegen eine Einsichtnahme des Kindes sprechen, so hat sie nach § 31 Abs. 3 S. 1 SchKG gegenüber der Beratungsstelle einen Verfahrensstandschafter zu benennen, der für den Fall eines familiengerichtlichen Verfahrens über das Einsichtsrecht des Kindes die Rechte der Mutter in seinem Namen geltend macht. Der Verfahrensstandschafter darf die Identität der Mutter nicht ohne deren Einwilligung offenbaren, § 31 Abs. 3 S. 2 SchKG. Gemäß § 31 Abs. 3 S. 4 SchKG hat die Beratungsstelle das Bundesamt für Familie und zivilgesellschaftliche Aufgaben unverzüglich über die Erklärung der Mutter und die Angaben zum Verfahrensstandschafter zu unterrichten. Hat die Mutter der Einsichtnahme durch das Kind widersprochen und einen Verfahrensstandschafter benannt, darf das Bundesamt für Familie und zivilgesellschaftliche Aufgaben dem Kind bis zum rechtskräftigen Abschluss eines familiengerichtlichen Verfahrens nach § 32 SchKG keine Einsicht gewähren, § 31 Abs. 4 SchKG.

Verweigert das Bundesamt für Familie und zivilgesellschaftliche Aufgaben dementsprechend dem Kind die Einsicht in seinen Herkunftsnachweis, entscheidet das Familiengericht auf Antrag des Kindes über dessen Einsichtsrecht, § 32 Abs. 1 S. 1 SchKG. Beteiligte des Verfahrens sind das Kind, das Bundesamt für Familie und zivilgesellschaftliche Aufgaben und der von der Mutter benannte Verfahrensstandschafter, § 32 Abs. 3 SchKG. Zuständig ist das Familiengericht, in dessen Bezirk das Kind seinen gewöhnlichen Aufenthalt hat, § 32 Abs. 1 S. 3 SchKG.

Das Familiengericht hat gemäß § 32 Abs. 1 S. 2 SchKG zu prüfen, ob das Interesse der leiblichen Mutter an der weiteren Geheimhaltung ihrer Identität aufgrund der durch die Einsicht befürchteten Gefahren für Leib, Leben, Gesundheit, persönliche

1153 *Berkl*, StAZ 2014, S. 65 (71).

Freiheit oder ähnliche schutzwürdige Belange gegenüber dem Interesse des Kindes auf Kenntnis seiner Abstammung überwiegt. Das Gericht kann gemäß § 32 Abs. 3 S. 2 SchKG die Mutter persönlich anhören, allerdings nur in Abwesenheit der übrigen Beteiligten, § 32 Abs. 3 S. 3 SchKG. Diese sind unter Wahrung der Anonymität der Mutter über das Ergebnis der Anhörung zu unterrichten, § 32 Abs. 3 S. 4 SchKG. Erklären sich der Verfahrensstandschafter und die Mutter in dem Verfahren binnen einer vom Gericht zu bestimmenden Frist nicht, wird vermutet, dass keine schutzwürdigen Belange der Mutter dem Einsichtsrecht des Kindes entgegenstehen, § 32 Abs. 4 SchKG.

Der Beschluss des Familiengerichts über das Einsichtsrecht wirkt auch für und gegen die Mutter, § 32 Abs. 3 S. 6 SchKG.

In Fällen in welchen der Antrag des Kindes zurückgewiesen wird, kann das Kind erneut einen Antrag über die Einsichtnahme in den Herkunftsnachweis beim Familiengericht stellen, jedoch frühestens drei Jahre nach Rechtskraft des Beschlusses, § 32 Abs. 5 SchKG.

4. *Stimmen der Literatur zur Regelung der vertraulichen Geburt*

Die Literatur hat sich zu den neuen Regelungen über die vertrauliche Geburt kritisch geäußert. Es wird ernsthaft bezweifelt, dass dieses Verfahren die Tötung von Säuglingen verhindern kann.[1154] Schon die Untersuchungen zur anonymen Geburt und zur Babyklappe haben gezeigt, dass der Tötung eines Kindes nach der Geburt, die Verdrängung oder Verheimlichung der Schwangerschaft der Mutter gegenüber sich selbst vorangeht und die Mutter nicht planvoll handelt, so dass Angebote wie die anonyme Geburt oder Babyklappen die Mutter nicht erreichen, weil sie ein Minimum an planvollem Handeln über die Inanspruchnahme der Hilfe voraussetzen.[1155] Somit ist nicht ersichtlich, wie das bürokratischere Verfahren der vertraulichen Geburt Kindstötungen verhindern kann.

Daneben wird bezweifelt, dass das Verfahren von Schwangeren in einer Konfliktsituation tatsächlich als vertrauenserweckend und niedrigschwellig wahrgenommen wird.[1156] So sind mit Beratungsstelle, Geburtshilfeeinrichtung, Standesamt, Verwaltungsbehörde, Jugendamt, Adoptionsvermittlungsstelle, Familiengericht und Bundesamt für Familie und zivilgesellschaftliche Aufgaben acht Institutionen am Verfahren der vertraulichen Geburt beteiligt, was vermutlich bei den betroffenen Frauen erhebliche Zweifel an der Wahrung ihrer Anonymität aufwerfen wird.[1157]

Helms kritisiert, dass das Verfahren der vertraulichen Geburt die Rechte der Väter zu wenig berücksichtigt.[1158] Zwar hätten Studien bestätigt, dass eine der Ursachen für die Kindesabgabe auch die mangelnde Unterstützung durch den Vater des

---

1154 *Berkl*, StAZ 2014, S. 65 (72); *Helms*, FamRZ 2014, S. 609 (614).
1155 *Berkl*, StAZ 2014, S. 65 (72); *Helms*, FamRZ 2014, S. 609 (614).
1156 *Berkl*, StAZ 2014, S. 65 (72); *Helms*, FamRZ 2014, S. 609 (614).
1157 *Berkl*, StAZ 2014, S. 65 (72).
1158 *Helms*, FamRZ 2014, S. 609 (614).

Kindes sei,[1159] dennoch gab es auch Berichte über Kinder die gegen den Willen ihres Vaters weggegeben wurden.[1160] Diese Problematik war im Gesetzgebungsverfahren bekannt und so weist die Gesetzesbegründung darauf hin, dass ein Vater, der von der Schwangerschaft oder der Geburt weiß, die Identität der Eltern des Kindes beim Standesamt anzeigen und seine Rechte geltend machen kann.[1161] Wie *Helms* bemerkt, setzt dies jedoch voraus, dass der Vater weiß, bei welchem Standesamt die Geburt des Kindes registriert wurde.[1162] Die örtliche Zuständigkeit des Standesamtes richtet sich aber nach der Geburtshilfeeinrichtung, in welcher die Entbindung stattfindet. Welche Geburtshilfeeinrichtung das ist, kann die Mutter frei wählen und ist für den Vater nicht zu ermitteln, da es kein zentrales Register gibt, in welchem alle vertraulichen Geburten erfasst werden.[1163]

Kritisiert wird auch, dass der Gesetzgeber mit der vertraulichen Geburt einen neuen Weg der Kindesabgabe eröffnet hat ohne gleichzeitig zur bisher nicht geregelten Praxis der Babyklappen und anonymen Geburt Stellung zu nehmen[1164] - am besten durch ein ausdrückliches Verbot.[1165]

C. Auskunftsansprüche gegen die Adoptiveltern

1. Deutschland

Da die Annahme als Kind dem Adoptivkind die rechtliche Stellung eines gemeinschaftlichen Kindes der Annehmenden vermittelt (§ 1754 Abs. 1 BGB), ist auch § 1618a BGB im Verhältnis von Adoptiveltern und Adoptivkind anwendbar.[1166] Damit sind die Ausführungen zum Auskunftsanspruch aus § 1618a Var. 1 BGB des nichtehelichen Kindes gegen die leibliche Mutter auf das Verhältnis zwischen dem Adoptivkind und den Adoptiveltern grundsätzlich übertragbar. Nur bei der Interessenabwägung sind die besonderen Aspekte einer Adoption zu bedenken. Zu berücksichtigen ist dabei auch der Schutz der Adoptivfamilie, welche auch vom Schutzbereich des Art. 6 Abs. 1 GG umfasst ist.[1167] Insbesondere ist ihr die Möglichkeit zu gewähren, ein ungestörtes Familienverhältnis aufzubauen. Ist die Adoptivfamilie jedoch gefestigt, ist ein dauerhaftes Verschweigen mit Blick auf das Recht des Kindes auf Kenntnis seiner biologischen Eltern und der Wertung des einfachgesetzlichen Rechts auf Einsicht in die Personenstandsregister grundsätzlich nicht möglich. In Einzelfällen kann auch zu Gunsten des Kenntnisinteresses

---

1159 *Helms*, FamRZ 2014, S. 609 (614).
1160 *Helms*, FamRZ 2014, S. 609 (614).
1161 BT-Drucks. 17/12814, S. 16.
1162 *Helms*, FamRZ 2014, S. 609 (614).
1163 *Helms*, FamRZ 2014, S. 609 (614).
1164 *Helms*, FamRZ 2014, S. 609 (614).
1165 *Berkl*, StAZ 2014, S. 65 (73); *Rohde/Swientek*, DNP 2014, S. 69 (70 f.). A.A. *Schwedler*, NZFam 2014, S. 193 (195).
1166 Staudinger[2007]/*Frank*, § 1754 Rn. 9; MüKo[6]/*v. Sachsen Gessaphe*, § 1618a Rn. 4.
1167 Maunz/Dürig[62]/*Badura*, Art. 6 Rn. 60.

eine Berücksichtigung von vor der Adoption entstandenen Rentenansprüchen des Kindes gemäß § 1755 Abs. 1 S. 2 BGB geboten sein. Das Offenbarungs- und Ausforschungsverbot des § 1758 Abs. 1 BGB steht einem Auskunftsanspruch des Kindes gegen die Adoptiveltern nicht entgegen, die Norm soll die Adoptivfamilie nur vor Beeinträchtigungen durch Dritte schützen.[1168] So heißt es in der Gesetzesbegründung: „Die Bundesregierung schlägt vor, den Schutz der Beteiligten davor, dass das Annahmeverhältnis aufgedeckt wird, allgemein zu verstärken. Nach den Richtlinien für die Adoptionsvermittlung soll das angenommene Kind über seine Herkunft unterrichtet sein. Wann und in welcher Form das geschieht, ist jedoch den Eltern überlassen (...). Von außen soll in dieses Erziehungsproblem nicht eingegriffen werden. Auch wenn das Kind über seine Herkunft unterrichtet ist, soll diese Herkunft von *Dritten* nicht ausgeforscht und offengelegt werden. Ein ungewöhnliches, vom üblichen abweichendes Familienverhältnis kann leicht zum besonderen Interesse von Nachbarn oder anderen werden, die daraus eine Sensation machen wollen. Damit können das Kind und die annehmende Familie geschädigt werden. Die Vorschrift des § 1758 BGB-E soll dazu beitragen, solche Vorfälle zu verhindern."[1169] Vor der Einführung des § 1758 BGB wurde schon der bis zur Adoptionsrechtsreform gültige § 1751a BGB a.F. in das BGB eingefügt. Dieser ermöglichte den Abschluss des Adoptionsvertrages durch die Adoptiveltern mittels eines Bevollmächtigten, damit diese gegenüber den leiblichen Eltern als Vertreter des Kindes inkognito bleiben konnten.[1170] Damit sollte verhindert werden, dass die leibliche Familie Kontakt zum Adoptivkind aufnimmt und eine Störung innerhalb der Adoptivfamilie verursacht. Die Vermeidung von Störungen durch eine Kontaktaufnahme durch die leiblichen Verwandten, sieht auch Art. 20 Abs. 1 des Europäischen Übereinkommens über die Adoption von Kindern vor,[1171] wonach jeder Staat verpflichtet ist, Vorkehrungen zu treffen, damit eine Adoption so erfolgen kann, dass der leiblichen Familie nicht aufgedeckt wird, wer die Annehmenden sind.

Neben dem Auskunftsanspruch des Kindes haben die Adoptiveltern auch eine Aufklärungspflicht gegenüber dem Kind hinsichtlich der Tatsache der Adoption als solcher.[1172] Die Art und den Zeitpunkt dieser Aufklärung bestimmen die Adoptiveltern im Rahmen der Ausübung der Personensorge.[1173] Die Aufklärung über die Adoption als solche und die Auskunftserteilung über die ursprünglichen Eltern werden zeitlich meist auseinanderfallen: Da mit Eintritt der Schulpflicht eine absolute Geheimhaltung nicht mehr gewährleistet werden kann, soll nach herrschender

---

1168 Staudinger[2007]/*Frank*, § 1758 Rn. 3; MüKo[6]/*Maurer*, § 1758 Rn. 1. Siehe ausführlich oben S. 179 ff.

1169 BT Drucks. 7/3061, S. 46.

1170 BT-Drucks. 7/3061, S. 46.

1171 BGBl II 1980, S. 1093 (1100). In Kraft getreten für Deutschland am 11.2.1981 (BGBl II 1980, S. 72), Inkrafttreten für Österreich am 29.8.1980 (öBGBl Nr. 318/1980; siehe auch BGBl II 1980, S. 72 f.).

1172 Staudinger[2007]/*Frank*, § 1758 Rn. 23.

1173 Staudinger[2007]/*Frank*, § 1758 Rn. 23; MüKo[6]/*Maurer*, § 1758 Rn. 25.

Meinung durch die Eltern eine Aufklärung des Kindes über die Tatsache der Adoption schon im Kindergartenalter erfolgen, um psychischen Störungen des Kindes infolge einer Aufdeckung durch Dritte zu vermeiden.[1174]

Zum (frühen) Zeitpunkt einer Aufklärung über die Tatsache der Adoption kann eine gegebenenfalls verlangte Auskunft über die Identität der leiblichen Eltern jedoch noch hinter dem Schutz der Adoptivfamilie und ihrer ungestörten Festigung und Entwicklung zurückstehen. Der Zeitpunkt der Aufklärung über die Adoption steht im Rahmen der Personensorge für das Kind im erzieherischen Ermessen der Eltern.[1175] Gemäß § 1626 Abs. 2 S. 1 BGB haben die Eltern bei der Erziehung des Kindes die wachsende Fähigkeit und das wachsende Bedürfnis des Kindes zu selbständigem, verantwortungsbewusstem Handeln zu berücksichtigen. Die Eltern sind verpflichtet, Fragen der elterlichen Sorge mit dem Kind zu besprechen, soweit es nach dessen Entwicklungsstand angezeigt ist, § 1626 Abs. 2 S. 2 BGB. Die Eltern haben demnach die Pflicht, das Kind je nach Alter und Reife mit seinen Angelegenheiten vertraut zu machen und an damit verbundenen Entscheidungen zu beteiligen.[1176] Dies betrifft auch die Frage einer Zustimmung im Rahmen des § 1758 BGB zu einer Offenbarung der Adoption gegenüber Dritten.[1177] Spätestens mit Vollendung des sechzehnten Lebensjahres ist eine Aufklärung des Kindes angezeigt, denn ab diesem Zeitpunkt hat das Kind ein Recht auf Einsicht in das Personenstandsregister.[1178] Spätestens mit der Anmeldung zur Eheschließung, muss das Kind einen Abstammungsnachweis beim Standesamt vorlegen und erfährt dabei gegebenenfalls die ursprüngliche, vor der Adoption bestehende und aus der Geburtsurkunde nicht ersichtliche Abstammung.

Für den Fall eines Verstoßes gegen § 1626 Abs. 2 BGB sind keine Rechtsfolgen geregelt.[1179] Bei schweren, dauerhaften Verstößen, die das Kindeswohl gefährden, kann jedoch ein Eingreifen des Familiengerichts nach § 1666 BGB gerechtfertigt sein.[1180] Dies kann nach *Maurer* in besonderen Ausnahmefällen auch bei langfristiger Weigerung zur Aufklärung über die Adoption der Fall sein.[1181]

2. Österreich

Nach österreichischem Recht entstehen kraft der Annahme an Kindesstatt zwischen den Annehmenden und dem Adoptivkind die gleichen Rechte, wie sie durch rechtliche Abstammung begründet werden, § 197 Abs. 1 ABGB.

1174 Staudinger[2007]/*Frank*, § 1758 Rn. 23 mit weiteren Nachweisen aus der Literatur zur Jugendpsychologie; MüKo[6]/*Maurer*, § 1758 Rn. 25 ebenfalls mit weiteren Nachweisen auch zur pädagogischen Literatur; *Paulitz*, S. 65 ff.

1175 MüKo[6]/*Maurer*, § 1758 Rn. 25; BT-Drucks. 7/3061, S. 46.

1176 MüKo[6]/*Huber*, § 1626 Rn. 66.

1177 RGRK[3]/*Dickescheid*, § 1758 Rn. 9. Siehe auch oben S. 179 ff.

1178 RGRK[3]/*Dickescheid*, § 1758 Rn. 9.

1179 MüKo[6]/*Huber*, § 1626 Rn. 62.

1180 MüKo[6]/*Huber*, § 1626 Rn. 62.

1181 MüKo[6]/*Maurer*, § 1758 Rn. 25.

Damit gilt auch die Beistandspflicht des § 137 Abs. 2 Var. 1 ABGB zwischen Adoptivkind und -eltern.[1182]

Demzufolge können grundsätzlich auch die Ausführungen zum Anspruch des „vaterlosen" Kindes gegen die Mutter aus § 137 Abs. 2 Var. 1 ABGB auf Auskunft über den leiblichen Vater entsprechend herangezogen werden.[1183] Nur bei der Interessenabwägung ist - wie auch im deutschen Recht - auf die besonderen Umstände der Adoption abzustellen. Hier ist auch die Wertung des Art. 8 Abs. 1 Var. 2 EMRK zu berücksichtigen, welcher den Schutz der Adoptivfamilie einschließlich ihrer ungestörten Entwicklung umfasst.[1184]

Zu Gunsten eines Auskunftsanspruchs ist im Gegensatz zum deutschen Recht im Einzelfall auch zu berücksichtigen, dass nach österreichischem Recht die „leiblichen", d.h. ursprünglichen, Verwandten auch nach der Adoption eine subsidiäre Unterhaltspflicht trifft, § 198 Abs. 1, Abs. 3 ABGB,[1185] wenn die Adoptiveltern leistungsunfähig sind.[1186]

Ebenso ist zu Gunsten des Kenntnisinteresses abwägungsrelevant, dass nach österreichischem Recht ein Kind nach erfolgter Adoption, anders als in Deutschland, weiterhin gesetzlicher Erbe der „leiblichen" Verwandten bleibt, § 199 Abs. 1 ABGB.[1187]

Eine Aufklärungspflicht der Eltern über die Tatsache der Adoption als solche ist in Österreich nicht anerkannt. Unlängst hat jedoch der OGH erwähnt, dass Adoptivkinder hinsichtlich eines möglichen die Abstammung betreffenden Informationsrechts ohnehin von der „Bereitwilligkeit" der Adoptiveltern „abhingen".[1188] Dieses Verständnis ist jedoch ein Widerspruch in sich und überlässt die konkrete Existenz des Informationsrechts der Willkür der einzelnen Adoptiveltern. Mit Blick auf die Rechtslage in Deutschland hat der OGH noch einschränkend ergänzt: „Auch wenn ein Recht des Kindes auf Aufklärung über seine Herkunft gegenüber den Adoptiveltern zuzubilligen ist, ist es Aufgabe der Annehmenden zu bestimmen, wie und zu welchem Zeitpunkt das Adoptivkind über die Tatsache der Adoption aufzuklären ist."[1189] Objektive Grenzen dieses Bestimmungsrechts werden dabei vom OGH nicht erwogen. Allerdings kann die oben erwähnte Abhängigkeit des Kindes von der

1182 Klang[3]/*Barth*, § 137 Rn. 2; Rummel[2007]/*Stabentheimer*, § 137 Rn. 1.

1183 Siehe oben S. 145 ff.

1184 EGMR (5.6.2014), *I.S./Deutschland*, 31021/08DE Rn. 76.

1185 Vgl. *Verschraegen*, Anm. zu OGH (10.8.2006), EF-Z 2007, S. 93 (94) bzgl. der Unterhaltspflicht des Adoptivkindes gegenüber den leiblichen Eltern.

1186 Schwimann[4]/*Höllwerth*, § 182a Rn. 3.

1187 Zur erbrechtlichen Stellung des Adoptivkindes siehe Ferrari/Likar-Peer/*Fritsch*, S. 65; *Kralik*, S. 77 f.; *Kostner*, NZ 1960, S. 81; *Ent*, NZ 1960, S. 177. Vgl. *Verschraegen*, Anm. zu OGH (10.8.2006), EF-Z 2007, S. 93 (94) bzgl. der Auskunftsansprüche der leiblichen Eltern, die nach § 182b Abs. 2 ABGB a.F. (=§ 199 Abs. 2 ABGB n.F.) gesetzliche Erben des Adoptivkindes sein können; dieses Erbrecht steht im Rang nach dem der Adoptiveltern.

1188 OGH (11.8.2006), SZ 2006/117, S. 109 (114).

1189 OGH (11.8.2006), SZ 2006/117, S. 109 (114).

Aufklärung durch die Adoptiveltern nicht deren Willkür unterliegen, sondern muss richtigerweise wie im deutschen Recht ihre Grenze im Kindeswohlprinzip haben. Ein Schweigerecht der Adoptiveltern, wie es für die nichteheliche Mutter im Zusammenhang mit § 149 Abs. 1 Var. 2 ABGB diskutiert wird, existiert jedenfalls nicht.

3. Ergebnis

Die Beistandsplichten sowohl des § 1618a Var. 1 BGB wie auch des § 137 Abs. 2 Var. 1 ABGB gelten auch im Verhältnis von Adoptiveltern und ihren Adoptivkindern.

Ob ein auf diese Generalklauseln gestützter Auskunftsanspruch auf Nennung der biologischen Eltern besteht, ergibt sich aus einer Interessenabwägung im Einzelfall.[1190] Dabei ist in beiden Rechtsordnungen auch der Schutz der Adoptivfamilie, insbesondere ihre ungestörte Entwicklung ohne Störung durch Dritte, zu beachten. Im österreichischen Recht gilt die Besonderheit, dass unterhaltsrechtliche Ansprüche gegen die „leiblichen" Verwandten sowie die Erbenstellung des Kindes im Verhältnis zu den „leiblichen" Verwandten nach der Adoption fortbestehen. Damit sind im österreichischen Recht neben dem in beiden Staaten geltenden Grundrecht auf Kenntnis der eigenen Abstammung zusätzlich diese unterhalts- und erbrechtlichen Rechtspositionen bei der Interessenabwägung zu Gunsten des Kenntnisinteresses zu berücksichtigen. Wesentlich seltener zu berücksichtigen ist dagegen der im deutschen Recht geregelte Fortbestand vor der Adoption begründeter Rentenansprüche des Kindes. Der rechtliche Fortbestand der Adoptivfamilie ist - anders als der Familie mit Scheinvater - nicht gefährdet.

Ein tatsächliches Hindernis des Auskunftsverlangens ist jedoch die Unkenntnis des Kindes von der Adoption als solcher. Das wirkt sich besonders in Österreich aus, wo die Aufklärungspflicht der Adoptiveltern noch nicht allgemein anerkannt ist.

D. Auskunftsansprüche gegen die Adoptionsvermittlungsbehörde

Möglicherweise hat das Adoptivkind auch das Recht, von der Adoptionsvermittlungsbehörde Auskunft über die leiblichen Eltern zu verlangen.

1. Deutschland

Die Adoptionsvermittlung wird in Deutschland durch das „Gesetz über die Vermittlung der Annahme als Kind und das Verbot der Vermittlung von Ersatzmüttern vom 22.12.2001" (AdVermiG) geregelt.[1191] Der erste Abschnitt des Gesetzes regelt die Adoptionsvermittlung. In § 9b AdVermiG werden die Aufbewahrung und die Einsichtnahme in die Vermittlungsakten normiert. Eine Regelung mit entsprechendem Inhalt existierte in den Vorgängergesetzen des AdVermiG nicht.[1192]

1190 Zur Klagbarkeit der Rechte aus § 137 Abs. 2 Var. 1 ABGB siehe oben S. 148 ff.

1191 BGBl I 2002, S. 354.

1192 Wiesner[4]/*Oberloskamp*, AdVermiG, § 9b Rn. 1; vgl. auch Staudinger[2007]/*Frank*, Vor. §§ 1741 ff. Rn. 105.

Ihre Einführung soll der Umsetzung des Art. 30 AdoptAbk dienen.[1193] Das Haager Adoptionsschutzabkommen enthält grundsätzlich nur Vorgaben für Adoptionen im Anwendungsbereich des Abkommens,[1194] doch durch die allgemeingültige Umsetzung der Vorgaben im nationalen Adoptionsvermittlungsgesetz gilt der Schutz des § 9b AdVermiG nun für alle Vermittlungen in Deutschland.[1195] Nach § 9b Abs. 1 S. 1 AdVermiG sind die Vermittlungsakten eines jeden Vermittlungsfalles ab Geburt des Kindes sechzig Jahre lang aufzubewahren und anschließend zu vernichten. Akten zu internationalen Adoptionsvermittlungen, bei welchen entweder das Kind oder die Eltern ihren gewöhnlichen Aufenthalt im Ausland hatten, werden daneben auch dreißig Jahre im Bundesamt für Justiz als Bundeszentralstelle für Auslandsadoption (§ 2a Abs. 4 S. 1 AdVermiG) aufbewahrt, § 2a Abs. 6 S. 2 AdVermiG. Nach Ablauf dieser dreißig Jahre werden sie in der Bundeszentralstelle vernichtet, stehen aber wie oben erwähnt weitere dreißig Jahre in der Vermittlungsstelle zur Einsichtnahme zur Verfügung.[1196]

Der gesetzliche Vertreter des Kindes und ab Vollendung des sechzehnten Lebensjahres auch das Kind selbst haben ein Recht auf Akteneinsicht unter Anleitung einer Fachkraft, § 9b Abs. 2 S. 1 AdVermiG. Das Einsichtsrecht ist grundsätzlich auf die Aktenteile beschränkt, die die Herkunft und die Lebensgeschichte des Kindes betreffen, die Einsicht in andere Teile der Akte ist nur zu gewähren, wenn ein besonderes berechtigtes Interesse besteht, § 9b Abs. 2 S. 1 AdVermiG.

Die Einsichtnahme ist jedoch zu versagen, soweit überwiegende Belange eines Betroffenen entgegenstehen, § 9b Abs. 2 S. 2 AdVermiG. Hier soll eine Abwägung der berührten Interessen stattfinden, wobei dem Recht auf Kenntnis der eigenen Abstammung eine besondere Bedeutung zugemessen wird.[1197] Als Betroffene im Sinne dieser Norm anerkannt sind die ursprünglichen Eltern,[1198] denn auch in der Gesetzesbegründung steht: „Diese Vorschrift eröffnet (…) hinreichenden Abwägungsspielraum, um schutzwürdigen Interessen der Ursprungsfamilie Rechnung tragen zu können."[1199] Aber auch die Interessen der Annehmenden können durch die Adoptionsvermittlungsakten betroffen sein, so etwa bei Ausführungen zu ihrer Erziehungseignung oder zu den Gründen der Kinderlosigkeit.[1200]

In der Gesetzesbegründung heißt es jedoch, dass zu Gunsten des Kenntnisinteresses des Kindes und zu Lasten eines Geheimhaltungsinteresses der Betroffenen zu berücksichtigen ist, dass dokumentierte Umstände, die ohnehin schon im Zuge

---

1193 Wiesner[4]/*Oberloskamp*, AdVermiG, § 9b Rn. 1.
1194 Siehe oben S. 176.
1195 Staudinger[2007]/*Frank*, Vor. §§ 1741 ff. Rn. 102; Wiesner[4]/*Oberloskamp*, AdVermiG, § 9b Rn. 1.
1196 Wiesner[4]/*Oberloskamp*, AdVermiG, § 9b Rn. 3.
1197 Wiesner[4]/*Oberloskamp*, AdVermiG, § 9b Rn. 4.
1198 MüKo[6]/*Maurer*, Vor § 1744 Rn. 34.
1199 BT-Drucks. 14/6011, S. 56.
1200 MüKo[6]/*Maurer*, Vor § 1744 Rn. 34.

der Adoptionsvermittlung offengelegt worden sind, den privaten Bereich der Ursprungsfamilien bereits verlassen haben.[1201]

Inwieweit Belange Betroffener konkret einer Akteneinsicht des Kindes entgegenstehen, muss von der Adoptionsvermittlungsstelle im Einzelfall ermittelt werden. Bei der Abwägung der Belange ist auf Seiten des Kindes insbesondere das Recht auf Kenntnis der eigenen Abstammung zu berücksichtigen.[1202]

Nach anderer Ansicht dürfen persönliche Lebensumstände wie Prostitution, Verwahrlosung, Inzest, Misshandlung und Vergewaltigung nicht offenbart werden.[1203] Dies kann in dieser Allgemeinheit nicht richtig sein, auch hinsichtlich der Offenbarung solcher Informationen hat eine Interessenabwägung stattzufinden. Insbesondere wenn sich aus diesen Umständen unmittelbar die biologische Abstammung des Kindes ergibt, wie z.B. aus der Tatsache, dass es einer Inzestbeziehung entstammt, wird im Einzelfall auch das Recht des Kindes auf Kenntnis seiner Abstammung überwiegen.[1204] Nach dem Willen des Gesetzgebers soll § 9b Abs. 2 AdVermiG auch ermöglichen, dass bei der Existenz überwiegender Belange der Betroffenen statt einer Einsichtnahme in die Akte eine Mitteilung ihres wesentlichen Inhalts mit Ausnahme der geheimhaltungsbedürftigen Passagen erfolgen kann.[1205]

Das Offenbarungsverbot des § 1758 BGB bei fehlender Einwilligung der Adoptiveltern zur Offenbarung von konkreten Tatsachen über die Adoption ist bei der Einsichtnahme in die Adoptionsvermittlungsakten ebenfalls zu berücksichtigen. Eine Meinung lehnt dies ab mit der Begründung, dass bei einem Begehren des Kindes auf Einsicht in die Adoptionsvermittlungsakten ihm die Tatsache der Adoption schon bekannt ist und damit kein Fall des § 1758 BGB gegeben ist.[1206] Dem ist nicht zuzustimmen, auch im Rahmen der Einsichtnahme in die gerichtlichen Adoptionsakten ist § 1758 BGB kraft ausdrücklicher Normierung in § 34 Abs. 2 S. 2 FamFG zu berücksichtigen.[1207] Zudem schützt § 1758 BGB nicht nur vor der Aufdeckung der Tatsache einer Adoption als solcher, sondern auch vor der Aufdeckung bestimmter, einzelner im Zusammenhang mit der Adoption stehender Umstände.[1208] Adressat des § 1758 BGB sind auch die Adoptionsvermittlungsstellen.[1209] Wie oben dargestellt ist § 1758 BGB zwar nicht anwendbar bei unmittelbaren Auskunftsansprüchen des Kindes gegen seine Adoptiveltern, im Sinne des bezweckten Schutzes des Erziehungsrechts dagegen jedoch sehr wohl, wenn das Kind Auskunft von Dritten begehrt.[1210] Ab Erreichen der Volljährigkeit des Adoptivkindes genügt im

---

1201 BT Drucks. 14/6011, S. 55.
1202 BT Drucks. 14/6011, S. 55 f.
1203 MüKo[6]/*Maurer*, Vor § 1744 Rn. 34.
1204 Siehe oben S. 132 f.
1205 BT Drucks. 14/6011, S. 56.
1206 MüKo[6]/*Maurer*, Vor § 1744 Rn. 33 im Widerspruch zu MüKo[6]/*Maurer*, § 1758 Rn. 13.
1207 Siehe oben S. 180 f.
1208 MüKo[6]/*Maurer*, § 1758 Rn. 13.
1209 MüKo[6]/*Maurer*, § 1758 Rn. 4.
1210 Siehe oben S. 180 f.

Rahmen des § 1758 BGB jedoch die alleinige Zustimmung des Kindes, so dass seinem Einsichtnahmebegehren spätestens mit Vollendung des achtzehnten Lebensjahres § 1758 BGB nicht mehr entgegenstehen kann.[1211]

2. Österreich

Die Adoptionsvermittlung ist im österreichischen Recht seit 1.5.2013 im „Bundesgesetz über die Grundsätze für Hilfen für Familien und Erziehungshilfen für Kinder und Jugendliche" (Bundes-Kinder- und Jugendhilfegesetz 2013 - B-KJHG 2013) in dessen §§ 32 ff. geregelt.[1212] Mit diesem Gesetz wurde auch das Recht des Kindes auf Einsichtnahme in die Adoptionsvermittlungsunterlagen im nationalen Recht ausdrücklich normiert.[1213] Im Übrigen war das Haager Adoptionsschutzabkommen nach Auffassung des österreichischen Gesetzgebers ohnehin unmittelbar anwendbar,[1214] nun enthält § 33 Abs. 2 B-KJHG 2013 auch einen entsprechenden Verweis auf die Regelungen des Abkommens.

Nach § 31 Abs. 4 S. 1 B-KJHG 2013 sind Informationen über die leiblichen Eltern beziehungsweise Elternteile zu dokumentieren und 50 Jahre ab rechtskräftiger Bewilligung der Adoption aufzubewahren. Mit der Obsorge des Adoptivkindes betraute Personen können aus besonders wichtigen medizinischen oder sozialen Gründen Auskunft über die leiblichen Eltern verlangen, solange das Adoptivkind das vierzehnte Lebensjahr nicht vollendet hat, § 31 Abs. 4 S. 2 B-KJHG 2013. Nach Vollendung des vierzehnten Lebensjahres steht dieses Recht dem Adoptivkind selbst zu, § 31 Abs. 4 S. 2 B-KJHG 2013. Aus der Formulierung von § 31 Abs. 4 S. 2, 3 B-KJHG 2013 und der Gesetzesbegründung ergibt sich, dass auch das Einsichtnahmerecht des Kindes auf besondere wichtige Gründe beschränkt ist. In der Gesetzesbegründung werden als Beispiel Erbkrankheiten und die Knochenmarkspende genannt.[1215] Diese Beschränkung des Einsichtnahmerechts des Kindes erstaunt, da der Gesetzgeber die Normierung des Einsichtnahmerechts mit dem Recht auf Kenntnis der eigenen Abstammung aus Art. 7 KRK begründet.[1216] Die Beschränkung der Einsichtnahmrechte begründet der Gesetzgeber mit der „Sensibilität" der Informationen.[1217] Damit ist das Recht des Adoptivkindes auf Einsichtnahme gemäß § 31 Abs. 4 S. 2 B-KJHG 2013 schwächer als das des mittels Keimzellspende künstlich gezeugten Kindes, welches nach § 20 FMedG Abs. 2 S. 1 FMedG nach Vollendung des vierzehnten Lebensjahres stets Einsicht in die ärztliche Dokumentation des Spenders nehmen kann - ohne besondere Gründe darzulegen. Lediglich das Einsichtnahmerecht des gesetzlichen Vertreters des künstlich gezeugten Kindes ist

1211 Siehe dazu ausführlicher oben S. 180.
1212 öBGBl I Nr. 69/2013.
1213 Siehe sogleich unten S. 205.
1214 RV 1571 Blg NR XX. GP, S. 30.
1215 RV 2191 Blg NR XXIV. GP, S. 25.
1216 RV 2191 Blg NR XXIV. GP, S. 25.
1217 RV 2191 Blg NR XXIV. GP, S. 25.

nach dem § 20 Abs. 2 S. 2 FMedG nur in medizinisch begründeten Fällen zum Wohl des Kindes zu gewähren.

Warum der Gesetzgeber das Kenntnisrecht des Adoptivkindes stärker beschränkt als das des künstlichen gezeugten Kindes ist nicht ersichtlich und auch nicht nachvollziehbar. Die Auseinandersetzung mit der eigenen leiblichen Abstammung ist für ein Adoptivkind mindestens so wichtig wie für ein künstlich gezeugtes Kind. Das Adoptivkind muss sich in seiner Persönlichkeitsentwicklung und -findung nämlich mit der Tatsache auseinandersetzen, dass es von den leiblichen Eltern weggegeben wurde, während das künstlich gezeugte Kind in der Gewissheit lebt, schon als Wunschkind gezeugt worden zu sein.

Die Beschränkung des Einsichtnahmerechts des Kindes überzeugt auch nicht vor dem Hintergrund der fortbestehenden erbrechtlichen und unterhaltsrechtlichen Rechtspositionen des Kindes. Informationen zur Geltendmachung dieser Rechtspositionen könnte das Kind von der Adoptionsvermittlungsstelle jedoch nach § 31 Abs. 4 S. 2 B-KJHG 2013 nur im Falle zusätzlicher besonderer sozialer Gründe erhalten.

3. Ergebnis

In Deutschland hat der Bundesgesetzgeber die Verpflichtung aus Art. 30 des Haager Adoptionsschutzabkommens zum Anlass genommen, umfassende Regelungen zur sechzigjährigen Aufbewahrung von Adoptionsakten und ihrer Einsichtnahme zu schaffen. Diese Vorschriften sind nicht nur auf besondere internationale Adoptionen, sondern auf sämtliche von deutschen Adoptionsvermittlungsstellen betreute Fälle anwendbar. Ab Vollendung des sechzehnten Lebensjahres hat das Kind ein Recht auf Einsicht in die Adoptionsakten, § 9b Abs. 2 S. 1 AdVermiG. Das Einsichtsrecht ist grundsätzlich auf die Aktenteile beschränkt, die die Herkunft und die Lebensgeschichte des Kindes betreffen, bei besonders wichtigem Interesse ist die Einsicht auch in andere Teile der Akte zu gewähren, § 9b Abs. 2 S. 1 AdVermiG.

In Österreich kann das Adoptivkind gemäß § 31 Abs. 4 S. 2 B-KJHG 2013 nach Vollendung des vierzehnten Lebensjahres nur aus „besonders wichtigen medizinischen oder sozialen Gründen" Einsicht in die Vermittlungsakte verlangen. Zwar steht nach österreichischem Recht dem Adoptivkind ein Einsichtnahmerecht schon zwei Jahre früher zu als nach deutschem Recht, dennoch ist der Schutz des Rechts auf Kenntnis der eigenen Abstammung im deutschen Recht wesentlich stärker als im österreichischen, da das deutsche Recht für die Einsichtnahme des Kindes nicht die Geltendmachung besonderer Gründe erfordert. Letzteres erstaunt, da nach österreichischem Recht - anders als nach deutschem - subsidiäre Rechtsbeziehungen zwischen dem Kind und seiner leiblichen Familie forbestehen.

E. Auskunftsansprüche gegen die leibliche Mutter

Enthalten die Personenstandsregister nur Angaben über die Mutter, stellt sich die Frage, ob das Kind einen Anspruch gegen die leibliche Mutter auf Nennung des biologischen Vaters hat.

1. Deutschland

Das Kind hat zunächst nicht die gleichen Möglichkeiten, die Identität seines Erzeugers zu erfahren, wie jedes andere Kind mit unbekanntem Vater: Der oben dargestellte Anspruch aus § 1618a Var. 1 BGB gegen die Mutter kommt wegen der erloschenen rechtlichen Verwandtschaft nicht mehr in Betracht. Diese Situation betrifft relativ viele Adoptivkinder, da gerade auch ledige Mütter ihre Kinder zur Adoption freigeben und diese Mütter dabei häufig keine Angaben über den Kindesvater machen. Da das adoptierte Kind mangels rechtlicher Verwandtschaft mit der Geburtsmutter gegen diese keinen Auskunftsanspruch aus § 1618a Var. 1 BGB auf Nennung des biologischen Vaters hat, könnte sich ein entsprechender Auskunftsanspruch höchsten aus § 242 BGB ergeben.[1218] Die Rechtsprechung hat zumindest einen Auskunftsanspruch des nichtehelichen Kindes aus § 242 BGB schon bejaht,[1219] was jedoch wie oben dargestellt bei vorhandener rechtlicher Abstammung wegen der Vorrangigkeit des § 1618a BGB als lex specialis abzulehnen ist.[1220] Nun ist jedoch im Verhältnis zwischen Adoptivkind und leiblicher Mutter das Verwandtschaftsverhältnis nach § 1755 Abs. 1 BGB in Folge der Annahme als Kind erloschen und § 1618a BGB nicht (mehr) anwendbar, so dass sich in diesem Fall tatsächlich die Frage nach einem Auskunftsanspruch aus § 242 BGB stellt.

Nach ständiger Rechtsprechung gebietet es der Grundsatz von Treu und Glauben, dem Anspruchsberechtigten einen Auskunftsanspruch zuzubilligen, wenn die zwischen den Parteien bestehende Rechtsverbindung es mit sich bringt, dass der Anspruchsberechtigte, der zur Durchsetzung seiner Rechte auf die Auskunft angewiesen ist, in entschuldbarer Weise über das Bestehen oder den Umfang seines Rechts im Ungewissen und der Verpflichtete in der Lage ist, unschwer die zur Beseitigung dieser Ungewissheit erforderlichen Auskünfte zu erteilen.[1221]

Demnach ist Voraussetzung eines Auskunftsanspruchs des Kindes aus § 242 BGB zunächst eine Rechtsverbindung zwischen dem Adoptivkind und der leiblichen Mutter. Die Rechtsprechung beschreibt die für den Anspruch erforderliche Rechtsverbindung auch als rechtliche Sonderverbindung ohne diesen Begriff näher zu definieren. Aus dem Wortlaut des § 242 BGB mit den Begriffen „Schuldner" und „Leistung bewirken" ergibt sich, dass die Norm auf jeden Fall für Schuldverhältnisse im Sinne des § 241 Abs. 1 BGB anzuwenden ist.[1222] Darunter sind Schuldverhältnisse im weiteren Sinne zu verstehen. Ein Schuldverhältnis im weiteren Sinn ist eine zwischen (mindestens) zwei bestimmten Personen bestehende rechtliche Sonderverbindung, durch

1218 *Muscheler*, FPR 2008, S. 496 (497).

1219 AG Rastatt, (16.3.1995), FamRZ 1996, S. 1299.

1220 Siehe oben S. 139.

1221 BGH (2.7.2014), NJW 2014, S. 2571; (9.11.2011), NJW 2012, S. 450; OLG Hamm (6.2.2013), NJW 2013, S. 1167 (1168); OLG Düsseldorf (16.1.1985), OLGZ 1985, S. 375.

1222 Dauner-Lieb/Langen²/*Krebs*, § 242 Rn. 11.

die Ansprüche begründet werden.[1223] Zwischen dem Kind und der leiblichen Mutter bestand ein unmittelbares rechtliches Abstammungsverhältnis nach § 1591 BGB. Da dieses Abstammungsverhältnis nicht mehr besteht, stellt sich die Frage, ob auch ein ehemals bestehendes Rechtsverhältnis als Sonderverbindung genügt. Als Sonderverbindung im Sinne des § 242 BGB anerkannt hat der BGH auch die beendete Ehe - unabhängig von möglichen Unterhaltspflichten - als sonstiges familienrechtliches Verhältnis, welches unmittelbar zwischen den Beteiligten besteht.[1224]

Andererseits ist jedoch zu berücksichtigen, dass die rechtliche Abstammung von der Mutter mit der Adoption beseitigt wurde.

Muscheler geht daher vom Fehlen einer rechtlichen Sonderverbindung zwischen leiblicher Mutter und Adoptivkind aus, lässt jedoch die biologische Sonderverbindung ausnahmsweise für einen Anspruch aus § 242 BGB genügen, da er einen Auskunftsanspruch des Adoptivkindes für geboten hält, damit es nicht schlechter steht als das Kind, dessen mütterliche Abstammung nicht durch die Adoption beseitigt wurde und welches damit einen Anspruch gegen die leibliche Mutter auf Auskunft über den biologischen Vaters auf § 1618a Var. 1 BGB stützen kann.[1225]

Obwohl das Ergebnis zu begrüßen ist, überzeugt es nicht, auf die Voraussetzung der rechtlichen Sonderverbindung zu Gunsten einer biologischen Sonderverbindung zu verzichten.

Möglicherweise besteht jedoch sogar eine rechtliche Sonderverbindung zwischen der leiblichen Mutter und dem Adoptivkind. Zunächst hat eine familienrechtliche Sonderbeziehung bestanden, da die leibliche Mutter kraft der Geburt auch die rechtliche Mutter des Kindes war. Die rechtliche Abstammung endete erst mit der Adoption des Kindes durch seine Adoptiveltern.

Für vertragliche Schuldverhältnisse ist anerkannt, dass Pflichten aus § 242 BGB auch nach völliger Abwicklung des Vertragsverhältnisses als nachwirkende Pflichten bestehen können.[1226] So trifft z.B. den Arzt nach abgeschlossener Behandlung die Pflicht, dem Patienten Einsicht in die Krankenakte zu gewähren und Verschwiegenheitspflichten von Ärzten oder Unternehmensberatern bestehen auch nach Erfüllung des Vertragsverhältnisses fort.[1227] Die Rechtsprechung hat auch nachwirkende Auskunftspflichten allein aus einer beendeten Ehe (losgelöst von möglichen Unterhaltspflichten) als familienrechtliche Sonderverbindung im Sinne des § 242 BGB bejaht.[1228] Nachwirkungen in Form von Nebenpflichten können sich damit auch aus einem beendeten gesetzlichen Schuldverhältnis ergeben.

Das Gesetz geht sogar in § 1755 Abs. 1 S. 2 BGB davon aus, dass gegen die ursprünglichen Eltern Ansprüche des Kindes, die vor der Adoption entstanden sind,

1223 Jauernig[15]/*Mansel*, § 241 Rn. 1.
1224 BGH (2.7.2014), NJW 2014, S. 2571.
1225 *Muscheler*, FPR 2008, S. 496 (497).
1226 Jauernig[15]/*Mansel*, § 242 Rn. 21, 28.
1227 Jauernig[15]/*Mansel*, § 242 Rn. 31.
1228 BGH (2.7.2014), NJW 2014, S. 2571.

noch fortbestehen. Zudem lebt die leibliche Abstammung von der Mutter wieder auf und wird zur rechtlichen, wenn die Adoption aufgehoben wird, § 1764 Abs. 3 BGB. Das Gesetz steht damit einer Nachwirkung von Pflichten aus der rechtlichen, durch Adoption beendeten Abstammung nicht entgegen.

Somit kann sich auch aus der beendeten rechtlichen Sonderverbindung der mütterlichen Abstammung noch ein nachwirkender Auskunftsanspruch des Kindes ergeben, wenn die anderen von der Rechtsprechung entwickelten Voraussetzungen für Auskunftsansprüche aus § 242 BGB erfüllt sind. An der rechtlichen Sonderverbindung fehlt es jedenfalls nicht.

Der Auskunftsanspruch aus § 242 BGB besteht nur, wenn der Auskunftssuchende auf den Anspruch angewiesen ist, d.h. die Auskunft nicht auf andere Weise erlangen kann. Das Kind ist auf den Auskunftsanspruch aus § 242 BGB angewiesen, da die leibliche Mutter die einzige dem Kind bekannte Person ist, die die Identität des biologischen Vaters kennt. Sollten jedoch die Adoptiveltern Kenntnis vom biologischen Vater haben, muss das Kind vorrangig Auskunft von den Adoptiveltern aus § 1618a BGB verlangen.

Ein Auskunftsanspruch setzt weiterhin die Zumutbarkeit der Auskunftserteilung für die Mutter voraus.[1229] In Bezug auf die Nennung des möglichen Erzeugers darf die Pflicht zur Erteilung der Auskunft nicht gegen das allgemeine Persönlichkeitsrecht der Mutter verstoßen. Ein Eingriff in das Persönlichkeitsrecht der Mutter kann jedoch zur Wahrung höherrangiger Interessen gerechtfertigt sein. Hier kommt ein Eingriff zur Wahrung des Rechts des Kindes auf Kenntnis seiner Abstammung als Bestandteil seines allgemeinen Persönlichkeitsrechts in Frage. Ob das Kenntnisrecht des Kindes höherrangig ist als das Persönlichkeitsrecht der Mutter, ist durch eine Abwägung zu ermitteln. Dabei sind auf Seiten der Mutter bestehende berechtigte persönliche Geheimhaltungsinteressen einzubeziehen. Der Mutter muss auch die Benennung der konkreten Person zumutbar sein, und es ist nicht völlig ausgeschlossen, dass ihr je nach den Umständen des konkreten Falls eine Auskunft unter diesem Gesichtspunkt nicht abverlangt werden kann.[1230] In Fällen, in welchen Scheinväter zur Vorbereitung eines Unterhaltsregresses gegen den biologischen Erzeuger ihrer Kinder Auskunft von der Mutter über die Identität des Erzeugers verlangten, hat die Rechtsprechung die Interessenabwägung stets zu Gunsten des Auskunft begehrenden Scheinvaters entschieden, obwohl die Scheinväter nur finanzielle Interessen verfolgten.[1231] Dagegen verfolgt das Kind, welches die Kenntnis seiner biologischen Abstammung zur Verwirklichung seines Persönlichkeitsrechts bezweckt, ein höheres Interesse. Daher wird in der Interessenabwägung zwischen Mutter und Kind auch meist dem Kenntnisinteresse des Kindes Vorrang zu gewähren sein, es sei denn, die Mutter hat tatsächlich ein besonderes Geheimhaltungsinteresse. Ein Beispiel für ein besonderes Geheimhaltungsinteresse ist ein möglicher Arbeitsplatzverlust der

---

1229 BGH (2.7.2014), NJW 2014, S. 2571 (2572).
1230 BGH (2.7.2014), NJW 2014, S. 2571 (2572).
1231 BGH (2.7.2014), NJW 2014, S. 2571 (2572).

Mutter, wenn bekannt würde, dass die Mutter das Kind mit einem Schutzbefohlenem gezeugt hatte.[1232]

Dabei ist zu bedenken, dass im Rahmen der Grundrechtsabwägungen jeder Beteiligte die zu seinen Gunsten sprechenden Umstände darzulegen und erforderlichenfalls zu beweisen hat.[1233] Dies gilt auch für die besonderen Geheimhaltungsinteressen der Mutter.

Die Auskunft muss für die Mutter unschwer zu erteilen sein. Dies bedeutet nicht, dass sie die betreffenden Tatsachen aktuell kennen muss, sondern lediglich, dass deren Ermittlung zumutbar sein muss.[1234]

Kommen mehrere Männer als Vater des Kindes in Betracht, richtet sich der Anspruch auf Nennung der Männer, die der Mutter während der gesetzlichen Empfängniszeit beigewohnt haben.[1235]

Ein Adoptivkind hat gegen seine leibliche Mutter einen Anspruch auf Auskunft über die Identität seines leiblichen Vaters aus § 242 BGB, es sei denn, es handelt sich um einen besonderen Fall, bei welchem ausnahmsweise die Geheimhaltungsinteressen der Mutter überwiegen.

2. *Österreich*

Auch nach österreichischem Recht scheidet ein Auskunftsanspruch gegen die Geburtsmutter auf Nennung des leiblichen Vaters aus der Beistandspflicht (§ 137 Abs. 2 Var. 1 ABGB) mangels rechtlicher Verwandtschaft zwischen Geburtsmutter und Adoptivkind aus. Zwar bestehen subsidiäre Unterhaltspflichten und Erbenstellungen zwischen dem Adoptivkind und seiner leiblichen Mutter fort,[1236] die rechtliche Verwandtschaft und die gegenseitige Beistandspflicht jedoch nicht.

Möglicherweise lässt sich ein Auskunftsanspruch des Kindes auch im österreichischen Recht aus allgemeinen Grundsätzen ableiten. Das österreichische Zivilrecht enthält jedoch keine generelle oder einheitliche Regelung, unter welchen Voraussetzungen, worüber oder in welcher Weise jemand einem anderen zur Auskunft verpflichtet ist.[1237] Die Offenlegungspflichten sind auf zahlreiche Bestimmungen zerstreut, nicht einheitlich und nur lückenhaft geregelt.[1238] Fragen zur Existenz möglicher Auskunftsansprüche, die der Gesetzeswortlaut offen gelassen hat, müssen durch Auslegung oder anhand der Umstände und Erfordernisse des Einzelfalls beantwortet werden.[1239] Ob eine verlangte Auskunft überhaupt geschuldet ist, muss daher das Gericht im Einzelfall anhand der jeweils einschlägigen zivilrechtlichen

1232 Siehe oben S. 29; OLG Hamm (22.3.1991), FamRZ 1991, S. 1299.
1233 BGH (2.7.2014), NJW 2014, S. 2571 (2572).
1234 BGH (2.7.2014), NJW 2014, S. 2571 (2572).
1235 BGH (2.7.2014), NJW 2014, S. 2571 (2572).
1236 Siehe oben S. 184 f.
1237 OGH (11.5.2007), 10Ob47/07w.
1238 OGH (11.5.2007), 10Ob47/07w.
1239 OGH (11.5.2007), 10Ob47/07w.

Bestimmungen ermitteln.[1240] Es besteht z.B. bei vertraglichen Unterhaltsansprüchen nach ständiger Rechtsprechung eine Verpflichtung zur Auskunft und Rechnungslegung insbesondere überall dort, wo es das Wesen des Rechtsverhältnisses mit sich bringt, dass der Berechtigte in entschuldbarer Weise über das Bestehen und den Umfang des Vermögens im Ungewissen ist, der Verpflichtete jedoch unschwer in der Lage ist, eine solche Auskunft zu erteilen und ihm nach den Grundsätzen von Treu und Glauben die Auskunftserteilung auch zugemutet werden kann.[1241] In der Entscheidung vom 11.5.2007 vertrat der OGH die Ansicht, dass entsprechende Auskunftspflichten keinen Vertrag, sondern allgemein nur ein Sonderrechtsverhältnis wie z.B. eine gesetzliche Unterhaltspflicht voraussetzen.[1242] Damit entsprechen die Voraussetzungen für einen ungeschriebenen Auskunftsanspruch im österreichischen Recht den Voraussetzungen, die die deutsche Rechtsprechung für einen Auskunftsanspruch aus § 242 BGB entwickelt hat.[1243] Demzufolge lassen sich die Ausführungen zum Anspruch des Adoptivkindes gegen seine leibliche Mutter auf Auskunft über den leiblichen Vater nach deutschem Recht grundsätzlich auch auf das österreichische übertragen. Unklar ist jedoch, ob auch nach österreichischem Verständnis die durch Adoption beendete rechtliche Abstammung als (nachwirkende) Sonderrechtsbeziehung im Sinne der Anspruchsvoraussetzungen für den Auskunftsanspruch gesehen wird. Die Wertungen des Adoptionsrechts stehen dem jedenfalls nicht entgegen, da nach österreichischem Recht nach einer Minderjährigenadoption sogar mehr Rechte zwischen dem Kind und seiner leiblichen Familie fortbestehen als im deutschen Recht.[1244]

V. Zusammenfassung

Beide Rechtsordnungen kennen die Möglichkeit einer Inkognitoadoption mit einseitigem Inkognito gegenüber den leiblichen Eltern, damit dem Kind zunächst eine ungestörte Persönlichkeitsentwicklung im Kreise der Adoptivfamilie ermöglicht wird. Während in der deutschen Literatur und Rechtsprechung im Rahmen der Personensorge von einer Pflicht der Adoptiveltern zur Aufklärung über die Tatsache der Adoption ausgegangen wird, wird in Österreich die Aufklärung oder auch die Nichtaufklärung als nicht beeinflussbare Tatsache wahrgenommen.

In beiden Rechtsordnungen lassen sich jedoch grundsätzlich Ansprüche gegen die Adoptiveltern auf Auskunftserteilung über die Identität der leiblichen Eltern aus der zwischen Adoptiveltern und Kind bestehenden Beistandspflicht ableiten. Ob der Auskunftsanspruch im Einzelfall besteht, ist im Wege einer Interessenabwägung zu ermitteln. Großes Gewicht hat hierbei das Grund- und Menschenrecht auf Kenntnis der eigenen Abstammung. Bei der Interessenabwägung ist jedoch auch

1240 OGH (11.5.2007), 10Ob47/07w.
1241 OGH (11.5.2007), 10Ob47/07w.
1242 OGH (11.5.2007), 10Ob47/07w.
1243 Siehe oben S. 207 f.
1244 Siehe oben S. 184 f.

der verfassungsrechtliche Schutz der Adoptivfamilie vor Störungen durch Außenstehende zu berücksichtigen. Da die Adoptivfamilie in beiden Rechtsordnungen jedoch nicht in ihrem rechtlichen Fortbestand gefährdet ist, wird der Schutz der Adoptivfamilie zumindest dann hinter dem Schutz des Kenntnisrechts zurückstehen, wenn die Adoptivfamilie sozial so gefestigt ist, dass sie durch die Aufklärung in ihrem sozialen Fortbestand nicht gefährdet ist.

Ansprüche des Kindes gegen die Geburtsmutter auf Auskunft über die Identität des Vaters können nach deutschem Recht auf § 242 BGB gestützt werden. Auch wenn in Österreich weniger Rechtsprechung zu Auskunftsansprüchen existiert als in Deutschland, ist doch erkennbar, dass der OGH zumindest in Einzelfällen die Grundsätze der deutschen Rechtsprechung zu Auskunftsansprüchen aus § 242 BGB übernommen hat. Damit lassen sich die Ausführungen zum Auskunftsanspruch des Adoptivkindes gegen seine leibliche Mutter auf Auskunft über den biologischen Vater auch auf das österreichische Recht übertragen.

Im Ergebnis wird sowohl in Deutschland als auch in Österreich das Interesse des Adoptivkindes, die Identität seiner leiblichen Eltern zu erfahren, geschützt. In beiden Rechtsordnungen haben die Adoptivkinder sogar noch vor Erreichen der Volljährigkeit ein Einsichtsrecht in die Personenstandsregister, die ihre leibliche Abstammung dokumentieren. In Deutschland besteht dieses Einsichtsrecht erst mit Vollendung des sechzehnten Lebensjahres, in Österreich sogar schon zwei Jahre früher. Bei in Deutschland vertraulich geborenen Kindern wird die Identität der Geburtsmutter nicht in das Personenstandsregister eingetragen und auch dem die Adoption vermittelnden Jugendamt nicht bekannt gegeben. Es wird jedoch ein vertraulicher Herkunftsnachweis über die Abstammung des Kindes angefertigt, für welchen besondere Einsichtnahmeregelungen gelten. Für das Recht des Kindes auf Einsicht in den Herkunftsnachweis gilt ein besonderes Verfahren, wobei das Kind frühestens mit Vollendung des sechzehnten Lebensjahres Einsicht nehmen kann. In Deutschland wird das Kenntnisinteresse zusätzlich durch ein Einsichtsrecht in die Akten der Adoptionsvermittlungsstellen abgesichert. Dagegen besteht nach österreichischem Recht ein Anspruch des Kindes auf Einsichtnahme in die Adoptionsvermittlungsakten nur in besonderen Fällen.

4. Abschnitt: Biologische Eltern und Fortpflanzungsmedizin

I. Rechtsquellen

Angesichts der großen Anzahl ungewollt kinderloser Paare und der vielfältigen Möglichkeiten der heutigen Fortpflanzungsmedizin ist es nicht verwunderlich, dass ihre Inanspruchnahme kein Randphänomen mehr ist.[1245] Die medizinisch unterstützte

1245 Die heterologe Insemination noch als singuläre Erscheinung einstufend, RG (4.6.1908), JW 1908, S. 485 (486).

Fortpflanzung ist gesellschaftlich längst anerkannt, und die Kosten manch zulässiger Methode werden in Deutschland zumindest teilweise von den Krankenkassen und in Österreich vom Bund übernommen.[1246] Die steigende Inanspruchnahme der Fortpflanzungsmedizin wirft die Frage nach einem Recht der daraus hervorgehenden Kinder auf Kenntnis ihrer eigenen biologischen Abstammung auf.[1247] Im Folgenden werden die unterschiedlichen Methoden der Fortpflanzungsmedizin auf mögliche Kenntnisdefizite der Kinder bezüglich ihrer biologischen Abstammung und entsprechende Auskunftsansprüche untersucht.

A. Internationale Rechtsquellen

Vorab ist ein kurzer Blick auf die internationalen Übereinkommen zur Biomedizin hilfreich. Neben den oben zum Menschenrecht auf Kenntnis der eigenen Abstammung im Allgemeinen untersuchten Rechtsquellen des Völkerrechts könnten Regelungen der Europäischen Menschenrechtskonvention zur Biomedizin zu beachten sein. Zudem ist die Bedeutung der oben bereits allgemein zum Kenntnisrecht erwähnten Kinderrechtekonvention für die medizinisch unterstützte Fortpflanzung zu klären. Daneben sind die europäischen Geweberichtlinien und der Schutz der Fortpflanzungsfreiheit durch Art. 8 Abs. 1 EMRK zu beachten.

1. Europäische Menschenrechtskonvention zur Biomedizin

Am 4.4.1997 verabschiedete der Europarat das Übereinkommen zum Schutz der Menschenrechte und der Menschenwürde im Hinblick auf die Anwendung von Biologie und Medizin. Das Abkommen trat infolge der fünften Ratifizierung am 1.12.1999 in Kraft.[1248]

Für Deutschland und Österreich ist das Abkommen allerdings bislang nicht verbindlich, da beide Staaten den völkerrechtlichen Vertrag noch nicht unterzeichnet haben.[1249]

1246 Deutschland: §§ 27a, 121a, 92 Abs. 1 S. 2 Nr. 10 SGB V; Österreich: IVF-Fonds-Gesetz vom 19.8.1999, BGBl I Nr. 180/1999, S. 1405 ff.; abgedruckt bei *Bernat*, Reproduktionsmedizin, S. 223 ff. Das Gesetz ist die Reaktion des Gesetzgebers auf die Verneinung der Leistungspflicht der Krankenversicherung durch die Rechtsprechung des OGH (24.11.1998), EvBl 1999/77= *Bernat*, Judikatur, S. 225 ff.). Der OGH begründete seine Entscheidung damit, dass bei der In-vitro-Fertilisation die medizinischen Maßnahmen keine Änderung eines regelwidrigen Körperzustandes bewirken und es sich demnach nicht um eine Krankenbehandlung handle. Vgl. *Mazal*, in: *Bernat*, Reproduktionsmedizin, S. 182 ff.

1247 Zu den ethischen Dilemmata der heutigen Fortpflanzungsmedizin allgemein siehe z.B. *Simitis*, JZ 2008, S. 693 ff.

1248 Siehe Art. 33 Abs. 3 der Konvention.

1249 Zum aktuellen Stand der Unterzeichnungen und Ratifizierungen siehe http://conventions.coe.int/ListeTraites.asp?CM=8&CL=ENG.

Das dritte Kapitel der Konvention trägt ebenso wie sein einziger Artikel (Art. 10) die Überschrift „Privatsphäre und Recht auf Auskunft".[1250] Nach Art. 10 Abs. 2 der Konvention hat jeder ein Recht auf Auskunft über alle über seine Gesundheit gesammelten Daten. Dabei ist fraglich, ob Angaben über die eigene Gesundheit im Falle des künstlich gezeugten Kindes auch solche über die Identität des Keimzellspenders erfassen.

Die dem heutigen Art. 10 der Konvention vorausgegangenen Regelungsvorschläge[1251] des Europarates zur Dokumentation von Keimzellspenden scheiterten an Differenzen im Ministerkomitee. Die Entwürfe von 1979 und 1986 enthielten Regelungen

1250 „Art. 10 Privatsphäre und Recht auf Auskunft
(1) Jede Person hat das Recht auf Wahrung der Privatsphäre in Bezug auf Angaben über ihre Gesundheit.
(2) Jede Person hat das Recht auf Auskunft in Bezug auf alle über seine Gesundheit gesammelten Angaben. Will eine Person jedoch keine Kenntnis erhalten, so ist dieser Wunsch zu respektieren.
(3) Die Rechtsordnung kann vorsehen, dass in Ausnahmefällen die Rechte nach Absatz 2 im Interesse der Parteien eingeschränkt werden können.", Übersetzung nach Amtliche Sammlung Schweiz, AS 2008, S. 5137 (5140).

1251 Entwurf des Europarates vom 5.3.1979: *Council of Europe*, Draft Recommendation on Artificial Insemination of Human Beings and Explanatory Report, Directorate of Legal Affairs (79) 2:
"Article 5: The physician and the staff of a medical establishment receiving the donation of semen as well as those administering artificial insemination must keep secret the identity of the donor and, subject to the requirements of law in legal proceedings, the identity of the woman, and if she is married, of her husband, as well as the fact of artificial insemination. The physician shall not administer artificial insemination if the conditions make the preservation of secrecy unlikely.", abgedruckt bei *Busse*, S. 199 f. In deutscher Sprache nach *Busse*, S. 34: „Artikel 5: Der Arzt und das Personal einer medizinischen Einrichtung, die eine Samenspende erhalten oder eine künstliche Insemination durchführen, müssen Verschwiegenheit bewahren über die Identität des Spenders und - vorbehaltlich gesetzlicher Vorschriften für Gerichtsverfahren - über die Identität der Frau und ihres Ehemannes (sofern die Frau verheiratet ist) sowie über die Tatsache der künstlichen Insemination selbst." In französischer Sprache abgedruckt bei *Eser/Koch/Wiesenbart*, Bd. 1, S. 287 ff. Vgl. *Naumann*, ZRP 1999, S. 142 (144, Fn. 29); Entwurf des Europarates vom 5.3.1986: *Council of Europe*, Provisional principles on the techniques of human artificial procreation and on certain procedures carried out on embryos in connection with those techniques, Directorate of Legal Affaires CAHBI/INF 86 (1), 196 abgedruckt bei *Busse*, S. 201 ff.
"Principle 9: 1. The physician and the staff of the establishment using the techniques of artificial procreation shall maintain the anonymity of the donor and, subject to the requirements of law in legal proceedings, shall keep secret the identity of the members of the couple as well as the fact of artificial procreation. Alternative I: 2. However, national law may provide that the child, at an appropriate age, may have access to the information concerning the manner of his conception.

(Artikel 5 und Prinzip 9 Nr. 1) zur Wahrung der Anonymität des Spenders. Die Mehrheit der Staaten war für eine Spenderanonymität, da das Kind in ähnliche Umstände wie ein natürliches Kind hineingeboren werden sollte.[1252] Demnach sollte alles nur Mögliche unternommen werden, die Umstände der Erzeugung geheim zu halten. Zwar können die Eltern nicht an einer Aufklärung des Kindes gehindert werden, aber die Rechtsordnung sollte sie zumindest davon abhalten.[1253] Hintergrund der schrankenlosen Anonymität war auch die Sicherung der Spendenbereitschaft.[1254] Einige Staaten äußerten jedoch einen Vorbehalt gegen den Grundsatz der absoluten Spenderanonymität,[1255] so dass in den Entwurf von 1986 schließlich Alternativen zur Beschränkung der Anonymität der Spender aufgenommen wurden. So setzte sich bei der Entwicklung des Entwurfs von 1986 Großbritannien für ein Recht des Kindes auf Kenntnis über die Art seiner Entstehung im Wege der künstlichen Fortpflanzung und ein Recht auf die Kenntnis der genetischen Merkmale des Spenders ein (Prinzip 9, Alternative I).[1256] Der weitergehende Alternativvorschlag, dem zufolge es den einzelnen Staaten möglich sein solle, eine Regelung zur Offenbarung der Spenderidentität gegenüber dem Kind zu treffen (Prinzip 9, Alternative II), wurde von Deutschland unterstützt.[1257] Das Kind müsse zur Identitätsfindung jedenfalls die Möglichkeit erhalten, die Spenderidentität zu erfahren; daneben werden für ein Aufklärungsinteresse auch

---

Where necessary for the child, the information on the genetic characteristics of the donor can be given.
Alternative II: 2. However, national law may also provide for a right of the child to know the identity of the donor.", abgedruckt bei *Busse*, S. 204. In deutscher Sprache nach *Busse*, S. 42:
„Prinzip 9: 1. Der Arzt und das Personal der medizinischen Einrichtung, die die künstliche Insemination durchführt, haben die Anonymität des Spenders sicherzustellen und - vorbehaltlich gesetzlicher Regelungen für das Gerichtsverfahren - die Identität des Paares sowie die Tatsache der künstliche Befruchtung geheimzuhalten.
Alternative I: 2. Jedoch kann das nationale Recht vorsehen, dass das Kind von einem angemessenen Alter an Zugang zu der Information über die Art seiner Erzeugung erhält. Es kann Informationen über die genetischen Eigenschaften des Spenders erhalten, wenn dies für das Kind erforderlich ist.
Alternative II: 2. Jedoch kann das nationales Recht auch einen Anspruch des Kindes vorsehen, die Identität des Spenders zu erfahren."

1252 *Busse*, S. 43.

1253 *Council of Europe*, Draft Recommendation on Artificial Insemination of Human Beings and Explanatory Report, Directorate of Legal Affairs (79) 2 Rn. 44; in deutscher Übersetzung abgedruckt bei *Busse*, S. 43.

1254 Vgl. *Busse*, S. 34 mit Verweis auf *Council of Europe*, Draft Recommendation on Artificial Insemination of Human Beings and Explanatory Report, Directorate of Legal Affairs (79) 2, Rn. 21–23.

1255 Vgl. *Busse*, S. 36, 44 f.

1256 Vgl. *Busse*, S. 45, zum Wortlaut des Vorschlags siehe dort Fn. 1595.

1257 Vgl. *Busse*, S. 45, zum Wortlaut des Vorschlags siehe dort Fn. 1595.

die Vermeidung von Verwandtenehen, die gegebenenfalls erforderliche Suche nach einem Organspender und die Behandlung von Erbkrankheiten sowie die Gleichbehandlung mit Adoptivkindern angeführt.[1258] Diese Kindesinteressen stehen über dem Interesse des Spenders an seiner Anonymität.[1259] Demnach ging diese Argumentation nicht von einem schrankenlosen Recht auf Kenntnis der eigenen Abstammung aus, jedoch sah sie in dem Anonymitätsinteresse des Spenders keine geeignete Schranke.

2. Kinderrechtekonvention

Die Auffassung, welche die Regelungen des Art. 7 Abs. 1 KRK nicht als selbständige, gleichgeordnete Rechte (Recht auf Kenntnis und Recht auf Betreuung), sondern als einheitliches Recht (Recht auf Kenntnis bei Recht auf Betreuung) betrachtet,[1260] lehnt bei Keimzellspenden ein Kenntnisrecht ab, da künstlich gezeugte Kinder im Regelfall kein Interesse an der Betreuung durch die Keimzellspender haben.[1261] Wie oben dargestellt, existiert das Kenntnisrecht jedoch losgelöst vom Recht auf Betreuung als eigenständiges Recht.[1262] Anonyme Keimzellspenden vereiteln dieses Kenntnisrecht und sind deshalb nicht mit Art. 7 Abs. 1 KRK vereinbar.[1263] Die Unterzeichnerstaaten sind daher völkerrechtlich zur Normierung einer Pflicht zur Dokumentation der Identität der Keimzell- und Embryospender und einer Pflicht zur Offenbarung der Dokumentation gegenüber dem aus einer Spende entstandenen Kind verpflichtet.[1264]

Auch der in Art. 7 KRK geregelte Vorbehalt[1265] gegenüber dem Kenntnisrecht bei Unmöglichkeit der Inkenntnissetzung greift letztlich nicht durch, schließlich kann die Speicherung und Offenbarung von Spenderdaten ohne Weiteres praktisch durchgeführt und gesetzlich geregelt werden.[1266] Der Vorbehalt umfasst wie oben dargestellt auch nur die faktische und nicht die rechtliche oder gar politisch erwünschte Unmöglichkeit.[1267] Für eine rechtliche Unmöglichkeit der Verwirklichung

---

1258 Draft Recommendation on Artificial Insemination of Human Beings and Explanatory Report, Directorate of Legal Affairs (79) 2, Rn. 46, in deutscher Übersetzung abgedruckt bei *Busse*, S. 43 f.

1259 *Council of Europe*, Draft Recommendation on Artificial Insemination of Human Beings and Explanatory Report, Directorate of Legal Affairs (79) 2, Rn. 46, in deutscher Übersetzung abgedruckt bei *Busse*, S. 44.

1260 Siehe dazu oben, S. 72.

1261 Siehe oben S. 72 f.

1262 Dazu ausführlich oben S. 72 f.

1263 *Nicolas-Maguin*, D. 1995, Chron. S. 75 (78 f.).

1264 *Hegnauer* hält die medizinisch unterstützte Fortpflanzung insgesamt für unvereinbar mit Art. 7 KRK, da in solchen Fällen eine Betreuung durch die biologischen Eltern von vornherein ausgeschlossen sei. Die Norm stelle daher ein Verbot jeder Keimzellspende dar, ZBl 1991, S. 341 (345).

1265 Siehe dazu oben S. 73 ff.

1266 *Hegnauer*, ZBl 1991, S. 341 (345).

1267 Siehe dazu oben S. 73 ff.

des Kenntnisrechts bleibt jedoch mangels überwiegender Geheimhaltungsinteressen ohnehin kein Raum.[1268] Mitgliedstaaten der Kinderrechtekonvention, welche die anonyme Keimzellspende zulassen, verstoßen damit gegen ihre völkerrechtlichen Verpflichtungen aus Art. 7 Abs. 1 KRK.

3. Das Recht auf Fortpflanzung, Art. 8 Abs. 1 EMRK

Sowohl in der Literatur[1269] als auch in der Rechtsprechung[1270] wird ein Recht auf Fortpflanzung als Ausfluss des Schutzes von Privat- und Familienleben im Sinne Art. 8 Abs. 1 EMRK anerkannt. Der Schutzbereich des Art. 8 Abs. 1 EMRK umfasst die Entscheidung, ein Kind zu empfangen und dazu die medizinisch unterstützte Fortpflanzung zu nutzen, denn entsprechende Entscheidungen sind eine Ausdrucksform des Privat- und Familienlebens.[1271] Das bedeutet jedoch nicht, dass die Mitgliedstaaten jede Form der künstlichen Fortpflanzung zulassen müssen.[1272] So hat der EGMR klargestellt, dass ein Eingriff in die Fortpflanzungsfreiheit zulässig ist, wenn er nach Art. 8 Abs. 2 EMRK gerechtfertigt ist, d.h., wenn er gesetzlich vorgesehen ist, ein berechtigtes Ziel verfolgt und es in einer demokratischen Gesellschaft notwendig ist, dieses Ziel zu erreichen.[1273] Als berechtigte Ziele im Zusammenhang mit Verboten der Fortpflanzungsmedizin anerkannt sind der Schutz der Gesundheit, der Moral und der Rechte anderer.[1274] Bei der Beurteilung, ob zur Verwirklichung dieser Ziele bestimmte Beschränkungen der Fortpflanzungsfreiheit notwendig sind, kommt den Mitgliedstaaten ein Ermessensspielraum zu.[1275]

Um den Umfang des Ermessensspielraums zu bestimmen, der einem Staat in einem Fall nach Art. 8 EMRK zusteht, sind verschiedene Umstände zu berücksichtigen.[1276] Fehlt es z.B. an einem Konsens unter den Mitgliedstaaten des Europarats über das Gewicht der betroffenen Interessen oder darüber, wie sie am besten zu schützen sind, ist der Ermessensspielraum größer.[1277] Dies ist insbesondere der Fall, wenn schwierige Fragen von Moral und Ethik aufgeworfen werden.[1278]

1268 *Binder*, S. 149 f.; *Nicolas-Maguin*, D. 1995, Chron. S. 75 (78).
1269 *Gassner/Kersten/Krüger/Lindner/Rosenau/Schroth*, S. 27 f.; *Rütz*, S. 83 ff.
1270 EGMR (3.11.2011), *S.H. u.a./Österreich*, 578130/00, Rn. 82. Die Entscheidung ist in Auszügen auch abgedruckt in NJW 2012, S. 207; VfGH (10.12.2013), G 16/2013-16 und G 44/2013-14, Rn. 37.
1271 EGMR (3.11.2011), *S.H. u.a./Österreich*, 578130/00, Rn. 82.
1272 EGMR (3.11.2011), *S.H. u.a./Österreich*, 57813/00.
1273 EGMR (3.11.2011), *S.H. u.a./Österreich*, 578130/00, Rn. 89.
1274 EGMR (3.11.2011), *S.H. u.a./Österreich*, 578130/00, Rn. 90.
1275 EGMR (3.11.2011), *S.H. u.a./Österreich*, 578130/00, Rn. 94 ff.
1276 EGMR (3.11.2011), *S.H. u.a./Österreich*, 578130/00, Rn. 94.
1277 EGMR (3.11.2011), *S.H. u.a./Österreich*, 578130/00, Rn. 94.
1278 EGMR (3.11.2011), *S.H. u.a./Österreich*, 578130/00, Rn. 94.

Auch in Fällen, in welchen der Staat einen Ausgleich zwischen widerstreitenden privaten und öffentlichen Interessen oder zwischen Rechten der Konvention herzustellen hat, ist der Ermessensspielraum weit.[1279]

Gerade im Bereich der medizinisch unterstützten Fortpflanzung sind die Vorschriften über die Zulässigkeit und Voraussetzungen der verschiedenen Methoden in den einzelnen Mitgliedstaaten sehr unterschiedlich.[1280] Einige Staaten haben eine umfassende gesetzliche Regelung, andere Mitgliedstaaten haben nur Teilaspekte geregelt, und mehrere haben überhaupt keine einschlägigen Vorschriften.[1281] Auch inhaltlich unterscheiden sich die Regelungen erheblich. So ist z.B. die Eizellspende in manchen Ländern zulässig und in anderen verboten.[1282]

Inwieweit gesetzliche Verbote oder Zulassungsvoraussetzungen im Bereich der modernen Fortpflanzungsmedizin als Beschränkung der Fortpflanzungsfreiheit zulässig sind, hängt vom konkreten Verbot ab, der Abwägung der berechtigten Interessen, die mit dem Verbot geschützt werden sollen, und der Haltung der anderen Mitgliedstaaten hinsichtlich des vom Verbot betroffenen Regelungsobjekts.

In der Literatur wird das Recht auf Fortpflanzung auch auf das Recht auf Familiengründung gemäß Art. 12 EMRK gestützt.[1283]

4. *Europäische Geweberichtlinien*

Auf dem Gebiet der Fortpflanzungsmedizin sind zwei europäische Richtlinien zu beachten. Es handelt sich dabei um die Richtlinie 2004/23/EG[1284] des Europäischen Parlaments und des Rates vom 31.3.2004 zur Festlegung von Qualitäts- und Sicherheitsstandards für die Spende, Beschaffung, Testung, Verarbeitung, Konservierung, Lagerung und Verteilung von menschlichen Geweben und Zellen und um die Richtlinie 2006/17/EG[1285] der Kommission vom 8.2.2006 zur Durchführung der Richtlinie 2004/23/EG hinsichtlich technischer Vorschriften für die Spende, Beschaffung und Testung von menschlichen Geweben und Zellen.

1279 EGMR (3.11.2011), *S.H. u.a./Österreich*, 578130/00, Rn. 94.

1280 EGMR (3.11.2011), *S.H. u.a./Österreich*, 578130/00, Rn. 95.

1281 EGMR (3.11.2011), *S.H. u.a./Österreich*, 578130/00, Rn. 95; eine gute Übersicht über die Reglungsdichte und die Regelungsunterschiede in den einzelnen Ländern im Jahr 2010 bietet der Bericht „Comparative Analysis of Medically Assisted Reproduction in the EU: Regulation and Technologies", abrufbar unter http://ec.europa.eu/health/blood_tissues_organs/docs/study_eshre_en.pdf.

1282 Comparative Analysis of Medically Assisted Reproduction in the EU: Regulation and Technologies, abrufbar unter http://ec.europa.eu/health/blood_tissues_organs/docs/study_eshre_en.pdf.

1283 *Rütz*, S. 83; siehe auch *Gassner/Kersten/Krüger/Lindner/Rosenau/Schroth*, S. 32 zur parallelen Frage, ob das Grundrecht auf Fortpflanzung im deutschen Grundgesetz aus dem Recht auf Selbstbestimmung (Art. 1 Abs. 1 i.V.m. Art. 2 Abs. 1) oder aus dem Schutz der Familie folgt (Art. 6 Abs. 1 GG) folgt.

1284 ABl L 102 v. 7.4.2004.

1285 ABl L 38 v. 9.2.2006.

Richtlinien sind grundsätzlich nicht unmittelbar in den Mitgliedstaaten anwendbar, sondern bedürfen einer innerstaatlichen Umsetzung, Art. 288 Abs. 3 Vertrag über die Arbeitsweise der Europäischen Union (AEUV).[1286]

Ziel der oben genannten Richtlinien ist die Schaffung einheitlicher Rahmenbedingungen für die Gewährleistung hoher Qualitäts- und Sicherheitsstandards für zur Verwendung beim Menschen bestimmte menschliche Gewebe und Zellen zur Verhütung der Übertragung von Krankheiten (Art. 1 und Erwägungsgründe 4, 31 und 1 der Richtlinie 2004/23/EG). Die Richtlinie 2004/23/EG findet auch Anwendung auf Eizellen, Samenzellen, fötale Gewebe und Zellen sowie adulte und embryonale Stammzellen (Erwägungsgrund 7). Allerdings beschränkt die Richtlinie nicht die Entscheidung der Mitgliedstaaten über die Verwendung oder Nichtverwendung spezifischer Arten von menschlichen Zellen, einschließlich der Keimzell (Erwägungsgrund 12 S. 1). Ist jedoch eine Verwendung solcher Zellen in einem Mitgliedstaat zulässig, so verlangt die Richtlinie die Anwendung aller Bestimmungen, die erforderlich sind angesichts der besonderen Risiken dieser Zellen zum Schutz der öffentlichen Gesundheit und der Wahrung der Grundrechte (Erwägungsgrund 12 S. 2).

Somit entscheidet die Richtlinie nicht über die Frage, ob Samen-, Eizellen- oder Embryonenspenden zulässig sind. Sind jedoch entsprechende Verfahren in einem Mitgliedstaat zulässig, sind von diesem auch die Vorgaben der Richtlinie umzusetzen.

Dies gilt z.B. für den Grundsatz der Unentgeltlichkeit der Spende, Art. 12 RL 2004/23/EG.[1287] Im Erwägungsgrund 19 der Richtlinie 2004/23/EG wird die Unentgeltlichkeit

---

1286 Artikel 288 EAUV lautet:
„Für die Ausübung der Zuständigkeiten der Union nehmen die Organe Verordnungen, Richtlinien, Beschlüsse, Empfehlungen und Stellungnahmen an.
Die Verordnung hat allgemeine Geltung. Sie ist in allen ihren Teilen verbindlich und gilt unmittelbar in jedem Mitgliedstaat.
Die Richtlinie ist für jeden Mitgliedstaat, an den sie gerichtet wird, hinsichtlich des zu erreichenden Ziels verbindlich, überlässt jedoch den innerstaatlichen Stellen die Wahl der Form und der Mittel. (...)."

1287 Art. 12 RL 2004/23/EG lautet:
„(1) Die Mitgliedstaaten streben danach, freiwillige und unentgeltliche Spenden von Geweben und Zellen sicherzustellen.
Spender können eine Entschädigung erhalten, die streng auf den Ausgleich der in Verbindung mit der Spende entstandenen Ausgaben und Unannehmlichkeiten beschränkt ist. In diesem Fall legen die Mitgliedstaaten die Bedingungen fest, unter denen eine Entschädigung gewährt werden kann. (...).
(2) Die Mitgliedstaaten treffen alle erforderlichen Maßnahmen, um sicherzustellen, dass jede Werbung und sonstige Maßnahmen zur Förderung von Spenden menschlicher Gewebe und Zellen im Einklang mit den von den Mitgliedstaaten festgelegten Leitlinien oder Rechtsvorschriften stehen.
Diese Leitlinien oder Rechtsvorschriften enthalten geeignete Beschränkungen oder Verbote, damit der Bedarf an menschlichen Geweben und Zellen oder deren Verfügbarkeit nicht in der Absicht bekannt gegeben werden, finanziellen Gewinn oder vergleichbare Vorteile in Aussicht zu stellen oder zu erzielen.

wie folgt begründet: „Freiwillige und unentgeltliche Spenden von Geweben und Zellen sind ein Faktor, der zu hohen Sicherheitsstandards für Gewebe und Zellen und deshalb zum Schutz der Gesundheit des Menschen beitragen kann." Diese Begründung entspricht auch dem allgemeinen Zweck der Richtlinie, Qualitäts- und Sicherheitsstandards zum Schutz der Gesundheit festzulegen.[1288] Aufwandsentschädigungen sind jedoch nach Art. 12 Abs. 1 UAbs. 2 der Richtlinie 2004/23/EG zulässig.

Ein wichtiger Grundsatz der Richtlinie 2004/23/EG ist die „Rückverfolgbarkeit". So fordert die Richtlinie ein geeignetes System der Rückverfolgbarkeit menschlicher Zellen und Gewebe zur Überprüfung der Qualitäts- und Sicherheitsstandards. Die Umsetzung der Rückverfolgbarkeit soll durch Verfahren für die fehlerfreie Identifizierung von Substanzen, Spendern, Empfängern, vermittelnden Einrichtungen und Laboratorien und das Führen von Aufzeichnungen erfolgen (Erwägungsgrund 28). In Art. 8 der Richtlinie 2004/23/EG sind dazu Details geregelt.[1289] Danach haben die Mitgliedstaaten die Rückverfolgbarkeit einer Spende zum Spender zu gewährleisten und die Angaben zur Spenderidentität für dreißig Jahre aufzubewahren.

Die Dokumentation und Rückverfolgbarkeit der Identität der Spender und Empfänger soll der Wahrung und Überprüfung der Sicherheitsstandards dienen und nicht den Kenntnisinteressen der Beteiligten über die Identität von Spender oder Empfänger. So lautet Art. 14 Abs. 3 der Richtlinie 2004/23/EG: „Die Mitgliedstaaten treffen alle erforderlichen Maßnahmen, um sicherzustellen, dass die Identität des Empfängers (der Empfänger) dem Spender oder seiner Familie und umgekehrt nicht bekannt gegeben wird; dies berührt nicht die geltenden Rechtsvorschriften der Mitgliedstaaten über die Bedingungen für die Weitergabe, insbesondere bei Gametenspenden."[1290] Die Richtlinie enthält keine Bestimmung über Ansprüche

---

Die Mitgliedstaaten streben danach, sicherzustellen, dass die Beschaffung von Geweben und Zellen als solche auf nichtkommerzieller Grundlage erfolgt."

1288 Siehe oben S. 219.

1289 Art. 8 RL 2004/23/EG lautet:
„(1) Die Mitgliedstaaten stellen sicher, dass sämtliche Gewebe und Zellen, die in ihrem Hoheitsgebiet beschafft, verarbeitet, gelagert oder verteilt werden, vom Spender zum Empfänger und umgekehrt zurückverfolgt werden können. Diese Rückverfolgbarkeit betrifft auch alle einschlägigen Daten über Produkte und Materialien, die mit diesen Geweben und Zellen in Berührung kommen.
(2) Die Mitgliedstaaten stellen sicher, dass ein Spenderidentifizierungssystem eingeführt wird, bei dem jede Spende und jedes daraus hervorgegangene Produkt mit einem einheitlichen Code versehen werden.
(3) (...)
(4) Die Gewebeeinrichtungen bewahren die Daten auf, die zur Sicherstellung der Rückverfolgbarkeit auf allen Stufen erforderlich sind. Die für die lückenlose Rückverfolgbarkeit benötigten Daten sind nach der klinischen Verwendung mindestens 30 Jahre lang aufzubewahren. Die Aufbewahrung der Daten kann auch in elektronischer Form erfolgen. (...)"

1290 Fast identisch im Wortlaut ist auch der Erwägungsgrund 29: „Als allgemeiner Grundsatz sollte gelten, dass die Identität des Empfängers (der Empfänger) dem

eines durch Zellspenden gezeugten Kindes auf Auskunft über die Spenderidentität, allerdings schließt die Richtlinie entsprechende Ansprüche aus nationalem Recht ausdrücklich nicht aus.

Auf die Umsetzung der dargestellten Richtlinien durch das österreichische Gewebesicherheitsgesetz und das deutsche Transplantationsgesetz wird unten bei den Ausführungen zu den nationalen Rechtsquellen eingegangen.[1291]

B. Nationale gesetzliche Grundlagen der Fortpflanzungsmedizin

1. Österreich

In Österreich sind die meisten Rechtsfragen zur medizinisch unterstützten Fortpflanzung mit Ausnahme der Abstammungsregelungen und den Vorschriften zur Gewebesicherheit im Fortpflanzungsmedizingesetz (FMedG) geregelt. Das FMedG trat am 1.7.1992 in Kraft[1292] und wurde mit Wirkung zum 24.2.2015 umfassend reformiert.[1293]

Nach der ursprünglichen Fassung war die heterologe Insemination die einzige zulässige Methode der Fortpflanzungsmedizin mit einer Keimzellspende. Die medizinisch unterstützte Fortpflanzung war auch nur in einer Ehe oder Lebensgemeinschaft von Personen verschiedenen Geschlechts zulässig, § 2 Abs. 1 FMedG a.F.

Infolge der Reform des FMedG sind nun auch die In-vitro-Fertilisation mit einer Samenspende und die Eizellspende zulässig.[1294] Außerdem stehen die zulässigen Methoden der Fortpflanzungsmedizin auch Frauen zur Verfügung, die in einer eingetragenen Partnerschaft oder Lebensgemeinschaft mit einer Frau leben.[1295]

Anlass für die Gesetzesreform war die Entscheidung des Verfassungsgerichtshofs vom 10.12.1013, in welcher er unter anderem die Beschränkung der Inanspruchnahme der Fortpflanzungsmedizin auf Paare verschiedenen Geschlechts (§ 2 Abs. 1 FMedG a. F.) für verfassungswidrig erkannte und mit Wirkung zum 1.1.2015 außer Kraft setzte.[1296]

Nach § 16 Abs. 1 S. 1 FMedG dürfen Keimzell nicht Gegenstand eines entgeltlichen Rechtsgeschäfts sein. Die Vereinbarung oder Annahme einer Aufwandsentschädigung gilt als entgeltliches Rechtsgeschäft, wenn und soweit die Aufwandsentschädigung über die nachgewiesenen Barauslagen, die im Zusammenhang mit der medizinischen

---

Spender oder seiner Familie und umgekehrt nicht bekannt gegeben wird, unbeschadet der geltenden Rechtsvorschriften der Mitgliedstaaten über die Bedingungen der Weitergabe, die in Ausnahmefällen, insbesondere bei Gametenspenden, die Aufhebung der Anonymität des Spenders erlauben können."

1291 Für Deutschland siehe S. 224 f. und für Österreich S. 222 f.

1292 öBGBl I Nr. 275/1992, S. 1299 ff.

1293 öBGBl I Nr. 35/2015.

1294 RV 445 Blg NR XXV. GP, S. 1.

1295 RV 445 Blg NR XXV. GP, S. 1.

1296 RV 445 Blg NR XXV. GP, S. 1; VfGH (10.12.2013), G 16/2013 und G 44/2013. Siehe dazu unten S. 234 ff.

Behandlung bei der Überlassung von Samen und Eizellen getätigt wurden, hinausgeht, § 16 Abs. 1 S. 2 FMedG.

Das Gebot der Unentgeltlichkeit war schon in der ersten Fassung des FMedG im Jahr 1992 enthalten und beruht auf moralischen Erwägungen: „Die Vorstellung, daß der Zeugung eines Kindes der Erwerb des Samens vorangeht, daß sich das Kind mittelbar gleichsam kaufen läßt, widerspricht in höchstem Maße dessen Würde."[1297]

Auch die europäische Richtlinie 2004/23/EG vom 31.3.2004 zur Festlegung von Qualitäts- und Sicherheitsstandards für die Spende, Beschaffung, Testung, Verarbeitung, Konservierung, Lagerung und Verteilung von menschlichen Geweben und Zellen[1298] fordert die Unentgeltlichkeit der Zellspende, gestattet jedoch Entschädigungen, die sich auf den Ausgleich der in Verbindung mit der Spende entstandenen Ausgaben und Unannehmlichkeiten beschränken. Im Ergebnis ist das österreichische Verbot von entgeltlichen Keimzellspenden europarechtskonform, wenn auch das Europarecht das Verbot der Entgeltlichkeit der Spende mit dem Schutz der Gesundheit begründet[1299] und der österreichische Gesetzgeber die Menschenwürde des zu zeugenden Kindes als Argument anführt.

Das FMedG enthält schon seit 1992 einen Anspruch des Kindes gegen den Arzt auf Offenbarung der Identität des Samenspenders, § 20 Abs. 2 FMedG.[1300] Die Norm wurde mit der Legalisierung der Eizellspenden mit Wirkung zum 24.2.2015 nun um einen Anspruch auf Nennung der Eizellspenderin ergänzt.[1301]

Neben dem FMedG enthält außerdem das Bundesgesetz über die Festlegung von Qualitäts- und Sicherheitsstandards für die Gewinnung, Verarbeitung, Lagerung und Verteilung von menschlichen Zellen und Geweben zur Verwendung beim Menschen (Gewebesicherheitsgesetz oder GSG) Regelungen, die auf die Keimzellspende anwendbar sind.[1302] Das Gewebesicherheitsgesetz trat am 20.3.2008 in Kraft und soll in Umsetzung der europäischen Geweberichtlinien die Qualität und Sicherheit von zur medizinischen Verwendung bestimmten menschlichen Zellen und Gewebe gewährleisten.[1303] Das GSG regelt die Gewinnung von menschlichen Zellen und Geweben zur Verwendung beim Menschen (§ 1 Abs. 1 S. 1 GSG). Zellen im Sinne des Gewebesicherheitsgesetzes sind Zellansammlungen, die nicht von Bindegewebe zusammengehalten werden, und einzelne menschliche Zellen, § 2 Nr. 1 GSG. Damit gelten die Regelungen des GSG auch für die Spende von Keimzell. Dies bedeutet, dass sich die Anwendungsbereiche des Fortpflanzungsmedizingesetzes und des

---

1297 RV 216 Blg NR XVIII. GP, S. 22.

1298 ABl L 102 vom 7.4.2004.

1299 Siehe oben S. 219.

1300 Siehe ausführlich unten S. 238 ff. Ein Kenntnisinteresse des Kindes noch verneinend aber aus gesundheitspolitischen Gründen (Inzestgefahr) einer Spenderdokumentation im Personenstandsregister auch im Sinne einer Gleichstellung mit der Adoption nicht abgeneigt, *Bernat*, in: *Bernat*, Menschenhand, S. 125 (155).

1301 Siehe unten S. 277, 238.

1302 öBGBl I Nr.49/2008.

1303 Blg NR RV 261 GP XXIII, S. 3.

Gewebesicherheitsgesetzes überschneiden.[1304] Zum generellen Verhältnis der beiden Gesetze zueinander hat sich der Gesetzgeber nicht geäußert.

Lediglich bei einzelnen vermeintlichen Widersprüchen hat der Gesetzgeber klarstellende Regelungen getroffen: So enthält der § 18 GSG über die Verschwiegenheitspflichten in Abs. 3 S. 2 die Regelung, dass § 20 Abs. 2 FMedG über das Auskunftsrecht des künstlich gezeugten Kindes von den Verschwiegenheitspflichten des GSG unberührt bleibt.[1305] Diese Ausnahme von der Vertraulichkeit der Spenderdaten ist zulässig gemäß der Vorgaben des Art. 14 Abs. 3 RL 2004/23/EG.[1306]

Daneben hat der Gesetzgeber im Zuge der Einführung des GSG den § 5 Abs. 2 FMedG im Wortlaut geringfügig geändert. Die Norm, welche die Zulassung von Krankenanstalten für den Bereich der Fortpflanzungsmedizin regelt, enthält nun neben den bisherigen konkreten Zulassungskriterien wie z.B. personelle Ausstattung auch allgemein das „Vorliegen der rechtlichen Befugnisse", womit indirekt auf die zusätzlichen Zulassungskriterien des GSG verwiesen wird.[1307] So muss z.B. nach § 23 Abs. 1 Nr. 7 GSG jede Einrichtung, in der Tätigkeiten im Zusammenhang mit der Verarbeitung, Lagerung oder Verteilung menschlicher Zellen und Gewebe zur Anwendung beim Menschen ausgeführt werden, ein Verfahren nachweisen, mit dem jedes verteilte Produkt, das mit einem schwerwiegenden Zwischenfall oder einer schwerwiegenden unerwünschten Reaktion in Verbindung stehen könnte, zurückgerufen werden kann.

Im Übrigen sind keine Widersprüche zwischen dem Fortpflanzungsmedizingesetz und dem Gewebesicherheitsgesetz erkennbar, vielmehr ergänzen sich die beiden Gesetze und kommen kumulativ zur Anwendung.[1308] Dabei regelt das FMedG vor allem die Zulässigkeit einzelner Fortpflanzungsmethoden und das GSG gibt die bei der Durchführung der Keimzellspenden zu beachtenden Regelungen zur Sicherung der Qualität der Behandlung vor.

2. *Deutschland*

Ein umfassendes Fortpflanzungsmedizingesetz wie das österreichische existiert in Deutschland nicht, vielmehr befinden sich Detailregelungen mit Bezug zur Fortpflanzungsmedizin in verschiedenen Gesetzen, z.B. im Embryonenschutzgesetz (ESchG), im Transplantationsgesetz (TPG) und im Adoptionsvermittlungsgesetz (AdVermiG). Wie im österreichischen Recht werden auch im deutschen die abstammungsrechtlichen Besonderheiten, die im Zusammenhang mit der Anwendung der Fortpflanzungsmedizin zu berücksichtigen sein können, im Familienrecht geregelt.

1304 *Steininger*, Rn. 2/65.

1305 § 18 GSG lautet: „(...) (3) Angaben über die Person von Spender und Empfänger sind vom Auskunftsrecht des § 26 Datenschutzgesetz 2000 ausgenommen. § 20 Fortpflanzungsmedizingesetz, (...) bleibt davon unberührt."

1306 Siehe oben S. 220.

1307 *Steininger*, Rn. 2/66.

1308 *Steininger*, Rn. 2/65.

So regelt § 1600 Abs. 5 BGB das Verbot der Anfechtung der Vaterschaft durch die Mutter und den Wunschvater, wenn die Mutter und der Wunschvater zuvor in die künstliche Befruchtung mit der Samenspende eines Dritten eingewilligt hatten. Die Vaterschaftsanfechtung durch das Kind oder den Samenspender ist - anders als im österreichischen Recht[1309] - nicht ausgeschlossen.

a) Embryonenschutzgesetz

Das „Gesetz zum Schutz von Embryonen" (Embryonenschutzgesetz oder ESchG)[1310] regelt, welche Fortpflanzungstechniken unzulässig sind, und enthält Strafvorschriften für bestimmte Verstöße. Nach § 4 Abs. 1 Nr. 3 ESchG ist z.B. jede wissentliche künstliche Befruchtung mit dem Samen eines schon verstorbenen Mannes unzulässig.

Außerdem sind Eizellspenden[1311] (§ 1 Abs. 1 Nr. 1 ESchG) und Embryospenden[1312] (§ 1 Abs. 1 Nr. 6 ESchG) sowie die künstliche Befruchtung einer Frau, die das Kind nach der Geburt dauerhaft Dritten überlassen will, (§ 1 Abs. 1 Nr. 7 ESchG) und die Herstellung eines geklonten Embryos (§ 6 Abs. 1 ESchG) verboten.

Darüber hinaus enthält das Embryonenschutzgesetz noch weitere Verbote, die jedoch nicht den Gegenstand dieser Arbeit berühren.

b) Transplantationsgesetz

Regelungen über die Keimzellspende finden sich auch im „Gesetz über die Spende, Entnahme und Übertragung von Organen und Geweben" (Transplantationsgesetz oder TPG) und der „Verordnung über die Anforderungen an Qualität und Sicherheit der Entnahme von Geweben und deren Übertragung nach dem Transplantationsgesetz" (TPG-GewV) vom 26.3.2008.[1313] Diese Verordnung wurde vom Bundesministerium für Gesundheit aufgrund der Ermächtigung durch § 16a S. 1 und 2 TPG erlassen.

Das TPG und die TPG-GewV dienen der Umsetzung der europäischen Geweberichtlinien.[1314]

Das Transplantationsgesetz gilt für die Spende und Entnahme von menschlichen Organen und Geweben, § 1 Abs. 2 S. 1 TPG. Gewebe im Sinne des TPG sind alle aus Zellen bestehenden Bestandteile des Körpers, die keine Organe sind, und einzelne menschliche Zellen, § 1a Nr. 4 TPG.

Damit sind Keimzell Gewebe im Sinne des Transplantationsgesetzes, und ihre Spende unterliegt dessen Regelungen über die Gewebespende.[1315] Allerdings bleiben nach § 22 TPG durch die Regelungen des TPG die Vorschriften des Embryonen-

1309 Siehe oben S. 95; siehe zum deutschen Recht S. 87 f.
1310 BGBl I 1990, S. 2746.
1311 Siehe ausführlich unten S. 276.
1312 Siehe ausführlich unten S. 280.
1313 BGBl I 2008, S. 512.
1314 Siehe oben S. 230 ff. BT-Drucks. 16/3146, S. 1.
1315 BT-Drucks. 16/3146, S. 21, 23.

schutzgesetzes (ESchG) unberührt. Demnach regelt das TPG die medizinrechtlichen Anforderungen zur Wahrung der Qualität und Sicherheit bei Gewebespenden, bestimmt jedoch nicht, welche Gewebe gespendet oder für die Fortpflanzungsmedizin verwendet werden dürfen; dies regelt das ESchG.[1316] So heben die Regelungen des TPG über die Durchführung von Keimzellspenden z.B. nicht das in § 1 Abs. 1 Nr. 1 ESchG geregelte Verbot der Eizellspende auf.

Der Handel mit Geweben ist in Deutschland gemäß § 17 TPG verboten. Mit dem Verbot wird Art. 12 der Geweberichtlinie 2004/23/EG Rechnung getragen, dem zufolge die Mitgliedstaaten danach streben, sicherzustellen, dass Spenden von Geweben und Zellen freiwillig und unentgeltlich erfolgen (Art. 12 Abs. 1 UAbs. 1) und die Beschaffung von Geweben und Zellen auf nichtkommerzieller Grundlage erfolgt (Art. 12 Abs. 2 UAbs. 2).[1317] Bloße Aufwandsentschädigungen sind nach Art. 12 Abs. 1 UAbs. 2 der Richtlinie 2004/23/EG jedoch zulässig.[1318] Auch das Handelsverbot des § 17 TPG schließt Aufwandsentschädigungen für Samenspender nicht aus.[1319]

c) Adoptionsvermittlungsgesetz

Das Adoptionsvermittlungsgesetz (AdVermiG) heißt mit Langtitel „Gesetz über die Vermittlung der Annahme als Kind und über das Verbot der Vermittlung von Ersatzmüttern“.[1320] Der letztgenannte Teil des Gesetzes steht im Zusammenhang mit der Fortpflanzungsmedizin. Nach § 13c AdVermiG ist die Vermittlung von Ersatzmüttern verboten, ebenso wie die öffentliche Suche, insbesondere durch Zeitungsanzeigen, nach Ersatzmüttern oder Bestelleltern. Für die Begriffe „Ersatzmutter“ und „Bestelleltern“ enthält das AdVermiG Legaldefinitionen. Unter einer Ersatzmutter versteht das Gesetz eine Frau, die auf Grund einer Vereinbarung bereit ist, sich einer künstlichen oder natürlichen Befruchtung zu unterziehen oder einen nicht von ihr stammenden Embryo auf sich übertragen zu lassen oder sonst auszutragen und das Kind nach der Geburt Dritten zur Annahme als Kind oder zur sonstigen dauerhaften Aufnahme zu überlassen, § 13a AdVermiG. Bestelleltern sind nach der Legaldefinition des § 13b S. 1 AdVermiG Personen, die ein aus einer Ersatzmutterschaft entstandenes Kind als Kind annehmen oder auf sonstige Weise dauerhaft bei sich aufnehmen wollen.

d) Standesrecht der Ärzte

Mangels eines deutschen Fortpflanzungsmedizingesetzes könnten bei rechtlichen Fragen im Zusammenhang mit der Fortpflanzungsmedizin die Regelungen des ärztlichen Standesrechts zur Anwendung kommen. So finden sich auch in der Literatur zur Fortpflanzungsmedizin Verweise auf die (Muster-)Berufsordnung der

---

1316 BT-Drucks. 16/3146, S. 21, 23, 37; Spickhoff/²*Middel/Scholz*, § 22 TPG Rn. 1.
1317 BT-Drucks. 16/3146, S. 35.
1318 Siehe oben S. 221.
1319 Spickhoff²/*Middel/Scholz*, § 17 TPG Rn. 2.
1320 BGBl 2002 I, S. 354.

Bundesärztekammer für die in Deutschland tätigen Ärztinnen und Ärzte (MBO-Ä)[1321] und die Richtlinie[1322] der Bundesärztekammer zur Durchführung der assistierten Reproduktion relevante Regelungen.[1323]

Nach § 13 Abs. 1 MBO-Ä haben Ärzte bei speziellen medizinischen Maßnahmen oder Verfahren, die ethische Probleme aufwerfen, gegebenenfalls existierende Empfehlungen der Ärztekammer zur Indikationsstellung und zur Ausführung zu beachten. In der offiziellen Anmerkung zu § 13 MBO-Ä wird klargestellt, dass ein besonderes medizinisches Verfahren im Sinne dieses Paragraphen die assistierte Reproduktion ist.[1324] Zusätzlich enthält die Anmerkung einen Verweis auf die zur assistierten Reproduktion verfasste Richtlinie der Bundesärztekammer.[1325]

Hier stellt sich jedoch die Frage, welche rechtliche Bedeutung die Musterberufsordnung und insbesondere die Richtlinie zur assistierten Reproduktion der Bundesärztekammer hat. In diesem Zusammenhang ist zunächst die Rechtsnatur der Berufsordnungen zu klären.

Die Ärztekammern der einzelnen Bundesländer sind Körperschaften des öffentlichen Rechts, die auf dem Prinzip der Pflichtmitgliedschaft beruhen.[1326] Durch die Kammer- und Heilberufegesetze der Länder wurde den Landesärztekammern das Recht verliehen, die Berufspflichten der Ärzte in Berufsordnungen zu regeln.[1327] Diese Berufsordnungen sind im Rechtssinne von den Ärztekammern als autonomen Berufsverbänden erlassene Satzungen.[1328] Damit sind die Berufsordnungen unmittelbar geltendes Recht, sie enthalten materielle Regelungen für die Berufsausübung der Ärzte.[1329]

Dagegen ist die Bundesärztekammer keine Körperschaft des öffentlichen Rechts, sondern nur der privatrechtlich organisierte Dachverband der Landesärztekammern.[1330] Damit verfügt die Bundesärztekammer auch nicht über die vom Gesetzgeber verliehene Kompetenz öffentlich-rechtliche Satzungen zu erlassen. Allerdings können ihre Ordnungen und Richtlinien im Wege der Rezeption durch die Landesärztekammern in deren Satzungen aufgenommen werden. Dies ist regelmäßig der Fall.

Es ist jedoch zweifelhaft, ob die Landesärztekammern umfassende Regelungen für die Durchführung der assistierten Reproduktion wirksam festlegen können.[1331] Zur Klärung dieser Frage sind der Umfang und die Grenzen der Satzungsautonomie

1321 DÄ 2011, A-1980.
1322 DÄ 2006, A-1392.
1323 *Kollhosser*, JA 1985, S. 553 (558) verweist auf die damals geltenden Fassungen.
1324 DÄ 2011, A-1984.
1325 DÄ 2011, A-1984.
1326 BVerfG (9.5.1972), NJW 1972, S. 1504 (1505); *Rütz*, S. 79.
1327 BVerfG (9.5.1972), NJW 1972, S. 1504 (1505).
1328 BVerfG (9.5.1972), NJW 1972, S. 1504 (1505).
1329 BVerfG (9.5.1972), NJW 1972, S. 1504 (1505).
1330 *Rütz*, S. 78 f.
1331 *Rütz*, S. 79 bezieht sich bei dieser Frage auf die In-vitro-Fertilisation und die heterologe Insemination.

zu bestimmen. „Die Verleihung von Satzungsautonomie hat ihren guten Sinn darin, gesellschaftliche Kräfte zu aktivieren, den entsprechenden gesellschaftlichen Gruppen die Regelung solcher Angelegenheiten, die sie selbst betreffen und die sie in überschaubaren Bereichen am sachkundigsten beurteilen können, eigenverantwortlich zu überlassen, und dadurch den Abstand zwischen Normgeber und Normadressat zu verringern."[1332]

Die grundgesetzliche Ordnung setzt jedoch der Verleihung und Ausübung von Satzungsgewalt Grenzen.[1333] Dies folgt aus dem Rechtsstaatsprinzip und dem Prinzip der Demokratie: Jede Ordnung eines Lebensbereichs durch Sätze objektiven Rechts muss auf eine Willensentscheidung der vom Volk bestellten Gesetzgebungsorgane zurückzuführen sein.[1334] Dabei hat der Gesetzgeber die klare Kompetenzordnung zu beachten, so dass Machtmissbrauch verhütet und die Rechte und Freiheit des Einzelnen gewahrt werden.[1335] Um jedoch auch dem Selbstverwaltungsprinzip Rechnung zu tragen, welches ebenfalls seine Wurzeln im Demokratieprinzip hat, ist die Ausstattung der Berufsverbände mit Satzungsgewalt nicht generell unzulässig.[1336] Es muss jedoch berücksichtigt werden, dass die Rechtsetzung durch Berufsverbände spezifische Gefahren für die Betroffenen und die Allgemeinheit mit sich bringen kann.[1337] Ob und inwieweit ein Berufsverband zur berufsregelnden Rechtsetzung ermächtigt werden darf, hängt von der Intensität der damit verbundenen Eingriffe ab.[1338] Regelungen, die den Kreis der eigenen Angelegenheiten überschreiten und schutzwürdige Interessen von Nichtmitgliedern berühren, dürfen nur vom parlamentarischen Gesetzgeber getroffen werden.[1339] Dagegen dürfen Einzelfragen fachlich-technischen Charakters durch das Satzungsrecht eines Berufsverbandes geregelt werden.[1340] Damit dürfen die Landesärztekammern durch Rezeption der Richtlinie über die assistierte Reproduktion auch nur fachlich-technische Aspekte der Fortpflanzungsmedizin festlegen. Regelungen, die die Grundrechte Dritter betreffen, kann der Berufsverband nicht wirksam erlassen. Dies gilt auch für Bestimmungen zur Speicherung der Daten über Keimzellspender oder Auskunftsansprüche des künstlich gezeugten Kindes, da diese Themen die Grundrechte verbandsfremder Dritter berühren, nämlich z.B. das Recht des künstlich gezeugten Kindes auf

1332 BVerfG (9.5.1972), NJW 1972, S. 1504 (1506).
1333 BVerfG (9.5.1972), NJW 1972, S. 1504 (1506).
1334 BVerfG (9.5.1972), NJW 1972, S. 1504 (1506).
1335 BVerfG (9.5.1972), NJW 1972, S. 1504 (1506).
1336 BVerfG (9.5.1972), NJW 1972, S. 1504 (1506).
1337 BVerfG (9.5.1972), NJW 1972, S. 1504 (1506).
1338 BVerfG (9.5.1972), NJW 1972, S. 1504 (1507).
1339 BVerfG (9.5.1972), NJW 1972, S. 1504 (1507); *Benda*, NJW 1985, S. 1730 (1734).
1340 BVerfG (9.5.1972), NJW 1972, S. 1504 (1507); *Benda*, NJW 1985, S. 1730 (1734); *von Sethe* S. 347.

Kenntnis seiner Abstammung[1341] und das Recht der Keimzellspender auf informationelle Selbstbestimmung.

Daher fordert die Literatur vom Gesetzgeber neben der Normierung einer Dokumentations- und Archivierungspflicht auch die Einführung einer Auskunftspflicht des Arztes gegenüber dem mittels Spende gezeugten Kind.[1342]

Nicht nachvollziehbar ist daher der Vorschlag auf dem Gebiet der Fortpflanzungsmedizin auf die „Selbstbeschränkung der Ärzte [zu] vertrauen und legislatorische Zurückhaltung [zu] üben."[1343]

e) Gesetzesinitiativen

Die Stimmen in der Literatur, die ein modernes Fortpflanzungsmedizingesetz fordern, werden in jüngster Zeit lauter.[1344] Schon in den 1980er Jahren schien zunächst die Einführung eines Fortpflanzungsmedizingesetzes absehbar: 1985 wurde die Benda-Kommission, eine interdisziplinäre Arbeitsgruppe zum Thema „In-vitro-Fertilisation, Genomanalyse und Gentherapie", geschaffen, 1986 entstanden interministerielle Arbeitsgruppen der Länder Bayern und Rheinland-Pfalz und 1988 wurde eine Bund-Länder-Arbeitsgruppe „Fortpflanzungsmedizin" ins Leben gerufen.[1345] Lag die Zuständigkeit ursprünglich gemäß Art. 30, 70 Abs. 1 GG bei den Ländern, erlangte der Bund im Jahr 1994 die konkurrierende Gesetzgebungskompetenz, Art. 72 Abs. 1 i.V.m. Art. 74 Abs. 1 Nr. 26 GG.[1346]

1341 *Donhauser*, S. 185; *Naumann*, ZRP 1999, S. 142 (143); *von Sethe*, S. 347; vgl. auch *Laufs*, NJW 1986, S. 1515 (1516); a.A. *Harder*, JuS 1986, S. 505 (512).

1342 *Donhauser*, S. 185.

1343 *Harder*, JuS 1986, S. 505 (512); ebenfalls standesrechtliche Normen genügen lassend: *Deutsch*, in: *Dietrich-Reichart*, S. 251 (266), der eine standesrechtliche Dokumentationspflicht fordert; *ders.*, MDR 1985, S. 177 (181), der im Falle der heterologen Insemination nur die Regelung der familienrechtlichen und erbrechtlichen Konsequenzen als Aufgabe des parlamentarischen Gesetzgebers sieht und für alle anderen Aspekte eine Regelung durch das Standesrecht empfiehlt; *Hofmann*, JZ 1986, S. 253 (257).

1344 *Dethloff/Gerhardt*, ZRP 2013, S. 91 ff.; *Zypries/Zeeb*, ZRP 2014, S. 54 ff.; vor allem auf das Fehlen von Regelungen im Zusammenhang mit einem Auskunftsanspruch des Kindes (Auskunftsanspruch als solcher, Daten verwaltende Institution, Regelungen über die Kontaktaufnahme zwischen Spender und Kind) abstellend *Fink/Grün*, NJW 2013, S. 1913 (1917). Zum Regelungsbedarf im Abstammungsrecht zur Vermeidung von unterhaltsrechtlichen und erbrechtlichen Konsequenzen zu Lasten der Familie des Spenders siehe *Meier*, NZFam 2014, S. 337 (343). Zum Reformbedarf im Zusammenhang mit der Fortpflanzungsmedizin allgemein *Schumann*, MedR 2014, S. 736 (748 f.).

1345 Vgl. *Naumann*, ZRP 1999, S. 142 (143, Fn. 16).

1346 BGBl I 1994, S. 3146.

Im Jahr 2013 veröffentlichte eine Arbeitsgruppe aus Professoren der Universität Augsburg und der Ludwig-Maximilians-Universität München einen Gesetzentwurf für ein deutsches Fortpflanzungsmedizingesetz (AME-FMedG).[1347]

Dieser Gesetzentwurf gliedert sich in acht Abschnitte.[1348] Abschnitt eins (§§ 1 und 2 AME-FMedG) enthält allgemeine Vorschriften. § 1 AME-FMedG legt als Gegenstand des Gesetzes die medizinisch unterstützte Fortpflanzung beim Menschen fest.[1349] In § 2 AME-FMedG finden sich die Legaldefinitionen zu den im Entwurf verwendeten Begriffen.[1350] Im zweiten Abschnitt (§§ 3–8) enthält der Entwurf Regelungen über die zulässigen Formen der medizinisch unterstützten Fortpflanzung verbunden mit einzelnen Einschränkungen.[1351]

Im dritten Abschnitt, dem Abschnitt über „Missbräuchliche Fortpflanzungstechniken" (§§ 9–12 AME-FMedG), finden sich Verbote über die Anwendung bestimmter Techniken, wobei auch einzelne zulässige Ausnahmefälle geregelt sind.[1352]

Der vierte Abschnitt des AME-FMedG (§§ 13–16) regelt den Umgang mit überzähligen Embryonen, deren Übertragung auf die Frau aus rechtlichen oder tatsächlichen Gründen nicht mehr erfolgen kann.[1353]

Der fünfte Abschnitt des AME-FMedG (§§ 17–22) enthält Vorschriften zu verschiedenen Themen. So regelt § 17 den Arztvorbehalt,[1354] die §§ 18 und 19 legen die ärztlichen Aufklärungs-[1355] und Beratungspflichten[1356] fest, § 20 regelt den Einwilligungsvorbehalt[1357] der Beteiligten einer medizinisch unterstützten Fortpflanzung und § 21 den Widerruf[1358] der Einwilligung. In § 22 finden sich die Dokumentationspflichten[1359] des Arztes und § 23 normiert die bisher nicht gesetzlich geregelten Auskunftsrechte[1360] des gesetzlichen Vertreters und des mit Hilfe der Fortpflanzungsmedizin gezeugten Kindes.

Der sechste Abschnitt enthält Regelungen über eine interdisziplinär zusammengesetzte, unabhängige Fortpflanzungsmedizin-Kommission, die beim Robert-Koch-Institut einzurichten ist (§ 24 f. AME-FMedG).[1361] § 26 AME-FMedG bestimmt

1347 *Gassner/Kersten/Krüger/Lindner/Rosenau/Schroth.*
1348 Einen Überblick über die Regelungsgegenstände des Gesetzentwurfs bietet die Zusammenfassung bei *Gassner/Kersten/Krüger/Lindner/Rosenau/Schroth*, S. 42 ff.
1349 *Gassner/Kersten/Krüger/Lindner/Rosenau/Schroth*, S. 1, 42, 46.
1350 *Gassner/Kersten/Krüger/Lindner/Rosenau/Schroth*, S. 1 ff., 42, 46 ff.
1351 *Gassner/Kersten/Krüger/Lindner/Rosenau/Schroth*, S. 3 ff., 42, 48 ff.
1352 *Gassner/Kersten/Krüger/Lindner/Rosenau/Schroth*, S. 7 f., 42, 63 ff.
1353 *Gassner/Kersten/Krüger/Lindner/Rosenau/Schroth*, S. 9 f., 43, 71 ff.
1354 *Gassner/Kersten/Krüger/Lindner/Rosenau/Schroth*, S. 10, 43, 76.
1355 *Gassner/Kersten/Krüger/Lindner/Rosenau/Schroth*, S. 11, 43, 76 f.
1356 *Gassner/Kersten/Krüger/Lindner/Rosenau/Schroth*, S. 11, 43, 77.
1357 *Gassner/Kersten/Krüger/Lindner/Rosenau/Schroth*, S. 11, 43, 78.
1358 *Gassner/Kersten/Krüger/Lindner/Rosenau/Schroth*, S. 12, 43, 78.
1359 *Gassner/Kersten/Krüger/Lindner/Rosenau/Schroth*, S. 12, 43, 79.
1360 *Gassner/Kersten/Krüger/Lindner/Rosenau/Schroth*, S. 12 f., 43, 79 ff.
1361 *Gassner/Kersten/Krüger/Lindner/Rosenau/Schroth*, S. 13 ff., 43, 81 ff.

die Regelungen über die Zulassung von Einrichtungen zur Durchführung von medizinisch unterstützten Fortpflanzungstechniken.[1362]

Im siebten Abschnitt finden sich die Straf- und Bußgeldvorschriften (§ 27 f. AME-FMedG).[1363] Der achte Abschnitt des AME-FMedG (§ 29) handelt vom Inkrafttreten des Gesetzentwurfs.[1364]

Hervorzuheben ist, dass der Gesetzentwurf das Grundrecht auf Fortpflanzung als Ausfluss des in Art. 1 Abs. 1 i.V.m Art. 2 Abs. 1 GG verbürgten allgemeinen Persönlichkeitsrechts besonders in den Vordergrund stellt:[1365] Zum einen soll jeder Mensch unabhängig von seinem Familienstand und seiner sexuellen Orientierung Verfahren der medizinisch unterstützten Fortpflanzung in Anspruch nehmen können (§ 3 AME-FMedG),[1366] und zum anderen sollen alle Verfahren, die nach dem Stand der Wissenschaft auf die Herbeiführung einer Schwangerschaft ohne Geschlechtsverkehr zielen, zulässig sein, es sei denn, sie sind ausdrücklich verboten.[1367] Der Gesetzentwurf nennt in nicht abschließender Weise als zulässige Methoden die Samenspende (§ 5 AME-FMedG),[1368] die Eizellspende (§ 6 AME-FMedG),[1369] den Embryotransfer (§ 7 AME-FMedG)[1370] und die Leihmutterschaft (§ 8 AME-FMedG)[1371] und ist offen für neue, noch nicht existierende Fortpflanzungstechniken.[1372] Unzulässig sind laut dem Entwurf nur die Geschlechterwahl (§ 9 AME-FMedG),[1373] die Keimbahnintervention (§ 10 AME-FMedG),[1374] das Klonen (§ 11 AME-FMedG)[1375] sowie die Chimären- und Hybridbildung zur Fortpflanzung beim Menschen (§ 12 AME-FMedG)[1376].

1362 *Gassner/Kersten/Krüger/Lindner/Rosenau/Schroth*, S. 15, 43, 83 ff.
1363 *Gassner/Kersten/Krüger/Lindner/Rosenau/Schroth*, S. 15 ff., 43, 85 ff.
1364 *Gassner/Kersten/Krüger/Lindner/Rosenau/Schroth*, S. 17, 44, 88.
1365 *Gassner/Kersten/Krüger/Lindner/Rosenau/Schroth*, S. 29 ff.
1366 *Gassner/Kersten/Krüger/Lindner/Rosenau/Schroth*, S. 3, 48 f.
1367 *Gassner/Kersten/Krüger/Lindner/Rosenau/Schroth*, S. 33, 48.
1368 *Gassner/Kersten/Krüger/Lindner/Rosenau/Schroth*, S. 4 f., 38, 55 ff.
1369 *Gassner/Kersten/Krüger/Lindner/Rosenau/Schroth*, S. 5 f., 35 f., 57 ff.
1370 *Gassner/Kersten/Krüger/Lindner/Rosenau/Schroth*, S. 6, 59 ff.
1371 *Gassner/Kersten/Krüger/Lindner/Rosenau/Schroth*, S. 6 f, 37, 61 ff.
1372 *Gassner/Kersten/Krüger/Lindner/Rosenau/Schroth*, S. 48.
1373 *Gassner/Kersten/Krüger/Lindner/Rosenau/Schroth*, S. 7, 63 f.
1374 *Gassner/Kersten/Krüger/Lindner/Rosenau/Schroth*, S. 7 f., 33, 64 ff.
1375 *Gassner/Kersten/Krüger/Lindner/Rosenau/Schroth*, S. 8, 33, 67 ff.
1376 *Gassner/Kersten/Krüger/Lindner/Rosenau/Schroth*, S. 8, 33, 70 ff. Unter Chimärenbildung wird die Vereinigung von totipotenten Zellen von mindestens zwei genetisch unterschiedlichen Embryonen, lebenden oder toten Menschen zu einem Zellverband verstanden. Bei der Hybridbildung zur Fortpflanzung beim Menschen wird eine tierische Zelle in eine menschliche Eizelle oder eine menschliche Zelle in eine tierische Eizelle eingebracht.

Der Gesetzentwurf berücksichtigt auch das Recht auf Kenntnis der eigenen Abstammung.[1377] Zunächst stellt § 23 Abs. 1 AME-FMedG klar,[1378] dass die Dokumentation einer medizinisch unterstützten Fortpflanzung grundsätzlich vertraulich zu behandeln ist. Der Entwurf macht jedoch eine Ausnahme zu Gunsten des Kindes, welches durch Samenspende, Eizellspende, Embryotransfer oder Leihmutterschaft gezeugt wurde, und gewährt ihm ab dem vierzehnten Lebensjahr ein Recht auf Auskunft hinsichtlich seiner genetischen Abstammung und ein Recht auf Einsichtnahme in die ärztliche Dokumentation, § 23 Abs. 3 AME-FMedG.[1379] Diese umfasst auch die Identität der an der Behandlung beteiligten Personen und die Identität der Keimzell- oder Embryospender, § 22 Nr. 1, 6 AME-FMedG.[1380] Die ausdrückliche Regelung des Auskunftsanspruchs im Gesetzentwurf ist sehr zu begrüßen. Der Gesetzentwurf spricht vom vierzehnten Lebensjahr und nicht von der Vollendung des vierzehnten Lebensjahres. Damit besteht der Anspruch schon nach der Vollendung des dreizehnten Lebensjahres und somit drei Jahre früher als das Einsichtsrecht des Adoptivkindes aus § 63 Abs. 1 S. 1 PStG und ein Jahr früher als in Österreich.

1377 *Gassner/Kersten/Krüger/Lindner/Rosenau/Schroth*, S. 80 f.

1378 § 23 AME-FMedG lautet:
„§ 23 Auskunftsrecht
(1) Die Dokumentation einer medizinisch unterstützten Fortpflanzung ist vertraulich zu behandeln.
(2) In einem medizinisch begründeten Ausnahmefall zum Wohl des Kindes kann dessen gesetzlicher Vertreter mit Genehmigung des Familiengerichts ein Recht auf Auskunft hinsichtlich der genetischen Abstammung des Kindes und Einsichtnahme in die Dokumentation nach § 22 gegenüber dem zugelassenen Zentrum geltend machen.
(3) Eine Person, die im Rahmen einer medizinisch unterstützten Fortpflanzung mittels einer Samenspende (§ 6), eines Embryonentransfers (§ 7) oder im Rahmen einer Leihmutterschaft (§ 8) erzeugt wurde, hat ab ihrem 14. Lebensjahre ein Recht auf Auskunft hinstliche ihrer genetischen Abstammung und Einsichtnahme in die Dokumentation nach § 22 gegenüber dem zugelassenen Zentrum.“, *Gassner/Kersten/Krüger/Lindner/Rosenau/Schroth*, S. 12, 79 f.

1379 *Gassner/Kersten/Krüger/Lindner/Rosenau/Schroth*, S. 79 f.

1380 § 22 AME-FMedG lautet:
„§ 22 Dokumentation
Die verantwortliche ärztliche Person hat
1. die Identität der Beteiligten,
2. die Aufklärungen (§ 18),
3. die Beratungen (§ 19),
4. die Einwilligungserklärungen (§ 20) und
5. einen Widerruf (§ 21) zu dokumentieren sowie davon getrennt
6. die Identität dritter Personen, wenn diese Keimzell oder einen Embryo für die konkrete medizinisch unterstützte Fortpflanzung gespendet haben.“, *Gassner/Kersten/Krüger/Lindner/Rosenau/Schroth*, S. 79.

C. Methoden der Fortpflanzungsmedizin und Kenntnisrecht

Es empfiehlt sich die Ansprüche des Kindes auf Kenntnis der biologischen Eltern getrennt nach der Art der medizinisch unterstützten Fortpflanzungsmethode zu untersuchen, um trotz teilweise ähnlicher Problemlagen auf die rechtlichen Besonderheiten der jeweiligen Behandlungsmethode besser eingehen zu können.

1. Heterologe Insemination

Bei einer heterologen Insemination wird der Samen eines Dritten (und nicht des Partners der Frau) in den Genitaltrakt der Frau übertragen. Im Anschluss kann es zu einer Befruchtung der Eizelle der Frau kommen. Das so gezeugte Kind ist genetisch verwandt mit der Frau, die es zur Welt bringt, nicht jedoch mit deren Partner. Biologischer Vater des Kindes ist der Samenspender. Mithin stellt sich die Frage, ob das Kind einen Anspruch auf Offenlegung der Identität des Spenders hat.

a) Zulässigkeit der heterologen Insemination

aa) Deutschland

Anfang der 1960er Jahre hatte sich Deutschland im internationalen Vergleich beinahe in eine „normative Isolierung“ begeben, als mit dem Gesetzentwurf E 1962 zur Reform des Strafrechts ein strafrechtliches Verbot der heterologen Insemination eingeführt werden sollte.[1381] Dieses Verbot wurde jedoch nicht umgesetzt. Das Embryonenschutzgesetz, welches die unzulässigen Fortpflanzungstechniken bestimmt, verbietet die heterologe Insemination nicht grundsätzlich. Ausdrücklich wird die Zulässigkeit der heterologen Insemination jedoch in keinem Gesetz geregelt.

Die Rechtsberatertagung der Ärztekammern stellte 1970 die drei folgenden Grundsätze für die Zulässigkeit der heterologen Insemination auf: Es dürfe erstens nur der Samen eines Spenders pro Insemination verwendet werden, wobei zweitens der Arzt dem Kind zur Offenbarung der Spenderidentität verpflichtet sei, weswegen diese drittens zu dokumentieren sei.[1382] Später kam die Benda-Kommission ebenfalls zu dem Ergebnis, dass die heterologe Insemination unter gewissen Voraussetzungen zulässig sei.[1383]

Mittlerweile ist die rechtliche Zulässigkeit der künstlichen Befruchtung mit Spendersamen in Deutschland allgemein anerkannt, wie auch die Einführung des § 1600 Abs. 5 BGB zeigt, welcher die Anfechtung der Vaterschaft des durch Samenspende gezeugten Kindes durch die Mutter und den Wunschvater ausschließt, wenn diese zuvor in die künstliche Befruchtung mittels Samenspende eingewilligt hatten.

1381 *Balz*, S. 7 ff. mit Überblick über die damals herrschende und ebenfalls ablehnende Haltung der Literatur, S. 11 ff. mit weiteren Nachweisen; dagegen kritische Analyse des Entwurfs bei *Pasquay*, S. 218 ff.

1382 *Hess*, DÄ 1970, S. 2641 (2646).

1383 Vgl. auch *Deutsch/Spickhoff*, Rn. 772.

Wie oben dargestellt sind entgeltliche Samenspenden nach § 17 TPG nicht zulässig.[1384]

In einzelnen Fällen kann auch die heterologe Insemination unzulässig sein.

So macht sich nach § 4 Abs. 1 Nr. 3 ESchG strafbar, wer wissentlich eine Eizelle mit dem Samen eines bereits verstorbenen Mann künstlich befruchtet.[1385]

Es wird teilweise erwogen, dass die heterologe Insemination nur bei Ehepaaren zulässig sei, nicht jedoch bei unverheirateten Paaren, bei alleinstehenden Frauen oder bei Frauen, die in einer Beziehung mit einer Frau leben.[1386] Gesetzliche Regelungen mit entsprechenden Verboten gibt es nicht. Die Unzulässigkeit könnte sich möglicherweise aus dem Standesrecht ergeben und bei einem Verstoß gegen das Standesrecht zur Unwirksamkeit des Behandlungsvertrages gemäß § 134 BGB führen. Die Richtlinien der Bundesärztekammer zur Durchführung der assistierten Reproduktion bestimmen, dass eine heterologe Insemination grundsätzlich nur bei verheirateten Paaren durchgeführt werden darf; bei unverheirateten Paaren (verschiedenen Geschlechts) ist eine heterologe Insemination nur zulässig, wenn der Arzt überzeugt ist, dass die Partnerschaft stabil ist und der Mann, die Vaterschaft des Kindes anerkennen wird, Punkt 3.1.1 der Richtlinien.[1387] Im Wege der Rezeption durch die Landesärztekammern können diese Regelungen Teil des materiellen Rechts werden.[1388]

Somit begrenzen die Richtlinien zur Durchführung der assistierten Reproduktion den Kreis der Personen, die sich zur Verwirklichung ihres Kinderwunsches einer medizinischen Behandlung in Form einer heterologen Insemination unterziehen können. Unverheirateten Paaren, die nicht in einer stabilen Partnerschaft leben, alleinstehenden Frauen und Frauen, die in einer Beziehung mit einer Frau leben, wird die Behandlung mit einer heterologen Insemination verwehrt.

Diese Entscheidung könnte in die Fortpflanzungsfreiheit der ausgeschlossenen Personen eingreifen. Dies setzt voraus, dass auch unverheiratete Paare, ledige Frauen und Frauen, die mit einer Frau in einer Beziehung leben, vom Schutz der Fortpflanzungsfreiheit umfasst werden. In der Literatur wird das mit Verweis auf den besonderen Schutz der Ehe gemäß Art. 6 Abs. 1 GG teilweise ablehnt.[1389] Für Personen, die ihren Kinderwunsch verwirklichen wollen, sei es zumutbar, die Ernsthaftigkeit ihres Wunsches nach Familiengründung mit einer Eheschließung nachzuweisen.[1390] Diese Argumentation verstößt jedoch gegen den Grundsatz der

1384 Siehe oben S. 225.

1385 Nicht bestraft wird jedoch die Frau, bei der diese künstliche Befruchtung vorgenommen wurde, § 4 Abs. 2 ESchG.

1386 *Kollhosser*, JA 1985, S. 553 (558).

1387 DÄ 2006, A-1392 (A-1395).

1388 Siehe oben S. 226 f.

1389 *Kollhosser*, JA 1985, S. 553 (558).

1390 *Harrer*, S. 363. Siehe auch Übersicht zum Meinungsstand bei *Rütz*, S. 85 f.

Menschenwürde, denn „wer heiratet um Kinder zu bekommen, entwürdigt den anderen Menschen zu einem Mittel“[1391]; sie überzeugt daher nicht.[1392]

Jedem Mensch steht als Ausfluss seines allgemeinen Persönlichkeitsrechts das Recht auf Fortpflanzung zu.[1393]

Wie auch andere Ausprägungen des allgemeinen Persönlichkeitsrechts im Sinne Art. 2 Abs. 1 GG wird die Fortpflanzungsfreiheit nicht schrankenlos gewährt, sondern kann zum Schutz von anderen verfassungsrechtlich geschützten Rechtsgütern - wie z.B. Leben und Gesundheit der Mutter, Gesundheit des Kindes und Recht auf Kenntnis der eigenen Abstammung - begrenzt werden.[1394]

Problematisch sind jedoch Beschränkungen der Fortpflanzungsfreiheit durch Regelungen der Ärztekammern. Es handelt sich bei den Personen, in deren Fortpflanzungsfreiheit eingegriffen wird, nicht um Angehörige der Ärztekammern, sondern um außenstehende Dritte. Die Ärztekammern können jedoch im Rahmen ihrer Satzungsautonomie wirksam nur Regelungen über eigene Angelegenheiten treffen,[1395] Eingriffe in die Grundrechte Dritter sind dem parlamentarischen Gesetzgeber vorbehalten.[1396] Nur dieser darf Regelungen über die Beschränkung des Zugangs zur assistierten Reproduktion erlassen, da dies die Abwägung verschiedener schutzwürdiger Rechte und Interessen erfordert, insbesondere ist ein Ausgleich zwischen der Fortpflanzungsfreiheit, dem Kindeswohlprinzip, dem Schutz der Familie und dem Gleichbehandlungsgebot zu finden.

Regelungen der Ärztekammern über die Unzulässigkeit der heterologen Insemination bei bestimmten Personengruppen sind wegen Überschreitung der Satzungsgewalt unwirksam, auch wenn die Regelungen möglicherweise inhaltlich sachgerecht sind.[1397]

bb) Österreich

Die heterologe Insemination ist in Österreich gemäß § 3 Abs. 2 FMedG grundsätzlich zulässig. Auch Samenspenden sind zulässig, sie müssen jedoch unentgeltlich erfolgen, § 16 Abs. 1 FMedG.

Eine heterologe Insemination ist in Österreich gemäß § 2 Abs. 1 FMedG nur in einer Ehe, in einer eingetragenen Partnerschaft oder in einer Lebensgemeinschaft zulässig. Bis zur Reform des FMedG im Jahr 2015 - infolge einer Entscheidung des VfGH[1398] - war die heterologe Insemination nur in Ehen und Lebensgemeinschaften von Personen verschiedenen Geschlechts gestattet, § 2 Abs. 1 FMedG a.F.

1391 *Bloemhof*, in: *Ranke/Dombois*, Die künstliche Samenübertragung, S. 9 (19).
1392 Ebenfalls ablehnend, *Rütz*, S. 86.
1393 *Gassner/Kersten/Krüger/Lindner/Rosenau/Schroth*, S. 32.
1394 *Gassner/Kersten/Krüger/Lindner/Rosenau/Schroth*, S. 34 f.
1395 Siehe oben S. 227 f.
1396 Siehe oben S. 227.
1397 *Rütz*, S. 82.
1398 VfGH (10.12.2013), G 16/2013-16 und G 44/2013-14.

Nach Ansicht des VfGH war die Unzulässigkeit der heterologen Insemination bei gleichgeschlechtlichen Paaren jedoch wegen Verstoßes gegen Art. 8 EMRK verfassungswidrig.[1399] Gemäß Art. 8 Abs. 1 EMRK hat jedermann Anspruch auf Achtung seines Privat- und Familienlebens. Gleichgeschlechtliche Beziehungen fallen unter den Begriff des Privatlebens und, wenn die betroffenen Personen in einer Partnerschaft mit gemeinsamem Haushalt leben, auch unter den Schutz des Familienlebens.[1400] Der Wunsch, Kinder zu haben und sich zu diesem Zweck der Fortpflanzungsmedizin zu bedienen, ist als Teil des Privatlebens vom Schutzbereich des Art. 8 EMRK umfasst.[1401]

Ein Eingriff in dieses Grundrecht ist nur zulässig, soweit er gesetzlich vorgesehen ist und eine Maßnahme darstellt, die in einer demokratischen Gesellschaft für die nationale Sicherheit, die öffentliche Ruhe und Ordnung, das wirtschaftliche Wohl des Landes, die Verteidigung der Ordnung und zur Verhinderung von strafbaren Handlungen, zum Schutz der Gesundheit und der Moral oder zum Schutz der Rechte und Freiheiten Dritter notwendig ist, Art. 8 Abs. 2 EMRK.[1402]

Die Beschränkungen der Inanspruchnahme der Fortpflanzungsmedizin sind in Österreich - anders als in Deutschland - gesetzlich geregelt im FMedG. Damit diese Schranken zulässig sind, muss es sich bei ihnen um Maßnahmen handeln, die in einer demokratischen Gesellschaft zum Schutz der Gesundheit und der Moral oder Schutz der Rechte und Freiheiten Dritter notwendig sind. Der Gesetzgeber begründete die Unzulässigkeit der Inanspruchnahme der Fortpflanzungsmedizin durch alleinstehende Frauen und gleichgeschlechtliche Paare ausschließlich mit der damit verbundenen Gefahr der missbräuchlichen Inanspruchnahme durch Leihmütter.[1403] Ein Paar aus zwei Frauen benötigt zur Austragung eines mit Samenspende gezeugten Kindes in der Regel keine dritte Frau. Die besondere Gefahr einer Leihmutterschaft besteht daher bei der heterologen Insemination einer in einer gleichgeschlechtlichen Lebensgemeinschaft lebenden Frau nicht.[1404]

Zudem war der österreichische Gesetzgeber ursprünglich davon ausgegangen, dass das Grundrecht auf Fortpflanzung nur über Art. 12 EMRK geschützt sei und damit nur Ehepaaren zustehe.[1405] Nach der Rechtsprechung des EGMR ist die Fortpflanzungsfreiheit jedoch über Art. 8 EMRK geschützt und steht damit jedermann

---

1399 VfGH (10.12.2013), G 16/2013-16 und G 44/2013-14, Rn. 55.

1400 VfGH (10.12.2013), G 16/2013-16 und G 44/2013-14, Rn. 35 mit Nachweisen zur EGMR-Rechtsprechung.

1401 VfGH (10.12.2013), G 16/2013-16 und G 44/2013-14, Rn. 37 mit weiteren Nachweisen.

1402 VfGH (10.12.2013), G 16/2013-16 und G 44/2013-14, Rn. 34.

1403 VfGH (10.12.2013), G 16/2013-16 und G 44/2013-14, Rn. 50; RV 216 Blg NR XVIII. GP, S. 11.

1404 VfGH (10.12.2013), G 16/2013-16 und G 44/2013-14, Rn. 52.

1405 RV 216 Blg NR XVIII. GP, S. 11; VfGH (10.12.2013), G 16/2013-16 und G 44/2013-14, Rn. 50.

zu.[1406] Eingriffe sind nur gerechtfertigt, wenn sie die oben genannten Voraussetzungen des Art. 8 Abs. 2 EMRK erfüllen.[1407]

Eine Beschränkung der künstlichen Befruchtung auf verschiedengeschlechtliche Paare kann nach Meinung des Verfassungsgerichtshofs auch nicht mit dem Schutz der Ehe gerechtfertigt werden.[1408] Gleichgeschlechtliche Partnerschaften stehen nicht in einem Konkurrenzverhältnis zur Ehe, sie treten vielmehr neben das Institut der Ehe, können dieses jedoch nicht gefährden, da sie einen anderen Personenkreis betreffen.[1409] Daher kann auch die Erfüllung des Kinderwunsches in einer gleichgeschlechtlichen Lebensgemeinschaft nicht die Ehe gefährden.[1410] Das Verbot der künstlichen Befruchtung von Frauen, die in einer gleichgeschlechtlichen Lebensgemeinschaft leben, kann somit nicht mit dem Schutz der Ehe gerechtfertigt werden.

Auf den Schutz des Kindeswohls als Rechtfertigungsgrund geht der VfGH nicht ein. Der OGH, welcher im Verfahren G 16/2013 beim VfGH den Antrag stellte, die Beschränkung der künstlichen Befruchtung auf verschiedengeschlechtliche Paare als verfassungswidrig aufzuheben,[1411] hatte jedoch schon auf die Stellungnahme der Bioethikkommission hingewiesen, wonach Kinder mit gleichgeschlechtlichen Bezugspersonen sich nicht schlechter entwickeln als Kinder mit verschiedengeschlechtlichen Eltern.[1412]

Die Frage, ob die Unzulässigkeit der Inanspruchnahme der Fortpflanzungsmedizin durch alleinstehende Frauen verfassungswidrig ist, hat der VfGH offen gelassen.[1413]

b) Praktische Relevanz

aa) Deutschland

In Deutschland wurden seit 1970 bis heute mehr als 100.000 Kinder durch heterologe Insemination gezeugt.[1414] Einer Umfrage zufolge sicherten Ende des letzten Jahrhunderts zehn von fünfzehn Ärzten den Samenspendern Anonymität zu, wobei neun von diesen zehn die Identität des Spenders schon nicht feststellten.[1415] Grund hierfür sei die finanzielle Bedeutung der Insemination für die Ärzte. Die Absicherung der Anonymität diene der Aufrechterhaltung der Spendenbereitschaft und sichere damit die Einkünfte der Ärzte, die Behandlungen zur künstlichen Befruchtung

---

1406 VfGH (10.12.2013), G 16/2013-16 und G 44/2013-14, Rn. 37 mit weiteren Nachweisen.
1407 Siehe oben S. 235.
1408 VfGH (10.12.2013), G 16/2013-16 und G 44/2013-14, Rn. 54.
1409 VfGH (10.12.2013), G 16/2013-16 und G 44/2013-14, Rn. 54.
1410 VfGH (10.12.2013), G 16/2013-16 und G 44/2013-14, Rn. 54.
1411 VfGH (10.12.2013), G 16/2013-16 und G 44/2013-14, Rn. 1.
1412 VfGH (10.12.2013), G 16/2013-16 und G 44/2013-14, Rn. 9.
1413 VfGH (10.12.2013), G 16/2013-16 und G 44/2013-14, Rn. 45.
1414 *Wehrstedt*, FPR 2011, S. 400.
1415 *Naumann*, ZRP 1999, S. 142.

anböten.[1416] Im Gegensatz zur erwähnten Praxis hatte die Rechtsberatertagung der Ärztekammern schon 1970 die einwandfreie Dokumentation des Spenders und die Offenbarungspflicht des Arztes gegenüber dem Kind als Grundsatz festgelegt.[1417]

In den 1980er Jahren waren auch Befruchtungen mit sog. „Samencocktails", Gemischen aus den Samen mehrerer Männer und teilweise auch des Partners der Frau, durchgeführt worden.[1418] Diese Methode sollte aus psychologischer Sicht für den Partner der zukünftigen Mutter die Akzeptanz des Kindes erleichtern und vor allem die Feststellung der genetischen Abstammung erschweren oder gar verhindern.[1419]

Die Praxis vereitelte das Recht auf Kenntnis der eigenen Abstammung des künstlich gezeugten Kindes, so dass der Gesetzgeber, seinem Schutzauftrag aus Art. 2 Abs. 1, Art. 1 Abs. 1 GG folgend, gehalten war, eine Dokumentationspflicht einzuführen.[1420] Dies ist jedoch erst mit der obligatorischen Umsetzung der Richtlinie 2006/17/EG[1421] der Europäischen Kommission vom 8.2.2006 zur Durchführung der Richtlinie 2004/23/EG des Europäischen Parlaments und des Rates hinsichtlich technischer Vorschriften für die Spende, Beschaffung und Testung von menschlichen Geweben und Zellen durch Einführung von § 15 TPG und der Schaffung der TPG-GewV vom 26.3.2008 und insbesondere deren § 6 geschehen.[1422]

bb) Österreich

Medienberichten zu Folge werden in Österreich pro Jahr ca. 600 Frauen mit einer künstlichen heterologen Insemination behandelt.[1423] Mit der Einführung des FMedG soll die Zahl der heterologen Inseminationen deutlich zurückgegangen sein.[1424] Hierfür werden verschiedene Gründe angeführt: So schrecke zum einen das Anonymitätsverbot potenzielle Spender ab. Dies erscheint jedoch paradox, da zwar nach aktueller Rechtslage das Kind einen Anspruch auf Kenntnis der Spenderidentität hat, aber der österreichische Gesetzgeber - anders als der deutsche - auch im Interesse der Spender für den Ausschluss einer statusrechtlichen Zuordnung gesorgt hat.[1425] Aus Spendersicht müsste das neue Kenntnisrecht des Kindes das kleinere Übel im Vergleich zur früher drohenden rechtlichen Vaterschaft mit all

1416 *Naumann*, ZRP 1999, S. 142 ging von einer Vergütung von 8.000 bis 20.000 DM pro Insemination aus.

1417 Vgl. auch *Balz*, S. 10; *Hess*, DÄ 1970, S. 2641 (2646), der eine Dokumentation durch den Notar für wünschenswert hält.

1418 *Deichfuß*, NJW 1988, S. 113 (115 f.); *Deutsch*, in: *Dietrich-Reichart*, S. 251 (263); *Giesen*, JR 1984, S. 221 (226); *Zimmermann*, FamRZ 1981, S. 929 (934).

1419 *Deutsch*, in: *Dietrich-Reichart*, S. 251 (263); *Schlag*, S. 10.

1420 *Naumann*, ZRP 1999, S. 142 (143).

1421 Siehe oben S. 218 f.

1422 Siehe unten S. 241 ff, zur Frage, ob diese Regelungen ausreichend sind.

1423 Kronenzeitung, 10.4.2012.

1424 *Bernat*, in: *Bernat*, Reproduktionsmedizin, S. 161 (180).

1425 Siehe oben, S. 95 und 166.

ihren Verpflichtungen sein.[1426] Zusätzlich leide die Spendenbereitschaft an der vorgeschriebenen Unentgeltlichkeit der Samenspende (§ 16 Abs. 1 FMedG).[1427]

c) Auskunftsansprüche des Kindes gegen den Arzt

aa) Österreich

Nach § 20 Abs. 2 S. 1 i.V.m. § 15 Abs. 1 FMedG hat das Kind,[1428] welches mit dem Samen eines Dritten gezeugt wurde, mit Vollendung des vierzehnten Lebensjahres das Recht auf Einsicht in die obligatorischen Aufzeichnungen der Krankenanstalt oder Arztpraxis über Namen, Geburtstag und -ort, Staatsangehörigkeit und Wohnsitz des Spenders, den Namen der Eltern des Spenders, Zeitpunkt der Samenspende und das Ergebnis der Untersuchung nach § 12 FMedG über die gesundheitlichen Gefahren der Verwendung des gespendeten Samens für die zukünftige Mutter und das Kind. Ein Gesetzentwurf aus dem Jahre 1987 hatte sogar noch die Aufnahme des Auskunftsanspruchs als § 172a ABGB-E vorgeschlagen.[1429] Anderer Meinung war die IVF-Kommission, das österreichische Pendant zur Benda-Kommission, die sich noch 1986 für die Spenderanonymität und lediglich für die Dokumentation medizinisch relevanter Daten ausgesprochen hatte.[1430] Schließlich hatte jedoch der Gesetzgeber zum

---

1426 In diesen Sinne auch der Gesetzgeber RV 216 Blg NR XVIII. GP, S. 26.

1427 *Bernat*, in: *Bernat*, Reproduktionsmedizin, S. 161 (181). Zum Grundsatz der Unentgeltlichkeit siehe S. 221 f.

1428 § 20 FMedG lautet:
„§ 20
(1) Die Aufzeichnungen über dritte Personen, die Samen oder Eizellen zur Verfügung gestellt haben, sowie deren genetische Daten sind vertraulich zu behandeln.
(2) Dem mit dem Samen oder den Eizellen einer dritten Person gezeugten Kind ist auf dessen Verlangen nach Vollendung des 14. Lebensjahres Einsicht in die Aufzeichnungen nach § 15 Abs. 1 zu gewähren und daraus Auskunft zu erteilen. Zum Wohl des Kindes ist in medizinisch begründeten Ausnahmefällen der Person, die mit der gesetzlichen Vertretung für die Pflege und Erziehung betraut ist, Einsicht und Auskunft zu erteilen.
(3) Den Gerichten und Verwaltungsbehörden steht das Einsichts- und Auskunftsrecht zu, soweit dies zur Erfüllung ihrer Aufgaben in Vollziehung dieses Bundesgesetzes unentbehrlich ist."
§ 15 FMEdG lautet: § 15. (1) Die Krankenanstalt hat über dritte Personen, die Samen oder Eizellen zur Verfügung stellen, folgende Aufzeichnungen zu führen:
1. Namen, Geburtstag und -ort, Staatsangehörigkeit und Wohnort;
2. Namen ihrer Eltern;
3. Zeitpunkt der Überlassung des Samens oder der Eizellen und
4. die Ergebnisse der nach § 12 durchgeführten Untersuchungen. (...)"

1429 Vgl. auch Eser/Koch/Wiesenbart/*Wiesenbart*, Bd. 2 (1990), Österreich, S. 141 (147).

1430 *Bundesministerium für Wissenschaft und Forschung*, Gutachten der IVF-Kommission, III-150 Blg NR XVI. GP, S. 49.

Schutz des Kindes und seines Rechts auf freie Entfaltung seiner Persönlichkeit - wegen der Gefahr psychischer Fehlentwicklungen durch Zweifel an der Abstammung - die Einführung des Auskunftsanspruchs für erforderlich erachtet.[1431] Hinter dem Interesse des Kindes auf Kenntnis des Samenspenders müsse sowohl das Interesse des Samenspenders auf Wahrung seiner Anonymität als auch das möglicherweise betroffene Interesse der Allgemeinheit an einer hohen Spendenbereitschaft zurücktreten.[1432]

Das Einsichtsrecht des Kindes aus § 20 Abs. 2 S. 1 FMedG ist höchstpersönlich.[1433] Nur in medizinisch begründeten Ausnahmefällen sind Personen, die mit der gesetzlichen Vertretung für die Pflege und Erziehung betraut sind, berechtigt, Auskunft und Einsicht in die Dokumentation zu erhalten, § 20 Abs. 2 S. 2 FMedG. Voraussetzung für diese Einsichtnahme in Ausnahmefällen war bis zur Reform 2015 zusätzlich die Zustimmung des Pflegschaftsgerichts. Dadurch sollte eine Ausforschung von Seiten der Wunscheltern aus bloßer Neugier verhindert werden.[1434] Der Gesetzgeber hat sich bewusst für den Wegfall der gerichtlichen Zustimmung als Voraussetzung für den Anspruch der Sorgeberechtigten entschieden, eine Begründung für diese Entscheidung enthalten die Erläuterungen zum Gesetzentwurf jedoch nicht.[1435]

Die jeweilige Krankenanstalt muss die Aufzeichnungen der Spenderidentität dreißig Jahre aufbewahren, anschließend sind die Unterlagen dem Landeshauptmann zu übermitteln, der wiederum zur dauerhaften Aufbewahrung verpflichtet ist, § 18 Abs. 3 FMedG.[1436] Diese Regelung über die dauerhafte Sicherung der Daten wird dem Grundrecht des Kindes auf Kenntnis der eigenen Abstammung gerecht

---

1431 RV 216 Blg NR XVIII. GP, S. 23.

1432 RV 216 Blg NR XVIII. GP, S. 23. *Loebenstein*, JBl 1987, S. 749 (750), sieht im Rückgang der Spendenbereitschaft sogar keinen Nachteil.

1433 Vgl. auch *Bernat*, in: *Bernat*, Reproduktionsmedizin, S. 161 (177).

1434 AB 490 Blg NR XVIII. GP, S. 5; vgl. auch *Bernat*, in: *Bernat*, Reproduktionsmedizin, S. 161 (177).

1435 RV 445 Blg NR XXV. GP, S. 11.

1436 § 18 FMedG lautet: „§ 18

(1) Der Arzt, der eine medizinisch unterstützte Fortpflanzung durchführt, hat
1. Namen,
2. Geburtstag und -ort,
3. Staatsangehörigkeit und
4. Wohnort

der Ehegatten, eingetragenen Partner oder Lebensgefährten sowie hiervon getrennt der dritten Person, deren Samen oder Eizellen verwendet werden, schriftlich aufzuzeichnen. Zugleich sind die Gründe für die Behandlung, die eingesetzte Methode (§ 1 Abs. 2) und deren Ergebnisse aufzuzeichnen.

(...)

(3) Diese Aufzeichnungen und die Zustimmungen nach § 8 Abs. 1 sowie § 13 Abs. 1 sind von der Krankenanstalt, der Einrichtung oder vom Facharzt in der Ordinationsstätte 30 Jahre lang aufzubewahren. Nach Ablauf dieser Frist oder bei früherer Auflösung der Krankenanstalt oder Ordinationsstätte sind diese Unterlagen dem Landeshauptmann zu übermitteln; dieser hat sie auf Dauer aufzubewahren."

und sollte dem deutschen Gesetzgeber als Vorbild dienen. Teilweise wird die Existenz des Auskunftsanspruchs aus § 20 Abs. 2 S. 1 FMedG in der österreichischen Literatur als unbegründete Besserstellung des durch heterologe Insemination gezeugten Kindes gegenüber dem natürlich gezeugten Kind, dessen Mutter sich über die Identität des Erzeugers ausschweigt, verstanden: „Wo anders soll das Motiv des Gesetzgebers für eine derartige Sonderbehandlung gesucht werden, wenn nicht in der (...) Frankenstein-Aura, welche die medizinischen Fortpflanzungstechniken hartnäckig umgibt? Gerade weil die Aura das Produkt zum Teil massiv irrationaler Ängste ist, führt sie zu der Vorstellung, die Sprösslinge solcher Techniken seien bisweilen in einer psychologisch singulären Situation und leidvoll auf ihren unbekannten Vater fixiert, ähnlich wie das literarische Monster auf seinen Erzeuger Frankenstein.“[1437] Diese Argumentation verwundert angesichts der Anerkennung eines allgemeinen - nicht auf künstlich gezeugte Kinder begrenzten - Grundrechts auf Kenntnis der eigenen Abstammung und der auch vom Gesetzgeber aufgezeigten parallelen Kenntnisproblematik bei Adoptionen.[1438] Selbst wenn nicht in jeder Familienkonstellation ein durchsetzbarer Anspruch auf Auskunft über die eigene biologische Abstammung besteht, ist dies kein Argument medizinisch unterstützt gezeugten Kindern einen Auskunftsanspruch zu verwehren.

Noch unverständlicher erscheint der Vorwurf, dass das Zugeständnis eines Kenntnisrechts durch die Normierung des § 20 Abs. 2 FMedG die betroffenen Kinder in ein „eigenartig schiefes Licht“ rücke.[1439] Vielmehr ist der Schutz des Menschenrechts auf Kenntnis der eigenen Abstammung durch den Gesetzgeber positiv zu bewerten. Schließlich hat der Gesetzgeber nur einen Auskunftsanspruch des Kindes selbst gegen den Arzt geregelt und keine öffentliche Bekanntgabe der biologischen Abstammungsverhältnisse. Nur letzteres würde die Betroffenen in eine gesellschaftlich auffällige und schwierige Position bringen.

Für die Überwachung der ärztlichen Dokumentation sind lokale Verwaltungsbehörden zuständig, § 5 Abs. 3 FMedG. Die Literatur fordert jedoch eine zentrale Erfassung auf Bundesebene, um die Gefahr einer regional unterschiedlichen Kontrolldichte zu vermeiden und dem künstlich gezeugten Kind die Suche nach dem an seiner Zeugung beteiligten Arzt - als Anspruchsgegner des Auskunftsanspruchs - zu erleichtern.[1440]

Allerdings bleibt zu klären, wie das Kind überhaupt erfährt, dass es künstlich gezeugt wurde. Anlässlich der Einführung des § 20 FMedG hat der Gesetzgeber geäußert, dass die Frage, ob und wann die Wunscheltern das Kind über seine Herkunft und die Umstände seiner Geburt aufklären - wie bei der Adoption - von den Eltern in eigener Verantwortung beantwortet werden solle.[1441] Die Art und Weise

1437 *Strasser*, in: *Bernat*, Reproduktionsmedizin, S. 23 (26).
1438 RV 216 Blg NR XVIII. GP, S. 23.
1439 *Strasser*, in: *Bernat*, Reproduktionsmedizin, S. 23 (26).
1440 *Naumann*, ZRP 1999, S. 142 (143). *Steininger*, Rn. 2/38 und 4/102.
1441 RV 216 Blg NR XVIII. GP, S. 23.

der Aufklärung sowie der Zeitpunkt sind Teil des individuellen Erziehungskonzepts der Eltern. Dass den Eltern jedoch auch die Frage nach dem „Ob" der Offenbarung überlassen werden soll, relativiert den Auskunftsanspruch nach § 20 Abs. 2 FMedG stark, schließlich ist für seine Geltendmachung die Kenntnis vom Umstand der medizinisch assistierten Zeugung erforderlich. Die Offenbarung der Tatsache der Zeugung mittels medizinischer Fortpflanzungstechnik wird jedoch nach umfassender Interessenabwägung grundsätzlich im Rahmen der elterlichen Beistandspflicht des § 137 Abs. 2 Var. 1 ABGB geschuldet sein.[1442]

bb) Deutschland

In der Durchführungsverordnung zum Transplantationsgesetz werden die Dokumentationspflichten des Arztes für Keimzellspenden in § 6 Abs. 1 S. 3 i.V.m § 5 und in § 6 Abs. 1 S. 4 geregelt.[1443] In der Spenderakte sind als Daten zur Spenderidentität

---

1442 Siehe auch S. 272 mit Nachweis zur a.A.

1443 § 5 TPG-GewV in der Fassung vom lautet:
„§ 5 Anforderungen an Spenderakte und Entnahmebericht
(1) [1]Die Entnahmeeinrichtung legt vor der Entnahme oder Untersuchung eine Spenderakte an, in der ausschließlich folgende Angaben dokumentiert werden:
1. Spenderidentität mit Angaben zu Familienname, Vorname, Geschlecht und Tag der Geburt oder, soweit zuerkannt, die von der Entnahmeeinrichtung für den Gewebespender vergebene Zuordnungsnummer sowie Kennzeichnung des Spenders als Organspender, wenn bei dem Spender Organe zum Zwecke der Übertragung entnommen worden sind;
2. (...)
[2]Die gesamte Spenderakte ist von einem Arzt zu unterzeichnen.
(2) [1]Die Entnahmeeinrichtung übermittelt der Gewebeeinrichtung, die das entnommene Gewebe be- oder verarbeitet, einen Entnahmebericht, der ausschließlich folgende Angaben enthält:
1. Name und Anschrift der Gewebeeinrichtung, die das Gewebe erhalten soll;
2. Spenderidentität mit Angaben zu Familienname, Vorname, Geschlecht, Tag der Geburt und bei lebenden Spendern Anschrift oder, soweit zuerkannt, die von der Entnahmeeinrichtung für den Gewebespender vergebene Zuordnungsnummer sowie Kennzeichnung des Spenders als Organspender, wenn bei dem Spender Organe zum Zwecke der Übertragung entnommen worden sind;
3. Beschreibung und Kennzeichnungskode des entnommenen Gewebes;
4. Familienname, Vorname und Anschrift des für die Entnahme verantwortlichen Arztes;
5. Tag, Uhrzeit und Ort der Entnahme sowie die Art und Weise der Entnahme unter Beachtung der Anforderungen des § 34 der Arzneimittel- und Wirkstoffherstellungsverordnung. (...)."

Angaben zu seinem Familiennamen, Vornamen, Geschlecht und Tag seiner Geburt einzutragen oder eine Zuordnungsnummer mit deren Hilfe diese Angaben ermittelt werden können.

Nach § 15 Abs. 2 TPG in Verbindung mit § 13a TPG müssen die Daten, die eine Rückverfolgbarkeit der verwendeten Spende ermöglichen, mindestens dreißig Jahre lang nach der Übertragung des Gewebes aufbewahrt werden und unverzüglich verfügbar sein. Allerdings sind gemäß § 15 Abs. 3 TPG nach Ablauf dieser Frist die Daten entweder zu löschen oder zu anonymisieren.

Möglicherweise besteht aus medizinischer Sicht nur ein Interesse an einer Rückverfolgbarkeit der Spenderidentität für dreißig Jahre. Für die Dokumentation von Organspenden ist diese Frist ausreichend, da die Informationen allein im Zusammenhang mit Komplikationen beim Empfänger und der Überprüfbarkeit der Rechtmäßigkeit der Spende von Bedeutung sind. Zur Verwirklichung des Rechts auf Kenntnis der eigenen Abstammung ist eine Aufbewahrung der Dokumentation einer Samenspende für dreißig Jahre zu kurz. Wie die Fälle *Jäggi/Schweiz*[1444] und *Godelli/Italien*[1445] zeigen, machen manche Betroffenen ihr Kenntnisrecht erst zu einem späteren Zeitpunkt geltend. Der EGMR hat entschieden, dass das Recht auf Kenntnis der eigenen Abstammung nicht mit fortschreitendem Lebensalter an Schutzbedürftigkeit verliert. Es kann auch sein, dass das Kind erst mehr als dreißig Jahre nach seiner Zeugung von der Art seiner Zeugung erfährt. Dies kann z.B. der Fall sein, wenn die Mutter bis zum Tod des rechtlichen

---

§ 6 Abs. 1 TPG-GewV lautet:
„§ 6 Voraussetzungen für die Verwendung von Keimzell im Rahmen von Maßnahmen einer medizinisch unterstützten Befruchtung
(1) [1]Für die Verwendung von Keimzell im Rahmen von Maßnahmen einer medizinisch unterstützten Befruchtung ist es erforderlich, dass nach ärztlicher Beurteilung die Verwendung medizinisch indiziert und der gesundheitliche Schutz der Empfängerin und des Kindes gewährleistet sind. (...) [3]Die §§ 2 und 5 finden Anwendung. [4]Werden Samenzellen nicht in einer Entnahmeeinrichtung gewonnen, sind Name und Anschrift der Gewebeeinrichtung, welche die Samenzellen erhalten soll, sowie Angaben über die Spenderidentität und Tag und Uhrzeit der Gewinnung im Entnahmebericht nach § 5 Abs. 2 zu dokumentieren.
(2) [1]Für die heterologe Verwendung von Samenzellen im Rahmen von Maßnahmen einer medizinisch unterstützten Befruchtung ist es über die Anforderungen des Absatzes 1 hinaus erforderlich, dass der Spender nach ärztlicher Beurteilung aufgrund seines Alters, seines Gesundheitszustandes und seiner Anamnese für die Samenspende geeignet ist und durch die Verwendung der gespendeten Samenzellen bedingte Gesundheitsrisiken für andere ausgeschlossen sind. [2]Die Angaben des Spenders sind mittels eines Fragebogens sowie einer anschließenden persönlichen Befragung des Spenders durch den Arzt zu erheben. [3]Für die erforderlichen Laboruntersuchungen und Untersuchungsverfahren gilt § 4 mit der Maßgabe der in Anlage 4 Nr. 2 und 3 festgelegten Anforderungen entsprechend."

1444 Siehe oben S. 63.

1445 Siehe oben S. 66.

Vaters aus Loyalität zum Ehemann die künstliche Befruchtung gegenüber dem Kind verschwiegen hat. Andere Beispiele für ein spätes Kenntnisinteresse sind Fälle, in welchen die Thematik der Abstammung erst anlässlich der Geburt eines Kindes des künstlich gezeugten Kindes an Bedeutung gewinnt. Die Aufbewahrungsfrist von nur dreißig Jahren und die Pflicht zur Anonymisierung oder Löschung der Daten nach Ablauf dieser Frist verletzen das Recht auf Kenntnis der eigenen Abstammung. Zum Schutz des Rechts auf Kenntnis der Abstammung ist vom Gesetzgeber eine Ausnahme für eine längere Aufbewahrung der Informationen über Samenspenden zu regeln. Dabei kann die österreichische Regelung als Vorbild dienen, wonach nach Ablauf von 30 Jahren die Dokumentation staatlichen Stellen zur dauerhaften Verwahrung zu übergeben ist.[1446] Um dem Kind die Suche nach der richtigen Stelle und dem betroffenen Arzt zu erleichtern, wäre es am besten, wenn nur eine zentrale Stelle auf Bundesebene für die dauerhafte Archivierung der Spenderdokumentation zuständig wäre. Der Bundesgesetzgeber hat auch gemäß Art. 74 Abs. 1 Nr. 26 GG grundsätzlich die hierfür erforderliche konkurrierende Gesetzgebungskompetenz auf dem Gebiet der künstlichen Befruchtung beim Menschen. Diese Gesetzgebungskompetenz steht jedoch unter dem Subsidiaritätsvorbehalt des Art. 72 Abs. 2 GG. Danach hat der Bund im Falle des Art. 74 Abs. 1 Nr. 26 GG das Gesetzgebungsrecht nur, wenn und soweit die Herstellung gleichwertiger Lebensverhältnisse im Bundesgebiet oder die Wahrung der Rechts- und Wirtschaftseinheit im gesamtstaatlichen Interesse eine bundesgesetzliche Regelung erforderlich macht. Eine bundesgesetzliche Regelung zur zentralen Archivierung der Spenderdokumentation ist zur Herstellung der Rechtseinheit erforderlich, da bei einer Rechtszersplitterung und der damit verbunden Unklarheit der richtigen Anlaufstelle für Auskunftsbegehren ein effektiver Schutz des Rechts des künstlich gezeugten Kindes auf Kenntnis seiner Abstammung nicht möglich ist. Unterschiedliche Regelungen in den einzelnen Bundesländern würden die Klärung der Abstammung erheblich und unzumutbar erschweren, da auch eine künstlich gezeugte Person im Zweifel nicht weiß, in welchem Bundesland sie gezeugt wurde.

Ansprüche des Kindes auf Auskunftserteilung oder Einsichtnahme in die Dokumentation regeln weder das TPG und noch die TPG-GewV, obwohl dies gemäß der europäischen Geweberichtlinien, deren Umsetzung das TPG und die TPG-GewV dienen, zulässig wäre, Art. 14 Abs. 3 RL 2004/23/EG.[1447]

Gesetzliche Ansprüche des künstlich gezeugten Kindes gegen den Arzt auf Auskunft über Identität des Keimzellspenders und Einsichtsrechte in die Spenderdokumentation - nach österreichischem Vorbild[1448] und wie im auch im AME-FMedG vorgeschlagen[1449] - wären zur Klärung der Rechtslage und zum Schutz des Rechts auf Kenntnis der eigenen Abstammung wünschenswert.[1450]

1446 Siehe oben S. 239.
1447 Siehe oben S. 220.
1448 Siehe oben S. 238 ff.
1449 Siehe oben S. 231.
1450 Zu den Auskunftsansprüchen nach aktueller Rechtslage siehe im Folgenden.

Im Rahmen der Reform des Kindschaftsrechts vom 1.7.1998 wurde eine zivilrechtliche Regelung zum Schutz des Rechts auf Kenntnis der Abstammung gerade wegen der Entwicklungen in der Fortpflanzungsmedizin bewusst nicht eingeführt. Da die Grundsätze der Fortpflanzungsmedizin noch unklar seien, wäre eine zivilrechtliche Verankerung des Kenntnisrechts verfrüht.[1451]

In der Literatur war jedoch nach entsprechenden Lösungen gesucht worden: So wurde auch in Erwägung gezogen, einen besonderen Eintrag in das Personenstandsregister aufzunehmen.[1452] Dies hätte den Vorteil, dass - anders als in Österreich - für das Auskunft suchende Kind die Suche nach dem Arzt entfiele und auch eine Mitwirkung der rechtlichen Eltern nicht erforderlich wäre.[1453] Diese Idee stieß wegen datenschutzrechtlicher Bedenken und einer möglichen Stigmatisierung der medizinisch gezeugten Kinder auf Ablehnung.[1454] Aus diesen Gründen hatte sich auch der österreichische Gesetzgeber gegen eine zentrale Dokumentation und für eine strenge Begrenzung der Einsichtsrechte Dritter entschieden, vgl. § 20 Abs. 3 FMedG.[1455] Anderseits könnten die datenschutzrechtlichen Interessen auch durch einen Sperrvermerk im Personenstandseintrag geschützt werden.[1456] Um den Eintrag der Spenderdaten in das Personenstandsregister zu gewährleisten, wurde eine entsprechende Anzeigepflicht des Arztes erwogen.[1457] Den Eintrag dürfte das Kind erst ab einem bestimmten Alter, möglicherweise parallel zu den Regelungen über das Einsichtsrecht des Adoptivkindes (§ 63 Abs. 1 S. 1 PStG) mit Vollendung des sechzehnten Lebensjahres einsehen.[1458] Allerdings ist zu beachten, dass der Eintrag nur besagen könnte, dass der Arzt bei der Mutter des Kindes eine heterologe Insemination mit der Samenspende des benannten Spenders durchgeführt hat. Diese Tatsache bedeutet nicht notwendigerweise, dass der Samenspender tatsächlich der genetische Vater des Kindes ist. So ist der Spender nicht der biologische Vater des Kindes in Fällen, in welchen das Kind unerwartet und unbemerkt auf natürliche Weise gezeugt wurde und damit die vom Arzt angezeigte Insemination in Wirklichkeit nicht zur Schwangerschaft führte.[1459] Eine Eintragung des Samenspenders in das Personenstandsregister ist daher abzulehnen, insbesondere auch unter Berücksichtigung der besonderen Beweisfunktion der Registereinträge.[1460]

1451 BT-Drucks. 13/4899, S. 166; BT-Drucks. 13/8511, S. 69.

1452 *Busse*, S. 184 f.; *Coester-Waltjen*, FamRZ 1992, S. 369 (373); *Deutsch*, NJW 1986, S. 1971 (1974); *Giesen*, JZ 1989, S. 364 (376); vgl. auch *Balz*, S. 13.

1453 *Naumann*, ZRP 1999, S. 142 (144).

1454 *Naumann*, ZRP 1999, S. 142 (144).

1455 Vgl. *Naumann*, ZRP 1999, S. 142 (144).

1456 *Busse*, S. 185; *Coester-Waltjen*, FamRZ 1992, S. 369 (371); *Donhauser*, S. 186; *Giesen*, JZ 1989, S. 364 (376); *Kleineke*, S. 303.

1457 *Donhauser*, S. 186; *Giesen*, JZ 1989, S. 364 (376).

1458 *Busse*, S. 185; *Deutsch*, NJW 1986, S. 1971 (1974); *Giesen*, JZ 1989, S. 364 (376); erst bei Vollendung des achtzehnten Lebensjahres *Donhauser*, S. 190.

1459 Vgl. *von Sethe*, S. 388 f.

1460 Siehe oben S. 195.

Teilweise wurde auch eine Pflicht zur notariellen Beurkundung der Spenderdaten vorgeschlagen.[1461] Obwohl diese nicht gesetzlich vorgeschrieben ist, wird sie in der Praxis teilweise freiwillig praktiziert. So wendet z.B. die Erlanger Samenbank folgendes Verfahren an:[1462] Die Samenbank teilt einem bestimmten Notar regelmäßig die Namen der Eltern mit, die eine konkrete Samenspende erhalten haben sowie den Namen des Samenspenders. Paare, die infolge der Samenspende ein Kind geboren haben, erhalten von der Samenbank eine notarielle Urkunde mit dem Namen des Kindes, den Namen der Eltern und einem Code, welcher den Spender repräsentiert. Diese Urkunden, sowie die Angaben zum Spender und sein Code werden 100 Jahre im Notariat aufbewahrt.

Eine gesetzliche Regelung zu Auskunftsansprüchen des Kindes und einer dauerhaften Speicherung der Spenderdaten fehlt jedoch bislang.

aaa) OLG Hamm - Urteil vom 6.2.2013

Das OLG Hamm bejahte mit Urteil vom 6.2.2013 einen Anspruch eines mittels heterologer Insemination gezeugten Kindes gegen den Arzt auf Auskunft über die Identität der als biologischer Vater in Frage kommenden Samenspender aus § 242 BGB.[1463]

In dem Fall hatten die rechtlichen Eltern der Klägerin im Jahr 1990 einen Behandlungsvertrag über die Vornahme einer heterologen Insemination mit dem Arzt abgeschlossen.[1464] Dabei vereinbarten die Vertragsparteien auch die Wahrung der Spenderanonymität.[1465] Bei der heterologen Insemination verwendete der Arzt die Samenspenden von zwei Männern,[1466] mit welchen er jeweils auch die Wahrung ihrer Anonymität vereinbart hatte.[1467] 1991 wurde die Klägerin infolge der künstlichen Befruchtung geboren. Im Jahr 2009 wurde die Klägerin von der Mutter darüber aufgeklärt, dass sie im Wege einer heterologen Insemination gezeugt worden war. Daraufhin verlangte die Klägerin von dem Inseminationsarzt Auskunft über die Identität ihres genetischen Vaters. Der Arzt verweigert die Auskunft, so dass die Klägerin Klage erhob.

Das Gericht bejahte einen Auskunftsanspruch des Kindes gegen den Arzt aus § 242 BGB. Nach § 242 BGB bestehe eine Auskunftspflicht, wenn zwischen dem Berechtigten und dem Verpflichtetem eine Rechtsverbindung besteht, die es mit sich bringt, dass der Berechtigte in entschuldbarer Weise über das Bestehen und den Umfang seines Rechts im Ungewissen ist und der Verpflichtete die zur Beseitigung der Ungewissheit erforderliche Auskunft unschwer geben kann.[1468] Die

---

1461 *Hanack*, in: *Mergen*, S. 168 (189); vgl. auch *Balz*, S. 13.
1462 Siehe dazu *Zypries/Zeeb*, ZRP 2014, S. 54 (57) mit weiteren Nachweisen.
1463 OLG Hamm (6.2.2013), NJW 2013, S. 1167.
1464 OLG Hamm (6.2.2013), NJW 2013, S. 1167.
1465 OLG Hamm (6.2.2013), NJW 2013, S. 1167.
1466 OLG Hamm (6.2.2013), NJW 2013, S. 1167 (1171).
1467 OLG Hamm (6.2.2013), NJW 2013, S. 1167 (1169).
1468 OLG Hamm (6.2.2013), NJW 2013, S. 1167 (1168).

Rechtsbeziehung zwischen Arzt und Kind werde durch den von den Wunscheltern und dem Arzt abgeschlossen Inseminationsvertrag begründet, den das Gericht als Vertrag zu Gunsten des Kindes im Sinne von § 328 BGB einordnet.[1469] Nach Ansicht des Gerichts seien die Pflichten des Arztes, vor einer heterologen Insemination die Gesundheit des Samenspenders und die Qualität der Samenspende zu überprüfen, echte Leistungspflichten zu Gunsten des Kindes.[1470]

Die zwischen den Wunscheltern und dem Arzt vereinbarte Wahrung der Anonymität der Samenspender sei ein unzulässiger Vertrag zu Lasten des Kindes und stehe dem Auskunftsbegehren des Kindes nicht entgegen.[1471]

Ebenso wenig könne der Arzt den Samenspendern wirksam zusichern, deren Anonymität gegenüber dem Kind zu wahren.[1472]

Das Recht, über welches das Kind in Unkenntnis sei, sei das Recht auf Kenntnis der eigenen genetischen Abstammung.[1473] Dieses Recht sei grundgesetzlich gemäß Art. 2 Abs. 1, Art. 1 Abs. 1 GG geschützt und bei der Auslegung zivilrechtlicher Normen und insbesondere bei der Anwendung zivilrechtlicher Generalklauseln zu beachten.[1474]

Der Schutz des Rechts auf Kenntnis der eigenen Abstammung sei im Einzelfall auf Grund einer umfassenden und konkreten Abwägung zu beurteilen, in die die Rechtspositionen aller von der Auskunftserteilung Betroffenen einzubeziehen seien.[1475]

Nicht in die Interessenabwägung einbezogen hat das Gericht die Interessen der rechtlichen Eltern des Kindes, da diese das Auskunftsbegehren des Kindes unterstützten.[1476]

Die Interessen der Samenspender hat das Gericht in die Abwägung einbezogen, obwohl die Spender nicht bekannt waren, da ihre Interessen dennoch nachvollziehbar seien.[1477] Aus den (unzulässigen) Anonymitätsvereinbarungen, die sie mit dem Arzt geschlossen hatten, könne abgeleitet werden, dass sie kein Interesse haben, mit möglichen rechtlichen Folgen der Samenspende, wie Unterhaltsverpflichtungen oder einer durch ein Kind beeinflussten gesetzlichen Erbfolge, konfrontiert zu werden; daneben sei auch ihr Persönlichkeitsrecht betroffen, wenn als Detail ihres Privatlebens bekannt wird, dass mittels ihrer Samenspende ein Kind gezeugt wurde.[1478]

Zu Gunsten des Schweigeinteresses des Arztes berücksichtigte das Gericht bei der Abwägung das Persönlichkeitsrecht des Arztes und die Freiheit seiner Berufsausübung, die dadurch betroffen seien, dass er gezwungen werde, die Identität von Samenspendern offenzulegen, welchen er - wenn auch unwirksam - Anonymität

1469 OLG Hamm (6.2.2013), NJW 2013, S. 1167 (1168). Dazu näher unten S. 258 ff.
1470 OLG Hamm (6.2.2013), NJW 2013, S. 1167 (1168).
1471 OLG Hamm (6.2.2013), NJW 2013, S. 1167 (1168).
1472 OLG Hamm (6.2.2013), NJW 2013, S. 1167 (1169).
1473 OLG Hamm (6.2.2013), NJW 2013, S. 1167 (1168).
1474 OLG Hamm (6.2.2013), NJW 2013, S. 1167 (1168 f.).
1475 OLG Hamm (6.2.2013), NJW 2013, S. 1167 (1169).
1476 OLG Hamm (6.2.2013), NJW 2013, S. 1167 (1169).
1477 OLG Hamm (6.2.2013), NJW 2013, S. 1167 (1169).
1478 OLG Hamm (6.2.2013), NJW 2013, S. 1167 (1169).

zugesichert hatte.[1479] Außerdem bedachte das Gericht, dass der Arzt infolge der Offenbarung unter Umständen von den Spendern im Weg eines Unterhaltsregresses auf Schadensersatz in Anspruch genommen werde.[1480]

Im Ergebnis kam das Gericht zu einem Überwiegen des Rechts des Kindes auf Kenntnis seiner Abstammung. Die Rechtspositionen des Arztes und der Samenspender seien weniger gewichtig, da sowohl der Arzt als auch die Samenspender die Folgen der Samenspende schon im Vorhinein hätten berücksichtigen und sich auf diese hätten einstellen können.[1481] Es hätte ihnen klar sein müssen, dass das Kind die eheliche Vaterschaft würde anfechten können und die Feststellung der Vaterschaft des Spenders mit allen Konsequenzen der rechtlichen Vaterschaft hätte veranlassen können.[1482] Die familienrechtlichen Rechtspositionen des Kindes seien zwingendes Recht und hätten nicht zur Disposition von Arzt, Samenspender (oder Wunscheltern) gestanden.[1483] Der Arzt hätte auch die seinerzeit geltenden Richtlinien[1484] der Bundesärztekammer berücksichtigen müssen, welche ausdrücklich bestimmten, dass das durch heterologe Insemination gezeugt Kind einen Anspruch auf Bekanntgabe seines biologischen Vaters habe und der Arzt dementsprechend dem Samenspender keine Anonymität zusichern könne, sondern diesen vielmehr auf die Auskunftspflicht des Arztes gegenüber dem Kind hinweisen müsse.[1485]

Nach Auffassung des OLG Hamm spreche gegen eine Auskunftserteilung gegenüber dem Kind auch nicht die ärztliche Schweigepflicht, denn gegenüber dem Kind sei der Arzt trotz Schweigepflicht zur Offenbarung der Spenderidentität befugt.[1486] Ist unklar, welcher von mehreren Spendern der genetische Vater des Kindes ist, sei nach Auffassung des Gerichts der Arzt befugt, die Identitäten aller in Frage kommenden Spender dem Kind gegenüber zu offenbaren.[1487] Das Kind habe jedoch keinen Anspruch darauf, dass der Arzt unter den Spendern den genetischen Vater ermittele, denn das Recht auf Kenntnis der eigenen Anspannung umfasse nicht die Verschaffung von noch nicht erlangten Erkenntnissen, sondern nur einen Anspruch auf Offenbarung vorhandener Erkenntnisse.[1488] Damit habe das Kind auch einen

1479 OLG Hamm (6.2.2013), NJW 2013, S. 1167 (1169).
1480 OLG Hamm (6.2.2013), NJW 2013, S. 1167 (1169).
1481 OLG Hamm (6.2.2013), NJW 2013, S. 1167 (1169).
1482 OLG Hamm (6.2.2013), NJW 2013, S. 1167 (1169).
1483 OLG Hamm (6.2.2013), NJW 2013, S. 1167 (1169).
1484 Anhang I Nr. 4 zu den Richtlinien zur Durchführung der In-vitro-Fertilisation mit Embryotransfer und des intratubaren Gameten- und Embryotransfers als Behandlungsmethoden der menschlichen Sterilität vom 15.12.1988, DÄ 85, A-3605 (A-3607 f.).
1485 OLG Hamm (6.2.2013), NJW 2013, S. 1167 (1169).
1486 OLG Hamm (6.2.2013), NJW 2013, S. 1167 (1170).
1487 OLG Hamm (6.2.2013), NJW 2013, S. 1167 (1170).
1488 OLG Hamm (6.2.2013), NJW 2013, S. 1167 (1170).

Anspruch auf Offenbarung aller in Frage kommenden Spender, so dass es mit den erhaltenen Informationen den biologischen Vater selbst ermitteln könne.[1489]

Das Kind habe in entschuldbarer Weise keine Kenntnis von seiner genetischen Abstammung.[1490] Die begehrte Auskunft über die Identität der Samenspender könne das Kind nicht auf andere Weise erhalten, da sie dem Behandlungsvertrag nicht zu entnehmen sei und auch von den Eltern nicht erhalten werden könne, da diese selbst nicht über entsprechende Informationen verfügen.[1491]

Das Gericht ging zudem davon aus, dass der Arzt die Auskunft unschwer erteilen könne, in dem er die Namen der als genetischer Vater in Betracht kommenden Spender mitteile.[1492]

Neben diesem Auskunftsanspruch aus § 242 BGB bejahte das Gericht ohne nähere Begründung auch einen Anspruch des Kindes auf Einsicht in die Behandlungsunterlagen aus analoger Anwendung des § 810 BGB.[1493]

bbb) Reaktionen auf das Urteil des OLG Hamm

Die Entscheidung des OLG Hamm zum Auskunftsanspruch des durch heterologe Insemination gezeugten Kindes gegen den Arzt hat in der Literatur große Beachtung gefunden.[1494]

Schröder lehnt einen Anspruch aus § 242 BGB mangels Rechtsbeziehung zwischen dem Arzt und dem Kind ab, da der Inseminationsvertrag mangels Bestehen eines Leistungsanspruchs zu Gunsten des Kindes kein Vertrag zu Gunsten des Kindes sei.[1495]

Zudem verstoße nach Ansicht *Schröders* die Auskunftserteilung über die Identität des Samenspenders gegen die ärztliche Schweigepflicht, da der Arzt auch gegenüber dem Kind nicht zur Offenbarung befugt sei.[1496]

Spickhoff und *Schneider* erwägen, ob das Recht auf Auskunftserteilung nicht bereits als Leistungspflicht zu Gunsten des Kindes direkt aus dem Vertrag gemäß § 328 Abs. 2 BGB folge.[1497]

1489 OLG Hamm (6.2.2013), NJW 2013, S. 1167 (1170).
1490 OLG Hamm (6.2.2013), NJW 2013, S. 1167 (1168).
1491 OLG Hamm (6.2.2013), NJW 2013, S. 1167 (1168).
1492 OLG Hamm (6.2.2013), NJW 2013, S. 1167 (1168).
1493 OLG Hamm (6.2.2013), NJW 2013, S. 1167 (1170).
1494 *Dethloff/Gerhardt*, ZRP 2013, S. 91; *Fink/Grün*, NJW 2013, S. 1913; *Kingreen*, Anm. zu OLG Hamm (6.2.2013), FamRZ 2013, S. 641 f.; *Meier*, NZFam 2014, S. 337; *Schneider*, FamFR 2013, S. 172; *Schröder*, Anm. zu OLG Hamm (6.2.2013), ZD 2013, S. 188 f.; *Spickhoff*, Anm. zu OLG Hamm (6.2.2013), MedR 2013, S. 677; *Wellenhofer*, FamRZ 2013, S. 825; *Zypries/Zeeb*, ZRP 2014, S. 54.
1495 *Schröder*, Anm. zu OLG Hamm (6.2.2013), ZD 2013, S. 188 (189).
1496 *Schröder*, Anm. zu OLG Hamm (6.2.2013), ZD 2013, S. 188 (189).
1497 *Schneider*, FamFR 2013, S. 172 (173); *Spickhoff*, Anm. zu OLG Hamm (6.2.2013), MedR 2013, S. 677.

Schneider hält das Ergebnis der Interessenabwägung im Rahmen des § 242 BGB für vertretbar, kritisiert jedoch den geringen Umfang der Abwägung und die fehlende Einbeziehung der Interessen der Familie des Spenders.[1498]

Nach Auffassung von *Fink/Grün* verkenne das Gericht, dass die Auskunft über die Identität der beiden als genetischer Vater in Betracht kommenden Samenspender nicht zur Verwirklichung des Rechts auf Kenntnis der eigenen Abstammung des Kindes führe.[1499] So erhalte das Kind zwar die Namen von zwei Samenspendern, wovon aber nur einer der biologische Vater sei.[1500] Welcher von beiden das ist, könne allein durch ein Abstammungsgutachten geklärt werden.[1501] Ein solches Gutachten könne jedoch nur mit dem Einverständnis des jeweiligen Samenspenders erstellt werden.[1502] Das Kind habe allerdings keinen Anspruch gegen die betroffenen Samenspender auf Zustimmung zur Erstellung eines Abstammungsgutachtens.[1503]

Des Weiteren geben *Fink/Grün* zu bedenken, dass die Nennung des Samenspenders nur dann zur Kenntnis von der genetischen Abstammung führe, wenn das Kind tatsächlich durch die heterologe Insemination gezeugt wurde.[1504] Der Arzt könne die Identität des Spenders des verwendeten Samens mitteilen, es sei jedoch nicht ausgeschlossen, dass das Kind auf andere Weise gezeugt worden sei, was z.B. der Fall sein könne, wenn die Mutter in der Empfängniszeit auch Verkehr mit einem zeugungsfähigen Mann gehabt hätte.[1505]

In den folgenden Kapiteln werden auch diese aufgeworfenen Kritikpunkte näher untersucht. Zunächst soll jedoch auf eine aktuelle Entscheidung des BGH vom 28.1.2015 eingegangen werden, welche auch Bezug nimmt auf das Urteil des OLG Hamm vom 6.2.2013 und die daran geübte Kritik.

ccc) BGH - Urteil vom 28.1.2015

Am 28.1.2015 entschied auch der BGH, dass ein mittels künstlicher Insemination gezeugtes Kind gegen den Inseminationsarzt einen Anspruch aus § 242 BGB auf Auskunft über die Identität des Samenspenders haben könne.[1506] Die hierfür erforderliche rechtliche Sonderverbindung folge aus dem Inseminationsvertrag.[1507] Der BGH sieht im Behandlungsvertrag zwischen den Wunscheltern und dem Inseminationsarzt einen Vertrag mit Schutzwirkung für das Kind.[1508] Als Schutzpflichten

1498 *Schneider*, FamFR 2013, S. 172 (174).
1499 *Fink/Grün*, NJW 2013, S. 1913 (1915).
1500 *Fink/Grün*, NJW 2013, S. 1913 (1915).
1501 *Fink/Grün*, NJW 2013, S. 1913 (1915).
1502 *Fink/Grün*, NJW 2013, S. 1913 (1915).
1503 *Fink/Grün*, NJW 2013, S. 1913 (1915).
1504 *Fink/Grün*, NJW 2013, S. 1913 (1916).
1505 *Fink/Grün*, NJW 2013, S. 1913 (1916).
1506 BGH (28.1.2015), NZFam 2015, S. 254, Leitsatz 1.
1507 BGH (28.1.2015), NZFam 2015, S. 254, Leitsatz 1.
1508 BGH (28.1.2015), NZFam 2015, S. 254 (255).

zu Gunsten des Kindes erkennt der BGH die gesundheitliche Überprüfung des Samenspenders und die Sorgfaltspflichten im Zusammenhang mit der Durchführung der Insemination.[1509] Ein Inseminationsvertrag sei nur in Ausnahmefällen ein echter Vertrag zu Gunsten des Kindes, weil sich für das zu zeugende Kind regelmäßig kein Leistungsforderungsrecht im Sinne des § 328 BGB ergeben solle.[1510]

Der BGH entschied, dass der Auskunftsanspruch kein Mindestalter des Kindes voraussetze.[1511] Das LG Hannover hatte als Vorinstanz den Auskunftsanspruch abgelehnt, da das Kind noch nicht das sechzehnte Lebensjahr vollendet hatte.[1512] Der BGH wies darauf hin, dass ein Mindestalter für den Auskunftsanspruch einer Verankerung im geltenden Recht entbehre.[1513] Weder aus den als Anspruchsgrundlage für den Auskunftsanspruch dienenden Grundsätzen von Treu und Glauben noch aus dem allgemeinen Persönlichkeitsrecht des Kindes folge eine altersmäßige Begrenzung für den Auskunftsanspruch.[1514] Es bestehe auch keine planwidrige Regelungslücke, die zur analogen Anwendung der Altersgrenzen für andere Auskunfts- und Einsichtsrechte führen könne.[1515] Denn es sei kein Grund erkennbar, der eine Beschränkung des Auskunftsanspruchs auf ein bestimmtes Mindestalter rechtfertige.[1516] Das Kindeswohl rechtfertige keine solch allgemeine Beschränkung, da grundsätzlich anzunehmen sei, dass bei einem Kind unabhängig von seinem Alter ein Bedürfnis nach der Kenntnis der eigenen Abstammung bestehe.[1517] Das Interesse an den eigenen Wurzeln erwache typischerweise nicht erst mit der Vollendung des sechzehnten Lebensjahres.[1518] Der BGH weist darauf hin, dass auch Adoptiveltern empfohlen werde, das Kind von Anfang an in altersgerechter Weise über seine Herkunft zu informieren.[1519] Es falle in den Verantwortungsbereich der Eltern zu entscheiden, wann und in welcher Form sie das minderjährige Kind über Besonderheiten seiner Herkunft aufklären.[1520] Die Eltern werden bei dieser Entscheidung die Persönlichkeit des Kindes, den Stand seiner Persönlichkeitsentwicklung, seine Verstandesreife und ihr individuelles Erziehungskonzept berücksichtigen.[1521] Starre Altersgrenzen werden diesen Aspekten nicht gerecht und greifen in den durch Art. 6 Abs. 2 S. 1 GG gewährleisteten Schutz der elterlichen Erziehungsverantwortung

---

1509 BGH (28.1.2015), NZFam 2015, S. 254 (255).
1510 BGH (28.1.2015), NZFam 2015, S. 254 (255).
1511 BGH (28.1.2015), NZFam 2015, S. 254, Leitsatz 2.
1512 BGH (28.1.2015), NZFam 2015, S. 254.
1513 BGH (28.1.2015), NZFam 2015, S. 254 (256).
1514 BGH (28.1.2015), NZFam 2015, S. 254 (256).
1515 BGH (28.1.2015), NZFam 2015, S. 254 (256).
1516 BGH (28.1.2015), NZFam 2015, S. 254 (256).
1517 BGH (28.1.2015), NZFam 2015, S. 254 (256).
1518 BGH (28.1.2015), NZFam 2015, S. 254 (256).
1519 BGH (28.1.2015), NZFam 2015, S. 254 (256).
1520 BGH (28.1.2015), NZFam 2015, S. 254 (256).
1521 BGH (28.1.2015), NZFam 2015, S. 254 (256).

ein.[1522] Der Gesetzgeber selbst habe sich gegen einen entsprechenden Eingriff entschieden.[1523]

Auch die von der Vorinstanz gezogene Parallele zum Mindestalter für das personenstandsrechtliche Einsichtsrecht hält der BGH nicht für richtig.[1524] Das Mindestalter für das personenstandsrechtliche Einsichtsrecht des Adoptivkindes diene nicht der Beschränkung des Auskunftsverlangens des Kindes, sondern der Umsetzung des Offenbarungsverbots des § 1758 BGB[1525] zum Schutz der ungestörten Integration des Kindes in die neue Familie.[1526] Die Adoptiveltern können unabhängig von einem Mindestalter des Kindes jederzeit ohne Einschränkung Informationen über die leiblichen Eltern des Kindes erlangen, auch weil die Identitätsbildung und das Persönlichkeitsrecht des Kindes eine frühe Kenntnis der Abstammung erfordern können.[1527]

Auch eine Parallele zur Altersgrenze des § 31 Abs. 1 SchKG kann der BGH nicht erkennen.[1528] Das vertraulich geborenen Kindes habe erst mit Vollendung des sechzehnten Lebensjahres ein Einsichtsrecht in seinen Herkunftsnachweis, um durch das Verstreichen der Zeit die Frau, die das Kind geboren hat, vor einer Gefährdung für Leben, Gesundheit, persönliche Freiheit oder andere schutzwürdige Belange zu schützen, die sich ergeben könnte, wenn ihr soziales Umfeld von der Mutterschaft erführe.[1529]

Wie das OLG Hamm ermittelt auch der BGH die Zumutbarkeit der Auskunftserteilung für den Inseminationsarzt durch umfassende Interessenabwägung.[1530] Nach Ansicht des BGH werde der Rechtsposition des Kindes, der das verfassungsrechtlich geschützte allgemeine Persönlichkeitsrecht zugrunde liege, regelmäßig ein erhebliches Gewicht im Rahmen der Abwägung zukommen.[1531]

Die Berufsausübungsfreiheit des Arztes habe im Rahmen der Abwägung keine maßgebliche Bedeutung.[1532] Zum einen ist für den BGH nicht ersichtlich, wie eine Auskunftspflicht spürbar in die Berufsausübungsfreiheit eingreifen könne.[1533] Zum anderen weist der BGH auch darauf hin, dass das Standesrecht schon seit 1985 Regelungen über die Auskunftserteilung gegenüber dem Kind enthalte. Seit 1985 enthalte das Standesrecht die Pflicht des Arztes, den Samenspender über das Auskunftsrecht

1522 BGH (28.1.2015), NZFam 2015, S. 254 (256).
1523 BGH (28.1.2015), NZFam 2015, S. 254 (256) mit weiteren Nachweisen.
1524 BGH (28.1.2015), NZFam 2015, S. 254 (256).
1525 Siehe oben S. 179 ff.
1526 BGH (28.1.2015), NZFam 2015, S. 254 (256).
1527 BGH (28.1.2015), NZFam 2015, S. 254 (257).
1528 BGH (28.1.2015), NZFam 2015, S. 254 (257).
1529 BGH (28.1.2015), NZFam 2015, S. 254 (257) mit Hinweis auf BT-Drucks. 17/12814, S. 21.
1530 BGH (28.1.2015), NZFam 2015, S. 254, Leitsatz 3.
1531 BGH (28.1.2015), NZFam 2015, S. 254, Leitsatz 4.
1532 BGH (28.1.2015), NZFam 2015, S. 254 (258).
1533 BGH (28.1.2015), NZFam 2015, S. 254 (258).

des Kindes aufzuklären, und seit 2006 seien Ärzte mit Verweis auf die unklare Rechtslage hinsichtlich der Auskunftsansprüche verpflichtet, das Einverständnis des Spenders über die Auskunftserteilung gegenüber dem Kind zu dokumentieren.[1534]

Zugunsten der Rechtsposition des Arztes sei auch nicht die Gefahr eines Unterhaltsregresses durch den Samenspender, dem der Arzt (unwirksam) Anonymität zugesichert hat, zu berücksichtigen.[1535] Mit der Anonymitätszusicherung habe der Arzt sich über rechtliche Vorgaben hinweggesetzt.[1536] Aus diesem Verhalten könne kein schutzwürdiger Belang erwachsen, der sich gegen die auf dem allgemeinen Persönlichkeitsrecht beruhende Rechtsposition des Kindes durchzusetzen vermöge.[1537]

Zu Gunsten des Arztes sei grundsätzlich seine ärztliche Schweigepflicht zu berücksichtigen und in diesem Zusammenhang auch die Interessen Dritter, deren Schutz die Schweigepflicht diene.[1538] In diesem Zusammenhang sei das Recht auf informationelle Selbstbestimmung des Samenspenders in die Abwägung einzubeziehen.[1539] Habe jedoch der Samenspender entsprechend der ärztlichen Richtlinien sein Einverständnis zur Auskunftserteilung gegenüber dem Kind gegeben, sei das Recht auf informationelle Selbstbestimmung des Spenders nicht verletzt.[1540] Sei dem Spender jedoch Anonymität zugesichert worden, sei dies zwar unzulässig gewesen, aber dem Spender nicht unbedingt bewusst.[1541] Die Offenbarung seiner Identität gegenüber dem Kind greife dann in den Schutz des Rechts auf informationelle Selbstbestimmung ein.[1542] Dem Recht des Spenders auf informationelle Selbstbestimmung stehe jedoch das Recht des Kindes auf Kenntnis seiner Abstammung gegenüber.[1543] In diesem Zusammenhang sei zu beachten, dass der Samenspender sich bewusst mit einem maßgeblichen Beitrag an der Zeugung des Kindes beteiligt habe und daher eine soziale und ethische Verantwortung trage, die bei der Abwägung zu Gunsten des Kenntnisinteresses des Kindes zu berücksichtigen sei.[1544] Dem Kenntnisrecht werde bei der Abwägung regelmäßig ein höheres Gewicht zukommen als dem Recht auf informationelle Selbstbestimmung des Samenspenders.[1545]

Die wirtschaftlichen Interessen des Samenspenders seien bei der Abwägung nicht zu berücksichtigen.[1546] Zwar könne das Kind die Feststellung der Vaterschaft

1534 BGH (28.1.2015), NZFam 2015, S. 254 (258 f.) mit Verweis auf die verschiedenen Fassungen der Richtlinien zur assistierten Reproduktion.
1535 BGH (28.1.2015), NZFam 2015, S. 254 (259).
1536 BGH (28.1.2015), NZFam 2015, S. 254 (259).
1537 BGH (28.1.2015), NZFam 2015, S. 254 (259).
1538 BGH (28.1.2015), NZFam 2015, S. 254 (259).
1539 BGH (28.1.2015), NZFam 2015, S. 254 (259).
1540 BGH (28.1.2015), NZFam 2015, S. 254 (259).
1541 BGH (28.1.2015), NZFam 2015, S. 254 (259).
1542 BGH (28.1.2015), NZFam 2015, S. 254 (259).
1543 BGH (28.1.2015), NZFam 2015, S. 254 (259).
1544 BGH (28.1.2015), NZFam 2015, S. 254 (259).
1545 BGH (28.1.2015), NZFam 2015, S. 254.
1546 BGH (28.1.2015), NZFam 2015, S. 254 (260).

des Samenspenders veranlassen und damit unterhalts- und erbrechtliche Folgen auslösen.[1547] Es gebe jedoch keinen Schutz vor den wirtschaftlichen Folgen der Verwandtschaft.[1548]

Obwohl im vom BGH entschiedenen Fall die Insemination mit dem Samen nur eines Spenders durchgeführt wurde und damit das Kind nicht Auskunft über die Identität mehrerer Spender begehrte, geht der BGH mit Verweis auf das Urteil des OLG Hamm auch auf die Beurteilung derartiger Fälle ein.[1549] Der BGH stellt klar, dass bei der Verwendung des Samens mehrerer Spender, das Kind zur Klärung seiner Abstammung auf die Auskunft über die Identität aller Samenspender angewiesen sei, deren Samen bei der Behandlung der Mutter verwendet wurde.[1550] Dass das Kind dabei notwendigerweise auch Auskunft über einen oder mehrere Samenspender erhalte, die nicht sein biologischer Vater sind, stehe dem Auskunftsanspruch nicht per se entgegen, sondern sei nur im Rahmen der Interessenabwägung zu berücksichtigen.[1551] Für jeden einzelnen Spender sei im Rahmen der Abwägung zu ermitteln, ob der Offenbarung seiner Identität schutzwürdige Belange entgegenstehen.[1552]

ddd) Vertragliche Auskunftsansprüche

Nachdem im Zusammenhang mit der Entscheidung des OLG Hamm Teile der Literatur erwogen haben, den Auskunftsanspruch des Kindes direkt aus einem Vertrag mit dem Arzt abzuleiten,[1553] soll nun geprüft werden, ob das durch heterologe Insemination gezeugte Kind auch einen vertraglichen Auskunftsanspruch gegen den Arzt hat.

Im Zusammenhang mit einer heterologen Insemination werden zwei Verträge geschlossen. Im Fall einer heterologen Insemination schließt der Samenspender einen Vertrag mit dem Arzt über die Spende und die Wunscheltern schließen mit dem Arzt einen Vertag über die Insemination.

Das Kind selbst wird bei keinem dieser beiden Verträge Vertragspartei. Grundsätzlich werden aus einem Vertrag allein die Vertragsparteien berechtigt und verpflichtet. Es gibt jedoch Ausnahmefälle, so hat der deutsche Gesetzgeber in § 328 BGB den Vertrag zu Gunsten Dritter geregelt.[1554] Es könnte demnach sein, dass entweder der Samenspendevertrag oder der Inseminationsvertrag eine Auskunftspflicht des Arztes zu Gunsten des Kindes im Sinne des § 328 BGB enthalten.

Beide Vertragsarten enthalten jedoch auch häufig Klauseln, in welchen gerade die Wahrung der Anonymität des Spenders vereinbart wird.[1555]

1547 BGH (28.1.2015), NZFam 2015, S. 254 (260).
1548 BGH (28.1.2015), NZFam 2015, S. 254 (260).
1549 BGH (28.1.2015), NZFam 2015, S. 254 (257, 260).
1550 BGH (28.1.2015), NZFam 2015, S. 254 (257).
1551 BGH (28.1.2015), NZFam 2015, S. 254 (258).
1552 BGH (28.1.2015), NZFam 2015, S. 254 (260).
1553 Siehe oben S. 248.
1554 MüKo[6]/*Gottwald*, § 328 Rn. 1.
1555 So auch im Fall des OLG Hamm (6.2.2013), NJW 2013, S. 1167 (1167, 1169).

(1) Schweigevereinbarungen

In der Praxis wird im Samenspendevertrag und/oder im Inseminationsvertrag häufig vereinbart, dass der Arzt die Anonymität des Samenspenders zu wahren hat. Auch in dem vom OLG Hamm entschiedenen Fall hatte der Arzt sowohl mit den Samenspendern als auch mit den Wunscheltern die Wahrung der Anonymität der Samenspender vereinbart.[1556]

Nach deutschem Recht können durch vertragliche Vereinbarung einem Dritten weder Pflichten auferlegt noch Rechte genommen werden.[1557]

Schweigevereinbarungen zwischen dem Arzt und dem Samenspender oder zwischen dem Arzt und den Wunscheltern, sind insoweit unzulässige Verträge, als sie Auskunfts- und Einsichtsrechte zu Lasten des Kindes als Dritten beschränken oder ausschließen.[1558] Entsprechende Schweigevereinbarungen sind wegen Verstoßes gegen die guten Sitten gemäß § 138 BGB nichtig und können damit einem Auskunftsbegehren des Kindes nicht entgegenstehen.[1559]

Fraglich ist, ob die Nichtigkeit der Schweigevereinbarung auch die Nichtigkeit des gesamten Vertrages oder nur die Teilnichtigkeit der Schweigevereinbarung zur Folge hat. Nach § 139 BGB ist bei der Nichtigkeit eines Teils des Rechtsgeschäfts das ganze Rechtsgeschäft nichtig, wenn nicht anzunehmen ist, dass es auch ohne den nichtigen Teil geschlossen wurde. Dies muss für jeden Einzelfall gesondert entschieden werden.

Beim Inseminationsvertrag ist in der Regel nicht anzunehmen, dass die Wunscheltern den Vertrag nicht auch ohne Schweigevereinbarung abgeschlossen hätten. Bei den Wunscheltern steht die Erfüllung des Kinderwunsches im Vordergrund. Die meisten Wunscheltern würden daher einen Inseminationsvertrag auch ohne Schweigevereinbarung schließen.

Ärzte führen künstliche Befruchtungen durch, weil für sie die Vergütung dieser Behandlung im Vordergrund steht. Da ihnen aufgrund der Stellungnahmen der Ärztekammern bewusst ist, dass die Anonymität des Samenspenders standesrechtlich nicht gebilligt wird und vermutlich Auskunftsansprüche des Kindes bestehen, ist anzunehmen das sie den Vertrag über die Insemination auch abgeschlossen hätten, wenn sie sicher von der Unwirksamkeit der Schweigeklausel gewusst hätten.

Beim Inseminationsvertrag führt die unzulässige Schweigevereinbarung damit in der Regel nur zu einer Teilnichtigkeit bezüglich der Schweigevereinbarung, im Übrigen ist der Vertrag wirksam.

Hinsichtlich des Samenspendevertrags gelten für die Position der Ärzte die Ausführungen zum Inseminationsvertrag entsprechend.

1556 Siehe oben S. 245.

1557 MüKo[6]/*Gottwald*, § 328 Rn. 250 f. Zur unzulässigen Beschränkung der Rechte Dritter BGH (16.1.1980), FamRZ 1980, S. 342 (343).

1558 *Coester-Waltjen*, JURA 1987, S. 629 (635); *Dethloff/Gerhardt*, ZRP 2013, S. 91 f.; *Donhauser*, S. 174 f.; *Müller*, FamRZ 1986, S. 635 (636); *Pap*, S. 333; *Pasquay*, S. 177.

1559 *Coester-Waltjen*, JuS 1987, S. 629 (635); *Mansees*, NJW 1988, S. 2984 (2985, Fn. 11).

Problematisch ist jedoch die Mitwirkung des Samenspenders. Es ist möglich, dass manche Samenspender, ihren Samen nur spenden, weil sie darauf vertrauen, dass ihre Identität anonym bleibt und sie keine Spende ohne wirksame Anonymitätsvereinbarung abgegeben hätten. In diesen Fällen ist der gesamte Vertrag nichtig. Es gibt jedoch auch Samenspender, die ihre Spende nicht von ihrer Anonymität abhängig machen. Hätte der Samenspender den Vertrag über die Spende auch abgeschlossen ohne eine wirksame Anonymitätsvereinbarung, ist nicht der gesamte Samenspendevertrag nichtig, sondern nur die Klausel über die Wahrung der Anonymität.

(2) Vertragsverhältnis Arzt - Wunscheltern

Möglicherweise hat das im Wege der heterologen Insemination gezeugte Kind aus dem Inseminationsvertrag, der zwischen dem Arzt und den Wunscheltern vereinbart wurde, gegen den Arzt einen Anspruch auf Auskunft über die Identität des Samenspenders.

Die im Rahmen der Fortpflanzungsmedizin durchgeführte künstliche Insemination ist eine medizinische Behandlung und der Vertrag über die Insemination damit ein Behandlungsvertrag im Sinne des § 630a BGB.

(a) Wirksamkeit des Inseminationsvertrags

Die Vereinbarung über die Vornahme einer heterologen Insemination ist grundsätzlich auch ein zulässiger Vertragsgegenstand. Es existiert kein allgemeines gesetzliches Verbot über die Durchführung von heterologen Inseminationen.[1560]

Allerdings besteht nach § 4 Abs. 1 Nr. 3 ESchG ein Verbot für künstliche Befruchtungen, bei welchen wissentlich der Samen eines verstorbenen Mannes verwendet wird. Ein Inseminationsvertrag, in dem die Verwendung des Samens eines verstorbenen Mannes vereinbart wurde, ist damit wegen Verstoßes gegen § 4 Abs. 1 Nr. 3 ESchG gemäß § 134 BGB nichtig. Jedoch sind derartige Vereinbarungen bei heterologen Inseminationen in der Praxis höchst selten. Die wissentliche Verwendung des Samens Verstorbener ist in der Praxis bei der homologen Insemination relevant, d.h. wenn sich eine Frau wünscht, dass mit dem Samen ihres verstorbenen Partners ein Kind gezeugt wird. Auch diese Behandlung ist gemäß § 4 Abs. 1 Nr. 3 ESchG in Deutschland unzulässig. Für das Verbot fehlt eine amtliche Begründung.[1561] Die Literatur führt das Verbot auch auf den Schutz des Kindeswohls zurück, da für die geistig-seelische Entwicklung des Kindes die Kenntnis, von einem zur Zeit der Zeugung bereits Verstorbenen abzustammen, abträglich sein könnte.[1562] Der Gesetzentwurf der Arbeitsgruppe aus Professoren der Ludwig-Maximilians-Universität München und der Universität Augsburg für ein Fortpflanzungsmedizingesetz hält

1560 Siehe oben S. 232 ff.
1561 Vgl. Spickhoff²/*Müller-Terpitz*, § 4 ESchG Rn. 1.
1562 Spickhoff²/*Müller-Terpitz*, § 4 ESchG Rn. 1.

dieses Verbot nicht aufrecht, da die pauschale Berufung auf das Kindeswohl nicht allen Interessenlagen gerecht werde.[1563]

Regelungen der Ärztekammern über die Unzulässigkeit der Vornahme einer heterologen Insemination bei bestimmten Personenkreisen - wie z.B. alleinstehenden Frauen - sind, selbst wenn sie inhaltlich sachgerecht sind, wegen Überschreitung der Satzungsgewalt unzulässig[1564] und daher kein wirksames Verbotsgesetz im Sinne des § 134 BGB.

Die heterologe Insemination ist eine allgemein anerkannte und gebilligte medizinische Behandlungsmethode. Die Vereinbarung einer heterologen Insemination als solche verstößt nicht gegen das Anstandsgefühl aller billig und gerecht Denkenden und ist damit grundsätzlich auch nicht sittenwidrig im Sinne des § 138 Abs. 1 BGB. Vereinbarungen über die Vornahme einer heterologen Insemination könnten jedoch in bestimmten Fällen sittenwidrig und damit nach § 138 BGB nichtig sein. Auch wenn die heterologe Insemination bei unverheirateten Paaren, alleinstehenden Frauen und Frauen, die in einer Beziehung mit einer Frau leben, nicht gegen ein gesetzliches Verbot verstößt, könnten entsprechende Behandlungsverträge gegen die guten Sitten verstoßen. Ob eine Vereinbarung im Einzelfall gegen die guten Sitten verstößt, das heißt, dem Anstandsgefühl aller billig und gerecht Denkenden zuwiderläuft, hängt von ihrem aus Inhalt, Beweggrund und Zweck zu entnehmenden Gesamtcharakter ab.[1565] Bei dieser Beurteilung sind insbesondere die Wertungen des Grundgesetzes zu beachten.[1566]

Hierbei ist auch zu berücksichtigen, dass die heterologe Insemination der Verwirklichung des grundrechtlich geschützten Wunsches auf Fortpflanzung der Wunscheltern dient. Als Ausfluss des allgemeinen Persönlichkeitsrechts verbürgt das Grundrecht auf Fortpflanzung keinen schrankenlosen Schutz, sondern kann zum Schutz verfassungsrechtlich geschützter Rechtsgüter beschränkt werden.[1567] Das Grundrecht auf Fortpflanzung ist jedoch eng verbunden mit der Menschenwürde, weil die Fortpflanzung die personale Integrität sowie den Fortbestand der eigenen Würde über die eigene Existenz hinaus zum Gegenstand hat.[1568] Daher sind an die Rechtsgüter, zu deren Schutz das Grundrecht auf reproduktive Selbstbestimmung eingeschränkt werden darf, besondere Anforderungen zu stellen.[1569] Berücksichtigt werden können nur Rechtsgüter, die Verfassungsrang genießen und einen Bezug zur Menschenwürde haben, wie z.B. das Leben und die Gesundheit der Mutter, das

---

1563 *Gassner/Kersten/Krüger/Lindner/Rosenau/Schroth*, S. 38.

1564 Siehe oben S. 234.

1565 BGH (28.11.1990), NJW 1991, S. 913 (914).

1566 MüKo^{6}/*Armbrüster*, § 138 Rn. 138.

1567 *Gassner/Kersten/Krüger/Lindner/Rosenau/Schroth*, S. 34; *Lindner*, Verfassungsrechtliche Aspekte, S. 127 (144).

1568 *Gassner/Kersten/Krüger/Lindner/Rosenau/Schroth*, S. 34; *Lindner*, Verfassungsrechtliche Aspekte, S. 127 (144).

1569 *Gassner/Kersten/Krüger/Lindner/Rosenau/Schroth*, S. 34; *Lindner*, Verfassungsrechtliche Aspekte, S. 127 (145).

Leben und die Gesundheit des Kindes, das Kindeswohl und das Recht auf Kenntnis der eigenen Abstammung.[1570] Zum Schutz des Kindeswohls könnte es geboten sein, unverheirateten Paaren, lesbischen Paaren und alleinstehenden Frauen den Zugang zur Fortpflanzungsmedizin zu verwehren. Eine pauschale Berufung auf das Kindeswohl genügt hierfür jedoch nicht, vielmehr muss eine Gefährdung des Kindeswohls bestehen.[1571] In der heutigen Gesellschaft leben viele Kinder bei unverheirateten Eltern oder werden von unverheirateten Paaren zu einem Zeitpunkt gezeugt, zu welchem die Beziehung der Eltern noch nicht stabil ist, oder wachsen vaterlos auf, ohne dass generell angenommen werden darf, dass das Wohl dieser Kinder gefährdet ist. Auch gleichgeschlechtliche Eltern gefährden nicht das Kindeswohl. Dies ist spätestens anerkannt seit der Entscheidung des BVerfG über die Verfassungswidrigkeit des Verbots der Sukzessivadoption eines Kindes durch den Lebenspartner des rechtlichen Elternteils[1572] und der anschließenden Reform des § 9 LPartG.[1573] Bedenken, die sich gegen das Aufwachsen von Kindern in gleichgeschlechtlichen

1570 *Gassner/Kersten/Krüger/Lindner/Rosenau/Schroth*, S. 34 f.; *Lindner*, Verfassungsrechtliche Aspekte, S. 127 (145).

1571 *Gassner/Kersten/Krüger/Lindner/Rosenau/Schroth*, S. 35; *Lindner*, Verfassungsrechtliche Aspekte, S. 127 (145).

1572 BVerfG (19.2.2013), NJW 2013, S. 847.

1573 § 9 LPartG lautet mit Wirkung zum 27.6.2014 (BGBl I 2014, S. 786): „§ 9 Regelungen in Bezug auf Kinder eines Lebenspartners

(1) [1]Führt der allein sorgeberechtigte Elternteil eine Lebenspartnerschaft, hat sein Lebenspartner im Einvernehmen mit dem sorgeberechtigten Elternteil die Befugnis zur Mitentscheidung in Angelegenheiten des täglichen Lebens des Kindes. [2]§ 1629 Abs. 2 Satz 1 des Bürgerlichen Gesetzbuchs gilt entsprechend.

(2) Bei Gefahr im Verzug ist der Lebenspartner dazu berechtigt, alle Rechtshandlungen vorzunehmen, die zum Wohl des Kindes notwendig sind; der sorgeberechtigte Elternteil ist unverzüglich zu unterrichten.

(3) Das Familiengericht kann die Befugnisse nach Absatz 1 einschränken oder ausschließen, wenn dies zum Wohl des Kindes erforderlich ist.

(4) Die Befugnisse nach Absatz 1 bestehen nicht, wenn die Lebenspartner nicht nur vorübergehend getrennt leben.

(5) [1]Der Elternteil, dem die elterliche Sorge für ein unverheiratetes Kind allein oder gemeinsam mit dem anderen Elternteil zusteht, und sein Lebenspartner können dem Kind, das sie in ihren gemeinsamen Haushalt aufgenommen haben, durch Erklärung gegenüber dem Standesamt ihren Lebenspartnerschaftsnamen erteilen. [2]§ 1618 Satz 2 bis 6 des Bürgerlichen Gesetzbuchs gilt entsprechend.

(6) [1]Nimmt ein Lebenspartner ein Kind allein an, ist hierfür die Einwilligung des anderen Lebenspartners erforderlich. [2]§ 1749 Abs. 1 Satz 2 und 3 sowie Abs. 3 des Bürgerlichen Gesetzbuchs gilt entsprechend.

(7) [1]Ein Lebenspartner kann ein Kind seines Lebenspartners allein annehmen. [2]Für diesen Fall gelten die §§ 1742, 1743 Satz 1, § 1751 Abs. 2 und 4 Satz 2, § 1754 Abs. 1 und 3, § 1755 Abs. 2, § 1756 Abs. 2, § 1757 Abs. 2 Satz 1 und § 1772 Abs. 1 Satz 1 Buchstabe c des Bürgerlichen Gesetzbuchs entsprechend."

Elterngemeinschaften richten, wurden in dem Verfahren vor dem BVerfG in der ganz überwiegenden Zahl der sachverständigen Stellungnahmen zurückgewiesen.[1574]

Allein die Tatsache, dass ein Kind unverheiratete oder gleichgeschlechtliche Eltern hat oder vaterlos ist, begründet keine Kindeswohlgefährdung.[1575] Es hängt nicht von dem familienrechtlichen Status der Mutter, der Eltern untereinander oder ihrem rechtlichen Verhältnis zum Kind ab, ob ein Kind mit der erforderlichen persönlichen Fürsorge aufgezogen wird.[1576] Eine Kindeswohlgefährdung ist jedoch dann anzunehmen, wenn das Alter oder der Gesundheitszustand der Frau, eine besondere Gefährdung für die Gesundheit und das Leben des Kindes während der Schwangerschaft oder bei der Geburt bewirken.

Das Kindeswohl ist auch dann gefährdet, wenn alle Elternteile, welchen es rechtlich zugeordnet ist, bereits bei der Geburt eine Lebenserwartung haben, die ernsthaft vermuten lässt, dass das Kind noch vor Erreichen der Volljährigkeit keinen rechtlichen Elternteil mehr haben wird. Das bedeutet, dass bei einer alleinstehenden Frau, die eine heterologe Insemination wünscht, die Beurteilung ihrer Lebenserwartung eine größere Rolle spielt, als bei einer verheirateten, bei welcher das Kind auch automatisch einem rechtlichen Vater zugeordnet ist.

Die Tatsache, dass das Leben oder die Gesundheit des Kindes während der Schwangerschaft oder bei der Geburt besonders gefährdet sind und die große Wahrscheinlichkeit, dass das Kind vor Erreichen der Volljährigkeit elternlos wird, sind in der Abwägung zu berücksichtigende Gefährdungen des Kindeswohls.

Das Kindeswohl ist in diesen Fällen vorrangig vor der Fortpflanzungsfreiheit zu schützen. Ein Inseminationsvertrag der trotz dieser Gefährdung geschlossen wird, verstößt gegen das Anstandsgefühl aller billig und gerecht Denkenden und ist damit sittenwidrig und gemäß § 138 BGB nichtig.

Inseminationsverträge, bei welchen eine besondere Gefährdung des Kindeswohls nicht gegeben ist, verstoßen jedoch nicht gegen die guten Sitten und sind wirksam.

(b) Auskunftspflicht zu Gunsten des Kindes

(aa) Vertrag zu Gunsten des Kindes

Fraglich ist, ob der wirksame Inseminationsvertrag einen Auskunftsanspruch des Kindes im Sinne des § 328 BGB enthält.

Bei der Leistung zu Gunsten Dritter im Sinne des § 328 BGB muss es sich - im Unterschied zu bloßen Schutzwirkungen des Vertrages - um einen selbständig einklagbaren Anspruch handeln.[1577] Dieser muss nicht die Hauptleistung des Vertrags sein, sondern kann auch nur in einer Nebenpflicht eines Vertrages bestehen,[1578] welcher im Übrigen nur Leistungen zu Gunsten der Vertragsparteien enthält.

1574 BVerfG (19.2.2013), NJW 2013, S. 847 (852).

1575 *Rütz*, S. 86.

1576 *Rütz*, S. 86.

1577 MüKo^6/*Gottwald*, § 328 Rn. 21.

1578 MüKo^6/*Gottwald*, § 328 Rn. 21.

Ein selbständig einklagbarer Auskunftsanspruch könnte bestehen, wenn der Arzt und die Wunscheltern diesen wirksam vereinbart haben. Einem Vertrag zu Gunsten des Kindes steht nicht schon die Tatsache entgegen, dass es im Zeitpunkt des Vertragsschlusses über die Insemination noch nicht gezeugt worden ist, § 331 Abs. 2 BGB.[1579] Es genügt die Bestimmbarkeit der Person des Dritten nach persönlichen und sachlichen Kriterien.[1580] Das Kind ist als das aus der Insemination hervorgehende bestimmbar.

Gegenstand eines Vertrages[1581] zu Gunsten Dritter kann jede zulässige Leistung sein. Fraglich ist, ob die Offenbarung der Spenderidentität gegenüber dem künstlich gezeugten Kind ein zulässiges Tun ist.

Dies ist nicht der Fall, wenn sich der Arzt mit der Auskunftserteilung wegen Verstoßes gegen seine ärztliche Schweigepflicht nach § 203 Abs. 1 Nr. 1 StGB strafbar macht.

(bb) Verstoß gegen die ärztliche Schweigepflicht, § 203 Abs. 1 Nr. 1 StGB

Nach § 203 Abs. 1 Nr. 1 StGB wird ein Arzt, der unbefugt ein fremdes Geheimnis, namentlich ein zum persönlichen Lebensbereich gehörendes Geheimnis, offenbart, das ihm als Arzt anvertraut oder sonst bekannt geworden ist, bestraft.

Ob und inwiefern das Verhältnis zwischen dem Samenspender und dem Arzt vom Schutzbereich des § 203 Abs. 1 Nr. 1 StGB erfasst wird, ist umstritten. Schon der Schutzzweck des § 203 Abs. 1 Nr. 1 StGB wird kontrovers diskutiert. So wird zum einen vertreten, die Norm schütze allein das überindividuelle staatliche Interesse an einer funktionsfähigen Gesundheitsfürsorge - niemand solle sich vor einem Arztbesuch scheuen.[1582] Teilweise wird neben dem vorrangigen Schutz des Allgemeininteresses auch der Schutz des Individualinteresses des Geheimnisträgers angenommen.[1583] Andere sehen vorrangig oder sogar ausschließlich das Individualinteresse des Geheimnisträgers geschützt.[1584] Die heute wohl herrschende Meinung vertritt ein kumulatives Nebeneinander beider Schutzrichtungen.[1585] Da es sich bei § 203 StGB gemäß § 205 Abs. 1 S. 1 StGB um ein Antragsdelikt handelt, das nur verfolgt wird, wenn die Person, deren Geheimnis unbefugt offenbart wurde, einen

1579 BGH (3.5.1995), BGHZ 129, 297 (305); MüKo[6]/*Schmitt*, § 1 Rn. 48, 36; MüKo[6]/*Gottwald*, § 328 Rn. 24. Zum noch nicht geborenen Kind siehe OLG München (9.11.1999), NJW 2000, 1423.

1580 MüKo[6]/*Gottwald*, § 328 Rn. 24.

1581 MüKo[6]/*Gottwald*, § 328 Rn. 21.

1582 *Waibl*, S. 257. Noch zu § 300 StGB a.F.: *Kaufmann*, ablehnende Anm. zu OLG Nürnberg (17.8.1956), NJW 1958, S. 272 (274); so auch schon der Gesetzgeber bzgl. der ursprünglichen Vorgängernorm § 300 RStGB vgl. *Schreiner*, S. 10 m.w.N.

1583 *Ayasse*, VersR 1987, S. 536 (538); *Schlund*, JR 1977, S. 265 (269).

1584 OLG Nürnberg (17.8.1956), NJW 1958, S. 272; *Zimmermann*, FamRZ 1981, S. 929 (932).

1585 Lackner/Kühl[28]/*Lackner*, § 203 Rn. 1.

entsprechenden Antrag stellt, ist durch die ärztliche Schweigepflicht jedenfalls auch das Individualinteresse des Geheimnisträgers geschützt.[1586]

Teilweise wird die Anwendbarkeit von § 203 Abs. 1 Nr. 1 StGB gegenüber Samenspendern generell abgelehnt: Die Wahrung des Berufsgeheimnisses diene nur dem Schutz solcher Tatsachen, die eine Person aufgrund einer gesundheitlichen Zwangslage einem Arzt offenbaren müsse.[1587] Der Samenspender dagegen befände sich nicht in einer dafür erforderlichen Zwangslage oder Heilbehandlung und damit auch nicht in einer schutzwürdigen Vertrauenssituation.[1588] Diese Argumentation würde nicht nur bei Samenspenden, sondern auch bei anderen medizinischen Dienstleistungen, für welche keine gesundheitliche Veranlassung besteht, wie z.B. Schönheitsoperationen, zu dem Ergebnis führen, dass die Betroffenen nicht geschützt wären gegen eine Offenbarung privater Details ihres Gesundheitszustandes gegenüber jedermann. Dies widerspricht dem Wortlaut des § 203 Abs. 1 Nr. 1 StGB wonach alle privaten Geheimnisse, die dem Arzt in der Funktion als Arzt bekannt werden, von der Schweigepflicht umfasst werden. Eine gesundheitliche Zwangslage ist nach dem Wortlaut des Gesetzes nicht Voraussetzung für die Schweigepflicht. Im Übrigen werden im Zusammenhang mit der Samenspende auch Untersuchungen hinsichtlich der Gesundheit des Spenders durchgeführt. Es wird überprüft, ob der Samenspender ansteckende Krankheiten wie z.B. HIV, Hepatitis B und Hepatitis C hat (Anlage 4 zu TPG-GewV). Es ist nicht ersichtlich, warum diese privaten Untersuchungsergebnisse weniger schutzwürdig sein sollen, als Untersuchungsergebnisse eines Patienten, der sich aufgrund einer gesundheitlichen Zwangslage (z.B. Blinddarmentzündung) einer ärztlichen Behandlung unterzieht.

Die Bereitschaft des Samenspenders zur Mitwirkung an einer möglicherweise moralisch umstrittenen Samenspende beeinträchtigt auch nicht die Schutzwürdigkeit seines Vertrauens in die Integrität des Arztes.[1589] Könnten moralische Erwägungen die Anwendbarkeit des § 203 Abs. 1 Nr. 1 StGB beeinflussen, führte dies in vielen Fällen zu einem Wegfall der ärztlichen Schweigepflicht, man denke nur an Schwangerschaftsabbrüche, Schönheitsoperationen und andere aus moralischer Sicht umstrittene Eingriffe. Das Interesse der Betroffenen an der Geheimhaltung ihrer privaten Daten ist ebenso schutzwürdig wie das anderer Patienten. Es kann demnach nicht sein, dass Patienten, die moralisch umstrittene medizinische Behandlungen in Anspruch nehmen, nicht den Schutz der ärztlichen Schweigepflicht genießen.

1586 So *Schreiner*, S. 12 zu § 300 StGB a.F.

1587 *Pap*, S. 333; *Zimmermann*, FamRZ 1981, S. 929 (932); *Schreiner*, S. 20 ff., 25 zu § 300 StGB a.F.; distanziert *Waibl*, S. 257 Fn. 2.

1588 *Giesen*, JZ 1984, S. 221 (227); *Mansees*, NJW 1988, S. 2984 (2985) geht von ärztlichem Handeln sui generis aus; *Müller*, FamRZ 1986, S. 635 (636); *Zimmermann*, FamRZ 1981, S. 929 (932); siehe auch *Waibl*, S. 257 der nur eine einseitige Leistung des Spenders gegenüber dem Arzt sieht; *Lauffs/Arnold*, ZRP 1984, S. 279 (282) offenlassend.

1589 *Marian*, S. 117; *Waibl*, S. 257 Fn. 2; a.A. *Zimmermann*, FamRZ 1981, S. 929 (932).

Teilweise wird die Anwendbarkeit der ärztlichen Schweigepflicht auch mit dem Fehlen einer Behandlung begründet, da die Prüfung der gesundheitlichen Eignung des Samenspenders nicht durch den Arzt selbst, sondern durch ein genetisches Institut erfolgt.[1590] Der Arzt würde die medizinischen Untersuchungsergebnisse nur weiterleiten.[1591] Ärzte beauftragen jedoch häufig Labors oder Institute mit Untersuchungen, die sie nicht selbst durchführen, dies gilt z.B. für Blutuntersuchungen. Würde die Anwendbarkeit des § 203 Abs. 1 Nr. 1 StGB in all diesen Fällen entfallen, stünden die ärztliche Schweigepflicht und der durch sie gewährte Schutz zur Disposition des Arztes. Durch bloße Einbindung von Instituten wegen ihrer Expertise, aus Gründen der effektiven Zusammenarbeit oder anderen Motiven, könnte der Arzt die Anwendbarkeit des § 203 Abs. 1 Nr. 1 StGB verhindern. Die Anwendbarkeit des § 203 Abs. 1 Nr. 1 StGB kann jedoch nicht davon abhängen, ob der Arzt die Untersuchung allein durchführt oder (teilweise) durch Dritte.

Gegen eine Anwendbarkeit des § 203 Abs. 1 Nr. 1 StGB wird auch vorgebracht, dass der Vertrag über die Samenspende jedenfalls nicht als typischer Behandlungsvertrag mit Dienstleistungscharakter qualifiziert werden könne.[1592] § 203 Abs. 1 Nr. 1 StGB setzt jedoch nur voraus, dass die Tatsache dem Arzt „als Arzt anvertraut oder sonst bekannt geworden ist." Voraussetzung ist demnach nicht der Abschluss eines typischen Behandlungsvertrags,[1593] sondern ein innerer Zusammenhang zwischen der ärztlichen Berufsausübung und der Kenntniserlangung.[1594] Fraglos steht die Kenntnis des Arztes von der Spenderidentität im inneren Zusammenhang mit seiner ärztlichen Berufsausübung.[1595]

Nach einer Ansicht soll die ärztliche Schweigepflicht entfallen, wenn der Samenspender kein Vertrauen in die Verschwiegenheit des Arztes hat.[1596] Wird der Samenspender vom Arzt darüber aufgeklärt, dass dieser Informationen zur Spenderidentität auf Anfrage des Kindes offenbaren wird, kann nach *Marian* kein konkretes Vertrauen in die Verschwiegenheit des Arztes angenommen werden.[1597] Wird hier jedoch allgemein die Anwendbarkeit der ärztlichen Schweigepflicht verneint, könnte der Arzt die Spenderidentität nicht nur gegenüber dem Kind, sondern gegenüber *jedermann* sanktionslos offenbaren - zusammen mit den Untersuchungsergebnissen zum Gesundheitszustand des Spenders. Dies entspricht nicht dem berechtigten Interesse des Samenspenders am Schutz seines Privatlebens, welches sowohl seine Eigenschaft als Samenspender als auch die Angaben zu seinem Gesundheitszustand umfasst. Die Tatsache, dass der Arzt berechtigt ist, die Identität des Samenspenders

---

1590 *Marian*, S. 118.
1591 *Marian*, S. 118.
1592 *Marian*, S. 119. Zur Rechtsnatur des Samenspendevertrags siehe unten S. 265 ff.
1593 Schönke/Schröder[29]/*Lenckner/Eisele* § 203 Rn. 6.
1594 OLG Hamm (20.1.2009), RDG 2009, S. 266 (267); *Marian*, S. 119.
1595 *Marian*, S. 120.
1596 *Giesen*, JZ 1984, S. 221 (227); *Marian*, S. 121.
1597 *Marian*, S. 121.

gegenüber dem Kind zu offenbaren, wirkt sich demnach nicht auf die Existenz der ärztlichen Schweigepflicht aus, sondern kann nur eine konkrete Offenbarungsbefugnis trotz bestehender allgemeiner Schweigepflicht bedeuten.

Somit ist § 203 Abs. 1 Nr. 1 StGB im Verhältnis zwischen Arzt und Samenspender grundsätzlich anwendbar und Informationen über den Samenspender unterfallen grundsätzlich der Schweigepflicht.

Der Arzt verstößt jedoch nicht gegen seine Schweigepflicht, wenn er befugt ist, gegenüber dem Kind die Spenderidentität zu offenbaren.

Ein Anonymitätsversprechen des Arztes führt nicht zur Unzulässigkeit der Offenbarung. Eine derartige Abrede ist ein unzulässiger Vertrag zu Lasten des Kindes.[1598]

Der Arzt ist zur Offenbarung befugt, wenn eine Einwilligung oder ein sonstiges Einverständnis des Spenders besteht. Sowohl die Einwilligung als auch ein sonstiges Einverständnis können jeweils ausdrücklich oder bei vorheriger Aufklärung konkludent erfolgt sein. Problematisch sind Fälle, in welchen die Thematik zwischen Arzt und Spender nicht angesprochen wurde, die Einwilligung versagt oder die Anonymität sogar vereinbart wurde. Zwar ist die Anonymitätsvereinbarung unwirksam,[1599] dennoch zeigt ihre Existenz, dass der Spender mit einer Offenbarung seiner Identität gegenüber dem Kind nicht einverstanden war.

Die Offenbarung ist auch nicht unbefugt, wenn sie gemäß einer gesetzlichen Offenbarungspflicht erfolgt, wie sie z.B. das Bundesseuchengesetz oder das Geschlechtskrankheitengesetz enthält.[1600] Für die Fälle der medizinisch unterstützten Fortpflanzung fehlt jedoch eine derartige gesetzliche Regelung im deutschen Recht - anders als im österreichischen.[1601] Die TPG-GewV kennt nur die Dokumentationspflicht, enthält jedoch keine Regelungen zur Offenbarung der dokumentierten Informationen.[1602]

Möglicherweise sind berufsständische Regelungen zu berücksichtigen. Die „(Muster-)Richtlinie zur Durchführung der assistierten Reproduktion" vom 17.2.2006 der Bundesärztekammer enthält keine Regelung zur Auskunftspflicht, sondern in der beigefügten Interpretationshilfe nur einen Hinweis, dass die Rechtslage hinsichtlich möglicher Auskunftsansprüche unklar sei.[1603]

Die Ärztekammern könnte ohnehin nicht wirksam Dokumentations-, Aufbewahrungs- und Auskunftspflichten im Zusammenhang mit der Samenspende regeln, da diese Themen mindesten das Grundrecht des Samenspenders auf informationelle Selbstbestimmung und das Grundrecht des künstlich gezeugten Kindes auf Kenntnis seiner Abstammung betreffen. Regelungsgegenstände, die die Grundrechte Dritter betreffen, können nicht wirksam durch Berufsverbände geregelt werden, sondern

1598 Siehe oben S. 254 ff.
1599 Siehe oben S. 254 ff.
1600 *Marian*, S. 127.
1601 Siehe oben S. 238 ff. ausführlich zu § 20 Abs. 2 FMedG.
1602 Siehe oben S. 241, 243.
1603 DÄ 2006, A-1392 (A-1402).

sind dem parlamentarischen Gesetzgeber vorbehalten.[1604] Entsprechend sind in den Berufsordnungen der Landesärztekammern geregelte Offenbarungspflichten des Arztes gegenüber dem Kind nicht wirksam und begründen keine Offenbarungsbefugnis im Zusammenhang mit der ärztlichen Schweigepflicht.

Der Arzt könnte zur Offenbarung der Spenderidentität gegenüber dem Kind aufgrund eines Notstandes gemäß § 34 StGB befugt sein. Dafür muss die Preisgabe der Information zum Schutz eines höherrangigen eigenen oder fremden Rechtsguts erforderlich sein.[1605] Berücksichtigenswertes Fremdinteresse im Sinne des § 34 StGB ist das Recht des Kindes auf Kenntnis der eigenen Abstammung als Bestandteil des allgemeinen Persönlichkeitsrechts, Art. 2 Abs. 1, Art. 1 Abs. 1 GG. Die Offenbarung der Spenderidentität müsste zur Sicherung des Rechts auf Kenntnis der eigenen Abstammung auch erforderlich sein. Als milderes Mittel kommt hier die Preisgabe von nichtidentifizierenden Informationen über den Spender in Betracht. Nichtidentifizierende Informationen über die genetischen Eltern, genügen jedoch nicht dem Recht auf Kenntnis der eigenen Abstammung.[1606] Ein zum Schutz des Rechts auf Kenntnis der eigenen Abstammung milderes aber ebenso geeignetes Mittel wie die Offenbarung der Spenderidentität ist nicht ersichtlich. Das Recht des Kindes auf Kenntnis der eigenen Abstammung überwiegt das Recht des Samenspenders auf Wahrung seiner Anonymität gegenüber dem Kind.[1607] Der Arzt ist gemäß § 34 StGB zur Offenbarung der Spenderidentität gegenüber dem Kind befugt. Die Offenbarung verletzt daher nicht die Schweigepflicht des Arztes gegenüber dem Samenspender. Aus Gründen der Rechtssicherheit wäre es jedoch wünschenswert, wenn der Gesetzgeber die Offenbarungsbefugnis des Arztes gegenüber dem künstlich gezeugten Kinde auch gesetzlich regeln würde, damit die Ärzte sich nicht länger auf einen rechtfertigenden Notstand berufen müssen.

(cc) Ergebnis

Die Offenbarung der Spenderidentität durch den Arzt gegenüber dem Kind ist ein zulässiges Tun und kann als Leistung zu Gunsten des Kindes im Inseminationsvertrag zwischen den Wunscheltern und dem Arzt wirksam vereinbart werden.

In dem Fall, den das OLG Hamm zu entscheiden hatte, hatten die Eltern keinen Auskunftsanspruch mit dem Arzt zu Gunsten des Kindes vereinbart, vielmehr haben sie sich (wenn auch unwirksam) über die Wahrung der Anonymität des Samenspenders geeinigt.

Der Inseminationsvertrag enthält auch keine anderen selbständig einklagbaren Leistungspflichten zu Gunsten des Kindes. Das Kind hat keinen Auskunftsanspruch unmittelbar aus dem Inseminationsvertrag, wenn der Auskunftsanspruch nicht vereinbart wurde. Fehlt es an einer solchen Vereinbarung - was in der Regel der Fall

---

1604 Siehe oben S. 227.

1605 Schönke/Schröder[29]/*Lenckner*/*Eisele*, § 203 Rn. 31.

1606 *Marian*, S. 130.

1607 OLG Hamm (6.2.2013), NJW 2013, S. 1167.

ist - ist der Inseminationsvertrag kein Vertrag (teilweise) zu Gunsten des Kindes.[1608] Es könnte sich jedoch um einen Vertrag mit Schutzwirkung für das Kind handeln.[1609]

(c) Vertrag mit Schutzwirkung für das Kind

Der Vertrag mit Schutzwirkung für Dritte wird im BGB nicht geregelt, seine Existenz ist jedoch allgemein anerkannt, so dass der Streit um seinen Rechtsgrund - Vertragsauslegung,[1610] Ausgestaltung von § 242 BGB,[1611] Gewohnheitsrecht[1612] oder eine Analogie zum Vertrag zu Gunsten Dritter[1613] - dahingestellt bleiben kann.

Die Bestimmung der konkreten Schutzpflichten muss jedenfalls mittels eines objektiv-normativen Maßstabes erfolgen.[1614] Der Einbeziehung des zu zeugenden Kindes in den Inseminationsvertrag steht nicht entgegen, dass das Kind im Zeitpunkt der Vereinbarung noch nicht existiert.[1615] Die Einbeziehungsfähigkeit des nondum conceptus hat die Rechtsprechung anerkannt,[1616] wenn er, wie im Allgemeinen für die Einbeziehung gefordert, objektiv bestimmbar ist.[1617] Betroffen ist das Kind, welches aus einer konkreten Insemination hervorgehen wird, damit ist es bestimmbar.[1618]

Einbezogen sind nur Dritte, die nicht nur zufällig mit der Leistung in Berührung kommen, sondern sich in einer gewissen Leistungsnähe befinden, die sie Schutzpflichtverletzungen ebenso aussetzt wie den Gläubiger selbst, dieser ein Interesse an der Einbeziehung hat und dies auch für den Schuldner erkennbar ist.[1619] Das Kind, welches durch die im Vertrag vereinbarte künstliche Befruchtung gezeugt wird, steht zu dieser offensichtlich in einem gewissen Näheverhältnis. Die Untersuchungen, die

---

1608 BGH (28.1.2015), NZFam 2015, S. 254 (255), siehe oben S. 265. A.A. OLG Hamm (6.2.2013), NJW 2013, S. 1168 (1169), siehe S. 246.

1609 Siehe dazu unten S. 264 ff.

1610 BGH (20.4.2004), BGHZ 159, 1; (2.7.1996), BGHZ 133, 168 (170); MüKo[6]/*Gottwald* § 328 Rn. 109, 111 mit weiteren Nachweisen; Staudinger[2009]/*Jagmann*, § 328 Rn. 93.

1611 *Zenner*, NJW 2009, S. 1030 (1034).

1612 *Gernhuber*, in: FS Nikisch, S. 249 (269), *Lorenz*, Anm. zu BGH (6.7.1965), JZ 1966, S. 143; a.A. *Assmann*, JuS 1986, S. 885 (887): Produkt der Rechtsfortbildung jedoch noch nicht Gewohnheitsrecht; Staudinger[2009]/*Jagmann* § 328 Rn. 91.

1613 RG (5.10.1917), RGZ 91, 21; (10.02.1930) RGZ 127, 222; ablehnend Anm. *Larenz* zu.

1614 Zu diesem Ergebnis gelangt auch die subjektive Auslegungslehre, indem sie auf das bewusst eingegangene gesamte Vertragsrisiko abstellt; vgl. MüKo[5]/*Gottwald* § 328 Rn. 111 mit weiterem Nachweis.

1615 BGH (11.1.1977), NJW 1977, S. 2073 (2074); *Henckel*, AcP 159 (1960/61), S. 106, 121 f.; a.A. *Zenner*, NJW 2009, S. 1030.

1616 BGH (20.12.1952), BGHZ 8, 243 (248); *Zimmermann*, FamRZ 1981, S. 929 (934). Wegen fehlender Bestimmbarkeit generell ablehnend; MüKo[6]/*Schmitt*, § 1 Rn. 48.

1617 BGH (2.11.1983), NJW 1984, S. 355.

1618 *Zimmermann*, FamRZ 1981, S. 929 (934).

1619 BGH (22.1.1968), BGHZ 48, 350 (354); (15.2.1978), BGHZ 70, 327 (329); (20.03.1995), BGHZ 129, 136 (168); OLG Düsseldorf (30.09.1999), NJW-RR 2000, S. 932 (933); OLG Hamm (15.6.1998), NJW-RR 1999, S. 1123.

im Vorfeld der künstlichen Befruchtung durchgeführt werden, sind Schutzpflichten zum Schutz der Gesundheit des Kindes. Die zukünftige Mutter hat ein Interesse an der Einbeziehung ihres zukünftigen Kindes in den Schutzbereich des Vertrages, was für den Arzt auch erkennbar ist.[1620] Der Inseminationsvertrag ist ein Vertrag mit Schutzwirkung für das zu zeugende Kind.

(3) Vertragsverhältnis Arzt - Samenspender

Möglicherweise hat das Kind aus dem Samenspendevertrag, der zwischen dem Arzt und dem Samenspender geschlossen wurde, einen Anspruch auf Auskunft über die Identität des Samenspenders.

Hierfür muss jedoch ein wirksamer Vertrag zwischen dem Samenspender und dem Arzt geschlossen worden sein. Sowohl die Rechtsnatur als auch die Wirksamkeit des Samenspendevertrags sind umstritten.

(a) Rechtsnatur und Wirksamkeit des Samenspendevertrags

Der Samenspendevertrag könnte ein Kaufvertrag gemäß § 433 BGB sein.[1621] Die Anwendung des Kaufrechts setzt jedoch voraus, dass Sperma ein tauglicher Kaufgegenstand im Sinn des § 433 Abs. 1 S. 1 BGB ist. Gegen die Einordnung des Samenspendevertrags zwischen Samenspender und Arzt als Kaufvertrag spricht § 17 Abs. 1 S. 1 TPG, welcher den Handel mit Keimzell verbietet; dieses Verbot entspricht Art. 12 Abs. 2 S. 3 der Geweberichtlinie 2004/23/EG.[1622] Wird doch ein Entgelt für die Spende vereinbart, ist der Vertrag wegen Verstoßes gegen ein gesetzliches Verbot nichtig, § 134 BGB. Eine bloße Teilnichtigkeit der Entgeltklausel gemäß § 139 BGB ist in den meisten Fällen abzulehnen, da bei einer entgeltlichen Spende meist das Motiv des Spenders für die Spende das Entgelt ist und er ohne die wirksame Vereinbarung eines Entgelts den Vertrag nicht geschlossen hätte. Bevor im Jahr 2007 der Anwendungsbereich des Transplantationsgesetzes auf die Entnahme und Gewinnung von Gewebe und Zellen erweitert wurde, hat die Literatur das Verbot der entgeltlichen Keimzellspende bereits aus dem Schutz der Menschenwürde, Art. 1 Abs. 1 GG abgeleitet.[1623] Verträge über die entgeltliche Samenspende wurden dementsprechend als sittenwidrig und damit nichtig gemäß § 138 Abs. 1 BGB betrachtet.[1624]

Im Samenspendevertrag darf kein Entgelt als Gegenleistung für die Spende vereinbart werden. Es handelt sich somit bei einem Vertrag über die Samenspende nicht um einen Kaufvertrag.

1620 *Zimmermann*, FamRZ 1981, S. 929 (934); für die Schutzwirkung des Inseminationsvertrages zu Gunsten des Kindes auch allgemein *Giesen*, S. 201.

1621 Ausführlich aber im Ergebnis ablehnend *Rütz*, S. 18 ff.

1622 MüKo²/StGB/*Tag*, § 18 TPG Rn. 2.

1623 *Rütz*, S. 21.

1624 *Heiss*, S. 394; a.A. *Rütz*, S. 27, da mit einer entgeltlichen Samenspende kein negativer sozialer Aspekt verbunden sei, da Samenzellen keine lebenswichtigen Organe seien und für ihre Gewinnung auch kein körperlicher Eingriff notwendig sei.

Da es typischerweise beim Samenspendevertrag an einem synallagmatischen Leistungsaustausch fehlt, schließt *Rütz* die Einordnung als Dienst-, Werk- oder Kaufvertrag aus und nimmt einen Vertrags sui generis an, bei welchem der Samen ohne Gegenleistung übereignet wird.[1625] Eine Samenspende kann wirksam übereignet werden, wenn es sich bei ihr um eine Sache im Sinne des § 90 BGB handelt. Die herrschende Meinung verneint die Sacheigenschaft von Körpern lebender Menschen,[1626] bejaht sie aber zum einen bei abnehmbaren künstlichen Körperteilen wie z.B. (Zahn-)Prothesen und zum anderen auch, sofern eine Trennung vom Körper erfolgte, sowohl für ursprünglich fest verbundene Körperteile (Herzschrittmacher) als auch für natürliche Körperteile wie Blut, Organe und Sperma.[1627] Die Gegenansicht verneint auch nach der Trennung vom Körper für Sperma die Sacheigenschaft, da dieses im Gegensatz zu allen anderen Körperteilen zur Zeugung von neuem Leben verwendet werden kann.[1628] *Rütz* lehnt diese Argumentation ab, da die Entwicklung menschlichen Lebens nur in Verbindung von einer Samenzelle mit einer Eizelle gezeugt werden kann und es damit nicht anstößig sein kann, Samenzellen vor der Verschmelzung mit Eizellen als Sache zu behandeln.[1629] Diese Argumentation ist überzeugend, Samen sind Sachen im Sinne des § 90 BGB und können wirksam übereignet werden.

Der Samenspender ist auch Eigentümer des Samen, nach § 953 BGB erlangt er das Eigentum mit der Ejakulation, und kann es damit an den Arzt übereignen.[1630]

Entezami/Fenger sehen den Samenspendevertrag als gewöhnlichen ärztlichen Behandlungsvertrag.[1631] Gegenstand eines Behandlungsvertrages im Sinne des § 630a BGB können medizinische Behandlungen von Menschen sein. Für die Einordnung des Samenspendevertrags als Behandlungsvertrag spricht, dass im direkten Zusammenhang mit der Samenspende auch eine gesundheitliche Untersuchung des Samenspenders stattfindet. So ist für die Verwendung einer Samenspende gemäß § 6 Abs. 2 S. 1 TPG-GewV erforderlich, dass der Spender nach ärztlicher Beurteilung aufgrund seines Alters, seines Gesundheitszustandes und seiner Anamnese für eine Samenspende geeignet ist und durch die Verwendung der gespendeten Samenzellen bedingte Gesundheitsrisiken für andere ausgeschlossen sind. Dabei sind die Angaben des Spenders mittels eines Fragebogens sowie einer anschließenden persönlichen Befragung des Spenders durch den Arzt zu erheben, § 6 Abs. 2 S. 1 TPG-GewV. Diese medizinischen Untersuchungen umfassen unter anderem auch die Überprüfung, ob der Spender mit ansteckenden Krankheiten wie HIV, Hepatitis B oder Hepatitis C infiziert ist, Anlage 4 zu TPG-GewV. Neben der Übereig-

1625 *Rütz*, S. 22.
1626 MüKo[6]/*Stresemann*, § 90, Rn. 2.
1627 BGH (9.11.1993), NJW 1994, S. 127 f.; Jauernig[15]/*Mansel*, Vor § 90 Rn. 9; MüKo[6]/*Stresemann*, § 90, Rn. 26 ff.
1628 *Coester-Waltjen*, Gutachten 56. DJT, B 31.
1629 *Rütz*, S. 19.
1630 Zur Eigentumsfähigkeit und Eigentumsbegründung von Sperma ausführlich *Rütz*, S. 19 ff.
1631 *Entezami/Fenger*, S. 5.

nung der Samenspende umfasst der Samenspendevertrag damit auch Elemente eines Behandlungsvertrags. Folglich ist der Samenspendevertrag ein typengemischter Vertrag, welcher aus einer Behandlungskomponente und einem Vertragsbestandteil sui generis über die unentgeltliche Übereignung der Samenspende besteht.

(b) Vertrag zu Gunsten des Kindes

Möglicherweise hat das mit der Samenspende gezeugte Kind aus dem Vertrag zwischen Arzt und Samenspender gegen den Arzt einen Anspruch auf Auskunft über die Identität des Samenspenders.

Dies ist dann der Fall, wenn ein solcher Anspruch zu Gunsten des Kindes wirksam im Vertrag vereinbart wird. Dem steht nicht entgegen, dass das Kind zum Zeitpunkt der Samenspende noch nicht gezeugt wurde.[1632] Es genügt, dass das Kind als ein mit Hilfe einer konkreten Samenspende gezeugtes bestimmbar ist.

Damit kann auch im Samenspendevertrag zwischen Arzt und Samenspender vereinbart werden, dass zu Gunsten des mit der Spende gezeugten Kindes ein einklagbarer Anspruch im Sinne des § 328 BGB auf Auskunft über die Identität des Spenders gegen den Arzt besteht. Dieser Anspruch verstößt auch nicht gegen die Schweigepflicht des Arztes gegenüber dem Samenspender, da beide ja gerade als Ausnahme von der Schweigepflicht eine konkrete Offenbarungsbefugnis gegenüber dem Kind vereinbaren. Eine zwischen dem Arzt und den Wunscheltern bestehende Schweigevereinbarung steht der Vereinbarung eines Auskunftsanspruchs zu Gunsten des Kindes nicht entgegen, da Schweigevereinbarungen zu Lasten des Kindes als Dritten unzulässig sind.[1633]

(c) Vertrag mit Schutzwirkung für das Kind

Auch der Samenspendevertrag könnte ein Vertrag mit Schutzwirkung für das Kind sein. Dem steht nicht entgegen, dass das Kind zum Zeitpunkt des Abschlusses des Samenspendevertrags noch nicht gezeugt worden war. Es genügt, dass es als ein Kind, welches später mit Hilfe der Samenspende gezeugt worden ist, bestimmbar ist.[1634] Einbezogen sind jedoch nur Dritte, die nicht nur zufällig mit der Leistung in Berührung kommen, sondern sich in einer gewissen Leistungsnähe befinden, die sie Schutzpflichtverletzungen ebenso aussetzt wie den Gläubiger selbst, dieser ein Interesse an der Einbeziehung hat und dies auch für den Schuldner erkennbar ist.[1635] Die Pflichten des Arztes zur Untersuchung der Gesundheit des Spenders dienen der Gesundheit des zu zeugenden Kindes. Der Arzt hat ein Interesse daran, die Gesundheit der Kinder, die mit Hilfe seiner Tätigkeit als Arzt künstlich gezeugt werden, zu

1632 Siehe oben S. 259.
1633 Siehe oben S. 254; *Dethloff/Gerhardt,* ZRP 2013, S. 91 f.
1634 Siehe oben S. 264.
1635 Siehe oben S. 264 mit weiteren Nachweisen.

schützen. Dies ist dem Samenspender bewusst. Der Samenspendevertrag ist wie der Inseminationsvertrag ein Vertrag mit Schutzwirkung für das Kind.

eee) Anspruch aus § 242 BGB

Werden weder im Samenspendevertrag noch im Inseminationsvertrag Auskunftsansprüche zu Gunsten des Kindes geregelt, stellt sich die Frage, ob das Kind gegen den Arzt dennoch einen Anspruch auf Auskunft in Zusammenhang mit diesen Vertragsverhältnissen haben kann.

Ein Anspruch aus § 242 BGB wurde jedoch von der Literatur teilweise mangels erforderlicher Sonderbeziehung zwischen Arzt und Kind verneint.[1636] Wie dargestellt[1637] und vom BGH in seiner Entscheidung vom 28.1.2015 erkannt,[1638] ist der Inseminationsvertrag jedoch ein Vertrag mit Schutzwirkung für das zu zeugende Kind. Auch der Samenspendevertrag ist ein Vertrag mit Schutzwirkung für das künstlich zu zeugenden Kind.[1639]

Neben der rechtlichen Sonderverbindung sind auch alle anderen Voraussetzungen eines Auskunftsanspruchs aus § 242 BGB erfüllt, wie vom BGH in seiner Urteilsbegründung detailliert aufgezeigt wurde.[1640]

Nicht untersucht hat der BGH die Frage, ob es an der für den Auskunftsanspruch erforderlichen Sonderverbindung fehlt, wenn der Inseminationsvertrag wegen Verstoßes gegen die guten Sitten nichtig ist, z.B. wenn eine Kindeswohlgefährdung besteht, weil die künstliche Befruchtung bei einer alleinstehenden Frau in hohem Alter mit geringer Lebenserwartung durchgeführt wird. Die gleiche Frage stellt sich, wenn der Samenspendevertrag gemäß § 134 BGB wegen unzulässiger Vereinbarung eines Entgelts oder nach § 138 BGB wegen einer unzulässigen Anonymitätsvereinbarung zu Lasten des Kindes nichtig ist.[1641]

Nach allgemeiner Ansicht ist auch ein nichtiges Rechtsgeschäft eine rechtliche Sonderverbindung im Sinne des § 242 BGB.[1642] Der Grundsatz von Treu und Glauben beherrscht das gesamte Rechtsleben und gilt daher auch im Rahmen nichtiger Rechtsgeschäfte.[1643] Auch ein Vertrag mit Schutzwirkung für Dritte, welcher nichtig ist, ist eine rechtliche Sonderverbindung im Sinne des § 242 BGB.[1644] Damit begründet auch ein nichtiger Samenspendevertrag oder ein nichtiger Inseminationsvertrag

---

1636 Zu den Voraussetzungen des Anspruchs RG (4.5.1923), RGZ 108, 1 (7); BGH (18.1.1978), NJW 1978, S. 1002; BGH (8.10.1986), NJW-RR 1987, S. 173; *von Sethe*, S. 183, Fn. 189. Vgl. auch *Lorenz*, JuS 1995, S. 569 (572 ff.).

1637 Siehe oben S. 264.

1638 Siehe oben S. 249.

1639 Siehe oben S. 267.

1640 Siehe oben S. 249 ff.

1641 Siehe oben S. 265 und 254.

1642 BGH (23.1.1981), NJW 1981, S. 1439 (1440); (23.9.1982), NJW 1983, S. 109 (110 f.); MüKo[6]/*Roth/Schubert*, § 242 Rn. 87.

1643 BGH (23.1.1981), NJW 1981, S. 1439 (1440); (23.9.1982), NJW 1983, S. 109 (110 f.).

1644 *Canaris*, JZ 1965, S. 475 (477).

eine rechtliche Sonderverbindung zwischen dem Arzt und dem mittels Samenspende gezeugten Kind.

Ob ein Auskunftsanspruch des künstlich gezeugten Kindes besteht, hängt stets von der konkreten Interessenabwägung des Einzelfalls ab. In der Regel wird das Kenntnisinteresse des Kindes die anderen zu berücksichtigenden Interessen überwiegen. Fälle, in welchen das Schweigerecht des Arztes wegen vorrangiger Geheimhaltungsinteressen überwiegt, sind theoretisch möglich, jedoch kaum vorstellbar, wie die ausführliche Abwägung des BGH zeigt.[1645] Um die rechtliche Identität des Samenspenders in Erfahrung zu bringen, muss das Kind jedoch vorrangig Auskunft aus § 1618a BGB von den Eltern verlangen, denn ein Auskunftsanspruch aus § 242 BGB (gegen den Arzt) besteht nur, wenn der Gläubiger die Auskunft nicht auf andere Weise erlangen kann.

fff) Einsicht in die Spenderdokumentation, § 810 BGB

Möglicherweise hat das Kind auch einen Anspruch auf Einsicht in die ärztliche Dokumentation gemäß § 810 BGB.

Für einen Anspruch aus § 810 BGB müssen die Unterlagen des Arztes mit den Angaben über die Identität des Spenders eine Urkunde sein. Die Dokumentation der Spenderidentität ist eine schriftliche Gedankenerklärung und damit eine Urkunde.[1646] Das Kind hat einen Anspruch auf Einsichtnahme in die ärztliche Dokumentation aus § 810 BGB, wenn diese im Interesse des Kindes erfolgt ist oder ein Rechtsverhältnis zwischen dem Kind und einer anderen Person dokumentiert oder Vertragsverhandlungen zwischen dem Kind und einem anderen oder einem von beiden und einem Vermittler enthält.

Fraglich ist, ob der Arzt die Urkunde (auch) im Interesse des Kindes erstellt hat. Nach heute ganz herrschender Meinung wird die ärztliche Dokumentation auch im Interesse des Patienten angefertigt.[1647] Nach § 630f BGB ist der Arzt gegenüber dem Patienten auch vertraglich zur Dokumentation verpflichtet. Allerdings ist das Kind weder Vertragspartei des Samenspendevertrags noch des Inseminationsvertrags.

Daneben besteht gemäß § 6 TPG-GewV eine spezielle Dokumentationspflicht für Keimzellspenden. Diese spezialgesetzliche Regelung dient der Qualität und Sicherheit der Fortpflanzungsmedizin im Interesse der Gesundheit des Kindes.[1648] Damit erfolgt die Dokumentation im Zusammenhang mit der Keimzellspende auch im Interesse des Kindes.

1645 Siehe oben S. 251 f.

1646 Zur Definition siehe MüKo[5]/*Habersack*, § 810 Rn. 3.

1647 BGH (27.6.1978), BGHZ 72, 137 f; *Giesen*, JZ 1984, S. 221 (227); *Marian* S. 95; A.A. OLG Celle (30.11.1977), NJW 1978; siehe auch noch BGH (6.11.1962), NJW 1963, S. 389.

1648 Siehe oben S. 241, 266, 218 ff.

Als weitere Anspruchsvoraussetzung muss das Kind ein rechtliches Interesse an der Einsichtnahme haben.[1649] Das heißt, die Einsichtnahme muss dazu bestimmt sein, der Förderung, Erhaltung oder Verteidigung einer Rechtsposition zu dienen.[1650] Hier genügt jede Rechtsposition, es ist nicht erforderlich, dass sie von vermögensrechtlicher Natur ist.[1651] Die Einsichtnahme des künstlich gezeugten Kindes in die Dokumentation zur Identität des Samenspenders dient der Verwirklichung des Rechts des Kindes auf Kenntnis seiner eigenen Abstammung.

Zusätzlich wird als ungeschriebene Anspruchsvoraussetzung verlangt, dass das rechtliche Interesse, dem die Einsicht dient, auch schutzwürdig ist.[1652] Die Schutzwürdigkeit ist zu verneinen, wenn die Abwägung mit den Gegeninteressen des Urkundenbesitzers ergibt, dass letztgenannte überwiegen.[1653] Hier könnte die ärztliche Schweigepflicht dem Interesse des Kindes auf Einsichtnahme entgegenstehen.[1654] Wie oben dargestellt kann sich der Arzt gegenüber dem künstlich gezeugten Kind jedoch nicht auf seine ärztliche Schweigepflicht berufen.[1655]

Dem Interesse des Kindes auf Einsicht in die Urkunde stehen keine überwiegenden Belange des Arztes entgegenstehen.[1656]

Damit hat das durch heterologe Insemination gezeugte Kind gegen den Arzt einen Anspruch aus § 810 BGB auf Einsicht in die Unterlagen über die Identität des Samenspenders.

ggg) Ergebnis

Sowohl im deutschen als auch im österreichischen Recht hat das Kind, welches durch eine medizinisch unterstützte heterologe Insemination gezeugt wurde, einen Auskunftsanspruch gegen den Arzt. Eindeutig ist die Rechtslage in Österreich, wo der Auskunftsanspruch gegen den Arzt ausdrücklich in § 20 Abs. 2 S. 1 FMedG geregelt ist und gesetzliche Regelungen zur dauerhaften Aufbewahrung der entsprechenden Dokumentation die Verwirklichung des Auskunftsanspruchs sichern. In Deutschland besteht der Auskunftsanspruch gegen den Arzt aus § 242 BGB, wenn er nicht ausnahmsweise sogar als Recht zu Gunsten des Kindes vertraglich vereinbart wurde. Die rechtliche Sonderverbindung für den Anspruch aus § 242 BGB ergibt sich sowohl aus dem Samenspendevertrag als auch dem Inseminationsvertrag, welche beide Verträge mit Schutzwirkung für das zu zeugende Kind sind. Sollten die Verträge im Einzelfall nichtig sein, begründen sie dennoch eine rechtliche Sonderverbindung. Die ärztliche

1649 MüKo⁶/*Habersack*, § 810 Rn. 10.
1650 MüKo⁶/*Habersack*, § 810 Rn. 10.
1651 MüKo⁶/*Habersack*, § 810 Rn. 10.
1652 MüKo⁶/*Habersack*, § 810 Rn. 11.
1653 MüKo⁶/*Habersack*, § 810 Rn. 11.
1654 MüKo⁶/*Habersack*, § 810 Rn. 26, allgemein zur Berücksichtigung der Schweigepflicht bei fehlender Offenbarungsbefugnis gegenüber Angehörigen.
1655 MüKo⁶/*Habersack*, § 810 Rn. 11.
1656 So im Ergebnis auch *Marian*, S. 136.

Schweigepflicht steht dem Auskunftsbegehren des Kindes nur entgegen, wenn die Geheimhaltungsinteressen das Kenntnisrecht überwiegen, was in der Regel beim künstlich gezeugten Kind nicht der Fall ist. Der Anspruch aus § 242 BGB besteht nicht, wenn sich das Kind anderweitig Kenntnis verschaffen könnte. Das ist z.B. der Fall, wenn den Eltern die Identität des Samenspenders bekannt ist. Das Kind muss dann zunächst einen Auskunftsanspruch gegen die Eltern aus § 1618a BGB geltend machen, sofern dieser im Einzelfall besteht, nur subsidiär kann es Auskunft vom Arzt aus § 242 BGB verlangen. Daneben besteht auch ein Einsichtsrecht in die ärztliche Dokumentation aus § 810 BGB. Problematisch ist jedoch, dass der Arzt verpflichtet ist, die Dokumentation dreißig Jahre nach der künstlichen Befruchtung zu anonymisieren oder zu vernichten. Ein gesetzlicher Auskunftsanspruch des künstlich gezeugten Kindes gegen den Arzt fehlt jedoch in Deutschland.

d) Auskunftsansprüche des Kindes gegen die Wunscheltern

aa) Deutschland

Für Kinder, die aus einer heterologen Insemination hervorgegangen sind, kann auch ein Anspruch aus § 1618a BGB gegen die Wunscheltern als rechtliche Eltern auf Nennung des Samenspenders bestehen. Ob der Auskunftsanspruch im Einzelfall besteht, ergibt sich aus einer Interessenabwägung.[1657] Es sind die Geheimhaltungsinteressen der gesetzlichen Eltern einerseits und das Kenntnisinteresse des Kindes andererseits gegeneinander abzuwägen. Dabei ist zu bedenken, dass anders als beim Adoptivkind die Kenntnis des Kindes von seiner Abstammung erhebliche Bedeutung für den Fortbestand der rechtlichen der Familie hat. Das Kind selbst und der Samenspender sind jeweils zur Anfechtung der Vaterschaft berechtigt (§§ 1600 Abs. 1, Abs. 5 BGB). Diese Anfechtungsberechtigungen, welche dem Recht des Kindes auf Kenntnis seiner Abstammung dienen sollen,[1658] regeln jedoch eine Korrektur der Abstammung und werden in der Praxis einer Verwirklichung des Rechts auf Kenntnis der eigenen Abstammung im Wege stehen: Anders als Adoptiveltern muss der rechtliche Vater des mittels Samenspende gezeugten Kindes damit rechnen, dass die Aufklärung des Kindes über die leibliche Abstammung zu einer entsprechenden Korrektur der rechtlichen Vaterschaft führen kann.[1659]

Eher im Interesse des Rechts auf Kenntnis der eigenen Abstammung und zugleich im Interesse der rechtlichen, sozial gelebten Familie wie auch im Interesse des Samenspenders zum Schutz vor unterhalts- und erbrechtlichen Konsequenzen, wäre eine gesetzliche Dokumentations- und Auskunftspflicht hinsichtlich der Identität des Samenspenders bei gleichzeitigem Ausschluss der Anfechtbarkeit der Vaterschaft des Wunschvaters und der Feststellung der Vaterschaft des Samenspenders.[1660]

1657 Siehe oben S. 130 f.
1658 BT-Drucks. 13/4899, S. 1, 82.
1659 *Taupitz*, ZRP 2011, S. 161.
1660 Zögernd *Taupitz*, ZRP 2011, S. 161 (163). Siehe zum österreichischen Recht oben S. 95 f., 99 und 238 f.

Damit würden das durch heterologe Insemination gezeugte Kind und seine rechtliche Familie den gleichen Schutz bezüglich des Fortbestands der rechtlichen Familie genießen wie ein Adoptivkind und seine Adoptivfamilie, bei gleichzeitigem Schutz des Rechts des Kindes auf Kenntnis seiner leiblichen Abstammung.

Im Rahmen der Abwägung des § 1618a Var. 1 BGB ist zu Gunsten des Kenntnisinteresses des Kindes zu berücksichtigen, dass ungleich einem dauerhaften Adoptionsvermerk im Personenregister die ärztliche Dokumentation mit Zeitablauf, d.h. mit Ablauf von dreißig Jahren nach der Zeugung, nicht mehr zugänglich sein wird und nur eine rechtzeitige Aufklärung über die Tatsache der heterologen Insemination das Kind in die Lage versetzt, nähere Informationen über den Spender vom Arzt zu erhalten.

bb) Österreich

Wie oben entsprechend zum Adoptivkind dargestellt, wird in Österreich eine allgemeine Pflicht der Eltern zur Aufklärung des Kindes über dessen Zeugung im Wege der künstlichen Fortpflanzungsmedizin ebenfalls nicht diskutiert. Ohne die Aufklärung durch die rechtlichen Eltern über die Tatsache der Zeugung mittels Samenspende kann das Kind auch nicht von seinen gesetzlichen Einsichts- und Auskunftsrechten Gebrauch machen kann. Diese Erkenntnis führte bislang jedoch noch nicht zur Anerkennung einer Aufklärungspflicht der rechtlichen Eltern im Rahmen ihrer Beistandspflicht des § 137 Abs. 2 Var. 1 ABGB. Meines Erachtens muss jedoch entsprechend der deutschen Aufklärungspflicht der Adoptiveltern über § 1618a Var. 1 BGB auch eine entsprechende Aufklärungspflicht aus 137 Abs. 2 Var. 1 ABGB zu Gunsten des mittels Samenspende gezeugten Kindes bestehen, läuft sonst doch der Auskunftsanspruch aus § 20 Abs. 2 S. 1 FMedG gegen den Arzt ins Leere. Nach *Steininger* muss eine Aufklärungspflicht der Eltern über die Identität des Arztes dann bestehen, wenn das Kind Kenntnis von seiner Zeugung durch heterologe Insemination hat.[1661] Vorzugswürdig wäre eine entsprechende Aufklärungspflicht ab dem Moment, ab welchem das Kind von der fehlenden biologischen Abstammung vom rechtlichen Vater erfährt. Denn dies kann zufälligerweise, z.B. aufgrund einer Blutgruppenuntersuchung, geschehen und beim Kind Fragen über seine Herkunft auslösen, ohne dass es weiß, dass es mit Hilfe der Fortpflanzungsmedizin gezeugt wurde. Von der Tatsache der Zeugung mittels Samenspende wird das Kind nichts erfahren, es sei denn, die Eltern selbst klären es darüber auf. Die Gefahr einer Vaterschaftsanfechtung infolge der Aufklärung besteht in Österreich nicht, denn die Anfechtung der Vaterschaft ist nach § 152 ABGB im Falle der heterologen Insemination grundsätzlich ausgeschlossen. Hinsichtlich des Zeitpunkts der Aufklärung ist ein möglicher Verlust der ärztlichen Dokumentation weder zu befürchten noch zu berücksichtigen, da die Dokumentation zur Spenderidentität dauerhaft archiviert wird, § 18 Abs. 3 FMedG.

1661 *Steininger*, Rn. 4/102.

cc) Ergebnis

Weder in Deutschland noch in Österreich existiert eine Regelung über einen Anspruch des durch heterologe Insemination gezeugten Kindes gegen seine Wunscheltern auf Auskunft über den genetischen Vater.

In beiden Ländern wird dieses Thema nicht diskutiert, da meist der Auskunftsanspruch gegen den Arzt, der die heterologe Insemination durchgeführt hat, im Vordergrund steht. Das Kind kann jedoch den Auskunftsanspruch gegen den Arzt nur dann geltend machen, wenn es Kenntnis von der Tatsache der Zeugung mittels heterologer Insemination und von der Identität des Arztes hat. In diesem Zusammenhang stellt sich auch die Frage, ob das Kind ein Recht auf Aufklärung über die Art seine Zeugung hat. Zum effektiven Schutz des Rechts auf Kenntnis der eigenen Abstammung müssen in beiden Rechtsordnungen entsprechende Auskunftspflichten der Wunscheltern bestehen. Wie bei anderen Fallgruppen der Unkenntnis über die eigene Abstammung sind auch hier die familienrechtlichen Generalklauseln § 1618a BGB und § 137 Abs. 2 ABGB einschlägig. Die konkrete Existenz eines Auskunftsanspruchs hängt dabei von einer Abwägung der schutzwürdigen Geheimhaltungsinteressen der rechtlichen Eltern und dem Kenntnisinteresse des Kindes im Einzelfall ab.

Dabei ist zum Schutz des Kenntnisinteresses des Kindes zu beachten, dass in Deutschland die Dokumentation über die Spenderidentität nur dreißig Jahre aufbewahrt wird und nach Ablauf dieser Frist anonymisiert oder vernichtet werden muss. Nach Ablauf dieser Frist wird die Verwirklichung des Kenntnisrechts des Kindes in vielen Fällen unmöglich. In Österreich dagegen werden die Unterlagen dauerhaft archiviert.

Daneben ist aus praktischer Sicht zu bedenken, dass in Deutschland die Eltern ein großes - wenn gleich auch nicht vorrangiges - Interesse haben, die Aufklärung des Kindes zu vermeiden, um der Gefahr einer Vaterschaftsanfechtung durch das Kind oder den Samenspender und damit einer Auflösung der rechtlichen Wunschfamilie zu entgehen. Vorzugswürdig ist hier das österreichische Familienrecht, welches im Fall der heterologen Insemination eine Vaterschaftsanfechtung grundsätzlich ausschließt. Obwohl das deutsche Anfechtungsrecht gerade der Verwirklichung des Rechts des Kindes auf Kenntnis seiner Abstammung dienen will, ist die Möglichkeit der Statuskorrektur in Wirklichkeit ein Hindernis für die Aufklärung des Kindes.

2. In-vitro-Fertilisation

Die Ausführungen zur heterologen Insemination gelten auch für die In-vitro-Fertilisation der Eizelle der Wunschmutter mit Spendersamen und anschließender Einsetzung der Frucht in die Wunschmutter. Für die Kenntnisproblematik und deren rechtliche Beurteilung ist es nicht von Bedeutung, ob die Befruchtung mit einer Samenspende in vivo oder in vitro erfolgt ist.

Die In-vitro-Fertilisation ist sowohl in Deutschland als auch in Österreich zulässig. In Österreich was sie bis zur Reform des FMedG im Februar 2015 verboten, § 3 Abs. 2, § 1 Abs. 2 Nr. 1 FMedG a. F. Der österreichische Gesetzgeber entschied sich 1991 gegen die Legalisierung von heterologen In-vitro-Fertilisationen insbesondere wegen des höheren technischen Aufwands im Vergleich zur Insemination, wegen der weitergehenden Entfernung von den Gegebenheiten der natürlichen Fortpflanzung sowie der drohenden Belastung für Frauen und der möglichen Ausbeutung ihrer Gebärfähigkeit.[1662] Der VfGH hatte die Verfassungsmäßigkeit des Verbots von extrakorporalen Befruchtungen mittels Samenspende bejaht.[1663] Auch der EGMR bestätigte die Vereinbarkeit des Verbots mit der EMRK aufgrund des weiten Beurteilungsspielraums der Mitgliedstaaten in Bezug auf Regelungen zur Fortpflanzungsmedizin[1664] Der EGMR rief jedoch zur Aufmerksamkeit gegenüber einem möglichen, zukünftigen Wertewandel auf, da eine zukünftige, vorwiegend einheitliche Haltung der Mitgliedstaaten zu einer Begrenzung des Beurteilungsspielraums führen könne.[1665] Trotz der genannten Gerichtsentscheidungen gingen Stimmen in der Literatur von einer unzulässigen Ungleichbehandlung der Frauen mit geschädigten Eileitern aus, da bei diesen eine heterologe Insemination nicht erfolgreich durchgeführt werden kann,[1666] sondern zur Überwindung ihrer Sterilität eine In-vitro-Fertilisation erforderlich ist. Mit der Reform des FMedG im Jahr 2015 hat der österreichische Gesetzgeber die In-vitro-Fertilisation legalisiert. Damit setzte er auch eine Empfehlung der Bioethikkommission um,[1667] welche sich gegen eine Ungleichbehandlung von In-vivo- und In-vitro-Fertilisationen ausgesprochen hatte.[1668]

3. *Eizellspende*

Mit Eizellspenden kann Frauen, die in der Lage sind, ein Kind auszutragen aber aus unterschiedlichen Gründen über keine (gesunden) Eizellen verfügen, eine Schwangerschaft ermöglicht werden. Dabei wird die Eizelle einer Spenderin in vitro mit dem Samen des Partners der Wunschmutter befruchtet und anschließend der Keimling bei dieser eingesetzt. Das erste auf diese Weise gezeugte Kind kam 1984 in Australien zur Welt.[1669]

1662 RV 216 Blg NR XVIII. GP. S. 11, 16 f.

1663 VfGH (14.10.1999), VfGHSlg Nr. 15632, S. 414 (436 und 439).

1664 EGMR (3.11.2011), *S.H. u.a./Österreich,* 57813/00 Rn. 115 f.

1665 EGMR (3.11.2011), *S.H. u.a./Österreich,* 57813/00 Rn. 118.

1666 Siehe insbesondere *Novak*, in: *Bernat*, Reproduktionsmedizin, S. 62 (72). Zur allgemeinen Kritik am Verbot der heterologen In-vitro-Fertilisation, *Strasser*, in: *Bernat*, Reproduktionsmedizin, S. 23 (24 f.); *Urdl*, in: *Bernat*, Reproduktionsmedizin, S. 9 (13); *Zech*, in: *Bernat*, Reproduktionsmedizin, S. 17 (19).

1667 RV 445 Blg NR XXV. GP, S. 1.

1668 *Bioethikkommission*, Reform des Fortpflanzunsgmedizinrechts, Stellungnahme der Bundesethikkomission beim Bundeskanzleramt, 2.7.2012, S. 45.

1669 *Bernat*, Rechtsfragen, S. 217; *Lutjen/Trounson/Leeton/Findlay/Wood/Renou*, S. 174 f.

a) Zulässigkeit der Eizellspende

aa) Österreich

Die erste erfolgreich in Österreich durchgeführte Eizellspende erfolgte im Jahr 1985.[1670] Seit 1.7.1992 war in Österreich durch Einführung des § 3 Abs. 3 Var. 1 FMedG[1671] die Eizellspende verboten.[1672] Kritiker sahen in dem Verbot eine ungerechtfertigte Schlechterstellung unfruchtbarer Frauen gegenüber unfruchtbaren Männern.[1673] Der VfGH hatte die Verfassungsmäßigkeit des Verbots mit Hinweis auf die Missbrauchsgefahren - selektive Eizellwahl und voranschreitende Kommerzialisierung der Eizellspende - bestätigt.[1674] Zudem ließe die Zulässigkeit der Eizellspende angesichts der Doppelmutterschaft psychische Konflikte des Kindes befürchten.[1675] Fraglich ist jedoch, ob psychische Konflikte des Kindes bei Eizellspenden nicht sogar seltener wären als bei Samenspenden, schließlich ist das Kind durch die Schwangerschaft auch mit der Wunschmutter verbunden.[1676] In der Literatur wurde im Verbot der Eizellspende ein Verstoß gegen den Gleichheitssatz gesehen. Es benachteilige die gänzlich sterile Frau gegenüber der nur eileitergeschädigten und die unfruchtbare Frau gegenüber dem unfruchtbaren Mann.[1677] Der EGMR hatte jedoch die Zulässigkeit des österreichischen Verbots bestätigt.[1678] Die Eizellspende war 2011 zum Zeitpunkt der Entscheidung des EGMR in Europa außer in Deutschland und Österreich nur noch in der Schweiz, in Kroatien, Italien, Litauen, Norwegen und der Türkei verboten.[1679] In den übrigen europäischen Staaten war sie zulässig oder zumindest geduldet.[1680] Der EGMR forderte die Mitgliedstaaten auf, die Entwicklung der allgemeinen Haltung zur Frage der Zulässigkeit der Eizellspende zu verfolgen, könnten doch derzeit zulässige Verbote durch Kristallisierung einer gemeinsamen, befürwortenden Haltung den derzeit noch weiten Beurteilungsspielraum der einzelnen Staaten verringern und die Verbote unzulässig werden lassen.[1681]

Anlässlich der Reform des FMedG im Jahr 2015 entschied sich der österreichische Gesetzgeber für eine Legalisierung der Eizellspende, da für ihn ein weiteres

1670 *Bernat*, Rechtsfragen, S. 217.
1671 öBGBl I Nr. 275/1992.
1672 Siehe auch *Urdl*, in: *Bernat*, Reproduktionsmedizin, S. 9 (13 f.). Zumindest ein zuvor damit befasster Arzt soll seine Tätigkeit nach Ungarn verlagert haben, *Weikert*, in: *Wolfgruber/Niederkofler/Niederhuber/Mesner*, S. 235 (236).
1673 Kritisch gegenüber dem Verbot *Strasser*, in: *Bernat*, Reproduktionsmedizin, S. 23 (24); *Zech*, in: *Bernat*, Reproduktionsmedizin, S. 17 (19).
1674 VfGH (14.10.1999), MedR 2000, S. 389; *Bernat*, Judikatur, S. 119; vgl. auch *Novak*, in: *Bernat*, Reproduktionsmedizin, S. 62 (70).
1675 RV 216 Blg NR XVIII. GP, S. 13.
1676 Vgl. *Wildhaber*, in *Bernat*, Reproduktionsmedizin, S. 84 (100).
1677 So insbesondere *Novak*, in: *Bernat*, Reproduktionsmedizin, S. 62 (70).
1678 EGMR (3.11.2011), *S.H. u.a./Österreich*, 57813/00.
1679 EGMR (3.11.2011), *S.H. u.a./Österreich*, 57813/00, Rn. 38.
1680 Vgl. EGMR (3.11.2011), *S.H. u.a./Österreich*, 57813/00, Rn. 39 f.
1681 EGMR (3.11.2011), *S.H. u.a./Österreich*, 57813/00, Rn. 118.

Aufrechterhalten des Verbots eine sachlich schwer begründbare Ungleichbehandlung gegenüber der Zulässigkeit der Samenspende bedeutet hätte.[1682] Gemäß § 3 Abs. 3 FMedG ist die Eizellspende nun eine in Österreich zulässige Methode der Fortpflanzungsmedizin. Damit folgte der Gesetzgeber einer Empfehlung der österreichischen Bioethikkommission, welche sich schon 2012 für die Zulässigkeit der Eizellspende ausgesprochen hatte.[1683]

Die Empfängerin der Eizelle darf bei Behandlungsbeginn das 45. Lebensjahr noch nicht vollendet haben, § 3 Abs. 3 FMedG. Diese Regelung dient der Umsetzung der Empfehlung der Bioethikkommission, eine Altersgrenze festzulegen, die dem Ende der biologisch-reproduktiven Phase entspreche.[1684] Diese Altersgrenze stellt eine Beschränkung der Fortpflanzungsfreiheit älterer Frauen dar; diese Beschränkung ist jedoch zum Schutz der Gesundheit des Kindes gerechtfertigt und überschreitet nicht den Beurteilungsspielraum des österreichischen Gesetzgebers.

Wie die Samenspende darf auch die Eizellspende nicht Gegenstand eines entgeltlichen Rechtsgeschäfts sein, § 16 Abs. 1 FMedG.[1685]

bb) Deutschland

Nach deutschem Recht ist die Übertragung einer fremden unbefruchteten Eizelle auf eine Frau verboten, § 1 Abs. Nr. 1 ESchG. Das Gleiche gilt für die künstliche Befruchtung einer Eizelle zu einem anderen Zweck als der Herbeiführung einer Schwangerschaft der Frau, von welcher die Eizelle stammt, § 1 Abs. 1 Nr. 2 ESchG.[1686] Beide Verbote sollen eine „gespaltene Mutterschaft" verhindern.[1687] Diese könne zu einer Gefährdung der Persönlichkeitsentwicklung des Kindes führen.[1688] Außerdem sah der Gesetzgeber die Gefahr der kommerziellen Ausbeutung der Eizellspenderinnen und besondere medizinische Risiken, die mit der Eizellspende verbunden seien.[1689] Die Gefahr der kommerziellen Ausbeutung der Eizellspenderinnen besteht jedoch seit dem Verbot der entgeltlichen Keimzellspende des § 17 TPG nicht mehr. Inwiefern das Kind, welches mittels einer Eizellspende gezeugt wurde, einer größeren Gefährdung seiner Persönlichkeitsentwicklung unterliegt, als das Kind, welches aus einer Samenspende hervorgeht, ist nicht erkennbar. Auch in Deutschland hat - wie zuvor in Österreich - eine Diskussion über die Verfassungsmäßigkeit des Verbots der

---

1682 RV 445 Blg NR XXV. GP, S. 2.

1683 RV 445 Blg NR XXV. GP, S. 1 f.; *Bioethikkommission*, Reform des Fortpflanzunsgmedizinrechts, Stellungnahme der Bundesethikkomission beim Bundeskanzleramt, 2.7.2012, S. 45.

1684 RV 445 Blg NR XXV. GP, S. 2; *Bioethikkommission*, Reform des Fortpflanzunsgmedizinrechts, Stellungnahme der Bundesethikkomission beim Bundeskanzleramt, 2.7.2012, S. 45.

1685 Siehe oben S. 221 f.; RV 445 Blg NR XXV. GP, S. 3.

1686 Siehe auch LG Köln (4.7.2007), NJW-RR 2008, S. 542.

1687 BT-Drucks. 11/5460, S. 7; Spickhoff²/*Müller-Terpitz*, § 1 ESchG Rn. 6, 9.

1688 BT-Drucks. 11/5460, S. 7.

1689 BT-Drucks. 11/5460, S. 7; Spickhoff²/*Müller-Terpitz*, § 1 ESchG Rn. 6, 9.

Eizellspende begonnen.[1690] Auch der oben vorgestellte Gesetzentwurf der Arbeitsgruppe aus Professoren der Ludwig-Maximilians-Universität München und der Universität Augsburg für ein deutsches FMedG sieht eine Zulässigkeit der Eizellspende vor.[1691] 2011 hatte der EGMR noch die Vereinbarkeit des österreichischen Verbots mit der EMRK bestätigt, die Mitgliedstaaten, jedoch darauf hingewiesen, dass diese Einschätzung sich mit einem Wertewandel ändern könnte.[1692] Der staatliche Beurteilungsspielraum war bei Erlass des österreichischen FMedG im Jahr 1992 noch groß, da keine überwiegend gemeinsame Haltung der Mitgliedstaaten erkennbar war. Auch 2011 war immerhin noch in acht Staaten die Eizellspende verboten.[1693] Erstes Anzeichen eines kommenden Wertewandels könnte die Legalisierung der Eizellspende in Österreich zum 24.2.2015 sein.[1694]

b) Ansprüche des Kindes auf Auskunft über der Eizellspenderin

In Fällen der Eizellspende ist die biologische Mutter eine andere als die austragende und gebärende. Somit stellt sich die Frage, ob das Kind ein Recht auf Kenntnis der Eizellspenderin hat. Teilweise wird eingewandt, dass das im Vergleich zur Samenspende wahrscheinlich geringere Informationsbedürfnis des Kindes zu berücksichtigen sei: Das Kind wird der Empfängerin der Eizellspende nicht nur juristisch zugeordnet, sondern sei mit dieser durch die Zeit der Schwangerschaft auf gewisse Weise auch biologisch verbunden.[1695] Ansprüche auf Kenntnis der genetischen Mutter und solche auf Kenntnis des genetischen Vaters können jedoch nicht allein aufgrund des naturgegeben der Frau vorbehaltenen Umstands der Kindesaustragung unterschiedlich beurteilt werden. Eine Differenzierung hätte in Fällen der Embryospende, bei welcher die Wunscheltern beide von den genetischen abweichen, zur Folge, dass der Anspruch des Kindes auf Kenntnis der Eizellspenderin „schwächer" wäre als das Recht auf Kenntnis des Samenspenders. Die Frage eines Rechts des Kindes auf Kenntnis der Spenderidentität jedoch kann bei Eizellspenden und Samenspendern nicht unterschiedlich behandelt werden.[1696]

aa) Österreich

§ 20 Abs. 2 S. 1 FMedG regelt auch den Auskunftsanspruch und das Einsichtsrecht für Kinder, die mittels einer Eizellspende gezeugt wurden.

1690 Spickhoff²/*Müller-Terpitz*, § 1 ESchG Rn. 7 mit weiteren Nachweisen.

1691 Siehe oben S. 230; *Gassner/Kersten/Krüger/Lindner/Rosenau/Schroth*, S. 5 f., 35 f., 57 ff.

1692 Siehe oben S. 275.

1693 Siehe oben S. 275.

1694 Siehe oben S. 275.

1695 *Bernat*, Rechtsfragen, S. 233.

1696 *Busse*, S. 177 f.

Für Auskunftsansprüche gegen die Wunscheltern gelten die Ausführungen zur heterologen Insemination entsprechend.[1697]

bb) Deutschland

aaa) Auskunftsansprüche gegen den Arzt

Grundsätzlich kann hinsichtlich der Auskunftsansprüche gegen den Arzt auf die Ausführungen zu den Auskunftsansprüchen im Falle der heterologen Insemination verwiesen werden. Dabei ist jedoch zu berücksichtigen, dass sich Unterschiede aus dem Verbot der Eizellspende und der Unanfechtbarkeit der Mutterschaft ergeben können.

Das Kind, welches aus einer Eizellspende hervorgegangen ist, hat auch einen Anspruch auf Auskunft über die Identität der Eizellspenderin aus § 242 BGB gegen den Arzt. Sowohl der Eizellspendevertrag als auch der Implantationsvertrag sind wegen Verstoßes gegen das gesetzliche Verbot des § 1 Abs. 1 Nr. 1 bzw. Nr. 2 ESchG nichtig gemäß § 134 BGB. Trotz der Nichtigkeit der Verträge bestehen die Pflichten des Arztes zum Schutz der Gesundheit des Kindes. Die Untersuchungspflichten des § 6 TPG-GewV finden auf alle Keimzellspenden Anwendung.[1698] Dem steht auch nicht entgegen, dass der Implantationsvertrag wegen Verstoßes gegen das Verbot des § 1 Abs. 1 Nr. 1 ESchG gemäß § 134 BGB nichtig ist.[1699] Die Schutzbedürftigkeit der Gesundheit des Kindes hängt nicht von der Wirksamkeit des Vertrages zwischen dem Arzt und den Wunscheltern oder der Eizellspenderin ab. Der nichtige Eizellspendevertrag und der nichtige Implantationsvertrag sind wegen der Schutzpflichten zu Gunsten des Kindes rechtliche Sonderverbindungen im Sinne des § 242 BGB.

Es stellt sich jedoch die Frage, ob im Rahmen der Interessenabwägung zu Gunsten des Arztes zu berücksichtigen ist, dass die Auskunft und die Gewährung der Einsichtnahme in die Dokumentation Details einer von ihm begangen Straftat betrifft. Denn die Übertragung einer fremden Eizelle ist nach § 1 Abs. 1 Nr. 1 ESchG eine Straftat. Die Auskunftserteilung könnte für den Arzt wegen der damit verbundenen Selbstbelastung im Sinne der Rechtsprechung zum Auskunftsanspruch aus § 242 BGB unzumutbar sein. Die Selbstbelastungsfreiheit ist verfassungsrechtlich über das allgemeine Persönlichkeitsrecht (Art. 2 Abs. 1, Art. 1 Abs. 1 GG) geschützt.[1700] Sie verbietet dem Staat, jemanden zu zwingen, aktiv an seiner eigenen Überführung beizutragen.[1701] Nicht von der Selbstbelastungsfreiheit umfasst sind jedoch Pflichten, die sich eine Person durch vertragliche Vereinbarung selbst aufbürdet.[1702] „Wer einen Vertrag schließt und dabei weiß oder voraussehen kann, dass er hiermit bestimmte Pflichten eingeht, wird nicht zwangsweise verpflichtet - er

1697 Siehe oben S. 272.
1698 Zur Schutzwirkung siehe oben S. 269.
1699 *Canaris*, JZ 1965, S. 475 (476).
1700 *Dann*, MedR 2007, S. 638 (640).
1701 *Dann*, MedR 2007, S. 638 (639).
1702 *Dann*, MedR 2007, S. 638 (639).

verpflichtet sich freiwillig selbst."[1703] Aufgrund der Vorgaben der Richtlinien zur assistierten Reproduktion wissen Ärzte und können voraussehen, dass künstlich gezeugte Kinder einen Anspruch auf Auskunft über ihre leibliche Abstammung haben können. Der Anwendungsbereich der Selbstbelastungsfreiheit ist damit hier nicht eröffnet. Die Selbstbelastungsfreiheit steht dem Kenntnisrecht des Kindes somit auch nicht entgegen.

Im Übrigen kann sich ein Arzt in Fällen, in welchen die Selbstbelastungsfreiheit betroffen wäre, gegenüber einem Auskunft begehrenden Patienten auch dann nicht auf die Selbstbelastungsfreiheit berufen, wenn berechtigte und im Vergleich zu den Geheimhaltungsinteressen des Arztes höherrangige Interessen des Patienten eine Informationserteilung zwingend erfordern.[1704] Es kommt in diesem Fall darauf an, ob das ebenfalls im allgemeinen Persönlichkeitsrecht wurzelnden Recht des Kindes auf Kenntnis der eigenen Abstammung die Selbstbelastungsfreiheit des Arztes überwiegt. Ein überwiegendes und im Rahmen der Selbstbestimmungsaufklärung zu befriedigendes Informationsinteresse des Patienten kann nur dann bejaht werden, wenn ein schweres Fehlverhalten des Arztes in Frage steht.[1705] Dies ist nicht der Fall bei leichten oder „normalen" Behandlungsfehlern, die in den Augen der Gesellschaft immer einmal passieren können.[1706] Bei der Durchführung einer Eizellspende oder der Vornahme einer künstlichen Befruchtung mit einer gespendeten Eizelle handelt es sich jedoch nicht um einen „normalen" Behandlungsfehler, sondern um die vorsätzliche Vornahme einer unzulässigen Methode der Fortpflanzungsmedizin. Die Selbstbelastungsfreiheit überwiegt demnach nicht gegenüber dem Recht auf Kenntnis der eigenen Abstammung. Es ist jedoch nach *Taupitz* eine die Selbstbelastungsfreiheit überwiegende zivilrechtliche Auskunftspflicht zur Fehleraufklärung durch ein strafprozessuales Verwertungsverbot abzusichern, damit verhindert wird, dass der Arzt, dem im Interesse des Patienten eine Informationspflicht zugemutet wird, zugleich zu seiner Verurteilung beitragen muss und mit seiner Offenheit den staatlichen Strafverfolgungsbehörden weitergehende Möglichkeiten eröffnet als in anderen Fällen der Strafverfolgung.[1707] Wie oben dargestellt ist jedoch bei einer Offenbarung gegenüber dem Kind die Selbstbelastungsfreiheit des Arztes ohnehin nicht betroffen.[1708] Der Anspruch aus § 242 BGB besteht jedoch nicht, wenn das Kind auf auch andere Weise die begehrte Auskunft erhalten kann. Kennen die rechtlichen Eltern die Identität der Eizellspenderin, muss das Kind zunächst Auskunft von den Eltern verlangen gemäß § 1618a BGB und ein Anspruch aus § 242 BGB gegen den Arzt kommt nur subsidiär zur Anwendung.

1703 *Dann*, MedR 2007, S. 638 (639).
1704 *Taupitz*, NJW 1992, S. 713 (718).
1705 *Taupitz*, NJW 1992, S. 713 (718).
1706 *Taupitz*, NJW 1992, S. 713 (718).
1707 *Taupitz*, NJW 1992, S. 713 (718) mit weiteren Nachweisen zum Verwertungsverbot.
1708 Siehe oben S. 278 f.

Darüber hinaus hat das mittels Eizellspende gezeugte Kind - wie das mit Samenspende gezeugte - auch einen Anspruch auf Einsicht in die Behandlungsunterlagen gemäß § 810 BGB.[1709] Die Ausführungen zur Selbstbelastungsfreiheit sind bei der Interessenabwägung im Rahmen des § 810 BGB entsprechend zu berücksichtigen.

bbb) Auskunftsansprüche gegen die Wunscheltern

Das Kind hat gegen seine Wunscheltern als rechtliche Eltern grundsätzlich einen Anspruch aus § 1618a Var. 1 BGB auf Auskunft über die Identität der Eizellspenderin als seiner genetischen Mutter. Ob der Auskunftsanspruch im Einzelfall besteht, ist im Rahmen einer konkreten Interessenabwägung zu ermitteln. Kein berücksichtigenswerter Belang zu Lasten des Kenntnisinteresses ist hierbei die Selbstbelastungsfreiheit der Mutter im Zusammenhang mit der Verbotswidrigkeit der Eizellspende, denn die Mutter als Beteiligte der ärztlichen Behandlung hat sich durch den Empfang der Eizellspende nicht strafbar gemacht, § 1 Abs. 3 Nr. 1 ESchG.

Im Übrigen sind bei der Interessenabwägung grundsätzlich die oben im Zusammenhang mit der heterologen Insemination angeführten Belange zu berücksichtigen.[1710] Allerdings ist die Gefahr einer Auflösung der rechtlichen Familie nicht zu bedenken, denn der Fortbestand der rechtlichen Familie ist nicht gefährdet, da das deutsche Recht weder die Anfechtung noch die Feststellung der Mutterschaft kennt.[1711]

4. Embryospende

Bei der Embryospende wird einer Frau ein Embryo übertragen, der zuvor einer anderen Frau entnommen oder in vitro unter Verwendung von einer Samenspende und einer gespendete Eizelle gezeugt wurde.

Im Falle einer Embryospende ist das Kind mit den Wunscheltern nicht biologisch verwandt und kennt damit beide genetischen Elternteile nicht.

a) Zulässigkeit der Embryospende

aa) Deutschland

Am 1.1.1991 trat in Deutschland das Embryonenschutzgesetz (ESchG) in Kraft.[1712] Dieses enthält in § 1 Abs. 1 Nr. 2, Nr. 6 ESchG das Verbot der Embryospende. § 1 Abs. 1 Nr. 6 ESchG verbietet es, einer Frau einen Embryo vor Abschluss seiner Einnistung in die Gebärmutter zu entnehmen, um diesen auf eine andere Frau zu übertragen. Nach § 1 Abs. 1 Nr. 2 ist es verboten, eine Eizelle zu einem anderen Zweck künstlich zu befruchten, als eine Schwangerschaft der Frau herbeizuführen, von der die Eizelle stammt.

1709 Siehe oben S. 269.
1710 Siehe oben S. 271 f.
1711 Siehe oben S. 82.
1712 BGBl I 1990, S. 2228.

Nicht verboten ist in Deutschland jedoch der Fall, dass eine Eizelle in vitro befruchtet wird mit dem Ziel, die Schwangerschaft der Frau herbeizuführen, von welcher die Eizelle stammt, aber die befruchtete Eizelle dann doch einer fremden Frau übertragen wird, da die Frau, von der die Eizelle stammt, die befruchtete Eizelle zur Herbeiführung einer Schwangerschaft nicht mehr benötigt. Dies ist der Fall, wenn mehrere Eizellen in vitro befruchtet wurden und bereits eine Schwangerschaft der Frau, von welcher die Eizellen stammen, herbeigeführt wurde, ohne dass alle befruchteten Eizellen hierfür verwendet wurden.

Der Gesetzgeber wollte die Vermittlung überzähliger Embryonen an Dritte nicht generell verbieten. In der Gesetzesbegründung zu § 1 Abs. 1 Nr. 2 ESchG weist der Gesetzgeber auf die bewusst gesetzte Strafbarkeitslücke hin:[1713] „Der Entwurf ist bestrebt, der Embryospende wie den verschiedenen Formen der Ersatzmutterschaft schon im Vorfeld zu begegnen, indem er bereits die auf den späteren Embryotransfer zielende Befruchtung pönalisiert. Damit will der Entwurf zugleich ein generelles Verbot der Embryospende entbehrlich machen. Ein derartiges strafrechtliches Verbot wäre nämlich zumindest in den Fällen nicht unbedenklich, in denen eine Embryospende die einzige Möglichkeit bietet, den Embryo vor einem Absterben zu bewahren."[1714]

bb) Österreich

In Österreich wurde mit Inkrafttreten des Fortpflanzungsmedizingesetzes am 1.7.1992 die Embryospende verboten, § 3 Abs. 3 Var. 2 FMedG a. F.[1715] Nach § 3 Abs. 3 Var. 2 FMedG a.F. durften entwicklungsfähige Zellen nur bei der Frau verwendet werden, von der sie stammen. Entwicklungsfähige Zellen sind seit 1992 in § 1 Abs. 3 FMedG unverändert legal definiert als befruchtete Eizellen und daraus entwickelte Zellen. Das Verbot des § 3 Abs. 3 Var. 2 FMedG a.F. wurde jedoch mit der Reform des FMedG im Jahr 2015 aus dem Gesetzestext gestrichen. In den Erläuterungen des Gesetzentwurfs wird die Streichung des gesamten § 3 Abs. 3 FMedG a.F. mit der Legalisierung der Eizellspende begründet.[1716] § 3 Abs. 3 FMedG a.F. hatte jedoch mehrere Aussagen:[1717] Seine erste Alternative schloss die Eizellspende aus und seine zweite Alternative verbot das Einsetzen eines fremden Embryos unabhängig davon, ob dieser zuvor einer anderen Frau entnommen worden war, oder durch In-vitro-Fertilisation mit dem Samen des Partners der Wunschmutter oder einer

---

1713 Terbille/Clausen/Schroeder-Printzen²/*Beitz*, § 13 Rn. 141.

1714 BT-Drucks. 11/5460, S. 8 und abgedruckt bei Terbille/Clausen/Schroeder-Printzen²/*Beitz*, § 13 Rn. 141.

1715 Zum früheren Streit, ob eine Embryospende nicht eine pränatale Adoption sein könnte, siehe bejahend *Steiner*, JBl 1984, S. 175 (182) und zu Recht verneinend *Bernat*, in: *Bernat*, Menschenhand, S. 125 (165).

1716 RV 445 Blg NR XXV. GP, S. 2.

1717 § 3 Abs. 3 FMedG a.F. lautete: „Eizellen und entwicklungsfähige Zellen dürfen nur bei der Frau verwendet werden, von der sie stammen."

Samenspende mit einer fremden Eizelle entstanden war. All diese Verbote wurden nun durch die Reform des FMedG gestrichen. Der Umgang mit überzähligen befruchteten Eizellen stellt sich in Österreich grundsätzlich nicht, da nach § 10 FMedG nur so viele Eizellen außerhalb des Körpers einer Frau befruchtet werden dürfen, wie innerhalb eines Zyklus der behandelten Frau für eine aussichtsreiche und zumutbare medizinische Fortpflanzung notwendig sind.

Aus der Verbindung von § 3 Abs. 2, Abs. 3 FMedG und § 1 Abs. 2 Nr. 3 FMedG ergibt sich, dass einer Frau zulässigerweise ein aus einer Samenspende und einer Eizellspende in vitro gezeugter Embryo eingesetzt werden darf. Eine Regelung, die es gestattet oder verbietet, einen Embryo einer Frau zu entnehmen und einer anderen Frau einzusetzen, enthält das FMedG jedoch nicht.

b) Ansprüche auf Auskunft über die Spendereltern

aa) Deutschland

Hinsichtlich der Auskunftsansprüche des Kindes gegen den Arzt kann auf die Ausführungen zur Eizellspende verwiesen werden.[1718] Insbesondere die Ausführungen zur Selbstbelastungsfreiheit des Arztes gelten grundsätzlich entsprechend.[1719] Nicht zu berücksichtigen ist die Selbstbelastungfreiheit des Arztes jedoch im Falle der Spende überzähliger Embryonen, da hier bewusst die oben erwähnte Strafbarkeitslücke besteht.[1720]

Die Wunscheltern als rechtliche Eltern sind dem Kind gemäß § 1618a Var. 1 BGB zum Beistand verpflichtet. Dies umfasst grundsätzlich auch die Auskunft über die Identität der genetischen Eltern des Kindes. Die Existenz des konkreten Anspruchs ist im Wege einer Interessenabwägung zu ermitteln. Im Gegensatz zur Abwägung im Falle einer Eizellspende ist hier, wie oben für die heterologe Insemination dargestellt,[1721] auch die Bedeutung der Kenntnis für eine Vaterschaftsanfechtung zu berücksichtigen. Wünschenswert wäre daher die gesetzliche Regelung eines Auskunftsanspruchs für künstlich gezeugte Kinder bei gleichzeitigem Ausschluss der Anfechtbarkeit der Vaterschaft des Wunschvaters und ein entsprechender Ausschluss einer Vaterschaftsfeststellung des Samenspenders.

bb) Österreich

aaa) Auskunftsansprüche gegen den Arzt

Nach § 20 Abs. 2 S. 1 FMedG ist der Arzt verpflichtet, dem künstlich gezeugten Kind die Identitäten von Samenspender und Eizellspenderin zu offenbaren und Einsicht in die Dokumentation zu gewähren.

1718 Siehe oben S. 278.
1719 Siehe oben S. 278 f.
1720 Siehe oben S. 281.
1721 Siehe oben S. 271.

Wird einer Frau jedoch ein Embryo entnommen und einer anderen eingesetzt, ist dieser Fall nicht im FMedG geregelt und § 20 FMedG nicht anwendbar. Im österreichischen Recht findet sich keine dem § 20 FMedG entsprechende Normierung eines Auskunftsanspruches des Kindes, welches als Embryo seiner genetischen Mutter entnommen und einer anderen Frau transferiert wurde. Das Fehlen eines gerichtlich durchsetzbaren Auskunftsanspruchs entsprechend dem § 20 Abs. 2 S. 1 FMedG ist nicht gerechtfertigt.[1722] Es ist nicht nachvollziehbar, warum das Kind, welches in vivo gezeugt und anschließend als Embryo gespendet wurde, Nachteile aufgrund einer Regelungslücke im FMedG erleiden soll.[1723] Sein Kenntnisinteresse entspricht dem eines mittels Samen- und Eizellspende gezeugten Kindes. Dies spricht für eine analoge Anwendung von § 20 Abs. 2 S. 1 FMedG. Dem könnte jedoch die Selbstbelastungsfreiheit des Arztes entgegenstehen. Das setzt voraus, dass der Arzt, der den Transfer eines in vivo gezeugten Embryos durchführt, überhaupt gegen eine Strafbestimmung verstößt. Die §§ 22 ff. FMedG als Strafbestimmungen des FMedG enthalten jedoch keine Regelungen zum Embryotransfer. Der Arzt macht sich durch Vornahme eines Embryotransfers nicht strafbar und begeht auch keine Verwaltungsübertretung. Damit steht die Selbstbelastungsfreiheit des Arztes einem Auskunftsanspruch des Kindes aus § 20 Abs. 2 S. 1 FMedG analog nicht entgegen. Das in Folge eines Embryotransfers geborene Kind hat einen Anspruch gegen den Arzt, der den Transfer durchgeführt hat, auf Auskunft über die Identität seiner leiblichen Eltern und Einsicht in die Dokumentation aus analoger Anwendung des § 20 Abs. 2 S. 1 FMedG.

bbb) Auskunftsansprüche gegen die Wunscheltern

Wie im Fall einer Befruchtung mittels Samenspende oder Eizellspende kann bei gleichzeitiger Verwendung einer Samen- und Eizellspende auch nach österreichischem Recht der Anspruch des Kindes gegen die Wunscheltern auf Auskunft über die Identität des Samenspenders und der Eizellspenderin grundsätzlich auf die elterliche Beistandspflicht (§ 137 Abs. 2 Var. 1 ABGB) gestützt werden. Das Gleiche gilt für den Anspruch auf Auskunft über die Identität der Frau, welcher der Embryo entnommen wurde.

Bei der konkreten Interessenabwägung im Rahmen des § 137 Abs. 2 Var. 1 ABGB ist zu Gunsten eines Schweigeinteresses der Wunscheltern auch nicht deren Selbstbelastungsfreiheit zu berücksichtigen, da die Wunscheltern durch Inanspruchnahme eines Embryotransfers oder das Einsetzen eines in vitro mittels doppelter Keimzellspende gezeugten Embryos nicht gegen Strafbestimmungen verstoßen.

Handelt es sich um eine Embryospende, die aus einer Samenspende und einer Eizellspende hervorgegangen ist, ist auch der rechtliche Fortbestand der Wunschfamilie nicht in Gefahr. Die Wunschmutter, die das Kind geboren hat, ist kraft der

1722 *Lurger*, in: *Bernat*, Reproduktionsmedizin, S. 108 (146).

1723 In diesem Sinne jedoch zur Abstammung und nicht zum Kenntnisrecht *Lurger*, in: *Bernat*, Reproduktionsmedizin, S. 108 (149).

Geburt die rechtliche Mutter, und eine rechtliche Korrektur der Mutterschaft ist nach österreichischem Recht nicht möglich.[1724] Auch die rechtliche Vaterschaft ist nicht anfechtbar, wenn das Kind aus einer Samenspende hervorgegangen ist, welcher der Ehemann der Frau zugestimmt hat, § 152 ABGB.

1724 Siehe oben S. 95.

Kapitel 4: Ergebnis

Das deutsche Grundgesetz schützt das Recht auf Kenntnis der eigenen Abstammung als Teil des allgemeinen Persönlichkeitsrechts im Sinne des Art. 2 Abs. 1 i.V.m. Art. 1 Abs. 1 GG. Das Grundrecht auf Kenntnis der eigenen Abstammung wird damit nicht schrankenlos gewährt, sondern unterliegt den gleichen Schranken wie auch das allgemeine Persönlichkeitsrecht. Zulässige Schranken sind demnach insbesondere verfassungsrechtlich geschützte Rechte anderer Personen. Das Grundrecht auf Kenntnis der eigenen Abstammung entfaltet keine unmittelbare Drittwirkung, ist jedoch vom Gesetzgeber bei der Gesetzgebung und von der rechtsprechenden Gewalt bei der Anwendung und Auslegung des einfachen Rechts zu berücksichtigen. Insbesondere bei der Anwendung zivilrechtlicher Generalklauseln muss die Rechtsprechung die Wertungen des Grundgesetzes einschließlich des Grundrechts auf Kenntnis der eigenen Abstammung beachten.[1725]

Das österreichische Verfassungsrecht kennt keinen nationalen Grundrechtekatalog. Auch ein Grundrecht auf Kenntnis der eigenen Abstammung kann im österreichischen Verfassungsrecht keiner nationalen Rechtsquelle entnommen werden.[1726]

In Österreich hat jedoch die EMRK Verfassungsrang und die Rechtsprechung des EGMR leitet ein Menschenrecht auf Kenntnis der eigenen Abstammung aus dem Schutz des Privatlebens gemäß Art. 8 Abs. 1 Var. 1 EMRK ab. Dieses Menschenrecht auf Kenntnis der eigenen Abstammung wird nicht schrankenlos gewährt, sondern unterliegt den Schranken des Art. 8 Abs. 2 EMRK. Somit ist eine Beschränkung zulässig, soweit sie gesetzlich geregelt und notwendig ist zur Aufrechterhaltung der Ordnung, zur Verhütung von Straftaten, zum Schutz der Gesundheit oder der Moral oder zum Schutz der Rechte und Freiheiten anderer. Bei der Gewichtung der widerstreitenden Interessen steht den Mitgliedstaaten ein Einschätzungsspielraum zu, der an Weite gewinnt, wenn in den Mitgliedstaaten zur relevanten Thematik keine vorherrschende einheitliche Haltung vorhanden ist. Dies betrifft z.B. Themenbereiche wie die Zulässigkeit der anonymen Geburt oder Verbote besonderer Methoden der Fortpflanzungsmedizin.[1727]

Auch die UN-Kinderrechtekonvention enthält ein Recht des Kindes auf Kenntnis der leiblichen Eltern in Art. 7 Abs. 1 Var. 4. Dieses Recht bedarf jedoch der nationalen Ausgestaltung, zumal die Kinderrechtekonvention für Österreich und Deutschland zwar verbindlich, jedoch nicht unmittelbar anwendbar ist. Die nationale Ausgestaltung darf allerdings nur das „Wie" (z.B. im Sinne der Anspruchsvoraussetzungen) des Kenntnisrechts regeln, nicht jedoch das „Ob" (im Sinne der Existenz). Die Mitgliedstaaten der UN-Kinderrechtekonvention müssen das Recht des Kindes

1725 Kapitel 1, 1. Abschnitt.
1726 Kapitel 1, 2. Abschnitt.
1727 Kapitel 1, 3. Abschnitt.

auf Kenntnis seiner leiblichen Eltern auch im Wege der völkerrechtsfreundlichen Auslegung der nationalen Gesetze berücksichtigen.[1728]

Sowohl in Deutschland als auch in Österreich regelt das Familienrecht, wer die gesetzlichen Eltern eines Kindes sind. Mutter ist in beiden Ländern die Frau, die das Kind geboren hat. Die rechtliche Vaterschaft kann jedoch in beiden Staaten auf verschiedene Weise begründet werden. Es gibt drei große Fallgruppen, die Vaterschaft kraft der Ehe mit der Mutter des Kindes, die Anerkennung der Vaterschaft durch den Mann oder die gerichtliche Feststellung der Vaterschaft. Die Regelungen über die Anerkennung der Vaterschaft unterscheiden sich in Österreich und Deutschland erheblich, in Österreich ist eine Anerkennung der Vaterschaft trotz bestehender rechtlicher Vaterschaft eines anderen Mannes möglich, während in Deutschland grundsätzlich zunächst eine gegebenenfalls bestehende Vaterschaft eines anderen Mannes durch Anfechtung beseitigt werden muss. Beide Rechtsordnungen sehen Mechanismen zur Korrektur einer bestehenden rechtlichen Vaterschaft vor und verneinen eine Korrekturmöglichkeit für die rechtliche Mutterschaft.[1729]

Darüber hinaus kennt das deutsche Recht mit § 1598a BGB die Möglichkeit der Abstammungsklärung ohne Statuswirkung. Klärungsberechtigt und passivlegitimiert sind jedoch nur das Kind, seine rechtliche Mutter und sein rechtlicher Vater. Diese drei Personen sind einander zur Duldung einer Abstammungsuntersuchung verpflichtet, wenn einer von ihnen, die Überprüfung der genetischen Abstammung innerhalb der rechtlichen Familie verlangt. Der potenzielle leibliche Vater, der nicht zugleich der rechtliche ist, und die potenzielle leibliche Mutter, die nicht auch die rechtliche ist (z.B. bei Eizellspenden), sind weder klärungsberechtigt noch passivlegitimiert. § 1598a BGB wurde für den rechtlichen Vater geschaffen, der ein Interesse am Fortbestand seiner rechtlichen Familie hat und dennoch Gewissheit über die Abstammung seines rechtlichen Kindes haben möchte. Im Zweifel führt die Anwendung des § 1598a BGB dazu, dass das Kind trotz fortbestehender rechtlicher Abstammung mit seiner fehlenden leiblichen Abstammung vom rechtlichen Elternteil konfrontiert wird. Um dem Recht des Kindes auf Kenntnis seiner eigenen Abstammung einen ebenbürtigen Schutz zu gewähren, sollte der Gesetzgeber auch dem Kind ein Verfahren zur rechtsfolgenlosen Klärung der Vaterschaft des potenziellen Vaters zur Verfügung stellen. Das Gleiche gilt auch für die rechtsfolgenlose Klärung der potenziellen Mutterschaft. Um Klärungsverfahren ins Blaue hinein zu vermeiden, wäre dann eine Substantiierungspflicht des Kindes erforderlich. Dieser könnte das Kind nachkommen, indem es zuvor gegebenenfalls bestehende Ansprüche auf Auskunft über seine leiblichen Eltern geltend macht.[1730]

Es gibt verschiedene Konstellationen, in welchen ein Kind in Unkenntnis über seine leibliche Abstammung ist. In dieser Arbeit wurden Ansprüche des Kindes auf Auskunft über die Identität seiner leiblichen Eltern für verschiedene Fallgruppen

1728 Kapitel 1, 4. Abschnitt.
1729 Kapitel 2, 1. Abschnitt.
1730 Kapitel 2, 2. Abschnitt.

untersucht: Kinder ohne väterliche Abstammung, Kinder mit Scheineltern, Adoptivkinder und künstlich gezeugte Kinder.[1731]

Kinder ohne rechtliche väterliche Abstammung können einen Anspruch auf Auskunft über den leiblichen Vater gegen ihre rechtliche Mutter aus der allgemeinen Beistandspflicht im rechtlichen Eltern-Kind-Verhältnis (§ 1618a Var. 1 BGB bzw. § 137 Abs. 2 Var. 1 ABGB) haben. Ob der Auskunftsanspruch im Einzelfall besteht, ergibt eine Abwägung der widerstreitenden Interessen. Insbesondere der Schutz des allgemeinen Persönlichkeitsrechts der Mutter ist hier zu beachten. Bisher hat die deutsche Rechtsprechung zu Recht meist dem Kenntnisinteresse des Kindes Vorrang eingeräumt. Zum österreichischen Recht gibt es keine entsprechenden Entscheidungen, da die ganz herrschende Meinung die Klagbarkeit der Beistandspflichten aus § 137 Abs. 2 Var. 1 ABGB ablehnt. Dieser Ansicht ist jedoch nicht zu folgen, da sie einer gesetzlichen Grundlage entbehrt, nicht überzeugend aus den Wertungen des Familienrechts abgeleitet werden kann und auch nicht dem Rechtsschutzbedürfnis des Beistand suchenden Kindes (oder Elternteils) gerecht wird.[1732]

Auch bei Kindern mit rechtlichen Scheinvätern kann die elterliche Beistandspflicht sowohl im österreichischen als auch im deutschen Recht einen Auskunftsanspruch des Kindes gegen die Mutter und den Scheinvater begründen. Hier ist jedoch in der Interessenabwägung die Gefährdung des rechtlichen Fortbestands der Scheinfamilie zu bedenken, die auch den Schutz des Art. 6 GG genießt. Anderseits ist im deutschen Recht im Sinne des Kenntnisinteresses des Kindes auch die Wertung des § 1598a BGB zu bedenken: Wenn sich der Schutz der Familie der Klärung der Nichtabstammung vom rechtlichen Vater unterordnen muss, kann die Klärung der wahren Abstammung nicht hinter dem Schutz der Familie zurückstehen.[1733]

Adoptivkinder haben verschiedene Möglichkeiten, Auskunft über ihre leibliche Abstammung zu erhalten. Sowohl in Deutschland als auch Österreich haben Adoptivkinder ab einer bestimmten Altersgrenze ein Recht auf Einsicht in die Personenstandsregister, wo grundsätzlich zumindest die Geburtsmutter des Kindes dokumentiert ist.[1734]

Wurde ein Kind in Deutschland vor der Adoption vertraulich geboren, findet sich kein Eintrag zu den leiblichen Eltern im Personenstandsregister, es wird jedoch ein besonderer Herkunftsnachweis erstellt, für dessen Einsichtnahme ein besonderes Verfahren gilt. Das Kind kann frühestens mit Vollendung des sechzehnten Lebensjahres Einsicht in den Herkunftsnachweis nehmen.[1735]

Auch Adoptivkinder haben gegenüber den Adoptiveltern als ihren rechtlichen Eltern Ansprüche auf Auskunft über die leiblichen Eltern aus der Beistandspflicht des § 1618a Var. 1 BGB bzw. § 137 Abs. 2 Var. 1 ABGB. Eine Gefährdung des rechtlichen

1731 Kapitel 3.
1732 Kapitel 3, 1. Abschnitt.
1733 Kapitel 3, 2. Abschnitt.
1734 Kapitel 3, 3. Abschnitt, A.
1735 Kapitel 3, 3. Abschnitt, B.

Fortbestands der Adoptivfamilie besteht nicht und ist daher - anders als bei der Familie mit Scheinvater - in der Interessenabwägung nicht zu berücksichtigen. Da im österreichischen Recht zwischen Adoptivkind und leiblicher Familie auch erbrechtliche Beziehungen und subsidiäre Unterhaltsverpflichtungen fortbestehen, hat das Kind dort auch ein zusätzliches Interesse an der Kenntnis der leiblichen Eltern.[1736]

Einen Auskunftsanspruch gegen die Adoptionsvermittlungsbehörde hat das Kind in Deutschland ab Vollendung des sechzehnten Lebensjahres. In Österreich besteht ein entsprechender Anspruch nur in Ausnahmefällen, wenn besondere Voraussetzungen vorliegen.[1737]

Das Adoptivkind hat grundsätzlich auch gegen die leibliche Mutter einen Anspruch auf Auskunft über den leiblichen Vater. Dieser Anspruch ergibt sich mangels rechtlicher Abstammung nicht aus der elterlichen Beistandspflicht, sondern aus § 242 BGB und dem Grundsatz aus Treu und Glauben.[1738]

Wurde ein Kind mittels Samenspende gezeugt, hat es nach österreichischem Recht einen Anspruch auf Auskunft über den Samenspender gegen den Arzt aus § 20 Abs. 2 FMedG. Im deutschen Recht fehlt eine entsprechende Regelung. Dennoch hat auch im deutschen Recht das Kind einen Auskunftsanspruch gegen den Arzt aus § 242 BGB. Die für den Anspruch erforderliche rechtliche Sonderbeziehung wird durch den Samenspendevertrag und den Inseminationsvertrag begründet, welche beide Verträge mit Schutzwirkung für das zu zeugende Kinde sind. Dem Auskunftsanspruch steht auch nicht die ärztliche Schweigepflicht entgegen, da der Arzt gegenüber dem Kind zur Offenbarung befugt ist. Gegebenenfalls existierende Schweigevereinbarungen zwischen dem Arzt und dem Samenspender oder zwischen dem Arzt und den Wunscheltern können einem Auskunftsbegehren des Kindes auch nicht entgegengehalten werden, denn es handelt sich um unzulässige Verträge zu Lasten des Kindes.

Auch gegen die Wunscheltern hat das Kind einen Auskunftsanspruch aus der elterlichen Beistandspflicht, wenn die Interessenabwägung im Einzelfall zu einem Überwiegen des Kenntnisinteresses des Kindes führt. Hier ist jedoch im Rahmen der Interessenabwägung zu berücksichtigen, dass im deutschen Recht der rechtliche Fortbestand der Wunschfamilie gefährdet ist, da anders als im österreichischen Recht für den Fall der Samenspende im Familienrecht die Anfechtung der Vaterschaft des Wunschvaters nicht ausgeschlossen ist.[1739]

Ist das Kind aus einer Eizellspende hervorgegangen gelten die Ausführungen über die Samenspende weitestgehend entsprechend. Dem Auskunftsbegehren steht auch nicht entgegen, dass Eizellspenden in Deutschland verboten sind, denn der Arzt kann sich bei einer vertragsähnlichen Auskunftspflicht nicht auf die Selbstbelastungsfreiheit berufen. Da eine Korrektur der Mutterschaft in beiden Ländern

1736 Kapitel 3, 3. Abschnitt, C.
1737 Kapitel 3, 3. Abschnitt, D.
1738 Kapitel 3, 3. Abschnitt, E.
1739 Kapitel 3, 4. Abschnitt, C.1, C.2.

nicht möglich ist, muss auch in der Abwägung zur Beistandspflicht nach deutschem Recht eine Gefährdung des rechtlichen Fortbestands der Wunschfamilie nicht berücksichtigt werden.[1740]

Die Embryospende ist sowohl im deutschen wie auch im österreichischen Recht nicht vollständig geregelt. In Deutschland ist die Spende eines in vivo oder in vitro gezeugten Embryos grundsätzlich unzulässig. Eine Ausnahme gilt jedoch für die Spende eines in vitro gezeugten überzähligen Embryos, welcher nicht mehr für die Herbeiführung der Schwangerschaft der Frau, von welcher die verwendete Eizelle stammt, benötigt wird. Im österreichischen Recht ist die Spende eines in vivo gezeugten Embryos nicht geregelt. Extrakorporal gezeugte Embryonen können im Einzelfall eine zulässige Kombination von Eizell- und Samenspende sein.

Im Falle des in vivo gezeugten und anschließenden gespendeten Embryos hat im österreichischen Recht das Kind gegen den Arzt einen Auskunftsanspruch aus § 20 Abs. 2 FMedG analog auf Auskunft über seine leiblichen Eltern. Wird der Embryo in vitro mittels Eizell- und Samenspende gezeugt, hat das spätere Kind einen Auskunftsanspruch unmittelbar aus § 20 Abs. 2 FMedG. Daneben besteht jeweils ein Auskunftsanspruch gegen die rechtlichen Eltern aus der elterlichen Beistandspflicht, wenn dem Kenntnisinteresse keine überwiegenden Interessen entgegenstehen. Im deutschen Recht gelten die Ausführungen zur Eizellspende entsprechend, d.h. es kann ein Auskunftsanspruch gegen den Arzt aus § 242 BGB oder einer gegen die Eltern aus § 1618a BGB bestehen. Wird jedoch ein überzähliger Embryo gespendet ist wegen der entsprechenden Strafbarkeitslücke die Selbstbelastungsfreiheit des Arztes im Rahmen des § 242 BGB nicht zu berücksichtigen.[1741]

1740 Kapitel 3, 4. Abschnitt, C.3.
1741 Kapitel 3, 4. Abschnitt, C.4.

Auszüge aus zitierten Vorschriften

Auzug aus dem ABGB, 1. Theil:

„Drittes Hauptstück

Rechte zwischen Eltern und Kindern
Erster Abschnitt

Allgemeine Bestimmungen

Allgemeine Grundsätze

§ 137
(1) Eltern und Kinder haben einander beizustehen und mit Achtung zu begegnen. Die Rechte und Pflichten des Vaters und der Mutter sind, soweit nicht anderes bestimmt ist, gleich.

(2) Eltern haben das Wohl ihrer minderjährigen Kinder zu fördern, ihnen Fürsorge, Geborgenheit und eine sorgfältige Erziehung zu gewähren. Die Anwendung jeglicher Gewalt und die Zufügung körperlichen oder seelischen Leides sind unzulässig. Soweit tunlich und möglich sollen die Eltern die Obsorge einvernehmlich wahrnehmen.

Kindeswohl

§ 138
In allen das minderjährige Kind betreffenden Angelegenheiten, insbesondere der Obsorge und der persönlichen Kontakte, ist das Wohl des Kindes (Kindeswohl) als leitender Gesichtspunkt zu berücksichtigen und bestmöglich zu gewährleisten. Wichtige Kriterien bei der Beurteilung des Kindeswohls sind insbesondere

1. eine angemessene Versorgung, insbesondere mit Nahrung, medizinischer und sanitärer Betreuung und Wohnraum, sowie eine sorgfältige Erziehung des Kindes;
2. die Fürsorge, Geborgenheit und der Schutz der körperlichen und seelischen Integrität des Kindes;
3. die Wertschätzung und Akzeptanz des Kindes durch die Eltern;
4. die Förderung der Anlagen, Fähigkeiten, Neigungen und Entwicklungsmöglichkeiten des Kindes;
5. die Berücksichtigung der Meinung des Kindes in Abhängigkeit von dessen Verständnis und der Fähigkeit zur Meinungsbildung;

6. die Vermeidung der Beeinträchtigung, die das Kind durch die Um- und Durchsetzung einer Maßnahme gegen seinen Willen erleiden könnte;
7. die Vermeidung der Gefahr für das Kind, Übergriffe oder Gewalt selbst zu erleiden oder an wichtigen Bezugspersonen mitzuerleben;
8. die Vermeidung der Gefahr für das Kind, rechtswidrig verbracht oder zurückgehalten zu werden oder sonst zu Schaden zu kommen;
9. verlässliche Kontakte des Kindes zu beiden Elternteilen und wichtigen Bezugspersonen sowie sichere Bindungen des Kindes zu diesen Personen;
10. die Vermeidung von Loyalitätskonflikten und Schuldgefühlen des Kindes;
11. die Wahrung der Rechte, Ansprüche und Interessen des Kindes sowie
12. die Lebensverhältnisse des Kindes, seiner Eltern und seiner sonstigen Umgebung.

§ 139
(1) Dritte dürfen in die elterlichen Rechte nur insoweit eingreifen, als ihnen dies durch die Eltern selbst, unmittelbar auf Grund des Gesetzes oder durch eine behördliche Verfügung gestattet ist.

(2) Eine mit einem Elternteil und dessen minderjährigem Kind nicht nur vorübergehend im gemeinsamen Haushalt lebende volljährige Person, die in einem familiären Verhältnis zum Elternteil steht, hat alles den Umständen nach Zumutbare zu tun, um das Kindeswohl zu schützen. Soweit es die Umstände erfordern, vertritt sie den Elternteil auch in Obsorgeangelegenheiten des täglichen Lebens.

Zweiter Abschnitt

Abstammung des Kindes

a) Allgemeines

§ 140
Die nach diesem Gesetzbuch begründete Abstammung und deren Änderung sowie die Feststellung der Nichtabstammung wirken gegenüber jedermann.

Handlungsfähigkeit in Abstammungssachen

§ 141
(1) Einsichts- und urteilsfähige Personen können, wenn sie nicht eigenberechtigt sind, in Angelegenheiten ihrer Abstammung und der Abstammung von ihnen rechtswirksam handeln, sofern ihr gesetzlicher Vertreter zustimmt. Handelt in einem solchen Fall der gesetzliche Vertreter, so bedarf er der Einwilligung der einsichts- und urteilsfähigen Person. Im Zweifel wird das Vorliegen der Einsichts- und Urteilsfähigkeit bei mündigen Minderjährigen vermutet.

(...)

Rechtsnachfolge in Abstammungssachen

§ 142
Nach dem Tod der betroffenen Person kann die Feststellung der Abstammung, deren Änderung oder die Feststellung der Nichtabstammung von den Rechtsnachfolgern oder gegen diese bewirkt werden.

Abstammung von der Mutter

§ 143
Mutter ist die Frau, die das Kind geboren hat.

Abstammung vom Vater und vom anderen Elternteil

§ 144
(1) Vater des Kindes ist der Mann,
1. der mit der Mutter im Zeitpunkt der Geburt des Kindes verheiratet ist oder als Ehemann der Mutter nicht früher als 300 Tage vor der Geburt des Kindes verstorben ist oder
2. der die Vaterschaft anerkannt hat oder
3. dessen Vaterschaft gerichtlich festgestellt ist.

(2) Ist an der Mutter innerhalb von nicht mehr als 300 und nicht weniger als 180 Tagen vor der Geburt eine medizinisch unterstützte Fortpflanzung durchgeführt worden, so ist die Frau Elternteil,
1. die mit der Mutter im Zeitpunkt der Geburt des Kindes in eingetragener Partnerschaft verbunden ist oder als eingetragene Partnerin der Mutter nicht früher als 300 Tage vor der Geburt des Kindes verstorben ist oder
2. die die Elternschaft anerkannt hat oder
3. deren Elternschaft gerichtlich festgestellt ist.

(3) Auf diese Frau sind die auf den Vater und die Vaterschaft Bezug nehmenden Bestimmungen in diesem Gesetz und anderen bundesgesetzlichen Vorschriften sinngemäß anzuwenden. Gelten im Verhältnis der Eltern zu ihrem Kind und zwischen den Eltern besondere Rechte und Pflichten, so kommen diese gleichermaßen zur Anwendung.

(4) Würden nach Abs. 1 Z 1 mehrere Männer als Vater in Betracht kommen, so ist derjenige von ihnen Vater, der mit der Mutter zuletzt die Ehe geschlossen hat. Würden nach Abs. 2 Z 1 mehrere Frauen in Betracht kommen, so ist diejenige von ihnen Elternteil, die mit der Mutter zuletzt die eingetragene Partnerschaft begründet hat.

Anerkenntnis des Vaters und des anderen Elternteils

§ 145

(1) Die Vaterschaft oder Elternschaft wird durch persönliche Erklärung in inländischer öffentlicher oder öffentlich-beglaubigter Urkunde anerkannt. Dem Anerkenntnis der Elternschaft ist ein Nachweis über die an der Mutter durchgeführte medizinisch unterstützte Fortpflanzung (§ 144 Abs. 2) beizulegen. Das Anerkenntnis wirkt ab dem Zeitpunkt der Erklärung, sofern die Urkunde oder ihre öffentlichbeglaubigte Abschrift mit den nötigen Nachweisen dem Standesbeamten zukommt.

(2) Das Anerkenntnis soll eine genaue Bezeichnung des Anerkennenden, der Mutter und des Kindes, sofern es bereits geboren ist, enthalten.

(3) Für Zustimmungen zum Anerkenntnis gelten die Abs. 1 und 2 entsprechend.

§ 146

(1) Das Kind oder die Mutter, sofern sie einsichts- und urteilsfähig sowie am Leben ist, können gegen das Anerkenntnis innerhalb von zwei Jahren ab Kenntnis von dessen Rechtswirksamkeit bei Gericht Widerspruch erheben.

(2) Der Lauf der Frist ist gehemmt, solange die zum Widerspruch berechtigte Person nicht eigenberechtigt ist oder innerhalb des letzten Jahres der Frist durch ein unvorhergesehenes oder unabwendbares Ereignis am Widerspruch gehindert ist.

§ 147

(1) Steht zum Zeitpunkt der Anerkennung bereits die Vaterschaft eines anderen Mannes fest, so wird das Anerkenntnis erst rechtswirksam, sobald mit allgemein verbindlicher Wirkung festgestellt ist, dass der andere Mann nicht der Vater des betreffenden Kindes ist.

(2) Ein zu einem Zeitpunkt, zu dem die Abstammung des Kindes von einem anderen Mann feststand, abgegebenes Vaterschaftsanerkenntnis wird jedoch rechtswirksam, wenn das Kind dem Anerkenntnis in öffentlicher oder öffentlich beglaubigter Urkunde zustimmt. Ist das Kind nicht eigenberechtigt, so wird das Anerkenntnis überdies nur rechtswirksam, wenn die einsichts- und urteilsfähige Mutter selbst den Anerkennenden in der genannten Form als Vater bezeichnet. Das Anerkenntnis wirkt ab dem Zeitpunkt seiner Erklärung, sofern die über diese Erklärung sowie über die Zustimmung zum Anerkenntnis und, falls erforderlich, über die Bezeichnung des Anerkennenden als Vater errichteten Urkunden oder ihre öffentlichbeglaubigten Abschriften dem Standesbeamten zukommen.

(3) Der Mann, der als Vater feststand, oder die Mutter, sofern sie einsichts- und urteilsfähig sowie am Leben ist und nicht nach Abs. 2 den Anerkennenden als Vater bezeichnet hat, kann gegen das Anerkenntnis bei Gericht Widerspruch erheben. § 146 gilt entsprechend.

(4) Für die Zustimmung des minderjährigen Kindes ist der Jugendwohlfahrtsträger gesetzlicher Vertreter des Kindes.

Gerichtliche Feststellung der Vaterschaft

§ 148

(1) Als Vater hat das Gericht den Mann festzustellen, von dem das Kind abstammt. Der Antrag kann vom Kind gegen den Mann oder von diesem gegen das Kind gestellt werden.

(2) Auf Antrag des Kindes kann der Mann als Vater festgestellt werden, welcher der Mutter innerhalb von nicht mehr als 300 und nicht weniger als 180 Tagen vor der Geburt beigewohnt hat oder mit dessen Samen an der Mutter in diesem Zeitraum eine medizinisch unterstützte Fortpflanzung durchgeführt worden ist, es sei denn, er weist nach, dass das Kind nicht von ihm abstammt. Eine solche Feststellung ist nach Ablauf von zwei Jahren nach dem Tod des Mannes nicht mehr möglich, es sei denn, das Kind weist nach, dass ihm der Beweis nach Abs. 1 aus Gründen auf Seiten des Mannes nicht gelingt.

(3) Ist an der Mutter innerhalb der im Abs. 2 genannten Frist eine medizinisch unterstützte Fortpflanzung mit dem Samen eines Dritten durchgeführt worden, so ist als Vater der Mann festzustellen, der dieser medizinisch unterstützten Fortpflanzung in Form eines Notariatsakts zugestimmt hat, es sei denn, er weist nach, dass das Kind nicht durch diese medizinisch unterstützte Fortpflanzung gezeugt worden ist.

(4) Ein Dritter, dessen Samen für eine medizinisch unterstützte Fortpflanzung verwendet wird, kann nicht als Vater des mit seinem Samen gezeugten Kindes festgestellt werden. Dritter ist, wer seinen Samen einer für medizinisch unterstützte Fortpflanzungen zugelassenen Krankenanstalt mit dem Willen überlässt, nicht selbst als Vater eines mit diesem Samen gezeugten Kindes festgestellt zu werden.

§ 149

(1) Der gesetzliche Vertreter hat dafür zu sorgen, dass die Vaterschaft festgestellt wird, es sei denn, dass die Feststellung der Vaterschaft für das Wohl des Kindes nachteilig ist oder die Mutter von ihrem Recht, den Namen des Vaters nicht bekanntzugeben, Gebrauch macht.

(2) Der Jugendwohlfahrtsträger hat die Mutter darauf aufmerksam zu machen, welche Folgen es hat, wenn die Vaterschaft nicht festgestellt wird.

Vaterschaftsfeststellung bei bestehender Abstammung

§ 150

Das Kind kann die Feststellung seiner Abstammung auch beantragen, wenn die Vaterschaft eines anderen Mannes bereits feststeht. In einem solchen Fall hat die

Feststellung der Abstammung die vom Gericht auszusprechende Wirkung, dass das Kind nicht vom anderen Mann abstammt.

Feststellung der Nichtabstammung vom Ehemann der Mutter

§ 151

(1) Stammt ein Kind, das während der Ehe der Mutter oder vor Ablauf von 300 Tagen nach dem Tod des Ehemanns der Mutter geboren worden ist, nicht von diesem ab, so hat das Gericht dies auf Antrag festzustellen.

(2) Der Antrag kann vom Kind gegen den Mann und von diesem gegen das Kind gestellt werden.

§ 152

Hat der Ehemann der Mutter einer medizinisch unterstützten Fortpflanzung mit dem Samen eines Dritten in Form eines Notariatsakts zugestimmt, so kann nicht die Feststellung begehrt werden, dass das mit dem Samen des Dritten gezeugte Kind nicht vom Ehemann der Mutter abstammt.

§ 153

(1) Ein Antrag auf Feststellung, dass das Kind nicht vom Ehemann der Mutter abstammt, kann binnen zwei Jahren ab Kenntnis der hiefür sprechenden Umstände gestellt werden. Diese Frist beginnt frühestens mit der Geburt des Kindes, im Fall einer Änderung der Abstammung frühestens mit der Wirksamkeit der Änderung. Ein Antrag ist nicht zulässig, solange die Abstammung des Kindes von einem anderen Mann feststeht.

(2) Der Lauf der Frist ist gehemmt, solange die antragsberechtigte Person nicht eigenberechtigt ist oder innerhalb des letzten Jahres der Frist durch ein unvorhergesehenes oder unabwendbares Ereignis an der Antragstellung gehindert ist.

(3) Später als 30 Jahre nach der Geburt des Kindes oder nach einer Änderung der Abstammung kann nur das Kind die Feststellung der Nichtabstammung begehren.

Rechtsunwirksamerklärung des Vaterschaftsanerkenntnisses

§ 154

(1) Das Gericht hat das Anerkenntnis für rechtsunwirksam zu erklären

1. von Amts wegen, wenn
   a) das Anerkenntnis oder - im Fall des § 147 Abs. 2 - die Zustimmung des Kindes oder die Bezeichnung des Anerkennenden als Vater durch die Mutter nicht den Formvorschriften entspricht oder
   b) es auf Seiten des Anerkennenden oder - im Fall des § 147 Abs. 2 - des Kindes oder der Mutter an der Einsichts- und Urteilsfähigkeit oder - beim Anerkennenden oder beim Kind - an der gesetzlichen Vertretung gemangelt hat, es

sei denn, der Mangel der gesetzlichen Vertretung ist nachträglich behoben worden oder der Anerkennende hat nach Erreichung der Eigenberechtigung das Anerkenntnis gebilligt;

2. aufgrund eines Widerspruchs, es sei denn, es ist erwiesen, dass das Kind vom Anerkennenden abstammt oder - wenn das Kind durch eine medizinisch unterstützte Fortpflanzung mit dem Samen eines Dritten gezeugt worden ist - dass der Anerkennende dem in Form eines Notariatsakts zugestimmt hat;
3. auf Antrag des Anerkennenden, wenn er beweist,
   a) dass sein Anerkenntnis durch List, ungerechte und gegründete Furcht oder Irrtum darüber veranlasst worden ist, dass das Kind von ihm abstammt oder dass an der Mutter eine medizinisch unterstützte Fortpflanzung mit seinem Samen oder mit seiner Zustimmung mit dem Samen eines Dritten vorgenommen wurde oder
   b) dass das Kind nicht von ihm abstammt und er erst nachträglich von Umständen Kenntnis erlangt hat, die für die Nichtabstammung des Kindes sprechen.

(2) Der Antrag nach Abs. 1 Z 3 kann längstens bis zum Ablauf von zwei Jahren nach Entdeckung der Täuschung, des Irrtums oder der genannten Umstände oder nach Wegfall der Zwangslage erhoben werden. Die Frist beginnt frühestens mit der Geburt des Kindes.

(...)

Sechster Abschnitt

Annahme an Kindesstatt

§ 191

(1) Eigenberechtigte Personen können an Kindesstatt annehmen. Durch die Annahme an Kindesstatt wird die Wahlkindschaft begründet.

(2) Die Annahme eines Wahlkindes durch mehr als eine Person, sei es gleichzeitig, sei es, solange die Wahlkindschaft besteht, nacheinander, ist nur zulässig, wenn die Annehmenden miteinander verheiratet sind. Ehegatten dürfen in der Regel nur gemeinsam annehmen. Ausnahmen sind zulässig, wenn das leibliche Kind des anderen Ehegatten angenommen werden soll, wenn ein Ehegatte nicht annehmen kann, weil er die gesetzlichen Voraussetzungen hinsichtlich der Eigenberechtigung oder des Alters nicht erfüllt, wenn sein Aufenthalt seit mindestens einem Jahr unbekannt ist, wenn die Ehegatten seit mindestens drei Jahren die eheliche Gemeinschaft aufgegeben haben oder wenn ähnliche und besonders gewichtige Gründe die Annahme durch nur einen der Ehegatten rechtfertigen.

(3) Personen, denen die Sorge für das Vermögen des anzunehmenden Wahlkindes durch gerichtliche Verfügung anvertraut ist, können dieses so lange nicht annehmen,

als sie nicht von dieser Pflicht entbunden sind. Sie müssen vorher Rechnung gelegt und die Bewahrung des anvertrauten Vermögens nachgewiesen haben.

Form; Eintritt der Wirksamkeit

§ 192

(1) Die Annahme an Kindesstatt kommt durch schriftlichen Vertrag zwischen dem Annehmenden und dem Wahlkind und durch gerichtliche Bewilligung auf Antrag eines Vertragsteiles zustande. Sie wird im Fall ihrer Bewilligung mit dem Zeitpunkt der vertraglichen Willenseinigung wirksam. Stirbt der Annehmende nach diesem Zeitpunkt, so hindert dies die Bewilligung nicht.

(2) Das nicht eigenberechtigte Wahlkind schließt den Vertrag durch seinen gesetzlichen Vertreter, dieser bedarf hiezu keiner gerichtlichen Genehmigung. Verweigert der gesetzliche Vertreter seine Einwilligung, so hat das Gericht sie auf Antrag des Annehmenden oder des Wahlkindes zu ersetzen, wenn keine gerechtfertigten Gründe für die Weigerung vorliegen. (...)

§ 195

(1) Die Bewilligung darf nur erteilt werden, wenn folgende Personen der Annahme zustimmen:

1. die Eltern des minderjährigen Wahlkindes;
2. der Ehegatte oder der eingetragene Partner des Annehmenden;
3. der Ehegatte oder der eingetragene Partner des Wahlkindes;
4. das Wahlkind ab Vollendung des 14. Lebensjahres.

(2) Das Zustimmungsrecht nach Abs. 1 entfällt, wenn die zustimmungsberechtigte Person als gesetzlicher Vertreter des Wahlkindes den Annahmevertrag geschlossen hat, wenn sie zu einer verständigen Äußerung nicht nur vorübergehend unfähig ist oder wenn der Aufenthalt einer der in Abs. 1 Z 1 bis 3 genannten Personen seit mindestens sechs Monaten unbekannt ist.

(3) Das Gericht hat die verweigerte Zustimmung einer der in Abs. 1 Z 1 bis 3 genannten Personen auf Antrag eines Vertragsteiles zu ersetzen, wenn keine gerechtfertigten Gründe für die Weigerung vorliegen.

(...)

Wirkungen

§ 197

(1) Zwischen dem Annehmenden und dessen Nachkommen einerseits und dem Wahlkind und dessen im Zeitpunkt des Wirksamwerdens der Annahme minderjährigen Nachkommen andererseits entstehen mit diesem Zeitpunkt die gleichen Rechte, wie sie durch die Abstammung begründet werden.

(2) Wird das Wahlkind durch Ehegatten als Wahleltern angenommen, so erlöschen mit den in § 198 bestimmten Ausnahmen die nicht bloß in der Verwandtschaft an sich (§ 40) bestehenden familienrechtlichen Beziehungen zwischen den leiblichen Eltern und deren Verwandten einerseits und dem Wahlkind und dessen im Zeitpunkt des Wirksamwerdens der Annahme minderjährigen Nachkommen andererseits mit diesem Zeitpunkt.

(3) Wird das Wahlkind nur durch einen Wahlvater (eine Wahlmutter) angenommen, so erlöschen die familienrechtlichen Beziehungen nach Maßgabe des Abs. 2 zum leiblichen Vater (zur leiblichen Mutter) und zu dessen (deren) Verwandten. Dem nicht verdrängten leiblichen Elternteil gegenüber hat das Gericht das Erlöschen auszusprechen, wenn dieser dem zustimmt. Das Erlöschen wirkt vom Zeitpunkt der Abgabe der Zustimmungserklärung an, frühestens jedoch vom Zeitpunkt des Wirksamwerdens der Annahme an.

(4) Nimmt ein Ehegatte, ein eingetragener Partner oder ein Lebensgefährte das Kind seines Ehegatten, eingetragenen Partners oder Lebensgefährten an, so erlöschen die familienrechtlichen Beziehungen nach Maßgabe des Abs. 2 lediglich zum anderen Elternteil und zu dessen Verwandten.

§ 198

(1) Die im Familienrecht begründeten Pflichten der leiblichen Eltern und deren Verwandten zur Leistung des Unterhaltes und der Ausstattung gegenüber dem Wahlkind und dessen im Zeitpunkt des Wirksamwerdens der Annahme minderjährigen Nachkommen bleiben aufrecht.

(2) Das gleiche gilt für die Unterhaltspflicht des Wahlkindes gegenüber den leiblichen Eltern, sofern diese ihre Unterhaltspflicht gegenüber dem noch nicht vierzehn Jahre alten Kinde vor dessen Annahme an Kindesstatt nicht gröblich vernachlässigt haben.

(3) Die nach den Abs. 1 und 2 aufrecht bleibenden Pflichten stehen jedoch den durch die Annahme begründeten gleichen Pflichten im Range nach.

§ 199

(1) Die im Erbrecht begründeten Rechte zwischen den leiblichen Eltern und deren Verwandten einerseits und dem Wahlkind und dessen im Zeitpunkt des Wirksamwerdens der Annahme minderjährigen Nachkommen andererseits bleiben aufrecht.

(2) Bei der gesetzlichen Erbfolge in das Vermögen des Wahlkindes in der zweiten Linie gehen die Wahleltern und deren Nachkommen einerseits den leiblichen Eltern und deren Nachkommen andererseits vor.

(3) Ist das Wahlkind nur durch eine Person angenommen worden und sind sowohl diese Person oder deren Nachkommen als auch der nicht verdrängte leibliche Elternteil oder dessen Nachkommen vorhanden, so fällt der Nachlass - ungeachtet

eines allfälligen Erlöschens der familienrechtlichen Beziehungen nach § 197 Abs. 3 zweiter Satz - je zur Hälfte auf den Stamm der annehmenden Person und des nicht verdrängten leiblichen Elternteils."

Auszug aus dem SchKG, 6. Abschnitt (§§ 25–34 ein gef. mWv 1.5.2014 durch G v. 28.8.2013, BGBl. I 2013, S. 3458)

„6. Abschnitt

§ 25 Beratung zur vertraulichen Geburt

(1) Eine nach § 2 Absatz 4 beratene Schwangere, die ihre Identität nicht preisgeben möchte, ist darüber zu informieren, dass eine vertrauliche Geburt möglich ist. [2]Vertrauliche Geburt ist eine Entbindung, bei der die Schwangere ihre Identität nicht offenlegt und stattdessen die Angaben nach § 26 Absatz 2 Satz 2 macht.

(2) [1]Vorrangiges Ziel der Beratung ist es, der Schwangeren eine medizinisch betreute Entbindung zu ermöglichen und Hilfestellung anzubieten, so dass sie sich für ein Leben mit dem Kind entscheiden kann. [2]Die Beratung umfasst insbesondere:

1. die Information über den Ablauf des Verfahrens und die Rechtsfolgen einer vertraulichen Geburt,
2. die Information über die Rechte des Kindes; dabei ist die Bedeutung der Kenntnis der Herkunft von Mutter und Vater für die Entwicklung des Kindes hervorzuheben,
3. die Information über die Rechte des Vaters,
4. die Darstellung des üblichen Verlaufs und Abschlusses eines Adoptionsverfahrens,
5. die Information, wie eine Frau ihre Rechte gegenüber ihrem Kind nach einer vertraulichen Geburt unter Aufgabe ihrer Anonymität geltend machen kann, sowie
6. die Information über das Verfahren nach den §§ 31 und 32.

(3) Durch die Information nach Absatz 2 Satz 2 Nummer 2 und 3 soll die Bereitschaft der Schwangeren gefördert werden, dem Kind möglichst umfassend Informationen über seine Herkunft und die Hintergründe seiner Abgabe mitzuteilen.

(4) Die Beratung und Begleitung soll in Kooperation mit der Adoptionsvermittlungsstelle erfolgen.

(5) Lehnt die Frau eine vertrauliche Geburt ab, so ist sie darüber zu informieren, dass ihr das Angebot der anonymen Beratung und Hilfen jederzeit weiter zur Verfügung steht.

§ 26 Das Verfahren der vertraulichen Geburt

(1) Wünscht die Schwangere eine vertrauliche Geburt, wählt sie

1. einen Vor- und einen Familiennamen, unter dem sie im Verfahren der vertraulichen Geburt handelt (Pseudonym), und

2. je einen oder mehrere weibliche und einen oder mehrere männliche Vornamen für das Kind.

(2) [1]Die Beratungsstelle hat einen Nachweis für die Herkunft des Kindes zu erstellen. [2]Dafür nimmt sie die Vornamen und den Familiennamen der Schwangeren, ihr Geburtsdatum und ihre Anschrift auf und überprüft diese Angaben anhand eines gültigen zur Identitätsfeststellung der Schwangeren geeigneten Ausweises.

(3) [1]Der Herkunftsnachweis ist in einem Umschlag so zu verschließen, dass ein unbemerktes Öffnen verhindert wird. [2]Auf dem Umschlag sind zu vermerken:
1. die Tatsache, dass er einen Herkunftsnachweis enthält,
2. das Pseudonym,
3. der Geburtsort und das Geburtsdatum des Kindes,
4. der Name und die Anschrift der geburtshilflichen Einrichtung oder der zur Leistung von Geburtshilfe berechtigten Person, bei der die Anmeldung nach Absatz 4 erfolgt ist, und
5. die Anschrift der Beratungsstelle.

(4) [1]Mit dem Hinweis, dass es sich um eine vertrauliche Geburt handelt, meldet die Beratungsstelle die Schwangere unter deren Pseudonym in einer geburtshilflichen Einrichtung oder bei einer zur Leistung von Geburtshilfe berechtigten Person zur Entbindung an. [2]Diese Einrichtung oder Person kann die Schwangere frei wählen. [3]Die Beratungsstelle teilt bei der Anmeldung die nach Absatz 1 Nummer 2 gewählten Vornamen für das Kind mit.

(5) Die Beratungsstelle teilt dem am Geburtsort zuständigen Jugendamt folgende Angaben mit:
1. das Pseudonym der Schwangeren,
2. den voraussichtlichen Geburtstermin und
3. die Einrichtung oder die zur Leistung von Geburtshilfe berechtigte Person, bei der die Anmeldung nach Absatz 4 erfolgt ist.

(6) [1]Der Leiter oder die Leiterin der Einrichtung der Geburtshilfe, in der die Schwangere geboren hat, teilt der Beratungsstelle nach Absatz 4 Satz 1 unverzüglich das Geburtsdatum und den Geburtsort des Kindes mit. [2]Das Gleiche gilt bei einer Hausgeburt für die zur Leistung von Geburtshilfe berechtigte Person.

(7) Das Standesamt teilt dem Bundesamt für Familie und zivilgesellschaftliche Aufgaben den beurkundeten Namen des Kindes zusammen mit dem Pseudonym der Mutter mit.

(8) Nachrichten der Frau an das Kind werden von der Beratungsstelle an die Adoptionsvermittlungsstelle weitergeleitet und dort in die entsprechende Vermittlungsakte aufgenommen; bei nicht adoptierten Kindern werden sie an das Bundesamt für Familie und zivilgesellschaftliche Aufgaben weitergeleitet.

§ 27 Umgang mit dem Herkunftsnachweis
(1) Die Beratungsstelle übersendet den Umschlag mit dem Herkunftsnachweis an das Bundesamt für Familie und zivilgesellschaftliche Aufgaben zur sicheren Verwahrung, sobald sie Kenntnis von der Geburt des Kindes erlangt hat.

(2) Das Bundesamt für Familie und zivilgesellschaftliche Aufgaben vermerkt den vom Standesamt nach § 26 Absatz 7 mitgeteilten Namen des Kindes auf dem Umschlag, der seinen Herkunftsnachweis enthält.

(...)

§ 31 Einsichtsrecht des Kindes in den Herkunftsnachweis
(1) Mit Vollendung des 16. Lebensjahres hat das vertraulich geborene Kind das Recht, den beim Bundesamt für Familie und zivilgesellschaftliche Aufgaben verwahrten Herkunftsnachweis einzusehen oder Kopien zu verlangen (Einsichtsrecht).

(2) [1]Die Mutter kann Belange, die dem Einsichtsrecht entgegenstehen, ab der Vollendung des 15. Lebensjahres des Kindes unter ihrem Pseudonym nach § 26 Absatz 1 Nummer 1 bei einer Beratungsstelle nach den §§ 3 und 8 erklären. [2]Sie hat dabei die Angabe nach § 26 Absatz 3 Satz 2 Nummer 3 zu machen. [3]Die Beratungsstelle zeigt der Mutter Hilfsangebote auf und erörtert mit ihr mögliche Maßnahmen zur Abwehr der befürchteten Gefahren. [4]Sie hat die Mutter darüber zu informieren, dass das Kind sein Einsichtsrecht gerichtlich geltend machen kann.

(3) [1]Bleibt die Mutter bei ihrer Erklärung nach Absatz 2, so hat sie gegenüber der Beratungsstelle eine Person oder Stelle zu benennen, die für den Fall eines familiengerichtlichen Verfahrens die Rechte der Mutter im eigenen Namen geltend macht (Verfahrensstandschafter). [2]Der Verfahrensstandschafter darf die Identität der Mutter nicht ohne deren Einwilligung offenbaren. [3]Die Mutter ist von der Beratungsstelle darüber zu informieren, dass sie dafür zu sorgen hat, dass diese Person oder Stelle zur Übernahme der Verfahrensstandschaft bereit und für das Familiengericht erreichbar ist. [4]Die Beratungsstelle unterrichtet das Bundesamt für Familie und zivilgesellschaftliche Aufgaben unverzüglich über die Erklärung der Mutter und ihre Angaben zur Person oder Stelle.

(4) Das Bundesamt für Familie und zivilgesellschaftliche Aufgaben darf dem Kind bis zum rechtskräftigen Abschluss eines familiengerichtlichen Verfahrens nach § 32 keine Einsicht gewähren, wenn die Mutter eine Erklärung nach Absatz 2 Satz 1 abgegeben und eine Person oder Stelle nach Absatz 3 Satz 1 benannt hat.

§ 32 [1] Familiengerichtliches Verfahren
(1) [1]Verweigert das Bundesamt für Familie und zivilgesellschaftliche Aufgaben dem Kind die Einsicht in seinen Herkunftsnachweis nach § 31 Absatz 4, entscheidet das Familiengericht auf Antrag des Kindes über dessen Einsichtsrecht. [2]Das Familiengericht hat zu prüfen, ob das Interesse der leiblichen Mutter an der weiteren

Geheimhaltung ihrer Identität aufgrund der durch die Einsicht befürchteten Gefahren für Leib, Leben, Gesundheit, persönliche Freiheit oder ähnliche schutzwürdige Belange gegenüber dem Interesse des Kindes auf Kenntnis seiner Abstammung überwiegt. [3]Ausschließlich zuständig ist das Familiengericht, in dessen Bezirk das Kind seinen gewöhnlichen Aufenthalt hat. [4]Ist eine Zuständigkeit eines deutschen Gerichts nach Satz 3 nicht gegeben, ist das Amtsgericht Schöneberg in Berlin ausschließlich zuständig.

(2) In diesem Verfahren gelten die Vorschriften des Ersten Buches des Gesetzes über das Verfahren in Familiensachen und in den Angelegenheiten der freiwilligen Gerichtsbarkeit entsprechend, soweit nachfolgend nichts anderes geregelt ist.

(3) [1]Beteiligte des Verfahrens sind:
1. das Kind,
2. das Bundesamt für Familie und zivilgesellschaftliche Aufgaben,
3. der nach § 31 Absatz 3 Satz 1 benannte Verfahrensstandschafter.

[2]Das Gericht kann die Mutter persönlich anhören. [3]Hört es die Mutter an, so hat die Anhörung in Abwesenheit der übrigen Beteiligten zu erfolgen. [4]Diese sind unter Wahrung der Anonymität der Mutter über das Ergebnis der Anhörung zu unterrichten. [5]Der Beschluss des Familiengerichts wird erst mit Rechtskraft wirksam. [6]Die Entscheidung wirkt auch für und gegen die Mutter. [7]In dem Verfahren werden keine Kosten erhoben. [8]§ 174 des Gesetzes über das Verfahren in Familiensachen und in den Angelegenheiten der freiwilligen Gerichtsbarkeit ist entsprechend anzuwenden.

(4) Erklären sich der Verfahrensstandschafter und die Mutter in dem Verfahren binnen einer vom Gericht zu bestimmenden Frist nicht, wird vermutet, dass schutzwürdige Belange der Mutter nach Absatz 1 Satz 2 nicht vorliegen.

(5) Wird der Antrag des Kindes zurückgewiesen, kann das Kind frühestens drei Jahre nach Rechtskraft des Beschlusses erneut einen Antrag beim Familiengericht stellen."

Literaturverzeichnis

Adamovich, Ludwig, Handbuch des österreichischen Verfassungsrechts, 6. Auflage 1971.

Adamovich, Ludwig/Spanner, Hans (Hg.), Handbuch des österreichischen Verfassungsrechts, 1957, zitiert: Adamovich/Spanner/*Bearbeiter.*

Alen, André/Lanotte, Johan Vande/Verhellen, Eugeen/Ang, Fiona/Berghmans, Eva/Verheyde, Mieke, A Commentary on the United Nations Convention on the Rights of the Child, 2005, zitiert: CommChild/*Bearbeiter.*

Alkubtan, Ali, Das Recht des Findelkindes in Deutschland und im Irak, Geschichte und aktuelle Probleme, 2007.

Assmann, Heinz-Dieter, Grundfälle zum Vertrag mit Schutzwirkung für Dritte, JuS 1986, S. 885–891.

Aubin, Bernhard, Die rechtsvergleichende Interpretation autonom-internen Rechts in der deutschen Rechtsprechung, RabelsZ [34] 1970, S. 458–480.

Ayasse, Horst, Die Grenzen des Datenschutzes im Bereich der privaten Versicherungswirtschaft, VersR 1987, S. 536–542.

Balz, Manfred, Heterologe künstliche Samenübertragung beim Menschen, 1980.

Bayerisches Landesjugendamt, Aufklärung des Kindes über seine Adoption, 6. Auflage 2005.

Beck, Susanne, Kindschaftsrecht, Entscheidungen - Anmerkungen - Lösungsansätze, 2009.

Beisenherz, Thorn/Muscheler, Karlheinz, Das neue Abstammungsrecht (2. Teil), JR 1999, S. 407–412.

Benda, Ernst, Humangenetik und Recht - eine Zwischenbilanz, NJW 1985, S. 1730–1734.

Benda, Ernst, Die „anonyme Geburt“, JZ 2003, S. 533–540.

Benöhr, Susanne/Muth, Iris A., Babyklappen und anonyme Geburt, KJ 2001, S. 405–424.

Berkl, Melanie, Das Gesetz zum Ausbau der Hilfen für Schwangere und zur Regelung der vertraulichen Geburt - unter besonderer Berücksichtigung der personenstandsrechtlichen Konsequenzen, StAZ 2014, S. 65–73.

Bernat, Erwin, Zivilrechtliche Fragen um die künstliche Humanreproduktion, in: *Bernat,* Menschenhand, S. 125–172, zitiert: *Bernat,* in: *Bernat,* Menschenhand.

Bernat, Erwin, Rechtsfragen medizinisch assistierter Zeugung, 1989, zitiert: *Bernat,* Rechtsfragen.

Bernat, Erwin, Auf dem Weg zu einem neuen Recht der medizinisch unterstützten Fortpflanzung, ÖA 1991, S. 63–65.

Bernat, Erwin, Der anonyme Vater im System der Fortpflanzungsmedizin: Vorfindliches, Rechtsethik und Gesetzgebung, in: *Bernat,* Reproduktionsmedizin, S. 161–181, zitiert: *Bernat*: in *Bernat,* Reproduktionsmedizin.

Bernat, Erwin, Bioethische Entscheidungskonflikte im Spiegel der Judikatur, 2003, zitiert: *Bernat,* Judikatur.

Bernat, Erwin (Hg.), Lebensbeginn durch Menschenhand, Probleme künstlicher Befruchtungstechnologien aus medizinischer, ethischer und juristischer Sicht, 1985, zitiert: *Bernat,* Menschenhand.

Bernat, Erwin (Hg.), Die Reproduktionsmedizin am Prüfstand von Recht und Ethik, 2000, zitiert: *Bernat,* Reproduktionsmedizin.

Berney, Mariana Mandofia/Guillard, Olivier, Liberté personnelle et procréation assistée, SJZ 1993, S. 205–214.

Binder, Ulrike Elisabeth, Die Auswirkungen der Europäischen Menschenrechtskonvention und des UN-Übereinkommens über die Rechts des Kindes vom 20. November 1989 auf Rechtsfragen im Bereich der medizinisch assistierten Fortpflanzung, 1998.

Bleckmann, Albert, Verfassungsrang der Europäischen Menschenrechtskonvention?, EuGRZ 1994, S. 149–155.

Bleckmann, Albert, Der Grundsatz der Völkerrechtsfreundlichkeit der deutschen Rechtsordnung, DöV 1996, S. 137–145.

Bloemhof, F., Die künstliche Samenübertragung, in: *Ranke/Dumbois,* S. 7–39, zitiert: *Bloemhof,* in: *Ranke/Dumbois.*

Boele-Woelki, Katharina, European challenges in contemporary family law: Some final observations, in: *Boele-Woelki/Sverdrup,* S. 413–423, zitiert: *Boele-Woelki,* in: *Boele-Woelki/Sverdrup.*

Boele-Woelki, Katharina/Sverdrup, Tone (Hg.), European challenges in contemporary familiy law, 2008, zitiert: *Boele-Woelki/Sverdrup.*

Borth, Helmut, Das Verfahren zum Entwurf eines Gesetzes zur Klärung der Abstammung unabhängig vom Anfechtungsverfahren gemäß § 1598a BGB-E und dessen Verhältnis zum Abstammungsverfahren nach dem FamFG, FPR 2007, S. 381–385.

Bosch, Friedrich W., Teil-Unmündigkeit trotz Volljährigkeit, in: *Lüke/Jauernig,* FS Schiedermair, S. 51–78, zitiert: *Bosch,* FS Schiedermair.

Bosch, Friedrich W., Rückblick und Ausblick oder - De legibus ad familiam pertinentibus - reformantis et reformandis, (Familienrechtsreform in Vergangenheit, Gegenwart und Zukunft), FamRZ 1980, S. 739–752, 849–855.

Brüggemann, Dieter, Intimsphäre und außereheliche Elternschaft, Über das Recht und die Pflicht der Mutter, den Erzeuger ihres außerehelichen Kindes zu nennen, 1964.

Bundesärztekammer, (Muster-)Richtlinie zur Durchführung der assistierten Reproduktion, Novelle 2006, DÄ 2006, S. A-1392-A-1403.

Bundesministerium der Justiz/Bundesministerium für Gesundheit, Entwurf eines Gesetzes zur Verbesserung der Rechte von Patientinnen und Patienten, 16.1.2012.

Bundesministerium für Familie, Jugend und Konsumentenschutz/Fröhlich-Sander, Gertrude/Schuppich, Walter (Hg.), Österreichische Enquete zum Thema Familienpolitik und künstliche Fortpflanzung, 4. und 5. Dezember 1985 in Wien, Palais Auersperg, veröffentlicht 1986, zitiert: *Bundesministerium für Familie, Jugend und Konsumentenschutz,* Österreichische Enquete künstliche Fortpflanzung.

Bundesministerium für Justiz, Erlass vom 27. Juli 2001 über Babynest und anonyme Geburt in Österreich, JABl 36/2001.

Bundesministerium für Familien und Jugend, Kinder- und Jugendhilfebericht, Österreich 2014.

Bundesministerium für Wirtschaft, Familie und Jugend, Jugendwohlfahrtsbericht Österreich 2008.

Bundesministerium für Wirtschaft, Familie und Jugend, Jugendwohlfahrtsbericht Österreich 2010.

Bundesministerium für Wissenschaft und Forschung, Bericht des Bundesministers für Wissenschaft und Forschung an den Nationalrat: Zu grundsätzlichen Aspekten der Gentechnik und der humanen Reproduktionsbiologie, 1986, III-150 BlgNR 16. GP.

Busse, Bartold, Das Recht des Kindes auf Kenntnis seiner Abstammung bei heterologer künstlicher Befruchtung, (Samenspende, Eispende, Embryospende), 1988.

Büttner, Helmut, Der biologische (genetische) Vater und seine Rechte, in: *Hofer/Klippel/Walter,* FS Schwab, S. 735–746, zitiert: *Büttner,* in: FS Schwab.

Canaris, Claus-Wilhelm, Ansprüche wegen positiver Forderungsverletzung und Schutzwirkung für Dritte bei nichtigen Verträgen, Zugleich ein Beitrag zur Vereinheitlichung der Regeln über die Schutzpflichtverletzungen, JZ 1965, S. 475–482.

Canaris, Claus-Wilhelm, Grundrechte und Privatrecht, AcP 1984, S. 201–246.

Canaris, Claus-Wilhelm, Grundprobleme des privatrechtlichen Persönlichkeitsschutzes, JBl 1991, S. 205–211.

Canaris, Claus-Wilhelm, Grundrecht und Privatrecht, 1999.

Coester, Michael, 15 Jahre Beistand und Rücksicht im deutschen Kindschaftsrecht, in: *Gauch/Schmid/Steinauer/Tercier/Werro,* FS Schnyder, S. 101–120, zitiert: *Coester,* in FS Schnyder.

Coester, Michael, Reform des Kindschaftsrechts, JZ 1992, S. 809–816.

Coester, Michael, Neues Kindschaftsrecht in Deutschland, DEuFamR 1999, S. 3–15.

Coester, Michael, Ersatzmutterschaft in Europa, in: *Mansel/Pfeiffer/Kronke/Kohler/Hausmann,* FS Jayme, S. 1243–1258.

Coester-Waltjen, Dagmar, Rechtliche Probleme der für andere übernommenen Mutterschaft, NJW 1982, S. 2528–2534.

Coester-Waltjen, Dagmar, Die künstliche Befruchtung beim Menschen – Zulässigkeit und zivilrechtliche Folgen, 2. Teilgutachten, Gutachten B für den 56. Deutschen Juristentag, zitiert. *Coester-Waltjen,* 56. DJT.

Coester-Waltjen, Dagmar, Zivilrechtliche Probleme künstlicher Befruchtungen, JURA 1987, S. 629–640.

Coester-Waltjen, Dagmar, Zum Recht des Kindes auf Kenntnis der eigenen Abstammung, JURA 1989, S. 520–523.

Coester-Waltjen, Dagmar, Künstliche Fortpflanzung und Zivilrecht, FamRZ 1992, S. 369–373.

Conseil d'État, Statut et Protection de l'Enfant, 1991.

Council of Europe, Provisional principles of the techniques of human artificial procreation and in certain procedures carried out on embryos in connection with those techniques, Directorate of Legal Affairs, CAHBI/INF 86 (1), 196.

Council of Europe, Draft Recommendation on Artificial Insemination of Human Beings and Explanatory Report, 5.3.1979, Directorate of Legal Affairs (79) 2.

Cremer, Hans-Joachim, Zur Bindungswirkung von EGMR-Urteilen, Anmerkung zum Görgülü-Beschluss des BVerfG vom 14.10.2004, EuGRZ 2004, S. 683–700.

Dann, Matthias, Ärztliche Fehleroffenbarung - Strafrechtliche Strategien für postinvasive Arzt-Patientengespräche, MedR 2007, S. 638–643.

Dauner-Lieb, Barbara/Langen, Werner, Bürgerliches Gesetzbuch, Schuldrecht Band 2, 2. Auflage 2012, zitiert: Dauner-Lieb/Langen/*Bearbeiter.*

Deichfuß, Hermann, Recht des Kindes auf Kenntnis seiner blutsmäßigen Abstammung?, Zur Zulässigkeit der heterologen Insemination, NJW 1988, S. 113–117.

Dellert, Nils, Die anonyme Kindesabgabe, Anonyme Geburt und Babyklappe, 2009.

Dethloff, Nina, Familienrecht, 30. Auflage 2012.

Dethloff, Nina/Gerhardt, Rudolf, Ein Reproduktionsgesetz ist überfällig, ZRP 2013, S. 91–94.

Detrick, Sharon, A Commentary on the United Nations Convention on the Rights of the Child, 1999.

Deutsch, Erwin, Artifizielle Wege menschlicher Reproduktion: Rechtsgrundsätze, Konservierung von Sperma, Eiern und Embryonen; künstliche Insemination und außerkörperliche Fertilisation; Embryotransfer, MDR 1985, S. 177–183.

Deutsch, Erwin, Des Menschen Vater und Mutter, Die künstliche Befruchtung beim Menschen - Zulässigkeit und zivilrechtliche Folgen, NJW 1986, S. 1971–1975.

Deutsch, Erwin, Rechtliche Gesichtspunkte der künstlichen Insemination und extrakorporalen Befruchtung, in: *Dietrich-Reichart,* S. 251–288. zitiert: *Deutsch* in: *Dietrich-Reichart.*

Deutsch, Erwin/Spickhoff, Andreas, Medizinrecht, Arztrecht, Arzneimittelrecht, Medizinproduktrecht und Transfusionsrecht, 6. Auflage 2008.

Deutscher Ethikrat, Stellungnahme des Deutschen Ethikrates - Das Problem der anonymen Kindesabgabe, 11.12.2009, BT-Drucks 17/190.

Deutsches Kinderhilfswerk/Wiebusch, Rainer (Hg.), Dokumentation der Fachtagung „Die UN-Konvention der Rechte des Kindes" durchgeführt vom Deutschen Kinderhilfswerk am 17. September 1990 in Bonn, 1991, zitiert: *Deutsches Kinderhilfswerk.*

Dhommeaux, Jean, Monismes et dualismes en droit international des droits de l'homme, A.F.D.I. 1995, S. 447–468.

Dieckmann, Albrecht/Frank, Rainer/Hanisch, Hans/Simitis, Spiros (Hg.), Festschrift für Wolfram Müller-Freienfels, 1986, zitiert: FS Müller-Freienfels.

Diederichsen, Uwe, Das Bundesverfassungsgericht als oberstes Zivilgericht, AcP 189 (1998), S. 171–260.

Diederichsen, Uwe, Die Reform des Kindschafts- und Beistandsrechts, NJW 1998, S. 1977–1991.

Dietrich-Reichart, Elke (Hg.), Insemination. In-vitro-Fertilisation, 1987, zitiert: *Dietrich-Reichart.*

Dittrich, Robert/Tades, Helmuth, Das Allgemeine bürgerliche Gesetzbuch, 22. Auflage 2007.

Dölle, Hans/Rheinstein, Max/Zweigert, Konrad (Hg.), Festschrift für Ernst Rabel, Band 1, 1954, zitiert: FS Rabel.

Dölle, Hans, Die künstliche Samenübertragung, Eine rechtsvergleichende und rechtspolitische Skizze, in: *Dölle/Rheinstein/Zweigert,* FS Rabel, S. 187–250.

Dölle, Hans, Familienrecht 2, Darstellungen des deutschen Familienrechts mit rechtsvergleichenden Hinweisen, 1965.

Donhauser, Thomas, Das Recht des Kindes auf Kenntnis der genetischen Abstammung, 1996.

Dorsch, Gabriele, Die Konvention der Vereinten Nationen über die Rechte des Kindes, 1994.

Durner, Wolfgang, Verfassungs- und Völkerrechtsfragen der anonymen Geburt, Plädoyer für ein Experimentiergesetz, ZG 2005, S. 243–262.

Ebert, Kurt, „First call for children!", JBl 1995, S. 69–87.

Eckebrecht, Marc, Neuere Gesetze zur Stärkung der Vaterrechte, FPR 2005, S. 205–210.

Eckebrecht, Marc, Das vertauschte Kind, FPR 2011, S. 394–400.

Edlbacher, Oskar, Künstliche Zeugungshilfe - eine Herausforderung für den Gesetzgeber, Eine Erwiderung auf Bernat, ÖJZ 1986, S. 321–327.

Edlbacher, Oskar, Rechtliche Fragen der künstlichen Fortpflanzung, in: *Bundesministerium für Familie, Jugend und Konsumentenschutz,* Österreichische Enquete künstliche Fortpflanzung, S. 49–66, zitiert: *Edlbacher,* in: Österreichische Enquete künstliche Fortpflanzung.

Eidenmüller, Horst, Der Auskunftsanspruch des Kindes gegen seine Mutter auf Benennung des leiblichen Vaters - BVerfGE 96, 56, JuS 1998, S. 789–795.

Elbel, Daniel, Rechtliche Bewertung anonymer Geburt und Kindesabgabe, Unter besonderer Berücksichtigung der grundrechtlichen Abwehrrechts- und Schutzpflichtendogmatik, 2007.

Enders, Christoph, Das Recht auf Kenntnis der eigenen Abstammung, NJW 1989, S. 881–884.

Ent, Herbert, Die erbrechtlichen Folgen der Annahme an Kindes statt, NZ 1960, S. 177–187.

Ent, Herbert, Die Neuordnung der persönlichen Rechtswirkungen der Ehe. Schluss., NZ 1975, S. 177–183.

Entezami, Michael/Fenger, Hermann, Gynäkologie und Recht, 2004.

Epping, Volker/Hillgruber, Christian (Hg.), Beck'scher Onlinekommentar GG, Stand 1.4.2012, Edition 14, zitiert: BeckOK/*Bearbeiter,* GG.

Ermacora, Felix, Die Menschenrechtskonvention als Bestandteil der österreichischen Rechtsordnung, JBl 1959, S. 396–405.

Ermacora, Felix, Die Menschenrechte und der Formalismus, JBl 1962, S. 118–120.

Ermacora, Felix, Handbuch der Grundfreiheiten und der Menschenrechte, 1963, zitiert: *Ermacora,* Handbuch.

Ermacora, Felix/Nowak, Manfred/Tretter, Hannes, Die Europäische Menschenrechtskonvention, - in der Rechtsprechung der österreichischen Höchstgerichte, 1983, zitiert: Ermacora/Nowak/Tretter/*Bearbeiter.*

Ernst, Martina, Die Haltung Deutschlands und Frankreichs zur EMRK unter besonderer Berücksichtigung der Anwendung des Art. 6 Abs. 3 in den beiden Staaten, 1994.

Eser, Albin/Koch, Hans-Georg/Wiesenbart, Thomas, Regelungen der Fortpflanzungsmedizin und Humangenetik, Eine internationale Dokumentation gesetzlicher und berufsständischer Rechtsquellen, Band 1, 1990, zitiert: Eser/Koch/Wiesenbart/*Bearbeiter,* Bd. 1.

Eser, Albin/Koch, Hans-Georg/Wiesenbart, Thomas, Regelungen der Fortpflanzungsmedizin und Humangenetik, Eine internationale Dokumentation gesetzlicher und berufsständischer Rechtsquellen, Band 2, 1990, zitiert: Eser/Koch/Wiesenbart/*Bearbeiter,* Bd. 2.

Evers, Hans-Ulrich, Der Schutz des Privatlebens und das Grundrecht auf Datenschutz in Österreich, EuGRZ 1984, S. 281–293.

Ferrari, Susanne, Streit um die Abstammung in Österreich, in: *Spickhoff/Schwab/Henrich/Gottwald,* Streit um die Abstammung - ein europäischer Vergleich, S. 183–203; zitiert: *Ferrari,* in: *Spickhoff/Schwab/Henrich/Gottwald.*

Ferrari, Susanne/Hopf, Gerhard (Hg.), Reform des Kindschaftsrechts, 2001.

Ferrari, Susanne/Likar-Peer, Gundula Maria (Hg.), Erbrecht, Ein Handbuch für die Praxis, 2007, zitiert: Ferrari/Likar-Peer/*Bearbeiter.*

Ferrari-Hofmann-Wellenhof, Susanne, Die Rechtsstellung des Kindes bei Regelungen über das Besuchsrecht, in: *Harrer/Zitta,* S. 743–758, zitiert: *Ferrari-Hofmann-Wellenhof,* in: *Harrer/Zita.*

Fink, Sandra/Grün, Klaus-Jürgen, Der Auskunftsanspruch über die Abstammung des durch heterologe Insemination gezeugten Kindes gegen den Arzt, NJW 2013, S. 1913–1917.

Fischer-Czermak, Constanze, Neueste Änderungen im Abstammungs- und Erbrecht, JBl 2005, S. 2–13.

Frank, Rainer, Recht auf Kenntnis der genetischen Abstammung?, FamRZ 1988, S. 113–120.

Frank, Rainer, Die zwangsweise körperliche Untersuchung zur Feststellung der Abstammung, FamRZ 1995, S. 975–981.

Frank, Rainer, Rechtsvergleichende Betrachtungen zur Vaterschaftsanfechtung durch den leiblichen Vater des Kindes, in: *Hofer/Klippel/Diethelm/Walter,* FS Schwab, S. 1127–1140.

Frank, Rainer/Helms, Tobias, Der Anspruch des nichtehelichen Kindes gegen seine Mutter auf Nennung des leiblichen Vaters, Zugleich Besprechung des Entscheidung des BVerfG v. 6.5.1997 - 1 BvR 409/90 -, FamRZ 1997, S. 1258–1263.

Frank, Rainer/Helms, Tobias, Kritische Bemerkungen zum Regierungsentwurf eines Gesetzes zur Klärung der Vaterschaft unabhängig vom Anfechtungsverfahren, FamRZ 2007, S. 1277–1281.

Forkel, Hans/Kraft Alfons (Hg.), Beiträge zum Schutz der Persönlichkeit und ihrer schöpferischen Leistungen, Festschrift für Heinrich Hubmann zum 70. Geburtstag, 1985, zitiert: FS Hubmann.

Gauch, Peter/Schmid, Jörg/Steinauer, Paul-Henri/Tercier, Pierre/Werro, Franz (Hg.), Familie und Recht, Festgabe für Bernhard Schnyder zum 65. Geburtstag, 1995, zitiert: FS Schnyder.

Hoyer, Andreas/Hattenhauer, Hans/Meyer-Pritzl, Rudolf/Schubert, Werner(Hg.), Gedächtnisschrift für Jörn Eckert, 2008, zitiert: GS Eckert.

Gassner, Ulrich/Kersten, Jens/Krüger, Matthias/Lindner, Franz Josef/Rosenau, Henning, Schroth, Ulrich, Fortpflanzungsmedizingesetz Augsburg-Münchner-Entwurf (AME-FMedG), 2013.

Gerhard, Ute, Frauen in der Geschichte des Rechts, Von der frühen Neuzeit bis zur Gegenwart, 1997.

Gernhuber, Joachim, Drittwirkungen im Schuldverhältnis kraft Leistungsnähe, Zur Lehre von den Verträgen mit Schutzwirkung für Dritte, in: *Nikisch,* FS Nikisch, S. 249–274, zitiert: *Gernhuber,* in: FS Nikisch.

Gernhuber, Joachim, Eltern und Kinder sind einander Beistand und Rücksicht schuldig, Ein Beitrag zu § 1618a BGB, in: *Dieckmann/Frank/Hanisch/Simitis,* FS Müller-Freienfels, S. 159–191, zitiert: *Gernhuber,* in: FS Müller-Freienfels.

Giesen, Dieter, Die künstliche Insemination als ethisches und rechtliches Problem, 1962.

Giesen, Dieter, Recht und medizinischer Fortschritt, JR 1984, S. 221–229.

Giesen, Dieter, Genetische Abstammung und Recht, Zugleich Besprechung des Urteils des BVerfG vom 31.01.1989 - 1 BvL 17/87, JZ 1989, S. 364–377.

Gottwald, Peter, Recht auf Kenntnis der biologischen Abstammung, in: *Forkel/Kraft,* FS Hubmann, S. 111–126, zitiert: *Gottwald,* in: FS Hubmann.

Grabenwarter, Christoph, Europäische Menschenrechtskonvention, 2. Auflage 2005.

Groß, Ingrid, Fristen und Anfangsverdacht im Abstammungsrecht, FPR 2007, S. 392–394.

Günther, Hans-Ludwig/Keller, Rolf, Fortpflanzungsmedizin und Humangenetik, 2. Auflage 1991.

Guttmacher, Alan/Fromm, Ernst/Geiger, W./Richter, Heinrich/Stelzenberger, Johannes/Bloemhof, F./Groeger, Guido (Hg.), Die künstliche Befruchtung beim Menschen, 1960.

Hanack, Ernst-Walter, Die künstliche Insemination, in: *Mergen,* Band 3, S. 168–199, zitiert: *Hanack,* in: *Mergen.*

Harder, Manfred, Wer sind Vater und Mutter? - Familienrechtliche Probleme der Fortpflanzungsmedizin, JuS 1986, S. 505–512.

Harrer, Friedrich/Zitta, Rudolf (Hg.), Familie und Recht, zitiert: *Harrer/Zita,* 1992.

Haslinger, Markus, Bewirkt die UN-Konvention über die Rechte des Kindes einen neuen völkerrechtlichen oder menschenrechtlichen Status des Kindes in Österreich?, in: *Rauch-Kallat/Pichler,* S. 49–72, zitiert: *Haslinger,* in: *Rauch-Kallat/Pichler.*

Hassenstein, Bernhard, Der Wert der Kenntnis der eigenen Abstammung, FamRZ 1988, S. 120–123.

Hegnauer, Cyril, Grosseltern und Enkel im schweizerischen Recht, in: *Gauch/Schmid/Steinauer/Tercier/Werro,* FS Schnyder, S. 421–442, zitiert: *Hegnauer,* in: FS Schnyder.

Hegnauer, Cyril (Hg.), Berner Kommentar, Kommentar zum schweizerischen Privatrecht, Band 2: Das Familienrecht, 2. Abteilung: Die Verwandtschaft, Teilband 1, Das eheliche Kindesverhältnis, Art. 252–301 ZGB, 3. Auflage 1964, zitiert: BernKo^{3}/*Bearbeiter.*

Hegnauer, Cyril (Hg.), Berner Kommentar, Kommentar zum schweizerischen Privatrecht, Band 2: Das Familienrecht, Abteilung 2: Die Verwandtschaft, Teilband 2: Die Wirkungen des Kindesverhältnisses, Unterteilband 1: Die Gemeinschaft der Eltern und Kinder, Kommentar zu Art. 270–275 ZGB (mit Supplement), Die

Unterhaltspflicht der Eltern, Kommentar zu Art. 276–295 ZGB, 4. Auflage 1997, zitiert: BernKo[4]/*Bearbeiter.*

Hegnauer, Cyril, Künstliche Fortpflanzung und persönliche Freiheit, ZBl 1991, S. 341–346.

Heiss, Herbert, Die künstliche Insemination der Frau, 1972.

Heißl, Georg, Handbuch der Menschenrechte, Allgemeine Grundlagen - Grundrechte in Österreich -Entwicklungen - Rechtsschutz, 2009, zitiert: Heißl/*Bearbeiter.*

Helms, Tobias, Reform des deutschen Abstammungsrechts, Zum Entwurf des Kindschaftsrechtsreformgesetzes aus rechtsvergleichender Perspektive, FuR 1996, S. 178–189.

Helms, Tobias, Die Feststellung der biologischen Abstammung, Eine rechtsvergleichende Untersuchung zum deutschen und französischen Recht, 1999.

Helms, Tobias, FamRZ 2010, Die Stellung des potenziellen biologischen Vaters im Abstammungsrecht, S. 1–8.

Helms, Tobias, FamRZ 2008, Das neue Verfahren zur Klärung der leiblichen Abstammung, S. 1033–1037.

Helms, Tobias, Die Einführung der sog. vertraulichen Geburt, FamRZ 2014, S. 609–614.

Henckel, Wolfram, Die ergänzende Vertragsauslegung, AcP 159 (1960/61), S. 106–126.

Herdegen, Matthias, Die Aufnahme besonderer Rechte des Kindes in die Verfassung, FamRZ 1993, S. 374–384.

Herzog, Roman, Das Verhältnis der Europäischen Menschenrechtskonvention zu späteren deutschen Gesetzen, DöV 1959, S. 44–47.

Hess, Arnold, Rechtsfragen der künstlichen Insemination, DÄ 1970, S. 2641–2646.

Heukamp, Anna, Tod des Vaters während des Vaterschaftsanfechtungsverfahrens, FamRZ 2007, S. 606–609.

Höfelmann, Elke, Das neue Gesetz zur Änderung der Vorschriften über die Anfechtung der Vaterschaft und das Umgangsrecht von Bezugspersonen des Kindes, FamRZ 2004, S. 745–751.

Hofer, Sybille/Klippel, Diethelm/Walter, Ute (Hg.), Perspektiven des Familienrechts, Festschrift für Dieter Schwab zum 70. Geburtstag am 15. August 2005, 2005, zitiert: FS Schwab.

Hofmann, Hasso, Biotechnik, Gentherapie, Genmanipulation - Wissenschaft im Rechtsfreien Raum, JZ 1986, S. 253–260.

Hohloch, Gerhard/Soergel, Hans Theodor/Siebert, Wolfgang (Hg.), Bürgerliches Gesetzbuch, Band 20, Familienrecht 4, 13. Auflage 2000, zitiert: Soergel[13]/*Bearbeiter.*

Hubmann, Heinrich, Das Persönlichkeitsrecht, 2. Auflage 1967.

Jayme, Erik, Die Entwicklung des europäischen Familienrechts, Eine rechtsvergleichende Betrachtung, FamRZ 1981, S. 221–226.

Kellner, Markus/Barth, Peter, Ausgewählte Rechtsfragen zur Vertretungsbefugnis nächster Angehöriger nach dem SWRÄG 2006, JBl 2007, S. 690–711.

Kilian, Matthias, Der Begutachtungsvertrag nach der Schuldrechtsreform, NVZ 2004, S. 489–496.

Kipp, Theodor/Wolff, Martin, Lehrbuch des Bürgerlichen Rechts, Das Familienrecht, 1931.

Klang, Heinrich/Fenyves, Attila/ Kerschner, Ferdinand/ Vonklich, Andreas (Hg.), Kommentar zum Bürgerlichen Gesetzbuch, ABGB, §§ 137–267, 3. Auflage 2008, zitiert: Klang³/*Bearbeiter.*

Klein Eckart, Should the binding effect of the judgments of the European Court of Human Rights be extended?, in: *Mahoney/Matscher/Petzold/Wildhaber,* FS Ryssdal, S. 705–713, zitiert: *Eckart,* in: FS Ryssdal.

Kleineke, Wilhelm, Das Recht auf Kenntnis der eigenen Abstammung, 1976.

Knöpfel, Gottfried, Beistand und Rücksicht zwischen Eltern und Kindern (§ 1618a BGB), FamRZ 1985, S. 554–565.

Koch, Elisabeth, Der Anspruch der Deszendenten auf Klärung der genetischen Abstammung als Paradigmawechsel im Abstammungsrecht, FamRZ 1990, S. 569–574.

Kollhosser, Helmut, Rechtsprobleme bei medizinischer Zeugungshilfen, JA 1985, S. 553–562.

Kostner, Alfred, Adoption und Erbrecht, NZ 1960, S. 81–83.

Koziol, Helmut/Bydlinski, Peter/Bollenberger, Raimund (Hg.), Kommentar zum ABGB, 3. Auflage 2010, zitiert: Koziol/Bydlinski/Bollenberg³/*Bearbeiter.*

Kralik, Winfried, Das Erbrecht, 3. Auflage 1983.

Kühl, Kristian/Dreher, Eduard/Maassen, Hermann/Lackner, Karl, Strafgesetzbuch, Kommentar, 28. Auflage 2014, zitiert: Lackner/Kühl²⁸/*Bearbeiter.*

Kupfer, Kann die Mutter eines unehelichen Kindes gezwungen werden, den Namen des natürlichen Vaters anzugeben?, ZBlFG 1910/11, S. 77–79.

Larenz, Karl/Canaris, Claus-Wilhelm, Methodenlehre der Rechtswissenschaft, 1995.

Lauffs, Werner/Arnold, Mattias, Der Gesetzgeber und das „Retortenbaby", Rechtspolitische Probleme der In-Vitro-Fertilisation, ZRP 1984, S. 279–283.

Laufs, Adolf, Die Entwicklung des Arztrechts 1985/86, NJW 1986, S. 1515–1521.

Lenz, Christofer/Klose, Daniel, Der menschenrechtliche Anspruch auf mündliche Verhandlung über Normenkontrollanträge, NVwZ 2000, S. 1004–1006.

Lindner, Josef-Franz, Verfassungsrechtliche Aspekte eines Fortpflanzungsmedizingesetzes, in: *Rosenau,* § 127–152, zitiert: *Lindner.*

Lippert, Hans-Dieter, Der deutsche Sonderweg in der Fortpflanzungsmedizin - eine Bestandsaufnahme, in: *Bernat,* Reproduktionsmedizin, S. 74–83, zitiert; *Lippert,* in: *Bernat,* Reproduktionsmedizin.

Loebenstein, Edwin, Die Behandlung des österreichischen Grundrechtskatalogs durch das Expertenkollegium zur Neuordnung der Grund- und Freiheitsrechte, EuGRZ 1985, S. 365–400.

Loebenstein, Edwin, Die Zukunft der Grundrechte im Lichte der künstlichen Fortpflanzung des Menschen, (Teil 1), JBl 1987, S. 694–703.

Loebenstein, Edwin, Die Zukunft der Grundrechte im Lichte der künstlichen Fortpflanzung des Menschen, (Schluss), JBl 1987, S. 749–757.

Lorenz, Stephan, Auskunftsansprüche im Bürgerlichen Recht, JuS 1995, S. 569–575.

Lüke, Gerhard/Jauernig, Othmar (Hg.), Festschrift für Gerhard Schiedermair zum 70. Geburtstag, 1976, zitiert: FS Schiedermair.

Lurger, Brigitta, Fortpflanzungsmedizin und Abstammungsrecht, in: *Bernat,* Reproduktionsmedizin, S. 108–160, zitiert: *Lurger,* in: *Bernat,* Reproduktionsmedizin.

Lutjen, Peter/Leeton, John/Trounson, Alan/Renou, Peter/Wood, Carl/Findlay, Jock, The establishment and maintenance of pregnancy using in vitro fertilization and embryo donation in a patient with primary ovarian failure, Nature 1984, S. 174 f.

Lux-Wesener, Christina, Anonyme Geburt mit EMRK vereinbar - Der Fall Odièvre, Anmerkungen zum Urteil des EGMR vom 13.2.2003, EuGRZ 2003, S. 555–561.

Mader, Peter, Die Geschwister in der Familie, in: *Harrer/Zitta,* S. 85–120, zitiert: *Mader,* in: *Harrer/Zita.*

Mahoney, Paul/Matscher, Franz/Petzold, Herbert/Wildhaber, Luzius (Hg.), Protection des droits de l'homme: la perspective européenne, Mélanges à la mémoire de Rolv Ryssdal, 2000, zitiert: FS Ryssdal.

Mansees, Norbert, Jeder Mensch hat ein Recht auf Kenntnis seiner genetischen Herkunft, NJW 1988, S. 2984–2987.

Mansel, Heinz-Peter/Pfeiffer, Thomas/Kronke, Herbert/Kohler, Christian/Hausmann, Rainer (Hg.), Festschrift für Erik Jayme, Band 2, 2004, zitiert: FS Jayme.

Marcic, René (Hg.), Internationale Festschrift für Alfred Verdross zum 80. Geburtstag,1971, zitiert: FS Verdross.

Marian, Susanne, Die Rechtsstellung des Samenspenders bei der Insemination/IVF, 1998.

Martinek, Oswin/Migsch, Erwin/Ringhofer, Kurt/Schwarz, Walter/Schwimann, Michael (Hg.), Festschrift Hans Floretta, Arbeitsrecht und soziale Grundrechte, 1983, zitiert: FS Floretta.

Mazal, Wolfgang, Rechtsfragen der Gewährung von IVF als Sozialleistung, in: *Bernat,* Reproduktionsmedizin, S. 182–198, zitiert: *Mazal,* in: *Bernat,* Reproduktionsmedizin.

Maunz, Theodor/Dürig, Günter/Herzog, Roman (Hg.), Grundgesetz, Band 1, 62. Auflage 1992, zitiert: Maunz/Dürig[62]/*Bearbeiter.*

Medicus, Dieter, Der Grundsatz der Verhältnismäßigkeit im Privatrecht, AcP 192 (1992), S. 35–70.

Meier, Patrick, Heterologe Insemination - Konsequenzen für den Samenspender. Möglichkeiten und Grenzen der vertraglichen Gestaltung, NZFam 2014, S. 337–343.

Melichar, Erwin, Die Entwicklung der Grundrechte in Österreich, Band 1, 2. Teil, Gutachten zu den Verhandlungen des zweiten Juristentages, 1964.

Mergen, Armand (Hg.), Die juristische Problematik in der Medizin, Band 2, Ärztliche Aufklärungs- und Schweigepflicht, 1971, zitiert: *Mergen,* Band 2.

Merten, Detlef/Papier, Hans-Jürgen/ Schäffer (Hg.), Heinz, Handbuch der Grundrechte, VII/1, Band VII/I Grundrechte in Österreich, 2009, zitiert: HGR VII/1/*Bearbeiter.*

Meyer, Petra, Das Recht auf Kenntnis der eigenen Abstammung als Element der Persönlichkeitsentwicklung, 2005.

Meyer-Ladewig, Jens, Europäische Menschenrechtskonvention, Handkommentar, 2. Auflage 2006.

Michaux, Stéphanie, L'accouchement sous X au regard de la Convention européenne des droits de l'homme et de la Convention de l'ONU relative aux droits de l'enfant, Revue trimestrielle de droit familial 2005, S. 321–346.

Mielitz, Cornelia, Anonyme Kindesabgabe, Babyklappe anonyme Übergabe und anonyme Geburt zwischen Abwehr- und Schutzgewährrecht, 2006.

Moritz, Heinz Peter, Auskunftsanspruch des nichtehelichen Kindes gegen seine Mutter auf Nennung des Namens seines leiblichen Vaters, JURA 1990, S. 134–140.

Mottl, Ingeborg, Änderungen im Abstammungsrecht durch das KindRÄG 2001, in: *Ferrari/Hopf,* Reform des Kindschaftsrechts, S. 101–113, zitiert: *Mottl,* in: *Ferrari/ Hopf.*

Müller, Kurt, Zeugnispflicht bei heterologer Fertilisation, FamRZ 1986, S. 635–637.

Münch, Ingo von/Kunig, Philip (Hg.), Grundgesetz-Kommentar, Band 1, Präambel bis Art. 19 und Band 2, Art. 20–69, 5. Auflage 2000, zitiert: von Münch/Kunig[5]/ *Bearbeiter.*

Muscheler, Karlheinz, Die Klärung der Vaterschaft, FPR 2008, S. 257–263.

Muscheler, Karlheinz, Offene und verdeckte Adoption - Recht des Kindes auf Kenntnis seiner Abstammung, FPR 2008, S. 496–477.

Musielak, Hans-Joachim (Hg.), Kommentar zur Zivilprozessordnung, mit Gerichtsverfassungsgesetz, 9. Auflage 2012, zitiert: Musielak[9]/*Bearbeiter.*

Musielak, Hans-Joachim/Borth, Helmut (Hg.), Familiengerichtliches Verfahren, 1. und 2. Buch FamFG, 5. Auflage 2015, zitiert: Musielak/Borth[5]/*Bearbeiter.*

Mutschler, Dietrich, Interessenausgleich im Abstammungsrecht - Teilaspekte der Kindschaftsrechtsreform, FamRZ 1996, S. 1381–1386.

Naumann, Dirk, Vereitelung des Rechts auf Kenntnis der eigenen Abstammung bei künstlicher Insemination, ZRP 1999, S. 142–144.

Nicolas-Maguin, Marie-France, L'enfant de les sortilèges: réflexions à propos du sort que réservent les lois sur la bioéthique au droit de connaitre ses origines, D. 1995, S. Chron. 75–79.

Nikisch, Arthur (Hg.), Festschrift für Arthur Nikisch, 1958, zitiert: FS Nikisch.

Novak, Richard, Zur Drittwirkung der Grundrechte, Die österreichische Lage aus rechtsvergleichender Sicht, EuGRZ 1984, S. 133–147.

Novak, Richard, Fortpflanzungsmedizingesetz, in: *Bernat,* Reproduktionsmedizin, S. 62–73, zitiert: *Novak,* in: *Bernat,* Reproduktionsmedizin.

Nykiel, Florence, L'accochement anonyme ou le droit de garder une maternité secrète, 1995.

Oetker, Hartmut, Unverhältnismäßige Herstellungskosten und das Affektionsinteresse im Schadensersatzrecht, NJW 1985, S. 345–351.

Öhlinger, Theo, Der völkerrechtliche Vertrag im staatlichen Recht, Eine theoretische, dogmatische und vergleichende Untersuchung am Beispiel Österreichs, 1973.

Opet, Otto/Blume, W. von, Das Familienrecht, 1906.

Ostermann, Stephanie, Das Klärungsverfahren gemäß § 1598a BGB. Abstammungsrechtlicher Kontext und verfassungsrechtliche Vorgaben, 2009.

Paetow, Ist die uneheliche Mutter verpflichtet den Namen des Vaters ihres Kindes zu nennen?, ZBlVormWes 1912, S. 277–281.

Pap, Michael, Extrakorporale Befruchtung und Embryotransfer aus arztrechtlicher Sicht, Insbesondere: der Schutz des werdenden Lebens „in vitro", 12. Auflage 1987.

Pasquay, Jürgen, Die künstliche Insemination, Zugleich ein Beitrag zur Bestimmung der Grenzen staatlicher Strafbefugnis, 1968.

Paulitz, Harald, Offene Adoption, Ein Plädoyer, 1997.

Pernthaler, Peter/Kathrein, Irmgard, Der grundrechtliche Schutz von Ehe und Familie in Österreich, EuGRZ 1983, S. 505–515.

Pfeifer, Helfried, Die rechtliche Bedeutung der Europäischen Menschenrechtskonvention zum Schutz der Menschenrechte und Grundfreiheiten für Österreich, Vortrag vom 22.10.1958, JBl 1958, S. 599 f.

Pfeifer, Helfried, Die Bedeutung der EMRK für Österreich, in: *Wegener,* Festschrift für Karl Gottfried Hugelmann, Band 1, S. 399–452 zitiert: *Pfeifer,* in: FS Hugelmann.

Pfeifer, Helfried, Die Menschenrechtskonvention als innerstaatliche Rechtsquelle, JBl 1959, S. 166 f.

Polakiewicz, Jörg, Die Verpflichtungen der Staaten aus den Urteilen des Europäischen Gerichtshofs für Menschenrechte, 1992.

Polakiewicz, Jörg/Jacob-Foltzer, Valérie, The European Human Rights Convention in Domestic Law, HRLJ 1991, S. 65–85.

Raggam, Maria, Das Recht auf Kenntnis der genetischen Abstammung, 1993.

Ramm, Thilo, Ehelichkeitsanfechtung und Bundesverfassungsgericht, NJW 1989, S. 1594–1597.

Ramm, Thilo, Kindschaftsrechtsreform?, JZ 1996, S. 987–995.

Ranke, Hansjörg/Dumbois, Hans Adolf (Hg.), Probleme der künstlichen Insemination, 1960, zitiert: *Ranke/Dumbois.*

Rauch-Kallat, Maria/Pichler, Johannes (Hg.), Entwicklungen in den Rechten der Kinder im Hinblick auf das UN-Übereinkommen über die Rechte des Kindes, 1994, zitiert: *Rauch-Kallat.*

Rauscher, Thomas/Wax, Peter/Wenzel, Joachim (Hg.), Münchener Kommentar zur Zivilprozessordnung, Band 2, §§ 511–945, 3. Auflage 2007, zitiert: MüKo³/*Bearbeiter,* ZPO.

Reichhelm, Anspruch des unehelichen Kindes auf Kenntnis des Namens seines Vaters und dessen Verwirklichung, DJZ 1903, S. 398.

Rohde, Anke/Swientek Christine, Neue gesetzliche Regelung - Vertrauliche Geburt statt anonymer Geburt und Babyklappe, DNP 2014, S. 69–75.

Röhl, Klaus F./Röhl, Hans Christian, Allgemeine Rechtslehre, 3. Auflage 2008.

Rosenau, Henning (Hg.), Ein zeitgemäßes Fortpflanzungsmedizingesetz für Deutschland, 2012, zitiert: *Rosenau.*

Rubellin-Devichi, Jaqueline, Droits de la mère et droits de l'enfant: Réflexions sur les formes de l'abandon, RTD civ 1991, S. 695–704.

Rudolf, Walter, Die innerstaatliche Anwendung partikulären Völkergewohnheitsrechts, in: *Marcic,* FS Verdross, S. 435–448, zitiert: *Rudolf,* in: FS Verdross.

Rudolf, Claudia, Das Haager Übereinkommen über die internationale Adoption, ZfRV 2001, S. 183–191.

Rummel, Peter, Kommentar zum Allgemeinen bürgerlichen Gesetzbuch, Band 1, §§ 1–1174, 3. Auflage 2007.

Rütz, Eva Maria, Die heterologe Insemination - Die rechtliche Stellung des Samenspenders, 2008.

Sachs, Michael (Hg.), Grundgesetz, Kommentar, 5. Auflage 2009, zitiert: Sachs⁵/*Bearbeiter.*

Säcker, Franz Jürgen/Rixecker Roland, Münchener Kommentar zum Bürgerlichen Gesetzbuch,

Band 1, Allgemeiner Teil, §§ 1–240 - ProstG - AGG, 6. Auflage 2012,

Band 2, Schuldrecht - Allgemeiner Teil, §§ 241–432, 6. Auflage 2012,

Band 5, Schuldrecht - Besonderer Teil III, §§ 705–853, PartGG – ProdHaftG, 5. Auflage 2009,

Band 8, Familienrecht II, §§ 1589–1921, SGB VIII, 6. Auflage 2012,

Band 8, Familienrecht II, §§ 1589–1921, SGB VIII, 5. Auflage 2010,

Band 8, Familienrecht II, §§ 1589–1921, SGB VIII, 4. Auflage 2000, (Mithg. *Rebmann, Kurt*),
zitiert: MüKo[Auflage]/*Bearbeiter*.

Sax, Helmut/Hainzl, Christian, Die verfassungsrechtliche Umsetzung der UN-Kinderrechtskonvention in Österreich, 1999.

Schick, Peter, Fortpflanzungstechnologie und Strafrecht. Eine österreichische Bestandsaufnahme., in: *Günther/Keller,* Fortpflanzungsmedizin und Humangenetik, S. 327–346, zitiert: *Schick,* in *Günther/Keller.*

Schlag, Martin, Verfassungsrechtliche Aspekte der künstlichen Fortpflanzung, 1991.

Schlund, Gerhard, Zu Fragen der ärztlichen Schweigepflicht, JR 1977, S. 265–269.

Schlüter, Wilfried, BGB - Familienrecht, 13. Auflage 2009.

Schneider, Angie, Auskunftspflicht des Arztes über den Samenspender, FamFR 172–175.

Schneider, Sebastian, Die rechtsfolgenlose Klärung der biologischen Abstammung gemäß § 1598a BGB, 2014.

Schmidt-Didczuhn, Andrea, (Verfassungs)Recht auf Kenntnis der eigenen Abstammung?, JR 1989, S. 228–232.

Schönke, Adolf/Schröder, Horst/Eser, Albin (Hg.), Strafgesetzbuch, Kommentar, 29. Auflage 2014, zitiert: Schönke/Schröder[29]/*Bearbeiter.*

Schreiner, Helmut, Drittgeheimnisse und Schweigepflicht, 1974.

Schuchter, Franz, Das neue österreichische Kindschaftsrecht, FamRZ 1979, S. 882–892.

Schulte, Michaela, Kontaktverweigerung und Unterhaltsrecht, Zugleich ein Beitrag zur Rechtsqualität der aus § 1618a BGB herleitbaren Pflichten, 1998.

Schumacher, Klaus, Fortpflanzungsmedizin und Zivilrecht, FamRZ 1987, S. 313–324.

Schumann, Eva, Elternschaft nach Keimzellspende und Embryoadoption, MedR 2014, S. 736–749.

Schwab, Dieter, Beistand und Rücksicht, Zu den Auswirkungen einer Rechtsmaxime, in: *Gauch/Schmid/Steinauer/Tercier/Werro,* FS Schnyder, S. 647–657, zitiert: *Schwab,* in: FS Schnyder.

Schwab, Dieter, Abstammungsklärung - leicht gemacht, Oder: Neuer Dialog in der Familie, FamRZ 2008, S. 23–27.

Schwab, Dieter, Familienrecht, 18. Auflage 2010.

Schwarz, Walter, Die Beschäftigungspflicht im Arbeitsverhältnis, in: *Martinek/Migsch/Ringhofer/ Schwarz/Schwimann,* FS Floretta, S. 415–432. zitiert: *Schwarz,* in: FS Floretta.

Schwedler, Anna, Die vertrauliche Geburt – Ein Meilenstein für Schwangere in Not?, NZFam 2014, S. 193–196.

Schweitzer, Michael, Staatsrecht III, 9. Auflage 2008.

Schwimann, Michael/Kodek, Georg, ABGB - Praxiskommentar, Band 1; §§ 1–284 ABGB, EheG, 1. DVEheG, UVG, UschG, TEG, PatVG, 4. Auflage 2012, zitiert: Schwimann⁴/ *Bearbeiter.*

Schwimann, Michael, ABGB - Praxiskommentar, Band 6, §§ 1293–1502 ABGB, 3. Auflage 2006, zitiert: Schwimann³/*Bearbeiter.*

Schwimann, Michael, ABGB - Taschenkommentar, 2010, zitiert: Schwimann/*Bearbeiter,* Taschenkommentar.

Schwimann, Michael, Das österreichische Adoptionsrecht nach seiner Reform, FamRZ 1973, S. 345–353.

Schwimann, Michael, Die nichtvermögensrechtlichen Ehewirkungen im neuen Recht, ÖJZ 1976, S. 365–373.

Schwimann, Michael, Wechselväter und andere Neuheiten, Zur jüngsten Zwischenreform des österreichischen Abstammungsrechts, StAZ 2005, S. 33–43.

Seidel, Klaus, Was gilt, wenn der rechtliche Vater nicht der biologische ist?, FPR 2005, S. 181–184.

Seifarth, Hat das uneheliche Kind einen klagbaren Anspruch gegen seine Mutter auf Namhaftmachung seines Erzeugers?, Das Recht 1904, S. 571 f.

Sethe, Henning von, Die Durchsetzbarkeit des Rechts auf Kenntnis der eigenen Abstammung, Eine Analyse des geltenden Rechts und Vorschläge für eine künftige Rechtsgestaltung, 1995.

Simitis, Spiros, Biowissenschaften und Biotechnologie, Perspektiven, Dilemmata und Grenzen einer notwendigen rechtlichen Regelung, JZ 2008, S. 693–703.

Smid, Stefan, Recht auf Kenntnis der eigenen blutsmäßigen Abstammung?, Zu den Folgen des Urteils des 1. Senats des BVerfG vom 31.01.1989, JR 1990, S. 221–226.

Spickhoff, Andreas (Hg.), Medizinrecht, 2. Auflage 2014, zitiert: Spickhoff²/*Bearbeiter.*

Spickhoff, Andreas, Der Streit um die Abstammung - Brennpunkte der Diskussion, in: *Spickhoff/Schwab/Henrich/Gottwald,* Streit um die Abstammung, S. 13–71, zitiert: *Spickhoff,* in: *Spickhoff/Schwab/Henrich/Gottwald.*

Spickhoff, Andreas/Schwab, Dieter/Henrich, Dieter/Gottwald, Peter (Hg.), Streit um die Abstammung, - ein europäischer Vergleich -, 2007, zitiert: *Spickhoff/Schwab/ Henrich/Gottwald.*

Ständige Disputation des Deutschen Juristentages (Hg.), Verhandlungen des Sechsundfünfzigsten Deutschen Juristentages Berlin 1986, Band I Gutachten, 1986, zitiert: 56. DJT.

Starck, Christian, Anmerkung zu BVerfG, Urteil vom 31.01.1998 - 1 BvL 17/87, JZ 1989, S. 338–339.

Statistik Austria, Ergebnisse im Überblick: Geborene Stand 2014.

Statistisches Bundesamt, Bevölkerung und Erwerbstätigkeit, Zusammenfassende Übersichten; Eheschließungen, Geborene und Gestorbene, 1946–2013.

Statistisches Bundesamt, Statistiken der Kinder- und Jugendhilfe, Adoptionen, 2011.

Staudinger, Julius von (Begründer), J. von Staudingers Kommentar zum Bürgerlichen Gesetzbuch mit Einführungsgesetzen und Nebengesetzen,

§§ 328–345, Vertrag zugunsten Dritter - Draufgabe - Vertragsstrafe, Neubearbeitung 2009,

§§ 1589–1600e, Abstammung, Neubearbeitung 2011,

§§ 1601–1615o, Unterhaltspflicht, Neubearbeitung 2000,

§§ 1616–1625, Neubearbeitung 2007,

§§ 1684–1717, Anhang zu § 1717: Artikel 223 EGBGB, Elterliche Sorge - Umgangsrecht, Neubearbeitung 2006,

§§ 1741–1772, Adoption, Neubearbeitung 2007,

zitiert: Staudinger[Neubearbeitung]/*Bearbeiter.*

Stefula, Martin, Zu den allgemeinen familiären Beistandspflichten, ÖJZ 2005, S. 609–623.

Steiner, Johannes Wolfgang, Rechtsfragen der „In-Vitro-Fertilisation“, JBl 1984, S. 175–182.

Steiner, Wolfgang, Ausgewählte Rechtsfragen der Insemination und Fertilisation, ÖJZ 1987, S. 513–518.

Steininger, Marlene, Reproduktionsmedizin und Abstammung - Fortpflanzung und Elternschaft als Rechtsgeschäft, 2014.

Stern, Klaus/Sachs, Michael (Hg.), Das Staatsrecht der Bundesrepublik Deutschland, Band III 1, Allgemeine Lehren der Grundrechte, 1988.

Stöcker, Hans A., Die UNO-Kinderkonvention und das deutsche Familienrecht, FamRZ 1992, S. 245–252.

Stöcker, Hans A., Schlusswort, FamRZ 1992, S. 895.

Stolz, Armin, Grundrechtsaspekte künstlicher Befruchtungsmethoden, in: *Bernat,* Menschenhand, S. 109–125, zitiert: *Stolz,* in: *Bernat.*

Strasser, Peter, Ethik der Fortpflanzung, in: *Bernat,* Reproduktionsmedizin, S. 23–39, *Strasser,* in: *Bernat,* Reproduktionsmedizin.

Stürner, Rolf (Hg.), Bürgerliches Gesetzbuch, Kommentar, 15. Auflage 2014, zitiert: Jauernig[15]/*Bearbeiter.*

Sturm, Richard, Das Vierte Gesetz zur Reform des Strafrechts, 1. Teil, JZ 1974, S. 1–7.

Taupitz, Jochen, Aufklärung über Behandlungsfehler: Rechtspflicht gegenüber dem Patienten oder ärztliche Ehrenpflicht?, NJW 1992, S. 713–719.

Taupitz, Jochen, Die Samenspende: Finanzielles Vabanquespiel für den Spender, ZRP 2011, S. 161–163.

Terbille, Michael/Clausen, Tilmann/Schroder-Printzen, Jörn (Hg.), Münchner Anwaltshandbuch Medizinrecht, 2. Auflage 2013, zitiert: Terbille/Clausen/Schroeder-Printzen[2]/*Bearbeiter.*

Teubel, Alexander, Geboren und Weggegeben, Rechtliche Analyse der Babyklappen und anonymer Geburt, 2009.

Textor, Martin, Inkognitoadoption und offene Formen der Adoption im Freistaat Bayern, Teil I, 1991.

Uerpmann-Wittzack, Robert, Die Europäische Menschenrechtskonvention und die deutsche Rechtsprechung, 1993.

Ullmann, Christian, Diskussion: Die UNO-Kinderrechtskonvention und das innerstaatliche Recht, FamRZ 1992, S. 892–894.

Urdl, Wolfgang, Bemerkungen zum state of the art in der Reproduktionsmedizin, in: *Bernat,* Reproduktionsmedizin, S. 9–16, zitiert: *Urdl,* in *Bernat,* Reproduktionsmedizin.

Vereinte Nationen, Legislative History of the Convention on the Rights of the Child, Vol. I, 2007.

Verschraegen, Bea, Die Kinderrechtekonvention, 1996.

Vitzthum, Wolfgang Graf/Bothe, Michael/Dolzer, Rudolf/Hailbronner, Kay/Kunig, Philip/Schröder, Meinhard/Klein Eckart (Hg.), Völkerrecht, 4. Auflage 2007, zitiert: Vitzthum[4]/*Bearbeiter.*

Volksanwaltschaft, 30. Bericht der VA an den Nationalrat und den Bundesrat 2006.

Volksanwaltschaft, 31. Bericht der VA an den Nationalrat und den Bundesrat 2007.

Volksanwaltschaft, 32. Bericht der VA an den Nationalrat und den Bundesrat 2008.

Waibl, Katharina, Kindesunterhalt als Schaden: fehlgeschlagene Familienplanung und heterologe Insemination, 1986.

Walter, Christian, Die Europäische Menschenrechtskonvention als Konstitutionalisierungsprozess, ZaöRV 1999, S. 961–983.

Weber, Ralph, Der Auskunftsanspruch des Kindes und/oder des Scheinvaters auf namentliche Benennung des leiblichen Vaters gegen die Kindesmutter, FamRZ 1996, S. 1254–1262.

Wegener, Wilhelm (Hg.), Festschrift für Karl Gottfried Hugelmann, Band 1, 1959, zitiert: FS Hugelmann.

Wegner, Arthur, Jugendrecht, Ein Lehrbuch zur Einführung, 1929.

Wehrstedt, Stefan, Die heterologe Samenspende - Behandlung bei einer nicht verheirateten Frau, FPR 2011, S. 400–404.

Weikert, Aurelia, In-Vitro-Fertilisation, Eizellenverkauf und Leihmutterschaft, Die neuen Reproduktionstechnologien in Österreich, in: *Wolfgruber/Niederkofler/Niederhuber/Mesner,* S. 235–241, zitiert: *Weikert,* in: *Wolfgruber/Niederkofler/Niederhuber/Mesner.*

Weinke, Kurt, Gedanken zu künstlichen Befruchtungstechniken aus philosophisch-ethischer Sicht, in: *Bernat,* Menschenhand, S. 73–88, zitiert: *Weinke,* in: *Bernat,* Menschenhand.

Wellenhofer, Marina, Die Samenspende und ihre (späten) Rechtsfolgen, FamRZ 2013, S. 825–830.

Wellenhofer, Marina, Das neue Gesetz zur Klärung der Vaterschaft unabhängig vom Anfechtungsverfahren, NJW 2008, S. 1185–1189.

Wellenhofer-Klein, Marina, Das Vaterschaftsanfechtungsrecht des leiblichen Vaters - Vorschlag zur Änderung von § 1600 BGB, FamRZ 2003, S. 1889–1894.

Weyrauch, Verena, Zulässigkeitsfragen und abstammungsrechtliche Folgeprobleme bei künstlicher Fortpflanzung im deutschen und US-amerikanischen Recht, 2003.

Wieser, Eberhard, Zur Anfechtung der Vaterschaft durch den leiblichen Vater, FamRZ 2004, S. 1773 f.

Wiesner, Reinhard, SGB VIII, Kinder- und Jugendhilfe; Kommentar, 4. Auflage 2011.

Wildhaber, Luzius, Auf dem Weg zu einem eidgenössischen Fortpflanzungsmedizingesetz - Quo vadis?, in: *Bernat,* Reproduktionsmedizin, S. 84–107, zitiert: *Wildhaber,* in: *Bernat,* Reproduktionsmedizin.

Wittinger, Michaela, Anonyme Geburt - endlich Klarheit?, NJW 2003, S. 2138–2140.

Wolf, Andrea, Die Abstammung von durch medizinische Fortpflanzung gezeugten Kindern nach dem Kindschaftsreformgesetz (KindRG), FuR 1998, S. 392–397.

Wolf, Joachim, Ratifizierung unter Vorbehalten: Einstieg oder Ausstieg der Bundesrepublik Deutschland aus der UN-Konvention über die Rechte des Kindes?, ZRP 1991, S. 374–378.

Wolf, Joachim, Vom weichen zum harten Recht, Entstehung der Kinderkonvention und Stellenwert im internationalen Recht, in: *Deutsches Kinderhilfswerk,* S. 9–30, zitiert: *Wolf,* in: *Deutsches Kinderhilfswerk.*

Wolfgruber, Gudrun/Niederkofler, Heidi/Niederhuber, Margit/Mesner, Maria (Hg.), Kinder kriegen - Kinder haben, 2006, zitiert: Wolfgruber/Niederkofler/Niedergruber/Mesner.

Zech, Herbert, Erfahrungen mit dem FMedG am Institut für Reproduktionsmedizin, in: *Bernat,* Die Reproduktionsmedizin am Prüfstand von Recht und Ethik, S. 17–22, zitiert: *Zech,* in: *Bernat,* Reproduktionsmedizin.

Zettel, Günther B., Ein Jahr Neuregelung des Rechts der elterlichen Sorge - Fragen bei der Anwendung des neuen Rechts, DRiZ 1981, S. 211–218.

Zimmermann, Reinhard, Die heterologe künstliche Insemination und das geltende Zivilrecht, FamRZ 1981, S. 929–935.

Zypries, Brigitte/Zeeb, Monika, Samenspende und das Recht auf Kenntnis der eigenen Abstammung - Kinder, Spender und Väter brauchen bessere Gesetze, ZRP 2014, S. S. 54–58.

www.ingramcontent.com/pod-product-compliance
Ingram Content Group UK Ltd.
Pitfield, Milton Keynes, MK11 3LW, UK
UKHW021915290926
8980IPUK00015B/1271

9 783631 676868